Fik Meijer

Paulus

Historische Biografie

Herausgegeben von
Manfred Clauss
Nikolas Jaspert
Michael North
und Volker Reinhardt

Fik Meijer

Paulus

Der letzte Apostel

Aus dem Niederländischen
von
Wolfgang Himmelberg

Philipp von Zabern

Die Übersetzung wurde gefördert durch den
Nederlands letterenfonds

Nederlands letterenfonds
dutch foundation
for literature

Die Deutsche Nationalbibliothek verzeichnet diese Publikation
in der Deutschen Nationalbibliografie;
detaillierte bibliografische Daten sind im Internet über
http://dnb.dnb.de abrufbar.

Die Originalausgabe erschien unter dem Titel
„Paulus. Een leven tussen Jeruzalem en Rome" by Athenaeum – Polak & Van Gennep (2012)

Der Philipp von Zabern Verlag ist ein Imprint der WBG.
(Wissenschaftliche Buchgesellschaft), Darmstadt
Die Herausgabe des Werkes wurde durch
die Vereinsmitgliederder WBG ermöglicht.

Redaktion: Hellmayr & Boyxen, Berlin
Gestaltung und Satz: Janß GmbH, Pfungstadt
Karten und Pläne: Peter Palm, Berlin
Umschlaggestaltung: Harald Braun, Berlin
Umschlagbild: Paulus auf einem Fresko in der „Paulusgrotte" in Ephesus.
Der Apostel trägt eine blau-weiße Tunika und darüber einen Mantel.
Die Darstellung des Apostels mit Bart und Halbglatze hat vielen Künstlern späterer Zeiten
als Vorbild gedient. (Copyright: Österreichisches Archäologisches Institut)
Gedruckt auf säurefreiem und alterungsbeständigem Papier
Printed in Germany

Besuchen Sie uns im Internet: www.wbg-wissenverbindet.de

ISBN 978-3-8053-4920-8

Elektronisch sind folgende Ausgaben erhältlich:
eBook (PDF): 978-3-8053-4921-5
eBook (epub): 978-3-8053-4930-7

Inhaltsverzeichnis

Einführung

Unter dem Hauptaltar der päpstlichen Basilika Sankt Paul vor den Mauern in Rom befindet sich der Sarkophag mit den Gebeinen des Apostels Paulus und in der Sakristei werden die Ketten aufbewahrt, in die er gelegt war, als er in der Nähe seiner endgültigen Ruhestätte enthauptet wurde. So lautet jedenfalls die christliche Überlieferung. Die Pilger bauen auf diese Tradition und besuchen Jahr für Jahr in großen Scharen den Ort, an dem das gewaltsam beendete Leben des Paulus lebendig gehalten wird. Fremdenführer erzählen ihre Geschichten von einem Juden aus Tarsus, der zuerst ein Christenverfolger war, nach seiner Bekehrung jedoch zum energischsten Verbreiter des Christentums wurde. Viele Jahre lang verkündigte er seine Botschaft im heutigen Syrien, in der Türkei und in Griechenland. Schließlich erreichte er auch Rom, wo er im Jahr 67 oder 68 unter der Herrschaft Kaiser Neros getötet wurde.

Das sind in wenigen Worten die Hauptpunkte der Lebensgeschichte des Paulus. Sie gleicht ein wenig einem Abenteuerroman mit einem tragischen Ende. Die Wirklichkeit ist natürlich viel komplexer. Paulus war der Repräsentant einer neuen Religion. Was er predigte, stand dem, was die Griechen und Römer glaubten, diametral entgegen, aber auch in einem gespannten Verhältnis zum Glauben der Juden. Er hatte sich eine fast unmögliche Aufgabe aufgebürdet: die Juden davon zu überzeugen, dass Jesus von Nazareth der verheißene Messias war, und gleichzeitig den Griechen, Römern und anderen Völkern deutlich zu machen, dass sein Gott allmächtig war und dass ihre (Ab-)Götter Ausgeburten eines verderblichen Aberglaubens waren. Paulus wusste, dass seine Botschaft auf Widerstand stoßen würde. Er musste bestehende Denkmuster durchbrechen und einer Welt voller Götter den Monotheismus predigen. Für ihn war das kein Hindernis, sondern im Gegenteil ein Antrieb, schließlich hatte er seinen Glauben, der in einem entlegenen Winkel des Reiches, in

Judäa und Galiläa, entstanden war, bis in den Kern des Römischen Reiches hinein kundgetan.

Dieses Buch ist das Ergebnis einer langjährigen Beschäftigung mit Paulus. Als Schüler war ich vor allem von seiner Beharrlichkeit fasziniert: Auch die widrigsten Umstände konnten ihn nicht davon abhalten, weit entlegene Orte zu erreichen. In der Apostelgeschichte las ich über seine Reisen und ich verschlang die Berichte der Abenteurer, die seinen Fußstapfen gefolgt waren und die Orte besucht hatten, in denen er gewesen war. Das Interesse an Paulus und seinen Reisen hatte mein Vater in mir geweckt, der Geschichtslehrer am Bonaventura Lyceum in Leiden war. In seinem Klassenzimmer hing eine Karte des Mittelmeerraumes, auf der diese Reisen eingezeichnet waren. Er konnte wunderbar darüber erzählen. Jetzt hängt diese Karte bei mir zu Hause und immer wieder werfe ich einen Blick darauf.

In den Augen meines Vaters war Paulus der ideale Missionar. Für ihn war der Apostel eine Inspirationsquelle. Häufig zitierte er aus seinen Briefen. Von kritischen Anmerkungen wollte er nichts hören. Ich hoffe, er wird mir verzeihen, dass „mein" Paulus in vieler Hinsicht nicht dem Idealbild entspricht, das er sich von dem großen Glaubensverbreiter gemacht hatte. Paulus hatte nämlich auch seine unangenehmen Seiten: Er war eigensinnig, ein Besserwisser und ein Quengler, mit Sicherheit kein taktisches Genie. Diese komplexe Person mit ihren guten und schlechten Eigenschaften versuche ich in *Paulus: Der letzte Apostel* zum Leben zu erwecken.

Auf drei Missionsreisen hat Paulus in einem Zeitraum von 25 Jahren viele Menschen mit der Lehre Jesu Christi in Berührung gebracht. Dazu hat er mehr als 17 000 Kilometer zurückgelegt, zu Fuß, auf einem Wagen oder auf einem Schiff. Sicherlich wird er mit einem durchdachten Reiseplan aufgebrochen sein, um möglichst viele Menschen erreichen zu können. In den letzten 14 Jahren habe ich viele Orte besucht, an denen Paulus sich aufgehalten hat. 1999 reiste ich von Caesarea in Israel nach Rom, eine Überfahrt, die Paulus im Winter 60/61 als Gefangener zurückgelegt hatte (Apg 27–28). Aus dieser Reise ist meine Monografie *Paulus' zeereis naar Rome. Een reconstructie* (Paulus' Seereise nach Rom. Eine Rekonstruktion) hervorgegangen. Dieses Buch war vor allem ein nautischer Kommentar zu einer der bemerkenswertesten Seefahrtsgeschichten aus der Antike. Danach habe ich mich in den Verlauf der Reiserouten des Paulus vertieft und mir die Frage gestellt, warum er bestimmte Städte ansteuerte, andere wiederum nicht. Auf dem Areopag in Athen, dem römischen Forum von Korinth und im Theater von Ephesus stand Paulus mir dann lebendig vor Augen. Dort wurde mir deutlich, weshalb seine Predigten in der einen Stadt Anklang fanden, seine Auftritte in der anderen jedoch in einem Fiasko endeten.

Meine Erkundungsreise beginnt in Tarsus, wo Paulus seine Jugend verbrachte, und endet in Rom. Ich folge ihm auf seiner Reise durch die mediterrane Welt und gebe kurze Darstellungen der Städte, in denen er sich aufhielt. Und jedes Mal stelle ich mir die Frage, inwieweit die Geschichte und die Zusammensetzung der Bevölkerung einer bestimmten Stadt eine Rolle spielten für das, was er auf seinen langen Missionsreisen tat und bleiben ließ. Das, was Paulus dazu in den Briefen sagt und in der Apostelgeschichte zu lesen ist, bringe ich zur Sprache, insofern es für die Form seiner Glaubensverbreitung kennzeichnend ist. Auf diese Weise soll mein Paulus zum Leben kommen.

Paulus: Der letzte Apostel ist die Darstellung meiner persönlichen Gedanken über diesen Apostel. Gleichzeitig habe ich mit großem Gewinn auf die umfangreiche Paulusforschung der letzten Jahrzehnte zurückgegriffen. Die Bücher und Artikel, die ich verwendet habe, sind in der Bibliografie aufgeführt, die im Übrigen nur einen Bruchteil der Literatur zu Paulus umfasst. Den Anmerkungsapparat habe ich bewusst klein gehalten. Der „Durchschnittsleser" hat wenig davon, wenn zu jeder (Glaubens-)Frage die Erörterung in der modernen Literatur angegeben wird. Das würde nur ablenken. Eine Quellenangabe habe ich lediglich dort eingefügt, wo ich mich ausdrücklich auf die Gedanken anderer Autoren stütze.

In der deutschsprachigen Ausgabe dieses Buches folgt die Schreibweise der (Orts-)Namen aus dem Neuen Testament der „Einheitsübersetzung" der Bibel, nach der auch wiederholt zitiert wird.

Ich habe dieses Buch allein geschrieben, jedoch mit anderen darüber gesprochen. Zwei Theologen haben mir in besonderer Weise geholfen. Dies Duisterhof hat mich auf Literatur hingewiesen, die mir die Augen für den jüdischen Paulus öffnete – einen Paulus, der seinen Wurzeln sehr viel stärker verhaftet geblieben war, als ich es mir noch während der ersten Ideen zu diesem Buch vorgestellt hatte. Worte reichen nicht aus, um meinen Dank an Ary van den Heuvel zum Ausdruck zu bringen, der das ganze Manuskript gelesen und mich vor manchen Fehltritten bewahrt hat.

Zum Schluss möchte ich Frits van der Meij, Mark Pieters und Rob Zweedijk von dem Verlag Athenaeum – Polak & Van Gennep meinen Dank aussprechen. Sie haben meine Idee, ein Buch über Paulus zu schreiben, begeistert aufgenommen und mich bei der Arbeit tatkräftig unterstützt.

Bruchstückhafte Quellen

Manchmal wird der Lauf der Geschichte durch plötzliche, unerwartete Ereignisse heftig durcheinandergebracht. Wer hätte um das Jahr 33 vermutet, dass eine rätselhafte Wende im Leben eines radikalen Pharisäers so große Folgen für die Weltgeschichte haben sollte? Paulus, der unter seinem jüdischen Namen Saulus bekannt war, befand sich auf dem Weg nach Damaskus. Bei sich trug er Briefe des Hohepriesters in Jerusalem, die ihn ermächtigten, Christen zu verfolgen. Angsterfüllt wartete die christliche Gemeinschaft in dieser Stadt auf seine Ankunft. Sein Ruf war ihm vorausgeeilt. Doch es kam anders. Vor den Toren der Stadt wurde alles, was ihm bis dahin wichtig gewesen war, bedeutungslos. Er hatte eine Vision, in der Jesus ihn persönlich ansprach und aufforderte, sich der kleinen auserwählten Gruppe seiner Glaubensverkündiger anzuschließen. Der vorübergehend mit Blindheit geschlagene Saulus gab dieser Aufforderung Gehör, trat der jungen Glaubensgemeinschaft bei und verkündigte voll Eifer das Wort Gottes.

Die Erzählungen über den plötzlichen Sinneswandel des Paulus und die darauf folgende lange Periode der Glaubensverbreitung sind uns in Grundzügen aus zwei Quellen bekannt, die einander teils ergänzen, teils widersprechen: die Apostelgeschichte und die Paulusbriefe. Beide gehören zum großen Korpus christlicher Texte: dem Neuen Testament, dem jüngeren der beiden „Bücher" der christlichen Bibel.

Der andere Teil, der von den Juden Tanach genannt wird und von den Christen im Laufe der Zeit den Titel „Altes Testament" erhielt, geht dem Neuen Testament voran. Das Alte Testament enthält die durchgehende Darstellung der Geschichte des jüdischen Volkes bis ins 2. Jahrhundert v. Chr., als die Juden einen eigenständigen Staat gegründet hatten. Es wird für gewöhnlich in drei Teile gegliedert: die Tora (Weisung), die Nevi'im (Propheten) und die Ketuvim (Schriften). Der Tanach ist größtenteils in hebräischer Sprache verfasst. Im 3. Jahrhundert v. Chr. waren viele Diasporajuden dieser Sprache nicht mehr mächtig, doch der Tanach durfte nicht in eine heidnische Sprache übersetzt werden. Um diese Menschen dennoch in den Gottesdienst einzubeziehen, wurden ihnen die Texte durch eine Art Dolmetscher begreiflich gemacht, der in den Synagogen neben dem Vorleser stand und dessen Worte ins Griechische übersetzte oder paraphrasierte. Ihre Übersetzungen wurden im Laufe der Zeit aufgeschrieben, sodass es schließlich doch noch zu einer vollständigen Übersetzung des Tanach ins Griechische kam, die künftig Septuaginta genannt wurde. Diese Übersetzung wurde zur Heiligen Schrift der Diasporajuden, später auch der Christen, und war für sie ebenso maßgeblich wie das hebräische Original.

Die ersten fünf Bücher des Alten Testaments, die zusammen die Tora bilden, sind die grundlegendsten, werfen gleichzeitig aber auch die meisten Probleme auf. Wie andere Völker hatten auch die Juden ihre früheste Geschichte, ihre Sitten und Gebräuche von Generation zu Generation mündlich weitergegeben. Die Erzählungen über die gemeinsame Vorgeschichte der zwölf Volksstämme, die der Überlieferung nach in Kanaan lebten, wurden von Vater zu Sohn weitergereicht und im Laufe der Zeit von Geschichtsschreibern aufgezeichnet und bearbeitet, sodass eine mehr oder weniger „kohärente" Darstellung zustande kam.

Die Erzählung greift sehr weit zurück. Das erste Buch der Tora, die Genesis, umfasst die Geschichte der Schöpfung, der Sintflut und die der Erzväter Abraham, Isaak und Jakob. Im zweiten Buch, Exodus, wird das Leben des Mose ausführlich dargestellt: seine Geburt und sein Leben in Ägypten unter der Herrschaft des Pharao, die ägyptischen Plagen, der Auszug aus Ägypten und der Durchzug durch das Schilfmeer, die Wanderung durch die Wüste, der Bundesschluss und die Gesetzgebung am Sinai sowie der Bau der Bundeslade. Das dritte Buch, Levitikus, beinhaltet die Opfergesetze und die Reinheitsgebote, an die sich die Priester halten müssen. Das vierte Buch, Numeri, beschreibt die weiteren Erlebnisse des jüdischen Volkes auf der Wanderung durch die Wüste; daneben ist hierin eine vielfältige Sammlung an Gesetzestexten und Ergebnissen von Volkszählungen zu finden. Das letzte Buch, Deuteronomium, enthält eine Wiederholung und weitere Ausarbeitung früherer Gesetze und endet mit dem Abschied und dem Tod des Mose.

Auf die Tora folgt eine Reihe von Schriften unter dem Titel Propheten. Sie beginnen mit dem neuen Führer Josua, dem Nachfolger des Mose. Traditionell wird zwischen den frühen Propheten (die Bücher Josua, Richter, Samuel und Könige) und den späten Propheten (Jesaja, Jeremia, Ezechiel und die zwölf kleinen Propheten) unterschieden. Der dritte Teil des Tanach, die Schriften, ist eine bunte Sammlung, in der zwölf Schriften zusammengefasst sind: die Psalmen, die Sprichwörter, das Buch Ijob, das Hohelied, das Buch Rut, die Klagelieder, das Buch Kohelet (Prediger), Ester, Daniel, Esra, Nehemia und die zwei Bücher der Chronik.

Im Leben des Paulus spielte vor allem die Tora eine wichtige Rolle, nicht nur in seiner vorchristlichen Periode vor seiner Bekehrung, sondern auch danach. Wiederholt verwies er auf den Bund, den Gott mit Mose geschlossen hatte. Jetzt hatte Gott in Christus einen neuen Bund mit Israel geschlossen. Dieser Bund galt nicht nur für die Juden; auch die Nichtjuden konnten diesem neuen Israel beitreten.

Der Umfang des Neuen Testaments beträgt nicht einmal ein Viertel des Alten Testaments. Es umfasst auch eine viel kürzere Zeitspanne, tatsächlich kaum 40 Jahre. Die Geschichte dieser vier Jahrzehnte kann anhand der 27 Texte des Neuen Testaments rekonstruiert werden: Dazu gehören die vier Evangelien nach Markus, Matthäus, Lukas und Johannes, die Apostelgeschichte, die Offenbarung des Johannes und 21 Briefe. 13 dieser Briefe wurden von Paulus selbst oder seinen Anhängern geschrieben, als Verfasser der übrigen werden Petrus, Jakobus, Johannes und Judas genannt. Dank dieser Texte können wir uns ein Bild von der frühesten Geschichte der christlichen Gemeinden machen – von ungefähr 30 n. Chr., als Jesus zum ersten Mal öffentlich auftrat, bis ungefähr 70 n. Chr., als die Christen keine Splittergruppe mehr waren, sondern eine Glaubensgemeinschaft, die die Römer ernst nehmen mussten.

Das Neue Testament ist in griechischer Sprache geschrieben und es beginnt mit den vier Evangelien. Da die Evangelien gänzlich dem Leben Jesu gewidmet sind, ist diese Vorrangstellung verständlich, auch wenn es sich bei ihnen nicht um die ältesten Texte der Sammlung handelt. Der Lebenslauf der Hauptperson wird hier nicht von Anfang bis Ende genau und detailliert nacherzählt. Der historische Jesus ist aus diesen Texten kaum zu rekonstruieren. Stattdessen haben die Verfasser der Evangelien ihre jeweils eigene Auswahl getroffen und interpretiert. Jeder hat auf seine Weise die Botschaft Jesu wiedergeben wollen. In groben Zügen weisen ihre Texte teils große Ähnlichkeiten auf, doch auch Unterschiede treten deutlich zutage. Während Matthäus und Lukas zum Beispiel mit der Geburt Jesu anfangen, lassen Johannes und Markus Jesus beginnend mit seinen ersten öffentlichen Auftritten auf der Bildfläche erscheinen. Bei allen Evangelisten werden die ersten 30 Jahre seines Lebens jedenfalls nur gestreift. Von der Zeit von seiner Geburt, vermutlich 4 v. Chr.,[1] bis kurz vor 30 n. Chr., dem Beginn seiner Predigten in Galiläa, geben die Evangelisten nur ein bruchstückhaftes Bild. Wir lesen, dass Jesus als Sohn Josefs und Marias in Betlehem geboren wurde, dass er den größten Teil seines Lebens in Nazaret verbrachte und erst in seinen letzten Lebensjahren als Wanderprediger durch Galiläa und Judäa zog. Nachdem er sich zu erkennen gegeben hatte, ließ er sich von Johannes dem Täufer taufen. Danach verbrachte er 40 Tage in der Wüste und wurde von dem Teufel auf die Probe gestellt. In der letzten Periode seines Lebens trat er als apokalyptischer Prophet, der die baldige Ankunft des Königreiches Gottes verkündete, sowie als Heiler und als Exorzist auf. Er war ein charismatischer Rabbi, der sich durch seine kreative Auslegung der Gebote der Tora hervortat; jemand, der ein offenes Auge für die Sorgen und Bedürfnisse seiner Mitmenschen hatte. Nach einem triumphalen Einzug in Jerusalem wurde er von den jüdischen Autoritäten in einem Scheinprozess dem römischen Prokurator Pontius Pilatus überantwortet, der ihn als Aufrührer zum Tod am Kreuz verurteilte. Der vom Kreuz abgenommene Leichnam Jesu wurde begraben, schien jedoch einige Tage später aus dem Grab verschwunden zu sein. Für seine Anhänger, die Jünger, war das der Beweis für seine Auferstehung aus dem Tode.

Jesus hielt weise Reden, sprach in Gleichnissen und sammelte eine große Schar von Anhängern um sich; doch anders als Mohammed, der den Islam stiftete, begründete er keine neue Bewegung. Jesus entwickelte keine Blaupause für eine neue Gesellschaft. Er war eine gewinnende Persönlichkeit, aber kein Anführer, der gezielt eine Organisation aufbaute. So hätte man denn auch erwarten können, dass seine Bewegung nach seinem Tod schnell verschwinden würde. Seine Anhänger sahen das jedoch anders; sie begannen über die Erfahrungen zu sprechen, die sie mit ihm in

Jerusalem gemacht hatten, wo den Prophezeiungen zufolge das Reich Gottes errichtet werden würde. Sie organisierten gemeinschaftliche Mahlzeiten und lebten eingedenk der Worte Jesu in Armut und ohne Privatbesitz.

Mit dem Wachstum der Glaubensbewegung der Christen nahm auch das Bedürfnis zu, die mündlich überlieferten Erzählungen schriftlich festzulegen. So entstanden die Evangelien; wir müssen uns allerdings fragen, ob sie auch tatsächlich von den angegebenen Autoren verfasst wurden. Vermutlich wurden die Namen Markus, Matthäus, Lukas und Johannes erst später, im Laufe des 2. Jahrhunderts, hinzugefügt.

Liest man die Evangelien, zeigt sich schnell, dass es mit ihrem literarischen Anspruch nicht allzu weit her ist. Sie sind in einem einfachen Griechisch verfasst, sodass, wenn sie vorgelesen wurden, auch Menschen mit geringer Bildung den Darlegungen ohne allzu große Mühe folgen konnten.

In ihrer Mehrheit sind die Bibelgelehrten sich einig, dass das kurze Evangelium nach Markus das älteste ist. Es wurde vermutlich um das Jahr 70 aufgezeichnet. Das Evangelium nach Matthäus wird nicht viel später entstanden sein: zu Beginn des letzten Viertels des 1. Jahrhunderts. Lukas und Johannes werden ihre Evangelien ein oder zwei Jahrzehnte später geschrieben haben, kurz vor Ende des 1. Jahrhunderts. Wir dürften es auffällig finden, dass die aufsehenerregenden Ereignisse in den letzten Jahren des Lebens Jesu erst mehr als 40 Jahre nach seinem Kreuzestod niedergeschrieben wurden. In der Zwischenzeit war vieles passiert, was zu einem verzerrten Bild von Jesus geführt hatte. Er selbst hatte ja keine Schriften hinterlassen und alles, was durch seine Jünger und andere Getreue über ihn bekannt geworden war, begann in den folgenden Jahren ein Eigenleben zu entwickeln.

Jesus verkündete seine Botschaft in der Sprache seiner Zuhörer, dem Aramäischen. Das Hebräische, die Sprache des Alten Testaments, wird ihm sicherlich vertraut gewesen sein, doch Griechisch sprach er vermutlich nicht. Er brauchte diese Sprache auch nicht zu beherrschen, denn was er zu sagen hatte, richtete sich nicht in erster Linie an die Heiden, sondern ausschließlich an die Juden. Im Evangelium nach Matthäus scheint Jesus sich nicht unter die Heiden begeben zu wollen. Als er seine Jünger aussandte, gebot er ihnen:

> Geht nicht zu den Heiden, und betretet keine Stadt der Samariter, sondern geht zu den verlorenen Schafen des Hauses Israel. Geht und verkündet: Das Himmelreich ist nahe. (Mt 10, 5–7)

In einer anderen interessanten Passage scheint Matthäus wiederum zu suggerieren, Jesus habe nur das Heil der Juden vor Augen gehabt und die anderen Völker „vernachlässigt". Auf der Flucht vor den Pharisäern war Jesus ins alte Phönizien gelangt, in die Gegend zwischen Tyrus und Sidon, als eine nichtjüdische Frau aus ihrem Haus kam und ihm zurief, er möge Mitleid mit ihr haben, da ihre Tochter besessen sei. Jesus gab ihr keine Antwort. Seine Jünger kamen auf ihn zu und baten ihn, ihr zu helfen, um sie dann fortschicken zu können. Er antwortete: „Ich bin nur zu den verlorenen Schafen des Hauses Israel gesandt." Als die Frau wenig später vor ihm niederfällt, zeigt Jesus sich zwar weitaus milder, doch der Tenor des Textes (Mt 15, 21–28) scheint zu sein, dass das Königreich des Himmels in erster Linie dem Volk Israel zugedacht ist.

Bemerkenswerterweise schlägt Matthäus gegen Ende seines Evangeliums (Mt 28, 19) einen anderen Ton an. Der auferstandene Christus scheint sich jetzt nicht mehr ausschließlich an die Juden zu richten, sondern sagt, dass alle Völker belehrt werden müssen. Matthäus konstruiert damit sozusagen einen Unterschied zwischen dem Jesus vor dessen Tod am Kreuz und dem auferstandenen Jesus und ebnet so den Weg für die Verkündigung des Glaubens unter den Heiden.[2]

Es ist nahezu unmöglich, den Wahrheitsgehalt der Evangelien an zeitgenössischen nichtchristlichen Quellen zu überprüfen, da es kaum welche gibt. Nur ein nichtchristlicher Text bietet uns nähere Informationen über die Historizität Jesu: das sogenannte „Testimonium Flavianum", das Zeugnis, das der jüdische Historiker Flavius Josephus (siehe S. 42) in seinen *Antiquitates Judaicae* (*Jüdischen Altertümern*) über Jesus von Nazaret gibt:

> Um diese Zeit lebte Jesus, ein weiser Mensch, *wenn man ihn überhaupt einen Menschen nennen darf.* Er war nämlich der Vollbringer ganz unglaublicher Taten und der Lehrer aller Menschen, die mit Freuden *die Wahrheit* aufnahmen. So zog er viele Juden und auch viele Heiden an sich. *Er war der Christus.* Und obgleich ihn Pilatus auf Betreiben der Vornehmsten unseres Volkes zum Kreuzestod verurteilte, wurden doch

seine früheren Anhänger ihm nicht untreu. Denn er erschien ihnen am dritten Tage wieder lebend, wie gottgesandte Propheten dies und tausend andere wunderbare Dinge von ihm vorherverkündigt hatten. Und noch bis auf den heutigen Tag besteht das Volk der Christen, die sich nach ihm nennen, fort.[3]

Hier wird ausdrücklich gesagt, dass Jesus auch den Griechen („Heiden") predigte, doch die „Echtheit" dieses Textes ist umstritten. Einige Gelehrte denken, dass wir es hier mit einem authentischen Zeugnis des Josephus über Jesus zu tun haben, andere halten es dann doch für sehr merkwürdig, dass ein gläubiger Jude einen so unverkennbar christlichen Text geschrieben haben sollte. Ihrer Meinung nach hat jemand in den Text des Josephus eingegriffen und den Wortlaut in christlichem Sinne geändert, um auf diese Weise eine augenscheinlich unverdächtige, weil jüdische, Zeugenaussage in die zwischen Juden und Christen geführte Debatte über die Historizität Jesu einführen zu können. Insbesondere die hier kursiv gesetzten Worte sind ihnen zufolge spätere Interpolationen. Der Eingriff soll gegen Ende des 3. Jahrhunderts vorgenommen worden sein, denn Eusebius von Caesarea ist zu Beginn des 4. Jahrhunderts der erste, der diese Passage anführt.[4]

Die Apostelgeschichte

Lukas wird nicht nur als Autor eines der Evangelien genannt, ihm wird auch ein Text zugeschrieben, der die Entwicklung des Christentums in den Jahren nach Jesu Tod und Auferstehung beschreibt: die Apostelgeschichte. Ohne diese Schrift wüssten wir nicht, wie es den Christen nach Jesu Tod erging. Wir wüssten nichts über die Verbreitung des frühen Christentums in der jüdischen und griechisch-hellenistischen Welt und nichts über den Aufstieg der „Bewegung Christi" zu einer echten Religion mit vielen Gemeinschaften in der östlichen Hälfte des Römischen Reiches. Der erste Teil der Apostelgeschichte spielt sich in Jerusalem ab, der mittlere in der griechisch-hellenistischen Welt und der letzte Teil in Rom. Auf diese Weise konnte der Verfasser zeigen, wie die „jüdische Sekte" des Jesu von Nazaret über eine lange Wegstrecke bis ins Zentrum des großen

Weltreiches vorgedrungen war. Wir dürfen also froh darüber sein, dass es diese Schrift gibt, und ich werde mich im Folgenden häufig darauf stützen. Doch auch hier ergibt sich das gleiche Problem wie bei den Evangelien: Wir haben kaum andere Quellen. Vieles von dem, was in der Apostelgeschichte steht, ist nirgendwo anders zu finden. Vieles, was wir über Paulus wissen, kennen wir nur aus der Apostelgeschichte, einem Text, der gleichfalls aus christlicher Perspektive geschrieben wurde. Das müssen wir uns immer vor Augen halten, wenn wir das Leben der Apostel rekonstruieren wollen.

Die Apostelgeschichte unterscheidet sich insofern von den Evangelien, als der Verfasser sich nicht nur als Geschichtsschreiber profiliert, sondern sich auch stilistischer Kunstgriffe bedient, die wir aus den griechisch-hellenistischen Romanen kennen. Passagenweise liest sich die Apostelgeschichte tatsächlich wie ein griechischer Roman. Visionen, Wunderheilungen, Austreibungen, wundersame Fluchten, wütende Menschenmengen, die es auf Paulus abgesehen haben, und eine dramatische Seereise, die letztendlich ein gutes Ende nimmt – das alles kommt darin vor. Die literarische Form diente vor allem dem Zweck, ein breites Publikum in der griechisch-römischen Welt auf das Werk aufmerksam zu machen.

Der Titel Apostelgeschichte datiert aus dem 2. Jahrhundert, er wurde dem zweiten Teil einer zweiteiligen Geschichte des Ursprungs des Christentums gegeben. Der erste Teil dieses Diptychons war das bereits genannte Evangelium nach Lukas. Im frühen 2. Jahrhundert wurden die beiden Bücher voneinander getrennt. Das Evangelium wurde mit den drei Evangelien nach Markus, Matthäus und Johannes zum „Tetraevangelium" (vierfachen Evangelium) zusammengefügt. Es lag nahe, diese Zuordnung vorzunehmen, zeigt doch das Lukasevangelium Ähnlichkeiten mit den anderen Evangelien, während die Apostelgeschichte „anders" ist und als ein eigenständiges Werk betrachtet werden muss. Auch die Tatsache, dass beide Werke auf gesonderten Papyrusrollen geschrieben waren, kam der Trennung entgegen.

Wer das Werk geschrieben hat, geht aus der Apostelgeschichte nicht hervor. Die Einleitung, in der der Verfasser sich an einen Vertrauten richtet, lässt nur den Schluss zu, dass er und der Autor des Lukasevangeliums ein und dieselbe Person sind:

> Im ersten Buch, lieber Theophilus, habe ich über alles berichtet, was Jesus getan und gelehrt hat, bis zu dem Tag, an dem er (in den Himmel) aufgenommen wurde. Vorher hat er durch den Heiligen Geist den Aposteln, die er sich erwählt hatte, Anweisungen gegeben. (Apg 1, 1–2)

Im späten 2. Jahrhundert wird Lukas, den Paulus in seinen Briefen als seinen Weggefährten bezeichnet,[5] zum ersten Mal als Verfasser der Apostelgeschichte genannt. Im Kanon Muratori, einem fragmentarischen Verzeichnis der Schriften des Neuen Testaments, das gegen Ende des 2. Jahrhunderts zusammengestellt wurde, ist zu lesen, dass Lukas „das dritte Buch des Evangeliums" schrieb, während er Paulus auf seinen Reisen begleitete, dass er Jesus nicht leibhaftig gesehen hatte, und dass er der Verfasser der Apostelgeschichte, der „Acta apostolorum", war.[6] Um dieselbe Zeit wurde der Titel „Acta apostolorum" auch von den christlichen Autoren Irenäus von Lyon und Clemens von Alexandria verwendet, und seither ist dieser Name in Gebrauch geblieben.[7] Die eindeutigste Quelle, die Lukas als den Verfasser der Apostelgeschichte nennt, datiert aus dem 4. Jahrhundert: Laut Eusebius, Bischof von Caesarea und persönlicher Freund Kaiser Konstantins, hatte Lukas, Arzt und Reisegefährte des Paulus, inspiriert von Gott zwei Bücher geschrieben – das Evangelium auf der Grundlage der Zeugnisse anderer und die Apostelgeschichte, in der er festhielt, was er selbst erlebt hatte.[8]

Es lässt sich nicht genau feststellen, wann Lukas die Apostelgeschichte geschrieben hat. Die Aussage der christlichen Autoren des 2. Jahrhunderts, er habe wiederholt die „Wir-Form" verwendet, um hervorzuheben, dass er Paulus auf mehreren seiner Reisen begleitete, bringt uns nicht viel weiter. Mal abgesehen von der Tatsache, dass, wie sich noch zeigen wird, diese Form an sich schon Fragen aufwirft, lässt die Beteiligung des Autors an Paulus' Missionsreisen keine erkennbaren Rückschlüsse auf den Zeitpunkt der Niederschrift seiner Erzählung zu.

Weil im Evangelium nach Lukas auf die Zerstörung Jerusalems durch die Römer im Jahre 70 angespielt wird (21, 20–24), nimmt man an, dass sowohl sein Evangelium als auch die Apostelgeschichte nach diesem Jahr aufgezeichnet wurden. Vergleiche mit Passagen aus den Paulusbriefen zeigen übrigens, dass der Verfasser der Apostelgeschichte die Sammlung dieser Briefe, die uns heute zur Verfügung steht, nicht verwendet hat.

Man sollte erwarten, dass Lukas aus seinem Gedächtnis schöpfen konnte, da er sich in Paulus' Gesellschaft befand, als dieser einige seiner Briefe schrieb. Doch aus seinem ganzen Werk geht hervor, dass er ihn zwar gut kannte, vor allem jedoch als einen eindringlichen Redner, der andere mit kraftvollen Worten von seinen Ansichten zu überzeugen suchte, und nicht als Briefschreiber. Da Paulus' Briefe erst zu Beginn des 2. Jahrhunderts zu einem Korpus zusammengestellt wurden, muss die Apostelgeschichte vor dem Ende des 1. Jahrhunderts, zwischen 80 und 100, geschrieben worden sein. Aber es ist auch nicht auszuschließen, dass die Apostelgeschichte bereits in den 60er-Jahren verfasst wurde. Der Text endet nämlich ziemlich abrupt mit Paulus' zweijährigem Aufenthalt in Rom, weshalb er noch zu Paulus' Lebzeiten geschrieben worden sein könnte, im Jahr 62 oder 63 (siehe S. 294 f.).

Eigentlich ist der Titel Apostelgeschichte nicht zutreffend. Die „echten" Apostel treten nur in den ersten Kapiteln auf. Es gibt eine deutliche Zäsur; im ersten Teil ist der Apostel Petrus die Hauptperson, im zweiten Paulus. Petrus hat lange den von Jesus eingeschlagenen Weg fortgesetzt und sich ausschließlich den Juden zugewandt. In seiner ersten Ansprache (Apg 2, 14) redet er seine Zuhörerschaft mit „Ihr Juden und alle Bewohner von Jerusalem!" an. Danach spricht er von den „Israeliten" (Apg 2, 22) und dem „Haus Israel" (Apg 2, 36). In dieser Phase der Geschichte werden ausschließlich Juden bekehrt. Petrus ist jedoch auch der Erste, der einen Nichtjuden bekehrt: den römischen Hauptmann Kornelius (Apg 10–11). Der Apostel musste sich dafür rechtfertigen, und dies tat er mit Vehemenz. Seine Brüder brachten schließlich nur noch diese Worte hervor: „Gott hat also auch den Heiden die Umkehr zum Leben geschenkt" (Apg 11, 18). Der Wirkungsbereich der Apostel wird hier ausgedehnt. Die echte Initiative, das Wort Gottes auch Nichtjuden zu verkündigen, geht jedoch nicht von ihnen aus, sondern von einem Außenstehenden, von Paulus. In Kapitel 8 erscheint er, noch unter dem Namen Saulus, als Verfolger der Christen auf der Bildfläche, im folgenden Kapitel wird Paulus dann nach seiner Berufung zur Hauptperson. Ab Kapitel 13 treten die anderen Apostel nur noch als seine Mitspieler auf.

Paulus ist hier also nicht einfach nur einer der zwölf Apostel, er wird als der „Apostel der Heiden" präsentiert und seine Reisen stellen das

Hauptthema der Apostelgeschichte dar. Die ersten zwölf Kapitel können somit als eine Art Einleitung gelesen werden. Sie behandeln den „Beginn der Kirche", die Verbreitung der Botschaft unter den Samaritanern[9] und den Heiden, den Beginn der Verfolgungen und die Bekehrung des Paulus. Die Kapitel 13–20 beschreiben die drei Missionsreisen des Paulus und die Kontroverse, die zwischen den diversen Strömungen innerhalb der christlichen Gemeinschaft über die Aufnahme von Heiden in ihre Mitte geführt wurde. In den letzten acht Kapiteln (21–28) werden Paulus' letzte Reise nach Jerusalem beschrieben, seine Festnahme und die Prozesse, schließlich seine Seereise nach Rom und die erste Phase seines Aufenthalts in dieser Stadt.

Lukas und Paulus müssen ein gutes Verhältnis zueinander gehabt haben, denn der Verfasser der Apostelgeschichte zeigt ein mehr als nur sachliches Interesse an Paulus' Missionsarbeit. Er schreibt einfühlsam über Paulus als Person und setzt sich mit dessen Motivation auseinander, die ihn die Christen zuerst verfolgen und später ihren Glauben fanatisch verkündigen ließ. Paulus seinerseits erwähnt in seinen Briefen auch mehrmals Lukas, ohne übrigens nähere Angaben zu dessen Herkunft zu machen. Aufgrund seiner fundierten Kenntnis des Griechischen dürfen wir annehmen, dass Lukas in dieser Sprache aufgezogen wurde. Vermutlich gehörte er zu den Nichtjuden, die schon in einem frühen Stadium bekehrt wurden und sich wie Paulus für die christliche Sache einsetzten.

Die Paulusbriefe

Der Bericht in der Apostelgeschichte lässt sich durch die Briefe, die Paulus auf seinen Missionsreisen geschrieben hat, teilweise ergänzen, modifizieren und korrigieren. Sie sind ebenfalls in griechischer Sprache verfasst. Da der in Tarsus aufgewachsene Paulus diese Sprache gut beherrschte, konnte er sich vielen Menschen gegenüber verständigen. Bei Zusammenkünften der christlichen Gemeinden wurden sie vorgelesen, um möglichst viele Gläubige zu erreichen. Die Briefe wurden abgeschrieben und an andere Städte weitergeleitet. So kamen sie im Laufe der Zeit in den Besitz von Menschen, die die Texte kommentierten und interpretierten.

Wie bei den anderen Schriften des Neuen Testaments ist eine genaue Datierung nicht möglich. Mehr noch: Von längst nicht allen Briefen lässt sich mit Sicherheit sagen, dass sie tatsächlich von Paulus geschrieben wurden. In das Neue Testament wurden 14 „Paulusbriefe" aufgenommen, in 13 dieser Briefe wird Paulus als Verfasser genannt. Sieben davon können ihm zweifelsfrei zugerechnet werden: Römer, 1 und 2 Korinther, Galater, Philipper, 1 Thessalonicher und Philemon. Die Urheberschaft der sechs anderen Briefe – Epheser, Kolosser, 2 Thessalonicher, 1 und 2 Timotheus und Titus – ist umstritten, doch heute wird hauptsächlich die Meinung vertreten, dass sie kürzere oder längere Zeit nach seinem Tod von Schülern des Paulus geschrieben wurden, die in seinem Sinne zu handeln glaubten und deshalb seinen Namen unter ihre Schriften setzten. Dass sie dabei möglicherweise eine Deutung seines Gedankenguts vermittelten, die Paulus selbst nicht niedergeschrieben hätte, nahmen sie in Kauf.

Der Römerbrief wird immer als der erste genannt, weil er mit 7094 Wörtern der längste ist. Mit 328 Wörtern ist der Brief an Philemon der kürzeste. Mit ihrer zeitlichen Reihenfolge hat der Umfang der Briefe jedoch nichts zu tun. Die meisten Paulus zugeschriebenen Briefe sind in die 50er-Jahre zu datieren und damit gehen sie der schriftlichen Niederlegung der ersten Evangelien weit voraus.

Die Bewohner der Stadt Thessalonich waren die Ersten, die ein Schreiben von Paulus empfingen. Im Jahr 49 hatte er in dieser Stadt die Basis für eine christliche Gemeinschaft gelegt. Etwa zwei Jahre später, als er über längere Zeit in Korinth predigte, wollte er die Thessalonicher wissen lassen, wie tief verbunden er sich ihnen fühlte. Sein zweiter Brief richtete sich an die Galater. Vermutlich schrieb er ihn 53 in Ephesus, wo er sich von 52 bis 54/55 aufhielt. Von Ephesus aus wandte er sich in diesem Jahr auch an die Philipper und die Korinther. Im Jahr 56, noch bevor er einen Fuß auf die Straßen Roms gesetzt hatte, sollte er auch den Bewohnern der Hauptstadt des Reiches Mut zusprechen. Mit seinen Briefen war Paulus der Erste, der sich schriftlich über den Glauben an Christus geäußert hat. Dabei hatte er Jesus nie als Prediger erlebt, sondern sich aus Erzählungen der Apostel und anderer Zeitzeugen ein Bild von ihm machen müssen.

Paulus lässt in seinen Briefen keinen Zweifel daran, wer er ist und welche Ziele er verfolgt. Er nennt sich einen Diener Jesu Christi, einen berufenen Apostel, auserwählt, die frohe Botschaft Gottes zu verkünden. Über sein persönliches Tun und Lassen auf seinen Reisen sagt er nichts. Über seine Reiserouten können wir manchmal nur Vermutungen anstellen; ebenso können wir nur schwer nachvollziehen, wie er vorging, wenn seine Predigten in einer Stadt Anklang gefunden hatten und er eine neue christliche Gemeinde gründen konnte.

Was er jedoch in seinen Briefen zum Ausdruck bringt, sind Emotionen. Manchmal zeigt er sich mitfühlend und teilt die Sorgen und Ängste der Menschen, an die er sich wendet. Er kann jedoch auch austeilen und seine Widersacher beschimpfen, so zum Beispiel in seinem Brief an die Galater. Den Leuten, die dort Unruhe stiften, ruft er zu, sie „sollen sich doch gleich entmannen lassen" (Gal 5, 12). Wenn es um die Glaubensverkündigung ging, die er sich aufgetragen hatte, gab es für Paulus kein Wenn und Aber und er scheute auch nicht vor harten und beleidigenden Worten zurück.

Paulus verkündete in seinen Briefen keine in sich geschlossene Theologie; er hatte keinen konsistenten Rahmen für alles und jedes zu bieten. Mit Ausnahme vielleicht des Römerbriefes sind seine Briefe Ansammlungen ungebundener Gedanken über Probleme, mit denen er auf seinen Missionsreisen konfrontiert wurde. Und diese Probleme unterschieden sich von Ort zu Ort. In Korinth spielten andere Dinge eine Rolle als in Thessalonich oder Ephesus. Für die Christen in diesen Städten waren Paulus' Ratschläge ein willkommener Rückhalt. Im Verlauf der Zeit nahm der Aktualitätswert seiner Worte natürlich ab, da in diesen Städten gesellschaftliche Veränderungen eintraten und das Bedürfnis nach zeitgebundenen Empfehlungen verschwand. Der Popularität der Briefe tat das keinen Abbruch. Sie wurden in den Kanon des Neuen Testaments aufgenommen, mit der verblüffenden Folge, dass von heutigen Christen erwartet wird, Lehren aus Hilfestellungen zu ziehen, die ein reisender Glaubensverkünder vor fast 2000 Jahren kleinen christlichen Gemeinden in einer feindlich gesinnten heidnischen Welt gab.

Apokryphe Texte

Im 2. Jahrhundert war die Anzahl der Christen stark angewachsen und damit stieg auch das Interesse der Gläubigen an Geschichten über den Ursprung ihres Glaubens. Es kamen Erzählungen in Umlauf, in denen die historische Wirklichkeit einer idealisierten Darstellung der Dinge Platz gemacht hatte. Ein Beispiel sind die in griechischer Sprache geschriebenen „Paulusakten" („Acta Pauli"). Teile dieser der Glaubensverkündigung und dem Tod des Paulus gewidmeten Erzählung wie etwa die „Akten des Paulus und der Thekla" und das „Martyrium des Paulus" sind auch in gesonderten Manuskripten überliefert.[10]

Die Übereinstimmungen mit dem Text der Apostelgeschichte sind klar erkennbar. Der Verfasser hatte die Reisewege des Paulus vor Augen, als er seine Sicht auf die Glaubensbotschaft des Apostels zu Papier brachte. Er folgt seinen Spuren zu den Städten, die er besuchte, und erzählt von den Widerständen, die er dort zu überwinden hatte. Doch die Unterschiede sind noch größer. Durchweg wird deutlich, dass die Zeiten sich geändert haben, dass die Empfehlungen für einen tugendhaften Lebenswandel, die Paulus in seinen Briefen gegeben hatte, auf eine ganz besondere Weise interpretiert werden.

Ein anderer Paulus wird hier vorgeführt. Er wird als ein Verfechter asketischer Keuschheit und Enthaltung dargestellt. Sätze wie „Gesegnet sind die, die Frauen haben, als ob sie sie nicht hätten" und „Gesegnet sind die, die das Fleisch rein halten" haben in der Folgezeit ein Eigenleben geführt und das Bild des Apostels gefärbt.

Spätere christliche Autoren gingen noch viel weiter und ordneten die historische Wirklichkeit ihren Bemühungen unter, Paulus' Rolle in der Glaubensverkündigung noch nachdrücklicher hervorzuheben. Ein ganz außergewöhnliches Beispiel ist der frei erfundene Briefwechsel zwischen Paulus und dem römischen Philosophen Seneca. Gegen Ende des 3. oder zu Beginn des 4. Jahrhunderts wurden die 14 in lateinischer Sprache verfassten Briefe veröffentlicht, die im Mittelalter viele Leser fanden. Der Kernpunkt des Ganzen ist Senecas Bewunderung für Paulus' Aufrufe zu einem moralisch sauberen Lebenswandel. Der Philosoph zeigt sich empfänglich für die Vorstellungen des Paulus. Paulus seinerseits spornt Seneca im letzten Brief dazu an, fortan „als ein neuer Gesandter Jesu Christi" zu wirken. Auch wenn diese Briefe ohne jeden historischen Wert sind, haben sie doch einen wesentlichen Beitrag zum Durchbruch des Christentums geleistet. Wenn sogar ein großer Philosoph wie Seneca sich dem neuen Glauben öffnete, dann konnten andere doch nicht zurückstehen: Dieser Gedanke leuchtete vielen Menschen ein.

Die Vorgeschichte

Tarsus

Meine Suche nach Paulus' Spuren beginnt in Tarsus, einer kleinen Stadt im Südosten der Türkei, etwa 15 Kilometer landeinwärts vom Mittelmeer. Die moderne Stadt bietet einen deprimierenden Anblick. Selbst die Sonne, die einen großen Teil des Jahres intensiv scheint, kann daran nichts ändern. Überall beherrschen schmuddelige alte Gebäude und eintönige Wohnblöcke das Bild. Es braucht schon etwas Fantasie, um sich vorzustellen, dass hier kurz nach 3000 v. Chr., vor fast 5000 Jahren, eine beachtliche geschichtliche Entwicklung ihren Anfang nahm. Damals ließen sich die ersten Menschen in der fruchtbaren Ebene in unmittelbarer Nähe des Flusses Kydnos nieder. Sie lebten vom Ackerbau, von der Viehzucht und vom Fischfang. Im 2. vorchristlichen Jahrtausend war Kilikien, die Region, in der Tarsus liegt, durch einen Vertrag mit dem Volk der Hethiter im anatolischen Hochland verbunden. Um 1200 v. Chr. war es mit der relativen Ruhe vorbei. Seevölker aus dem Norden destabilisierten die Länder um das Mittelmeer und zogen eine Spur der Verwüstung. Das Reich der Hethiter zerfiel und auch die alte Siedlung am Kydnos wurde zerstört.

Nachdem allmählich Ruhe in die Region zurückgekehrt war, bauten griechische Kolonisten die Stadt im 9. Jahrhundert v. Chr. wieder auf und nannten sie Tarsus. Neue Feinde, diesmal aus dem Osten, ließen jedoch nicht lange auf sich warten: die Assyrer. Sie eroberten Tarsus und hatten dort bis zum Ende des 7. Jahrhunderts v. Chr. das Sagen. Nach einer kurzen Periode der Unabhängigkeit eroberten die Perser unter König Kyros II. (559–530 v. Chr.) die Stadt. Unter ihnen wurde Tarsus zu einem wichtigen Rastplatz für Reisende auf dem Weg nach Syrien. 333 v. Chr. übernahmen die Makedonen Alexanders des Großen die Macht. Der Tod des jungen Königs, dem es zuvor gelungen war, Ost und West in einem großen

Reich miteinander zu verbinden, löste einen Machtkampf zwischen seinen potenziellen Nachfolgern aus. Gut 30 Jahre lang kam Kilikien wieder einmal nicht zur Ruhe. Diese kehrte erst zu Beginn des 3. Jahrhunderts v. Chr. ein, als Tarsus unter die Herrschaft der Könige des neuen Seleukidenreiches geriet. Unter ihnen erlebte die Stadt, strategisch günstig gelegen in nächster Nähe zum Mittelmeer und an den Karawanenstraßen nach Osten, einen großen Aufschwung.

Am Horizont von Tarsus taucht das unfruchtbare Bergland auf. Das Leben war hier schon immer hart. Ackerbau und Viehzucht brachten den Menschen kaum etwas ein und viele suchten ihr Heil als Wegelagerer und Piraten. Im 2. Jahrhundert v. Chr. hatte sich die Piraterie stark ausgebreitet. Die Römer, die aufsteigende Weltmacht im östlichen Mittelmeerraum, zögerten lange, gegen die Piraten vorzugehen: Der Schaden, verursacht durch die Überfälle auf schwer beladene Frachtschiffe, wurde durch die großen Menschenmengen kompensiert, die von den Seeräubern gefangen genommen wurden und über Sklavenhändler schließlich auf die Latifundien der römischen Senatoren gelangten. Zu Beginn des 1. Jahrhunderts v. Chr. wurde es ihnen dann doch zu viel und sie beschlossen, durchzugreifen. 67 v. Chr. schlug ihr Feldherr und Admiral Pompeius die kilikischen Piraten nieder. In der Folge ordnete er die Region neu – das Seleukidenreich war inzwischen zerfallen – und machte Kilikien zu einer Provinz des Römischen Reichs.

Tarsus wurde zum wichtigsten Verwaltungszentrum der Region. Zahlreiche bedeutende Römer beehrten die Stadt mit ihrem Besuch. Dazu gehörte auch Iulius Caesar, der 47 v. Chr. nach Tarsus kam. Die Tarser waren so begeistert, dass sie ihre Stadt (zeitweilig) in Iuliopolis umbenannten. Marcus Antonius, ein Vertrauter Caesars, der nach dessen Tod im Jahre 44 v. Chr. zunächst mit Octavian und Lepidus ein Triumvirat bildete und nach dem Zerfall des Triumvirats einen Machtkampf mit Octavian führte, belohnte die Loyalität, die die Tarser Caesar und ihm gegenüber gezeigt hatten, mit manchen Privilegien – so etwa mit der Steuerbefreiung. Als Kaiser Augustus bestätigte sein Widersacher Octavian später diese Privilegien, sodass Tarsus über längere Zeit eine Vorzugsstellung genoss.

Von der langen Geschichte der Stadt ist heute nur noch wenig zu sehen. Die Überreste der alten Stadt sind unter der modernen Bebauung verschwunden. Nur ein Teil der alten römischen Straße nördlich von Tarsus und eine Straße im Zentrum der Stadt erzählen noch von der fernen Vergangenheit. Wir müssen uns mit den Informationen der antiken Autoren behelfen, die allerdings in ihren Beschreibungen nie ins Detail gehen. Der Athener Xenophon gelangte um das Jahr 400 v. Chr. in die Stadt, da er als Söldnerhauptmann am Feldzug des persischen Prinzen Kyros gegen dessen Bruder Artaxerxes teilnahm, der nach dem Tod des Vaters den Thron bestiegen hatte. Auf dem Weg nach Kunaxa im heutigen Irak, wo der Thronstreit in einer Schlacht entschieden werden sollte, kamen die griechischen Söldner durch Tarsus. Xenophon schrieb begeistert von „einer großen und reichen Stadt", ohne eine nähere Beschreibung zu geben.[11] Dion Chrysostomos ließ sich im 2. Jahrhundert n. Chr. in nahezu gleichlautenden Worten aus,[12] obwohl sich Tarsus in den 500 Jahren, die ihn von Xenophon trennten, zweifellos gehörig verändert und ein anderes Gesicht bekommen hatte. Auch die Einwohnerschaft war viel kosmopolitischer geworden. Anfangs hatten dort vor allem Griechen und Phönizier gelebt, doch vom 2. Jahrhundert v. Chr. an hatte es einen großen Zustrom jüdischer Kolonisten gegeben und im 1. Jahrhundert v. Chr. hatten sich auch römische Veteranen dort niedergelassen. Tarsus war zu einer mittelgroßen Stadt mit wohl 50 000 Bewohnern angewachsen. Zu den wichtigsten Pfeilern des Wohlstands gehörten Handel und Gewerbe.

Der Geburtsort des Paulus

Wie viele andere Städte der antiken Welt wäre vermutlich auch Tarsus in Vergessenheit geraten, würde es nicht mit zwei berühmten Persönlichkeiten der Weltgeschichte in Verbindung gebracht werden: Kleopatra und Paulus. Die ägyptische „Femme fatale" kam nur auf eine Stippvisite nach Tarsus. 41 v. Chr. entflammte hier die Liebe zwischen der ägyptischen Königin aus dem ruhmreichen Geschlecht der Ptolemäer und dem römischen Feldherrn Marcus Antonius. Acht Jahre zuvor hatte sie sich in Alexandria, in einen Teppich eingerollt, Iulius Caesar präsentiert, drei Jahre nach seinem Tod segelte sie auf einem Schiff mit goldenen und silbernen Relings und Segeln aus purpurner Seide in den Hafen von Tarsus ein. Die Mitglieder der Besatzung waren als Eroten und Nereiden herausgeputzt. Die Tarser strömten in Massen auf die Kais, um einen Blick auf dieses wundersame Schauspiel zu erhaschen, das am Beginn einer Liebesbeziehung stand. Leider war dieser kein gutes Ende beschieden, da das Liebespaar den Machtkampf gegen Octavian verlor. Octavian wurde Alleinherrscher im Römischen Reich, Kleopatra und Antonius nahmen sich das Leben.

Dass der Name der Stadt im Gedächtnis der Menschen geblieben ist, hat Tarsus an allererster Stelle einem anfänglich völlig unbekannten Juden zu verdanken. Zu Beginn des 1. Jahrhunderts n. Chr. konnte keiner der Bewohner der Stadt auch nur ahnen, dass ein junger Mann in ihrer Mitte lebte, dessen Name in späteren Zeiten Millionen Menschen ein Begriff sein sollte. Er hieß Saulus/Paulus und wird häufig als „der Mann aus Tarsus" bezeichnet, da für gewöhnlich davon ausgegangen wird, dass er dort das Licht der Welt erblickte.

Wie sich später noch häufig zeigen wird, liegt vieles im Leben des Paulus im Dunkeln; auch sein Geburtsort ist keineswegs genau bekannt. Auf den ersten Blick gibt es keinen Grund daran zu zweifeln, dass er in Tarsus geboren wurde. Lukas war jedenfalls fest davon überzeugt; er legte Paulus diese Worte in den Mund: „Ich bin ein Jude, geboren in Tarsus in Kilikien" (Apg 22, 3). Paulus selbst hat sich in seinen Briefen nicht explizit über seinen Geburtsort geäußert, was merkwürdig scheint, weil er mehrere Male auf seine jüdischen Wurzeln zu sprechen kommt. In seinem Brief an die Philipper (3, 4–5) schrieb er: „Ich wurde am achten Tag beschnitten, bin aus dem Volk Israel, vom Stamm Benjamin, ein Hebräer von Hebräern." In seinem zweiten Brief an die Korinther ließ er wissen, er gehöre zu den Israeliten und sei ein Nachkomme Abrahams (2 Kor 11, 22). Kein Wort über Tarsus.

Die Aussagen in den Briefen an die Philipper und die Korinther werden für gewöhnlich als ein Hinweis darauf verstanden, dass Paulus sich als Jude in der Diaspora mit den Juden in Israel eng verbunden fühlte. In den Anspielungen auf seine Herkunft wird nicht mehr gesehen als die Bestätigung, dass er sich seines jüdischen Ursprungs voll bewusst war und ihn öffentlich bezeugen wollte. In fast allen Abhandlungen über Paulus ist zu lesen, oft ohne nähere Erläuterung, dass Paulus in Tarsus als Sohn einer jüdischen Familie mit römischem Bürgerrecht geboren wurde. Wie sein Vater an dieses Bürgerrecht gekommen war, wird nicht gesagt. Man geht einfach davon aus, dass Paulus einer der wenigen angesehenen jüdischen Familien in Tarsus entstammte.[13]

Meiner Meinung nach ist es gar nicht so selbstverständlich, dass Paulus ein in Tarsus geborener Diasporajude war, dessen Familie seit geraumer Zeit bereits das römische Bürgerrecht besaß. Falls er tatsächlich aus einer angesehenen Familie stammte, hätte er sicherlich davon gesprochen, denn der Besitz des römischen Bürgerrechts war innerhalb der jüdischen Gemeinschaften in den griechisch-römischen Städten nur wenigen vorbehalten. Seine expliziten Äußerungen über Hebräer und Israeliten sind meines Erachtens darauf zurückzuführen, dass er sich seiner Herkunft aus ihrem Land bewusst war – nicht als Nachkomme von Juden, die schon vor langer Zeit ihr Land verlassen hatten, sondern als in Judäa oder Galiläa geborenes Kind, das irgendwann nach Tarsus gekommen war. Diese Annahme ist freilich spekulativ, da in den Texten aus dem 1. und 2. Jahrhundert keine entsprechenden Anspielungen zu finden sind. Sie beruht einzig und allein auf zwei Aussagen, die Hieronymus gegen Ende des 4. Jahrhunderts traf und die noch nicht einmal völlig übereinstimmen.[14] Im Jahr 388 schrieb dieser Kirchenvater in einem Kommentar zu Paulus' Brief an Philemon:

> Es heißt, dass die Eltern des Apostels Paulus aus Gischala stammten, einem Landstrich in Judäa, und dass sie, als die ganze Provinz von den Römern verwüstet wurde und die Juden sich über die Welt verbreiteten, nach Tarsus verbracht wurden, einer Stadt in Kilikien. Der junge Paulus teilte das Los seiner Eltern. Nun begreifen wir auch, was er von sich selbst sagt: „Sie sind Hebräer – ich auch. Sie sind Israeliten – ich auch. Sie sind Nachkommen Abrahams – ich auch." [2 Kor 11, 22] Und an anderer Stelle: „Ein Hebräer [geboren] von Hebräern", [Phil 3, 5] und an anderen Stellen wieder andere Dinge, die vermuten lassen, dass er eher ein Judäer denn ein Tarser war.[15]

Fünf Jahre später wiederholte Hieronymus diese „Enthüllung" noch einmal in einem Buch mit Biografien berühmter Persönlichkeiten. Dort erzählt der Kirchenvater:

> Der Apostel Paulus, der vorher Saulus hieß, nicht zur Zahl der zwölf Apostel gehörig, kam aus dem Stamm Benjamin und aus Gischala, einem Ort in Judäa; nachdem dieser von den Römern eingenommen worden war, wanderte er mit seinen Eltern nach Tarsus aus.[16]

Diese beiden Aussagen können natürlich als Fiktion beiseitegeschoben werden, da sie gut drei Jahrhunderte später als die Apostelgeschichte niedergeschrieben wurden und Hieronymus sich insofern nicht gut informiert zeigt, als er Gischala in seinem ersten Text als einen Landstrich bezeichnet, im zweiten dagegen als eine Stadt, die er noch dazu nicht in Galiläa, sondern in Judäa ansiedelt. Doch dann stellt sich die Frage, welches Interesse Hieronymus daran gehabt haben könnte, eine von der gängigen Auffassung abweichende Darstellung zu geben und sich auf eine offenbar schon alte Überlieferung zu stützen, der zufolge Paulus nicht in Tarsus, sondern in Gischala geboren wurde.[17]

Die Texte des Hieronymus werfen auch ein Licht auf Paulus' Geburtsdatum und seine ersten Lebensjahre. Über beides lässt sich nichts Sicheres sagen. Zwischen der frühesten Datierung seiner Geburt ins Jahr 6 v. Chr. und der spätesten ins Jahr 15 n. Chr. liegt eine Differenz von 20 Jahren. Sollte Paulus erst 15 n. Chr. zur Welt gekommen sein, wäre er um das Jahr 30, als Christus in Jerusalem gekreuzigt wurde, ein etwa 15 Jahre alter Junge gewesen, der sich zu jener Zeit dort aufgehalten hätte. Der 6 v. Chr. geborene Paulus wäre um diese Zeit ein Mann in den besten Jahren gewesen, der auf eine lange Ausbildung in Tarsus und in Jerusalem zurückblicken konnte. In diesem Fall wäre seine Bekehrung zum Glauben an Christus wenige Jahre später keine fixe Idee eines ungestümen Jugendlichen.

Meiner Meinung nach spricht alles für das frühere Geburtsdatum, im Jahr 6 v. Chr. oder kurz danach, weil dann all das, was Paulus selbst über seine Herkunft (und seine frühe Jugend) erzählt, in einen historischen Rahmen eingefügt werden kann, auch seine Bemerkung im Brief an Philemon (Vers 9) von 53, dass er ein *presbytés*, ein älterer Mann, sei. Er war damals ungefähr 59 Jahre alt.[18]

Hieronymus' Aussage, Paulus sei zusammen mit seinen Eltern in Gischala gefangen genommen und nach Tarsus verschleppt worden, passt gut zu den Geschehnissen des Jahres 4 v. Chr. Nach dem Tod Herodes' des

Großen, des Königs der Juden, brachen überall in Judäa und Galiläa Unruhen aus. Es herrschte Chaos. Laut Flavius Josephus, der die alte Geschichte der Juden und ihren Krieg gegen die Römer ausführlich dargestellt hat, hatte sich in diesem Jahr eine Reihe von machtgierigen Leuten zu Thronprätendenten aufgeworfen. Sie kamen aus den untersten Bevölkerungsschichten, waren Sklaven oder Schafhirten. Ihr Charisma oder ihre ansehnliche Erscheinung hatte ihnen Autorität und großen Zulauf verschafft. Plündernd und brandschatzend zogen sie als Räuber durch das Land und verursachten den Römern gewaltigen Ärger. Einer von ihnen war Judas, der Sohn des Ezechias, der lange Zeit Galiläa unsicher machte. Bevor er die Macht an sich zu reißen konnte, sandte Varus, der römische Statthalter von Syrien, ein Heer aus, um die Unruhen niederzuschlagen. Judas musste bald das Feld räumen. Römische Truppen nahmen die Stadt Sepphoris ein und legten sie in Schutt und Asche. Die Bewohner wurden von den Soldaten versklavt.[19]

Was mit ihnen geschah, ist schwer zu rekonstruieren, doch es ist wahrscheinlich, dass ein Teil der Gefangenen aus Sepphoris (und anderen Städten wie etwa Gischala, denen ein ähnliches Los widerfuhr) von den Soldaten auf einen der großen Sklavenmärkte verschleppt wurde. Der kleine Paulus, damals noch Saulus, wurde in diesem Fall zusammen mit seinen Eltern und vielen anderen Gefangenen im nächstgelegenen Hafen, Ptolemais (dem heutigen Akko im Norden Israels), an Bord eines Sklavenschiffes gebracht. Das Ziel dieses Schiffes wird Antiochia im Süden der heutigen Türkei gewesen sein, wo die Soldaten ihn und seine Eltern auf dem Sklavenmarkt an einen Händler verkauften, der sie dann in Tarsus feilbot.

Die Sklaverei war in der Antike ein als selbstverständlich betrachtetes Phänomen und der Mann, der Saulus und seine Eltern kaufte, höchstwahrscheinlich ein römischer Bürger, handelte nicht anders als viele seiner wohlhabenden Mitbürger. Er ließ sie dann nicht auf seinen Latifundien schuften – das Schicksal der meisten Sklaven –, sondern nahm sie als Haussklaven in seine Familie auf. Anders als die Sklavenhalter auf dem Land ließ er sie ein menschenwürdiges Leben führen und der Abstand zwischen ihm und seinem „Besitz" verringerte sich mit der Zeit immer mehr. Irgendwann gelangte er dann zu der Überzeugung, dass Paulus'

Eltern ein besseres Los verdient hatten. Da der Vater dem Kriterium der Lex Aelia Sentia aus dem Jahr 4 n. Chr. genügte, wonach für eine *manumissio* (Freilassung) mit Zuerkennung des römischen Bürgerrechts ein Mindestalter von 30 Jahren vorgeschrieben war, stand der Freilassung nichts mehr im Wege; mit ihr ging der Status des Besitzers auf seinen vormaligen Sklaven über. So erhielt Paulus' Vater das römische Bürgerrecht, das er an seinen Sohn vererbte. Vermutlich erhielt er damals auch den lateinischen Namen Paulus, der dem hebräischen Namen Saulus besonders nahekam.[20] So lässt sich die Bemerkung in Apostelgeschichte 22, 27–28 erklären, dass Paulus durch Geburt das römische Bürgerrecht besaß.

Paulus in Tarsus

In seinen jungen Jahren in Tarsus verkehrte Paulus wahrscheinlich hauptsächlich in jüdischen Kreisen. Zu Hause und in der Schule lernte er, wie er sich als Jude in der Diaspora inmitten von Bürgern zu verhalten hatte, die in den alten griechischen Traditionen aufgewachsen waren. Von seinen Lehrmeistern bekam er zu hören, dass die Juden die Götter der Griechen ablehnten, was sie zu Außenseitern machte. Die Griechen konnten nicht verstehen, dass die Juden nur einen Gott hatten, der noch dazu unsichtbar und ungreifbar war und nicht einmal im Tempel von Jerusalem abgebildet werden durfte. Ihre eigenen Götter wurden dagegen in all ihrer Schönheit dargestellt. Mindestens genauso merkwürdig fanden sie es, dass die Juden freiwillig Jahr für Jahr Steuern für die Instandhaltung des Tempels in Jerusalem zahlten. Es war für sie auch unbegreiflich, dass die Juden Pilgerreisen nach Jerusalem unternahmen, um den Tempel, das Haus des „lebendigen Gottes“, besuchen zu können. Ebenso wurde ihnen nachgetragen, dass sie Nichtjuden als die „anderen“ bezeichneten und dafür sogar den griechischen Begriff *ta ethné* (die Völker) verwendeten. Damit gaben sie zu erkennen, dass sie sich als auserwähltes Volk deutlich von den anderen Menschen unterschieden, denen sie tagtäglich auf der Straße begegneten.

Mit zunehmendem Alter trat Paulus immer weiter aus dem jüdischen Milieu heraus. Mehr und mehr wurde ihm bewusst, dass Tarsus doch vor allem eine griechische Stadt war. Er sah die Tempel der olympischen Götter, aber auch die Heiligtümer der Götter, die aus Kleinasien oder Ägypten in die Stadt gekommen waren. Er stand jetzt häufiger in Kontakt zu Nichtjuden, wahrscheinlich auch, weil er die griechischen Akademien besucht haben dürfte. Der griechische Geograf Strabon, der Tarsus zur Zeit des Kaisers Augustus besuchte, bemerkte, dass die Philosophenschulen in dieser Stadt einen ausgezeichneten Ruf hatten und sich sogar mit denen in Athen und Alexandria messen lassen konnten.[21] Wir dürfen also annehmen, dass die Philosophie auch in Paulus' Studienprogramm ihren Platz hatte. Der Schwerpunkt lag wahrscheinlich auf dem Stoizismus, einer damals unter jungen Leuten sehr populären philosophischen Strömung, die Antworten auf die Probleme in der griechisch-hellenistischen Welt gab. Der Kerngedanke, dass die Entwicklung der Welt einem göttlichen Plan folgt und dass in jedem Menschen ein Funke der göttlichen Intuition glüht, der ihn diesen höheren Plan ergründen lässt, sprach die jungen Menschen an.

Tarsus war somit für den jungen Paulus der ideale Ort, um Eindrücke zu sammeln, die ihm in seinem späteren Leben von Nutzen sein konnten. Dort wurde er sich darüber bewusst, dass er ein Jude war, der in einer komplexen, von Griechen und Römern dominierten Welt seinen Weg finden musste. Die griechisch-hellenistische Kultur war überall sichtbar und die Römer hatten das Sagen. Paulus war ein Mann dreier Welten, von denen die jüdische nur dann mit den beiden anderen verknüpft werden konnte, wenn er das traditionelle orthodoxe Gedankengut aufgab. Auf der Schwelle zum Erwachsensein stand er vor der Wahl, ob er in der jüdischen Gemeinschaft das Leben seiner Vorfahren führen wollte oder ob er sich an die Sitten und Gebräuche der übrigen Bewohner von Tarsus anpassen sollte. Er befand sich in einer schwierigen Situation, da Druck von zwei Seiten auf ihn ausgeübt wurde. Die orthodoxe jüdische Gemeinschaft wollte ihn in ihren Reihen halten, die hellenisierten Juden – und davon gab es viele in einer griechischen Stadt wie Tarsus – wollten ihn dagegen dazu bewegen, dem konservativen jüdischen Milieu den Rücken zuzukehren.

Paulus steckte noch in diesem Dilemma, als er vermutlich um 15 n. Chr. beschloss, die Suche nach seiner Identität, seinem Platz im komplizierten Zusammenleben von Griechen, Römern und Juden, mit einem Besuch der Stadt zu vertiefen, in der das Judentum am sichtbarsten war, wo aber auch der Streit zwischen Orthodoxie und Assimilation noch immer wütete: Jerusalem.

Die Stadt des Herodes

Zweifellos war es für Paulus ein tief greifender Entschluss, seinen Eltern Lebewohl zu sagen. Er verließ die vertraute Umgebung einer Provinzstadt, um für lange Zeit in einer Stadt mit einer reichen Geschichte und einer anderen dominanten Kultur zu leben, wo das kleinste Ereignis dazu führen konnte, dass sich die immer vorhandenen Spannungen entluden. Für einen Juden, der die Gesetze der Vorväter befolgen wollte, war Jerusalem jedoch das Ziel seiner Wünsche.

Paulus machte sich gut vorbereitet auf den Weg. Von Mitbürgern, die in Jerusalem gewesen waren, hatte er gehört, dass es verschiedene Möglichkeiten gab, dorthin zu kommen. Er konnte im Hafen von Tarsus an Bord eines kleinen Küstenschiffes gehen, das mehrere Häfen, Sidon vielleicht und Tyrus, ansteuerte, bevor es im großen Hafen von Caesarea anlegte, von wo aus Jerusalem nicht mehr weit entfernt war. Auch eine kombinierte Reise war möglich. In diesem Fall folgte er der Straße nach Antiochia und buchte in der Hafenstadt Seleukia die Überfahrt auf einem Schiff nach Caesarea. Ich denke allerdings, er wird das Meer außer Acht gelassen haben und dem Beispiel vieler Pilger gefolgt sein, die Jahr für Jahr nach Jerusalem reisten, um dort das jüdische Paschafest zu feiern: Er wird den Landweg genommen haben, und zwar nicht in einem Wagen, sondern zu Fuß. Für den jungen Paulus, einen Mann in der Blüte seines Lebens, können die 800 Kilometer kein Problem gewesen sein. Wenn wir annehmen, dass er im Schnitt täglich 20 Kilometer zurücklegte, wird er für die Reise nach Jerusalem sechs Wochen gebraucht haben. Er durchwanderte die kilikische Ebene, um zur syrischen Pforte – einem Pass durch das Amanusgebirge – zu gelangen; von dort lief er nach Antiochia am Orontes hinunter. Schließlich ging es über hügeliges Gelände nach Süden. Sein Weg führte ihn größtenteils über

Straßen, die die Römer angelegt hatten, um ihre Truppen schnell in Regionen aussenden zu können, in denen Unruhen ausgebrochen waren. Sie wurden jedoch auch von Handelskarawanen genutzt, von einzeln reisenden Händlern und vielen anderen, die ihre Reise aus den verschiedensten Gründen angetreten hatten.

Je mehr er sich Galiläa und Judäa näherte, desto deutlicher wird ihm aufgefallen sein, dass mancherorts kaum noch etwas an die alten biblischen Geschichten erinnerte, von denen er in der Toraschule erfahren hatte. Vieles von dem, was jahrhundertelang den Orten ihre Prägung verliehen hatte, war durch die großen Monumente der Makedonen, Griechen und Römer verdrängt worden. Spätestens, als er Caesarea erreichte, die von Herodes angelegte Hafenstadt, muss er sich gefragt haben, ob er tatsächlich im Land seiner Vorväter unterwegs war.

In Tarsus war ihm beigebracht worden, dass die Geschichte der Juden weiter zurückreichte als die der anderen Völker. In den Geschichtsbüchern der Juden, in denen Geschichtsschreibung und Erzählkunst miteinander vermischt waren, hatte er gelesen, dass ihre Herkunft bis in die graue Vorzeit zurückverfolgt werden konnte – bis auf Erzvater Abraham, der auf Geheiß Gottes aus Ur in Mesopotamien ins gelobte Land Kanaan gekommen war. Dort hatten er, sein Sohn Isaak und sein Enkelsohn Jakob an verschiedenen Orten gelebt. Als eine Hungersnot über das Land hereinbrach, zogen Jakob und seine zwölf Söhne nach Ägypten. Zunächst wurden sie dort freundlich aufgenommen, doch nach einiger Zeit änderten die Ägypter ihre Haltung und versklavten die Nachkommen Jakobs. Für eine lange Zeit, vielleicht über vier Jahrhunderte, blieben sie in ägyptischer Gefangenschaft. Dann befreite Gott sie aus der Sklaverei und berief Mose, sie in ihr Land zurückzuführen. Mose starb, bevor er das gelobte Land erreichte, doch sein Nachfolger Josua führte sein Volk nach Kanaan. Er verwüstete die Städte, tötete die Bewohner und nahm das Land in Besitz. Zu dieser Zeit traten die Juden zum ersten Mal als „Volk" auf, auch wenn damals noch von zwölf gesonderten Stämmen gesprochen wurde. Als sie gegen Ende des 2. vorchristlichen Jahrtausends von Nachbarvölkern und Stämmen, die bereits zuvor in Palästina gelebt hatten, angegriffen wurden, stellten sie sich unter charismatische religiöse Führer, die „Richter", die nicht nur im Kampf gegen die Feinde die Führung übernahmen, sondern die Israeliten auch dazu anhielten, die Gebote Gottes zu befolgen. So ist es zumindest im Tanach zu lesen.

Vor allem über Jerusalem wird Paulus sich gewundert haben. Von seinen jüdischen Lehrmeistern hatte er viel über die Stadt Davids und Salomos gehört und über die sehr weit zurückreichende Geschichte der Stadt war er bestens informiert. Ihre Anfänge gehen bis mindestens ca. 1800 v. Chr. zurück, denn schon in einem ägyptischen Ächtungstext aus dieser Zeit ist der Name Jerusalem zu lesen. In der Bibel kommt der Name erst später vor. Die erste Erwähnung dieses Namens findet sich im Buch Josua (10, 1); im weiteren Verlauf des Textes wird die Stadt Jebus genannt. In 2 Samuel 5, 7 wird die Stadt, die David (vermutlich zu Beginn des 10. Jahrhunderts v. Chr.) eroberte und zur Hauptstadt des Bündnisses der zwölf Stämme, die unter seiner Macht standen, erhob, als Sion bezeichnet. Sogleich setzte der junge König ein großes Bauprogramm in Gang und erweiterte die kleine Stadt, die bis dahin ein Areal von nicht mehr als fünf Hektar belegt hatte, in nördlicher Richtung zum Tempelberg hin.

Den Erzählungen im ersten Buch der Könige zufolge hatte Davids Sohn und Nachfolger Salomo die Grenzen der Stadt noch weiter nach Norden verlegt und ihr zu einem weltstädtischen Charakter verholfen. Jerusalem wurde zur Hauptstadt eines prosperierenden Reiches, das sich von den Grenzen Ägyptens bis über Damaskus und vom Mittelmeer bis über den Jordan hinaus erstreckte. Durch den Bau des Tempels in Jerusalem, in dem alle Gottesdienste gehalten wurden, trug Salomo erheblich zur weiteren Entwicklung des Gedankens bei, dass JHWH der einzig wahre Gott war. Binnen acht Jahren wurde der Bau des Heiligtums vollendet. Der Tempel war sowohl eine königliche Kapelle als auch ein Nationalheiligtum. Ein großer Teil des Baumaterials, vor allem Zedernholz, wurde von König Hiram von Tyrus geliefert. Das Heiligtum wurde von 30 000 Arbeitern aus Israel und Phönizien erbaut. Zusammen mit dem beeindruckenden Palastkomplex machte der Tempel Jerusalem in der ganzen Welt des Nahen Ostens berühmt.

Paulus wusste, dass sich in den letzten Jahren von Salomos Regentschaft Gegensätze zwischen dem Norden und dem Süden aufgetan hatten und dass das Reich nach dessen Tod in zwei selbstständige Staaten zerfallen war: das kleine Königreich Juda mit der Hauptstadt Jerusalem und das

Die Westseite des alten Jerusalem mit der Klagemauer; im Hintergrund ist die al-Aqsa-Moschee zu sehen (Foto: Jan Janus)

fruchtbare und dichter bevölkerte Israel mit der Hauptstadt Samaria. Als Reaktion auf die fremden Einflüsse, denen insbesondere Israel ausgesetzt war, waren Propheten hervorgetreten; von JHWH inspiriert, mahnten sie das Volk und die Könige, sich an die Gebote ihrer Vorväter zu halten, und schilderten das Unheil und die Katastrophen, die JHWH andernfalls über sie kommen lassen werde. Doch auch sie hatten den Niedergang des Nordens nicht aufhalten können. Die Assyrer hatten die Hauptstadt Samaria eingenommen und einen Teil der Bevölkerung deportiert. Juda aber sollte noch mehr als ein Jahrhundert lang fortbestehen; in dieser Zeit der religiösen Vertiefung nahmen monotheistische Gedanken weiter Gestalt an. 587 v. Chr. wurde auch diesem Reich ein Ende gesetzt. Der babylonische König Nebukadnezar griff Jerusalem an, verwüstete die Stadt, machte den Tempel dem Erdboden gleich und führte einen Teil der Bevölkerung in die Gefangenschaft nach Babylon.

Der Prophet Jeremia hatte vorhergesagt, die Babylonische Gefangenschaft werde 70 Jahre dauern (Jer 25, 11–12; 29, 10), doch bereits nach 50 Jahren fiel der persische König Kyros in Babylon ein, schuf klare Verhältnisse und entließ die Juden aus der Gefangenschaft. Die einen kehrten nach Jerusalem zurück und bauten den von den Babyloniern verwüsteten Tempel wieder auf, die anderen entschieden sich, in Babylon zu bleiben. Die 50 Jahre der Babylonischen Gefangenschaft waren für den jüdischen Monotheismus von entscheidender Bedeutung. Inmitten der Götzenbilder, von denen sie umgeben waren, kamen die Juden mehr denn je zu der Überzeugung, dass es im ganzen Universum nur *einen* Gott gab. Er lenkte die Welt nach seinem Plan. Er hatte bestimmt, dass die Juden in die Verbannung geschickt wurden, und Er hatte dafür gesorgt, dass Kyros sie daraus befreite.

Unter der Leitung eines uns unter dem Namen Serubbabel bekannten Statthalters wurde mit dem Wiederaufbau des Tempels begonnen, der größer werden sollte als der Salomos. Nach der Grundsteinlegung, einem für die Juden sehr emotionalen Ereignis, wollte es mit den Bauarbeiten jedoch nicht so recht vorangehen. Auch die folgenden Anläufe führten nicht sehr weit. Erst unter König Herodes sollte der Tempel Gestalt gewinnen.

Das Erste, was Paulus von Jerusalem sah, waren die dicken Stadtmauern – das Ergebnis einer unter Herodes durchgeführten umfangreichen Restaurierung. Im Jahr 40 v. Chr. war er, zum großen Unmut der Juden, von den Römern zum König über Judäa ernannt worden. Die meisten Einwohner Jerusalems hatten sich seiner Machtübernahme heftig widersetzt, doch ihr Widerstand war unerbittlich niedergeschlagen worden. Herodes hatte einen Belagerungsring um die Stadt gelegt und nach 55 Tagen schleiften seine Stoßtruppen die Mauern von Jerusalem und zogen in einem alles vernichtenden Sturmlauf durch die Stadt. Gebäude wurden dem Erdboden gleichgemacht, und was noch stehen geblieben war, wurde in Asche gelegt. Das verwüstete Jerusalem bot einen schlimmen Anblick. Viele Bewohner wussten nicht mehr ein noch aus, sie ließen alles zurück und flohen aus der Stadt.

Herodes war nicht nur ein harter Kriegsherr, der mit rücksichtsloser Gewalt seine Feinde über die Klinge springen ließ, er war auch ein Mann mit einem guten Auge für architektonische Schönheit. Er hoffte, die Juden milder stimmen zu können, indem er ihre Stadt auf eine Weise wiederaufbaute, die selbst seine erbittertsten Gegner verstummen ließ, und er machte sich gleich ans Werk. Jahraus, jahrein waren Tausende Arbeiter an verschiedenen Orten in der Stadt zugange. Als Herodes 4 v. Chr. starb, hatte er sein Ziel erreicht und eine neue Stadt entstehen lassen, die Freund und Feind Bewunderung ablockte.

Innerhalb der hohen Mauern waren es vor allem drei monumentale Gebäude, die die Aufmerksamkeit auf sich zogen: der Palast des Herodes, die Burg Antonia und der Tempel. Der Palast und die Burg dienten den persönlichen Belangen des Königs, der Tempel war ein Geschenk des Herodes an die Juden.

Von der Straße aus, die von Damaskus nach Jerusalem führte, konnte Paulus die gewaltigen Bauwerke schon von Weitem sehen. Welche Gedanken sie in ihm hervorriefen, wissen wir nicht, denn seine Ansichten über die Architektur von Jerusalem hat er nie kundgetan. Emotionale und bewundernde Äußerungen über die Pracht der Stadt sind bei anderen Autoren zu lesen. Keiner hat schönere Worte für die eindrucksvollsten Prachtbauten Jerusalems gefunden als Flavius Josephus, der die Stadt wie kein anderer kannte. Er wurde um das Jahr 37 in eine sehr respektierte Familie hineingeboren. Väterlicherseits entstammte Joseph ben Mattatias, so lautete sein richtiger Name, einem alten Priestergeschlecht, mütterlicherseits dem königlichen Geschlecht der Hasmonäer, die im 2. Jahrhundert v. Chr. einen eigenständigen jüdischen Staat gegründet hatten. Ein bescheidener Mensch war er nicht; er erzählt von sich, dass er bereits als vierzehnjähriger Junge von den Hohepriestern und Ersten der Stadt aufgesucht wurde, „um eine scharfsinnige Auslegung des Gesetzes von mir zu hören".[22] Als Sechzehnjähriger ging er bei den Pharisäern, den Sadduzäern und den Essenern in die Lehre, den Vertretern der drei wichtigsten religiösen Strömungen (siehe S. 50). Danach sagte er der bewohnten Welt Lebewohl und zog sich für einige Jahre in die Wüste zurück, um über seine Zukunft nachzudenken. Zurück in Jerusalem stieg er rasch immer höher in der politischen Hierarchie auf. Als die Juden sich 66 gegen die Römer erhoben, wurde er Befehlshaber der Truppen in Galiläa.

Zu Anfang konnte er einige Erfolge verbuchen. Gegen das große Heer, mit dem Vespasian aus Syrien heranrückte, vermochte er jedoch nichts auszurichten und er musste sich in die Stadt Jotapata zurückziehen. Nach einer längeren Belagerung waren er und seine Männer gezwungen, sich den Römern zu ergeben. In dieser Situation zeigte er sich von seiner schlechtesten Seite. Mit 40 anderen war es ihm gelungen, unbemerkt zu entkommen und sich in einer Höhle zu verstecken, die aber nach einigen Tagen entdeckt wurde. Alle beschlossen, kollektiv Selbstmord zu verüben und so vorzugehen, wie wohl schon viele verzweifelte Menschen vor ihnen: Sie zogen Lose; Nummer zwei sollte Nummer eins töten, Nummer drei Nummer zwei usw. Als Josephus mit nur noch einem Mann übrig war, überredete er ihn dazu, sich gemeinsam mit ihm für das Leben zu entscheiden und den Römern zu ergeben. Zunächst schien es bis zu seiner Hinrichtung nur eine Frage der Zeit zu sein, doch nachdem er dem römischen Befehlshaber Vespasian Auge in Auge gegenübergetreten war und ihm die Kaiserschaft vorhergesagt hatte, konnte er dessen Vertrauen gewinnen. Vespasians Sohn Titus, der Jerusalem nach einer langen Belagerung eroberte, nahm ihn in seinen Beraterkreis auf. Als sein Freund begleitete Josephus ihn nach Rom, wo er sich unter dem Schutz der kaiserlichen Familie bis zu seinem Tod um das Jahr 100 der Geschichtsschreibung widmete. Jerusalem sah er nie mehr wieder.

In seinen beiden großen Geschichtswerken, *Der jüdische Krieg* und *Jüdische Altertümer*, kommen das alte und das neue Jerusalem wiederholt zur Sprache. Josephus lässt seinen Gefühlen freien Lauf. So sehr er Herodes auch verachtete, über die Bauten, die ihm zu verdanken waren, fand er nur rühmende Worte. Wenn er auf den Königspalast zu sprechen kommt, wird er lyrisch. Er beginnt seine Darstellung mit der Feststellung, dass er keinem anderen Palast der Welt an luxuriöser Ausstattung nachstand. Darauf folgt ein langer Lobgesang auf den Palastkomplex:

> Er war von einer dreißig Ellen hohen Ringmauer umgeben, die in gleichen Zwischenräumen reichverzierte Türme trug, und hatte große Speisesäle und Ruhebetten für Hunderte von Gästen. Ohnegleichen war die Mannigfaltigkeit sonst überall seltener Steine, und die Saaldecken bildeten hinsichtlich der Länge der Balken und der Pracht der Verzierungen wahre Wunderwerke. Gemächer hatte der Palast in vielfachem

> Wechsel der Formen, alle vollständig eingerichtet, die meisten Zimmergeräte von Silber und Gold; ferner eine große Anzahl ineinander verschlungener kreisförmiger Galerien mit jeweils verschieden angeordneten Säulen. Die unter freiem Himmel liegenden Teile prangten überall im Grünen. Da gab es vielgestaltige Parkanlagen mit langen, sie durchschneidenden Wegen; nahe dabei tiefe Wasserbecken und überall Teiche mit bronzenen Wasserspielen, durch die das Wasser ausströmte; an den Wasserläufen viele Türmchen für zahme Tauben.[23]

Josephus schließt seine Beschreibung mit der Bemerkung ab, es sei schmerzhaft, daran zurückzudenken, denn von dem Palast seien nur noch schwarz versengte Trümmer übrig geblieben. Während des Aufstands der Juden gegen die Römer, der 66 begonnen hatte, war er von den Aufständischen in Brand gesteckt und völlig verwüstet worden.

Das gleiche Schicksal widerfuhr der Burg Antonia, einer weiteren architektonischen Glanzleistung. Freund und Feind stimmten darin überein, dass Herodes sich hier in bester Weise präsentiert hatte. Das Bollwerk lag auf einem 50 Meter hohen Felsen, der von oben bis unten durchgehend mit großen Steinplatten verkleidet war – nicht nur aus ästhetischen Gründen, sondern auch, damit keine Feinde den somit abgeflachten Felsen hinaufklettern konnten. Die von einer hohen Mauer umschlossene Burg mit ihren vielen Räumen, Säulengängen, Bädern und Innenhöfen war so schön gestaltet, dass sie einem Palast glich. In der Burg war ständig eine Truppeneinheit stationiert. Auf den geräumigen Innenhöfen konnten die Soldaten ihre Zelte aufschlagen. Der ganze Tempelbezirk ließ sich von hier aus kontrollieren; wenn Gefahr drohte, konnten die Soldaten über zwei Treppen unmittelbar zu den zwei Säulengängen des Tempels hinabsteigen.

Die architektonische Schönheit dieser beiden Monumente und des nahe gelegenen Theaters und Amphitheaters können Paulus nicht entgangen sein, doch sein Interesse galt natürlich vor allem dem Tempel. Er kannte die lange Vorgeschichte dieses Bauwerks und wusste, dass das Volk Israel Jahr für Jahr viele Male im ersten Tempel zusammengekommen war. Er wusste auch, dass Herodes den Juden gut 500 Jahre nach der Zerstörung dieses Tempels durch die Babylonier ein neues Heiligtum gegeben hatte, das selbst den Tempel Salomos in den Schatten stellte. Die

Jerusalem am Vorabend der Belagerung im Jahre 70

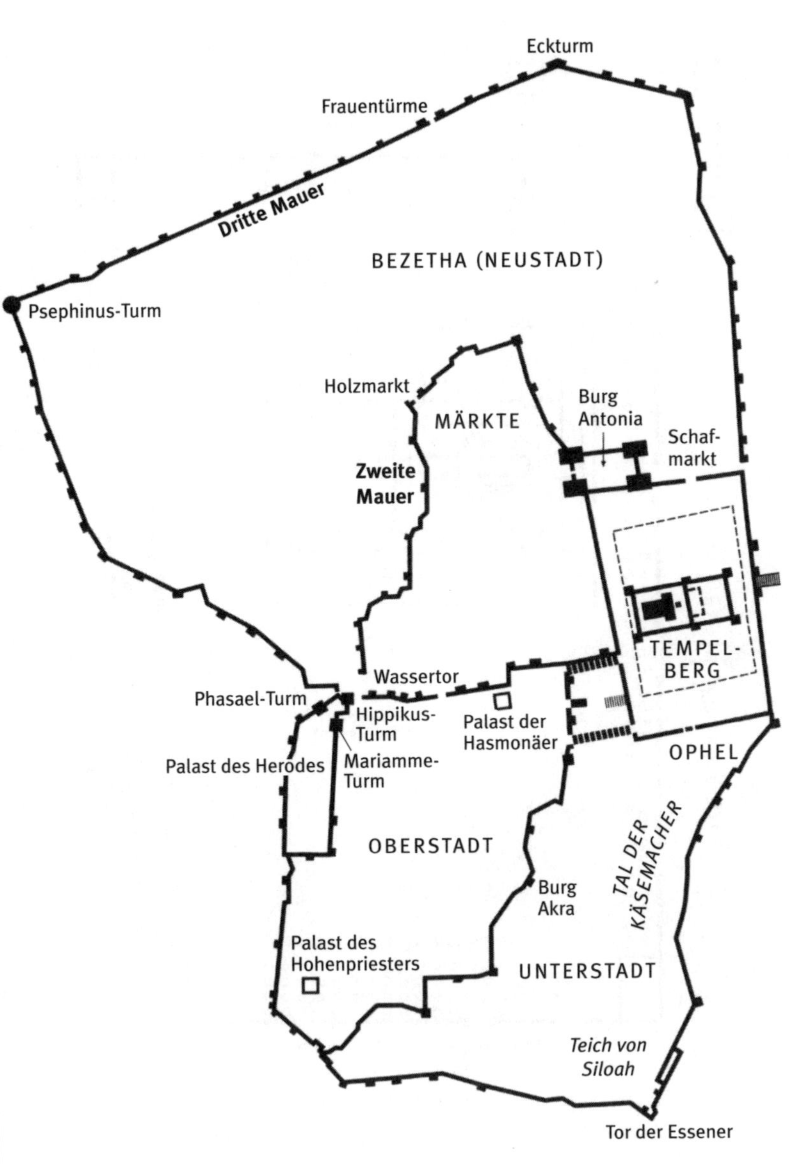

Der Tempelberg

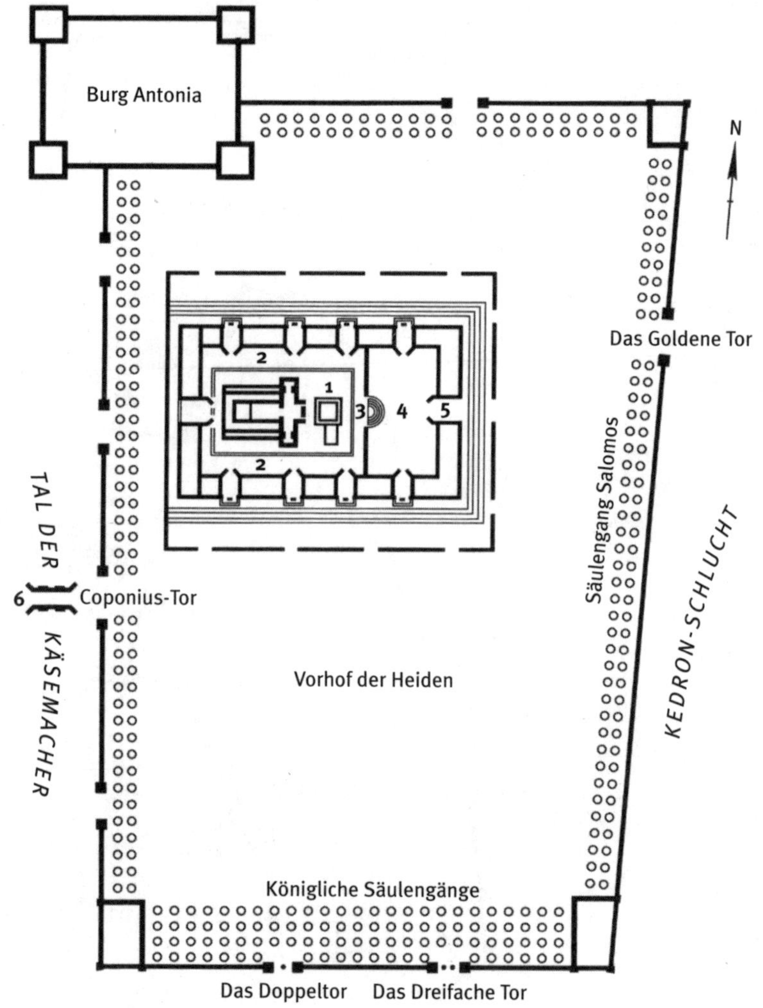

1 Brandopferaltar
2 Vorhof der Männer
3 Nikanor-Tor
4 Vorhof der Frauen
5 Das Schöne Tor
6 Brücke zum Xystus

ganze Antike hindurch, auch noch nachdem der Tempel im Jahre 70 von den Römern in Schutt und Asche gelegt worden war, war es eine geläufige Redewendung, zu sagen, dass dem, der den Tempel des Herodes nicht gesehen habe, das schönste Monument von allen entgangen sei.

Herodes war bereits 18 Jahre an der Macht, als er mit dem Wiederaufbau des Tempels begann. Der eigensinnige und auf Ehre und Ruhm bedachte König war fest davon überzeugt, dass die Vollendung dieses gewaltigen Bauwerks alle seine vorangegangenen Taten übertreffen werde und dass die Juden ihn dafür auf ewig ehren würden. Da er wusste, dass das Volk nicht leicht von einer solchen Unternehmung zu überzeugen war, hielt er eine Ansprache, um seinen Plan vorzubringen. Nach einem Hinweis auf die Bauprojekte, die er bereits realisiert hatte, ging er auf sein Vorhaben ein, einen neuen Tempel zu bauen. Für Flavius Josephus war der Tempel das gottesfürchtigste und prachtvollste Bauwerk überhaupt; Herodes legt er die folgenden Worte in den Mund:

> Dieser Tempel ist von euren Vorfahren dem höchsten Gotte erbaut worden, als sie aus Babylon zurückgekehrt waren. Doch fehlen ihm an seiner Höhe noch sechzig Ellen, um welche der früher von Salomon errichtete Tempel ihn überragte. Das ist aber nicht etwa dem Mangel an Frömmigkeit bei unseren Vorfahren zuzuschreiben; denn es stand nicht bei ihnen, dem Tempel die frühere Grösse zu geben. [...] Weil ich nun durch Gottes Gnade zur Regierung gelangt bin, einer langen Friedenszeit mich erfreue, grosse Reichtümer mir gesammelt habe, bedeutende Einkünfte beziehe und, was das Wichtigste ist, mit den Römern, den Herren der Welt, wie ich wohl sagen darf, in freundschaftlichem Verkehr stehe, so will ich mich bemühen, das, was unsere Vorfahren aus Not und weil sie unter fremder Herrschaft standen, nicht ausführen konnten, zu vollenden und dadurch Gott für die vielen Wohlthaten, die er mir während meiner Regierung erwiesen hat, frommen Dank zu erstatten.[24]

Für die Architekten war es eine fast unmögliche Aufgabe, da die Baumeister Salomos jeden Quadratmeter der Oberfläche des Tempelbergs bereits bebaut hatten. Herodes' Ratgeber werden ihn mit Sicherheit auf die zu erwartenden Schwierigkeiten hingewiesen haben, als er den Plan fasste, den Tempelberg auf das Doppelte zu vergrößern. Hunderttausende Steinblöcke wurden herbeigeschafft und um den Berg abgeladen. Tau-

Der Tempel des Herodes

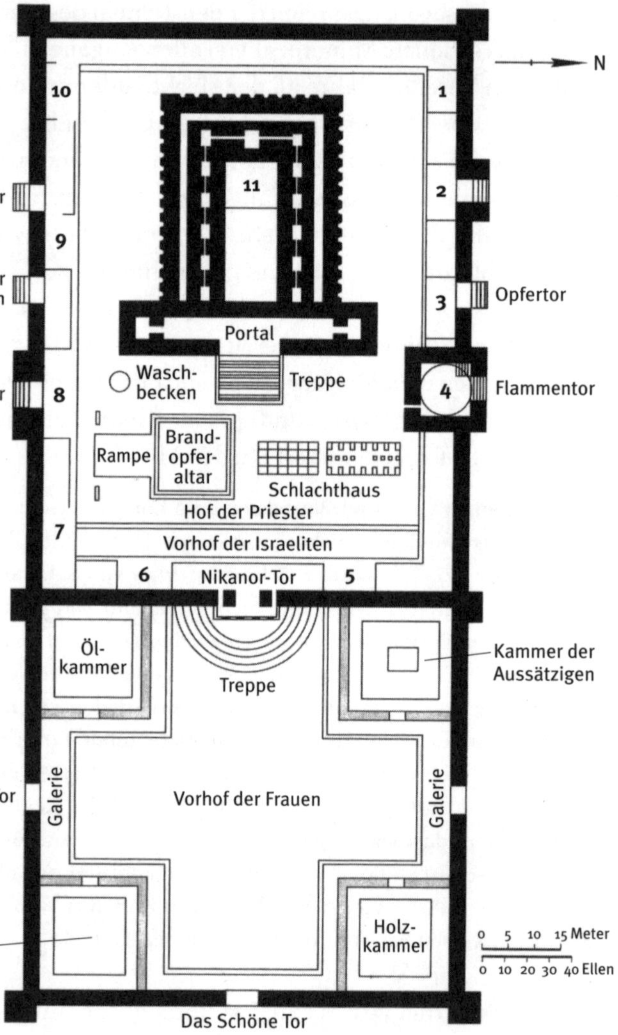

1 Salzkammer
2 Waschkammer
3 Parva-Kammer
4 Ofenkammer
5 Kammer des Pinehas
6 Kammer der Schaubrotbäcker
7 Steinkammer
8 Haus des Abtinas
9 Golah-Kammer
10 Holzkammer
11 Das Allerheiligste

sende Menschen waren damit beschäftigt, die um den Berg liegenden Schluchten, Spalten und Untiefen auszugleichen und mit einer gewaltigen Mauer einzuschließen, um ein mehr als 500 mal 300 Meter großes Gelände entstehen zu lassen, auf dem der Tempel, den Herodes sich vorstellte, gebaut werden konnte. Flavius Josephus ist voller Bewunderung für diese Leistung der Bauarbeiter:

> Beide Säulenhallen ruhten auf einer starken Mauer, die Mauer selbst aber war eines der grossartigsten Werke, von denen man je gehört hat. Denn sie stellte einen felsigen, steilen Hügel vor, der nach der Ostseite der Stadt hin allmählich sich bis zu seinem höchsten Gipfel erhob. Diesen Hügel umgab Salomon, unser erster König, auf Gottes Geheiss oben am Gipfel mit einer Mauer. Unten am Fusse aber, wo er nach der Südseite hin von einer tiefen Schlucht umgeben war, verschanzte er ihn mit gewaltigen, durch Blei untereinander verbundenen Felsblöcken, indem er inwendig immer einen kleinen Zwischenraum liess und damit bis in die Tiefe fortfuhr, sodass der ins Geviert gearbeitete Bau eine ungeheure Grösse und Höhe erhielt. Von aussen erblickte man die gewaltigen Felsblöcke, die von innen mit eisernen Klammern so fest ineinander gefügt waren, dass sie für alle Zeiten unaufhörlich verbunden schienen. Und als das ganze Werk bis zur Spitze des Hügels hinaufgeführt war, glättete er den Gipfel des letzteren, füllte die innerhalb der Mauer befindlichen Höhlungen aus und machte alle Teile der Oberfläche, die etwas noch hervorragten, völlig gleich und eben. Diese ganze Einfriedung hatte vier Stadien im Umfang, da jede Seite ein Stadion lang war.[25]

Jeder, der sich dem Tempelberg näherte, wurde von den Umrissen des gewaltigen, an den Seiten relativ niedrigen und in der Mitte hohen Komplexes überwältigt. Es gab mehrere hohe Eingangstore, deren Stürze die gleiche Höhe erreichten wie das Dach des Tempels in der Mitte. Sie waren mit buntfarbigen Vorhängen verziert, in die purpurne Blumen- und Säulenmotive eingewoben waren. Darüber, jedoch unter dem Kranzgesims, verzweigte sich ein goldener Weinstock mit hängenden Trauben.

Auf den Mauern des Tempelkomplexes stand eine doppelte Säulenreihe, die sich aus riesigen Monolithen aus weißem Marmor zusammensetzte, auf denen Dachbalken aus Zedernholz ruhten. Ein offener Innenhof war mit verschiedenen Steinsorten gepflastert. Durch eine Einfriedung wurde dieser Vorhof von einem zweiten Innenhof getrennt. In diese Einfriedung waren in griechischer und lateinischer Sprache die Reinigungsvorschriften eingemeißelt, um Nichtjuden davon abzuhalten, diesen Hof – das „Heilige" – über eine vierzehnstufige Treppe zu betreten. An der Süd- und Nordseite dieser inneren Einfriedung befanden sich drei Tore in jeweils gleichem Abstand zueinander. Auf der Seite des Sonnenaufgangs konnten die, die rituell gereinigt waren, zusammen mit ihren Frauen durch ein großes Tor das Innere betreten. Noch tiefer im Inneren befand sich ein Raum, der nur Priestern zugänglich war. Dort war der eigentliche Tempel zu finden und davor stand ein großer Altar, auf dem die Priester Gott Brandopfer darboten.

Nach der Vollendung des Tempels brachte das Volk seine Freude zum Ausdruck. Es feierte die Wiedererrichtung mit ausgelassenen Festlichkeiten. König Herodes opferte 300 Rinder und auch die anderen Menschen brachten Opfer dar, jeder nach seinen Möglichkeiten. Gut 30 Jahre später stand Paulus vor dem Tempel, voller Bewunderung für die architektonische Schönheit und erfüllt von dem Verlangen, das heilige Gebäude zu betreten. In diesem Augenblick konnte er noch nicht ahnen, dass sein Leben eine Wende nehmen und dass der Tempel als das Symbol des jüdischen Glaubens eine andere Bedeutung für ihn bekommen sollte.

Paulus' Suche nach seinem Weg im Judentum

Paulus war nach Jerusalem gekommen, um sich auf seine jüdischen Wurzeln zu besinnen. Er wollte sich bei den Schriftgelehrten in den alten Schriften der Juden unterweisen lassen. Er wusste, dass es verschiedene Interpretationen der heiligen Bücher gab. Die drei Hauptströmungen wurden von den Pharisäern, den Sadduzäern und den Essenern vertreten. Zwar hatte sich Paulus eingehend mit den Auffassungen dieser drei Schulen befasst, doch in seinen Briefen kommt er nicht darauf zurück. Einen summarischen Überblick über die Standpunkte der Vordenker dieser drei Strömungen bietet Flavius Josephus in *Der Jüdische Krieg*. Während er sich ausführlich über die Essener auslässt, werden den beiden anderen Glaubensrichtungen nur wenige Sätze geschenkt. Vielleicht glaubte er, dass die Essener seinen nichtjüdischen Lesern weniger vertraut waren als die beiden anderen Strömungen und deshalb etwas eingehender behandelt werden sollten.

Bemerkenswerterweise werden die Essener weder bei Lukas noch bei Paulus erwähnt, obgleich sie Josephus zufolge sehr verehrungswürdig waren. Sie beachteten Regeln, die von Eintracht und einem großen Gefühl der Zusammengehörigkeit zeugen. Sie lebten in über Judäa und Galiläa verstreuten Kolonien und wurden in allen Gemeinschaften, die sie auf ihren Reisen besuchten, mit offenen Armen empfangen. Die Mitglieder dieser religiösen Gruppe gingen freundschaftlicher miteinander um als die der anderen Sekten. Kennzeichnend für ihre Lebensweise war die Genügsamkeit; sie hielten Sittsamkeit und die Beherrschung der Leidenschaften hoch. Vergnügen betrachteten sie als eine Quelle der Unruhe. Sie gingen keine Ehen ein, sie lebten zölibatär und adoptierten Kinder anderer Leute, solange diese noch klein genug waren, um für ihre Ideen empfänglich zu sein. Gegen die fleischlichen Lüste schirmten sie sich ab, da sie davon überzeugt waren, dass keine Frau einem Mann die Treue halten könne. Reichtum verachteten sie und keiner von ihnen besaß mehr als der andere. Aller Besitz lag in den Händen der Gemeinschaft.

Um ein vollwertiges Mitglied der Essener zu werden, musste man vier Phasen durchlaufen. Die Anwärter mussten in dieser Zeit Abstand zu den Mitgliedern halten, die bereits alle Initiationsphasen durchlaufen hatten, und durften sie nicht berühren. Vor und während ihrer Arbeit kamen sie regelmäßig zusammen, um Gott zu preisen. Sie beteten nicht nur Gott und die Engel an, sondern auch die Sonne. Jeden Morgen versammelten sie sich bei Sonnenaufgang und wandten das Gesicht nach Osten. Fast alles taten sie gemeinsam, doch wenn es um Barmherzigkeit ging, durften sie auf eigene Initiative handeln. Falls jemand eines Vergehens verdächtigt wurde, trat eine Versammlung aus mindestens 100 Menschen zusammen, um darüber zu urteilen.

Wie bei Josephus nachzulesen ist, hatten sie genaue Vorstellungen über das Leben nach dem Tod:

> Sie hegen den festen Glauben, daß der Körper zwar verwese und vergänglich sei, die Seele dagegen ewig fortlebe und daß sie, aus feinstem Äther stammend, durch einen natürlichen Reiz herabgezogen und in den Körper wie in ein Gefängnis eingeschlossen werde. Sobald die Seele aber von

> den Banden des Fleisches befreit sei, entschwebe sie, wie aus langer Knechtschaft erlöst, selig zur Höhe. Übereinstimmend mit den Griechen lehren sie, den Guten sei jenseits des Ozeans ein Ort beschieden, den weder Regen noch Schnee, noch Hitze belästige, sondern ein beständiger, vom Ozean her sanft wehender Zephyr kühle; den Bösen dagegen weisen sie eine finstere kalte Höhle voll ewiger Qualen zu. [...] Damit wollen sie zunächst die Unsterblichkeit der Seele feststellen, dann aber auch zur Tugend mahnen und vom Laster abschrecken, indem sie darauf rechnen, daß die Guten während ihres irdischen Lebens durch Hoffnung auf Belohnung nach dem Tode noch besser, die Anschläge der Bösen dagegen durch Furcht zunichte werden, da sie darauf gefaßt sein müssen, selbst wenn bei Lebzeiten ihre Taten verborgen bleiben sollten, doch im Jenseits ewiger Strafe zu verfallen. Diese Lehre der Essener über die Seele ist das Zauberband, durch das sie die, die einmal ihre Weisheit gekostet haben, dauernd an sich fesseln.[26]

Paulus hätte sich dieser Gruppe anschließen können. Das hätte seinen späteren christlichen Vorstellungen eine historische Grundlage gegeben, doch soweit wir wissen, hat er nicht versucht, sich diesen anzunähern, ebenso wenig wie der Gemeinschaft, die in Qumran in der Nähe des Nordwestufers des Toten Meeres eine Art religiöse Sekte bildete. Die Vorstellungen und die Lebensweise der gut 300 Mitglieder der Qumrangemeinschaft sind uns aus den Qumranschriften bekannt, die in der Mitte des vorigen Jahrhunderts gefunden wurden. In diesen „Schriftrollen vom Toten Meer" wurden unter anderem die Regeln dieser Lebensgemeinschaft aufgeschrieben, die denen der Essener ähnlich sind. Die Mitglieder bezeichneten sich als die Einzigen, die dem Gott Israels treu geblieben und deshalb von ihm auserwählt waren. Zweifel über die Richtigkeit ihrer Vorstellungen kannten sie nicht. Ihnen war die Bedeutung von Texten offenbart worden, die die Propheten noch nicht gekannt hatten. Der Bund, den Mose auf dem Berg Sinai mit Gott geschlossen hatte, war, so glaubten sie, in ihrer Gemeinschaft erneuert worden.

Auch zu den Sadduzäern, deren Lehre längst nicht so stringent war wie die der Essener, fühlte Paulus sich nicht hingezogen. Sie akzeptierten das, was in der Tora stand, nicht jedoch die mündlichen Überlieferungen, die neben den heiligen Schriften entstanden waren und zu bestimmten Glaubensvorstellungen geführt hatten. Den Sadduzäern zufolge war der

Mensch frei in seinem Tun und Lassen und auch die Wahl zwischen Gut und Böse war eine Sache des freien Willens eines jeden Einzelnen. Gott hatte mit der Willensbekundung des Menschen nichts zu tun. Er interessierte sich nicht dafür und konnte deshalb auch nicht für das Böse verantwortlich gemacht werden. Nach dem Tod blieb das große Nichts. Kategorisch verneinten die Sadduzäer den Fortbestand der Seele oder Belohnungen nach dem Tod. Josephus sagt ausdrücklich, dass sie vor allem unter den „besten Ständen" Anhänger hatten, bei der großen Masse waren sie unbeliebt.[27]

Paulus schloss sich, so schreibt er selbst, der dritten großen Strömung an: den Pharisäern. In einem Brief, den er viele Jahre später an die Philipper schrieb, berichtet er, dass er als Pharisäer nach dem Gesetz gelebt habe (Phil 3, 5). Während seines Aufenthalts in Jerusalem unterschrieb er ihre Vorstellungen, die auf einer genauen Exegese und Interpretation des Gesetzes Mose beruhten. Sie schrieben alles dem Schicksal und Gott zu. Sie glaubten zwar, dass es größtenteils an den Menschen selbst liegt, ob sie gut oder schlecht handeln, doch in allem spielte das Schicksal mit. Nach ihrer Auffassung war jede Seele unvergänglich, doch nur die Seele eines guten Menschen ging in einen anderen Körper über, während die Seelen der schlechten Menschen mit ewiger Verdammnis bestraft wurden.[28]

Ihre Hoffnungen richteten sich auf einen Messias, der das Gesetz richtig auslegen und Gottes Willen offenbaren werde. Dass Paulus, ein Jude mit römischem Bürgerrecht aus einer griechischen Stadt, sich den Pharisäern anschloss, war ein nachvollziehbarer Schritt, denn im Gegensatz zu den Sadduzäern lebten sie mit dem Rest der Gesellschaft in Eintracht. Da sie der Außenwelt mit offenen Augen gegenübertraten, wurden sie von den politischen Führern als Ratgeber geschätzt.

Einer der bedeutendsten Pharisäer in der Zeit, in der Paulus sich in Jerusalem aufhielt, war Gamaliël. Als Ausleger der Tora und Rechtsgelehrter stand er beim ganzen Volk in hohem Ansehen. Vermutlich fühlte Paulus sich stark zu ihm hingezogen, denn, als er geraume Zeit nach seiner Bekehrung, nachdem er bereits drei große Missionsreisen gemacht hatte, in Jerusalem gefangen genommen wurde, weil er Nichtjuden in den Tempel hineingeführt habe, begann er seine Verteidigungsrede mit der

Feststellung, er sei ein Jude aus Tarsus, der in Jerusalem erzogen und „zu Füßen Gamaliëls genau nach dem Gesetz der Väter ausgebildet" worden sei (Apg 22, 3). Es ist schon merkwürdig, dass der Verfasser der Apostelgeschichte diese Aussage aufgenommen hat, während Paulus selbst nur von seiner Geistesverwandtschaft mit den Pharisäern berichtet, Gamaliël aber in keinem seiner Briefe erwähnt. In seinem Brief an die Galater, worin er auch auf seine Zeit in Jerusalem zurückgreift, schreibt er nur, dass er es im Judentum viel weiter gebracht habe als viele seiner Zeitgenossen und dass er sich „mit dem größten Eifer" für die Überlieferungen seiner Väter eingesetzt habe (Gal 1, 14). Über sein Verhältnis zu Gamaliël schweigt er.

Paulus' erste Kontakte mit Christen: Stephanus

Paulus wurde von seinen Studien so in Beschlag genommen, dass die Botschaft Jesu, der in Galiläa und Judäa zu predigen begonnen hatte, völlig an ihm vorbeiging. Im Jahre 30 war nicht einmal die Nachricht vom Kreuzestod Jesu zu ihm durchgedrungen, zumindest verliert er kein einziges Wort darüber. Wie die meisten anderen Juden war er zu dem Zeitpunkt nicht wirklich an diesem Messias interessiert. Er befasste sich hauptsächlich mit dem Studium der Tora und zog daraus die äußersten Konsequenzen. Paulus' Verhalten in diesen Tagen lässt sich mit dem moderner ultraorthodoxer jüdischer Glaubensfundamentalisten vergleichen, die aus der westlichen Welt, häufig aus Amerika, nach Jerusalem kommen und sich jüdischer als jüdisch benehmen. Sie vertiefen sich in die alten Schriften und richten ihr Verhalten völlig danach aus. Sie sind unerbittlich, intolerant und nicht bereit, Kompromisse zu schließen. Alles, was nicht mit ihrer Interpretation der von Gott gegebenen Gesetze übereinstimmt, stößt auf heftigen Widerstand. Wird der Sabbat entweiht, ziehen sie lautstark protestierend durch die Straßen. Ihre unerschütterliche Geradlinigkeit prallt oft gegen die großzügigere Interpretation der Tora durch liberalere Juden. In diese Richtung müssen wir denken, wenn wir uns vorzustellen versuchen, wie der Diasporajude Paulus sich in Jerusalem verhielt. Später, nachdem er schon lange den Glauben an Christus angenommen hatte, rühmte er sich, dass er während seiner Suche nach seinem Weg im Judentum in seiner Geradlinigkeit von kaum einem anderen übertroffen wurde und dass er die Gesetze gewissenhaft befolgt hatte.

In den vergangenen Jahrzehnten ist immer wieder vorgebracht worden, es sei fast unmöglich, dass Paulus von der Kreuzigung Jesu nichts mitbekommen habe, da dessen Leidensgeschichte in Jerusalem in aller Munde gewesen sein müsse. Man setzt damit voraus, dass Jesu Hinrichtung das alles beherrschende Gesprächsthema war. Dabei wird jedoch vergessen, dass Jesus am Tag der Vorbereitungen auf das große jüdische Paschafest gekreuzigt wurde. Diese Vorbereitungen werden die Menschen viel mehr beschäftigt haben als der Leidensweg Jesu Christi. Die Hinrichtung Jesu war vor allem für seine Jünger ein Ereignis von großer Bedeutung, doch außerhalb des damals noch kleinen Kreises wurde kaum darüber gesprochen. Juden, die an der strikten Einhaltung des Gesetzes Mose festhielten, betrachteten die christliche Auffassung, der gestorbene und auferstandene Jesus sei der Messias, als subversiv. Sie erwarteten eine kraftvolle Erscheinung und Jesus war in ihren Augen nicht mehr als ein gekreuzigter gescheiterter Unruhestifter. Mit ihrer Botschaft, der Glaube an Jesus sei eine Bedingung, um gerettet zu werden, taten die ersten Christen nichts anderes, als die Grundlage des Gesetzes zu untergraben. Für die meisten Juden waren die Vorstellung von Jesus als dem Messias und die strenge Befolgung des Gesetzes einfach unvereinbar. Die Einhaltung des Gesetzes gehörte für sie zu den Absprachen, die sie mit JHWH getroffen hatten, als er einen Bund mit ihrem Volk schloss.

Während seines Studiums bei den Pharisäern zweifelte Paulus vermutlich nicht daran, dass die Ankunft des Messias noch lange auf sich warten lassen würde. Ob er seine Meinung damals öffentlich vertreten hat, wissen wir nicht, denn Lukas holt ihn erst kurz vor seiner Bekehrung aus der Anonymität. Er lässt ihn in einer vom Anfang bis zum Ende merkwürdigen Erzählung auftreten,[29] in der Stephanus die Hauptrolle spielt. Seine Geschichte muss im Kontext des Wachstums der jungen Christengemeinschaft gesehen werden. Die Anzahl der Jünger war schnell gestiegen, und es waren Spannungen zwischen den Hellenisten (zugewanderte griechischsprachige Juden) und den Hebräern (einheimische, aramäisch sprechende Juden) aufgetreten. Der Kernpunkt der Zwistigkeiten war die

Benachteiligung der Witwen der Hellenisten. Vermutlich hatten die Kläger das Recht auf ihrer Seite. Die Aktivitäten der Christen spielten sich um die Synagogen herum ab und es ist gut möglich, dass die aramäisch sprechenden autochthonen Juden die griechischsprachigen Frauen bei der Witwenversorgung übergingen. Die Apostel beriefen einen Ausschuss ein, der sich um diese Frage kümmern sollte. Einer dieser „sieben Diakone" war Stephanus (Apg 6, 1–6).

Dann nimmt Lukas' Bericht eine wunderliche Wendung. Von der Witwenversorgung ist keine Rede mehr, es geht nur noch um Stephanus als Glaubensverkünder. Er zog durch Jerusalem, predigte und tat Wunder – was längst nicht jedem gefiel. Die sogenannte „Synagoge der Libertiner[30] und Kyrenäer und Alexandriner und Leute aus Kilikien und der Provinz Asien" legten ihm Steine in den Weg (Apg 6, 9). Sie brachten „falsche Zeugen" bei, die ihn angeblich gegen Mose und Gott lästern gehört hatten. Auf Geheiß der Schriftgelehrten musste Stephanus vor dem Hohen Rat erscheinen.

Als der Hohepriester ihn fragte, ob es wahr sei, dass er gesagt habe, Jesus werde den Tempel zerstören und die Sitten und Gebräuche, die Mose die Juden lehrte, ändern, hielt Stephanus einen Vortrag über Mose und die falsche Sicht auf dessen Taten. Er plädierte für ein freieres Verständnis des Gesetzes Mose. Mit der Kritik am Tempeldienst wird er sich keine Freunde gemacht haben, denn mit seinen dem Buch Jesaja (66, 1–2) entnommenen Worten untergrub er den Glauben an die Tempelrituale:

> Der Himmel ist mein Thron und die Erde der Schemel für meine Füße. Was für ein Haus könnt ihr mir bauen?, spricht der Herr. Oder welcher Ort kann mir als Ruhestätte dienen? Hat nicht meine Hand dies alles gemacht? (Apg 7, 49–50)[31]

Die Rede des Stephanus ist die längste in der Apostelgeschichte. Er schließt seine eindrucksvolle Verteidigung mit einer Anklage gegen seine Richter und Ankläger ab, die an Deutlichkeit nichts zu wünschen übrig lässt:

> Ihr Halsstarrigen, ihr, die ihr euch mit Herz und Ohr immerzu dem Heiligen Geist widersetzt, eure Väter schon und nun auch ihr. Welchen der Propheten haben eure Väter nicht verfolgt? Sie haben die getötet, die die

> Ankunft des Gerechten geweissagt haben, dessen Verräter und Mörder ihr jetzt geworden seid, ihr, die ihr durch die Anordnung von Engeln das Gesetz empfangen, es aber nicht gehalten habt. (Apg 7, 51–53)

Stephanus ahnte, dass seine Worte den Zorn der Juden nur noch schüren würden. Kurz bevor die Gewalt nicht mehr gezügelt werden konnte und der Beschuldigte gesteinigt wurde (der Verfasser lässt offen, ob es sich bei der Steinigung um eine aus dem Ruder gelaufene Vollstreckung eines Todesurteils oder um eine spontane Lynchaktion der versammelten Meute handelte), rief Stephanus erfüllt vom Heiligen Geist: „Ich sehe den Himmel offen und den Menschensohn zur Rechten Gottes stehen." Seine Gegner erhoben ein lautes Geschrei, „stürmten gemeinsam auf ihn los, trieben ihn zur Stadt hinaus und steinigten ihn." Seine letzten Worte waren: „Herr, rechne ihnen diese Sünde nicht an!" (Apg 7, 54–60).

Ganz unvermittelt wird Paulus hier unter seinem jüdischen Namen Saulus in die Geschichte eingeführt. In wenigen Textzeilen wird nicht mehr erzählt, als dass die Steinewerfer ihre Kleider zu Füßen eines „jungen Mannes"[32] niederlegten, „der Saulus hieß". Und wenig später heißt es: „Saulus aber war mit dem Mord einverstanden" (Apg 7, 57–60; 8, 1). Warum er es war, sagt Lukas nicht, doch er suggeriert, dass Paulus als fanatischer Schriftgelehrter bei dieser Hinrichtung an der Seite der Gegner des Stephanus stand. Paulus lebte in dieser Zeit, wie er selbst später in seinem oben bereits zitierten Brief an die Philipper schrieb, „als Pharisäer nach dem Gesetz", verfolgte jedoch auch „voll Eifer die Kirche" (Phil 3, 6). Er war sich der unerbittlichen Härte, die er in dieser Zeit an den Tag gelegt hatte, bewusst, denn in seinem Brief an die Galater lässt er wissen, dass er „die Kirche Gottes [maßlos] verfolgte und zu vernichten suchte" und sich „mit dem größten Eifer" für die Überlieferungen seiner Väter einsetzte (Gal 1, 13–14).

Der Verfasser der Apostelgeschichte ließ Paulus sicherlich aus gutem Grund an dieser Stelle in Erscheinung treten. Er wusste, dass er einige Seiten später die große Veränderung im Leben des Christenverfolgers beschreiben würde. Indem er Paulus in die Steinigung einbezog, gab er seiner späteren Bekehrung eine tiefere Bedeutung. Es ist sogar nicht auszuschließen, dass die Umkehr in Paulus' Leben damit bereits begann. Während der Steinigung des Stephanus hatte er Bewunderung für dessen

Standhaftigkeit und Todesverachtung verspürt. Seine Worte hatten ihn berührt, das felsenfeste Gottvertrauen eines Märtyrers im Todeskampf hatte ihm zu denken gegeben. Unmittelbar nach der Steinigung wehrte er diese Gefühle noch ab; er konnte sie sich auch nicht eingestehen, dazu war die Distanz zwischen ihm und dem Märtyrer zu groß. Es wäre unglaubwürdig gewesen, wenn er in dieser Situation eine gewisse Anteilnahme am Leiden eines Christen gezeigt hätte. Um jeden Argwohn von vornherein auszuschließen, machte er sich mit noch größerem Eifer daran, als frommer Jude jeden Aberglauben zu beseitigen. Doch hinter diesem Fanatismus verbarg sich vielleicht ein Zweifel, der immer größer wurde und Paulus schließlich dazu brachte, seine Maske abzulegen.

Das Damaskuserlebnis

Da in der Beschreibung der Steinigung des Stephanus von gleichgesinnten Begleitern keine Rede ist, darf man wohl konstatieren, dass Paulus in diesen Tagen als Einzelner auftrat, beseelt von dem Wunsch, sich hervorzutun, sich von den übrigen Pharisäern abzuheben, die sich deutlich gemäßigter verhielten und vermutlich wenig oder nichts mit den Christenverfolgungen zu tun hatten. Allerdings hatte der Widerwille gegen die Christen außerhalb des Kreises der Pharisäer zu dieser Zeit schon solche Ausmaße angenommen, dass sie immer stärker verfolgt wurden, und dabei nahm auch Paulus eine Rolle ein. Er „drang in die Häuser ein, schleppte Männer und Frauen fort und lieferte sie ins Gefängnis ein“ (Apg 8, 3). Dass ihm (und den anderen Verfolgern) kurz vor und nach der Hinrichtung des Stephanus die systematische Ausrottung der Christen deutlich als Ziel vor Augen stand, wage ich zu bezweifeln. Lukas sagt explizit, dass die Mitglieder der christlichen Gemeinde in Jerusalem „in die Gegenden von Judäa und Samaria zerstreut [wurden], mit Ausnahme der Apostel“ (Apg 8, 1).

In dieser Phase seines Lebens scheint Paulus hauptsächlich von seinem Ehrgeiz getrieben worden zu sein, zu zeigen, dass er ein frommer Jude war, der nach dem Gesetz lebte. Hätte er beabsichtigt, die Christen wirklich zu bekämpfen, dann hätte er wahrscheinlich die zwölf Apostel ins Auge gefasst. Die ließ er jedoch unbehelligt. Stattdessen nahm er die einfachen Gläubigen außerhalb Jerusalems ins Visier, wobei wir vor allem an die griechischsprachigen christlichen Juden denken müssen, die Jerusalem verlassen und sich über Damaskus, Phönizien, Zypern und Antiochia verbreitet hatten. Sie erregten Paulus' Zorn, weil sie die in der Tora festgelegten Kernpunkte des jüdischen Glaubens unterminierten. Er wandte sich an den Hohepriester, der ihm Briefe an die Vorsteher der Synagogen in Damaskus ausstellte; sie sollten ihm helfen, die Christen in der Stadt aufzuspüren und festzunehmen, damit er sie als Gefangene nach Jerusalem bringen konnte.[33] Lukas spricht hier übrigens nicht von „Christen", er sagt: „die Anhänger des (neuen) Weges, Männer und Frauen" (Apg 9, 2). Auch später spricht er noch verschiedene Male vom „Weg zum Glauben" und legt diese Worte auch Paulus in den Mund.

Die Öffentlichkeit wird in dieser Zeit erwartet haben, dass Paulus sich zu einem gefürchteten Verfolger entwickeln würde. Er hoffte – oder täuschte die Hoffnung vor –, durch seinen Kampf gegen die christliche Gemeinde in Damaskus und danach gegen weitere Gemeinden das Wachstum des neuen Glaubens außerhalb Jerusalems zum Stillstand bringen und die Christen dort auf eine kleine, in sich geschlossene Sekte reduzieren zu können. Doch irgendwo auf dem Weg nach Damaskus verlor all das, was ihn bis dahin angetrieben hatte, seine Bedeutung.

Paulus/Saulus war von Jerusalem aus über Jericho durch das Jordantal zum See Genezareth gelangt. Danach hatte er den Jordan überquert und die Straße nach Damaskus genommen. Er war darauf vorbereitet, alsbald „Anhänger des Weges" aufzuspüren, doch kurz vor der Stadt wurde alles mit einem Mal anders. Ein „Licht vom Himmel" umstrahlte ihn. „Er stürzte zu Boden und hörte, wie eine Stimme zu ihm sagte: Saul, Saul, warum verfolgst du mich? Er antwortete: Wer bist du, Herr? Dieser sagte: Ich bin Jesus, den du verfolgst. Steh auf und geh in die Stadt; dort wird dir gesagt werden, was du tun sollst. Seine Begleiter standen sprachlos da; sie hörten zwar die Stimme, sahen aber niemand. Saulus erhob sich vom Boden. Als er aber die Augen öffnete, sah er nichts. Sie nahmen ihn bei der Hand und führten ihn nach Damaskus hinein" (Apg 9, 3–8).

In der Apostelgeschichte wird dieses Ereignis später noch zweimal zur Sprache gebracht. Zuerst in 22, 6–11. Paulus war kurz zuvor nach seiner dritten Missionsreise in Jerusalem eingetroffen und wurde von den Juden beschuldigt, Griechen in den Tempel mitgenommen zu haben. Als ihm der römische Tribun gestattet, zum wütenden Volk zu sprechen, erzählt er eine Version der Geschichte seiner Bekehrung, die sich in einem Punkt von der in Apg 9 unterscheidet: Seine Reisegefährten sahen zwar das Licht, hörten aber die Stimme des Herrn nicht. Und in Apg 26, 12–18 lässt Paulus den römischen Prokurator Festus und König Agrippa wieder eine andere Version der Geschichte hören: Ein Licht, heller als die Sonne, umstrahlte ihn und seine Begleiter. Alle stürzten zu Boden, doch nur er hörte eine Stimme, die auf Hebräisch zu ihm sprach.

Paulus selbst kommt in seinen Briefen dreimal auf dieses wundersame Geschehnis zurück. An die Galater schreibt er:

> Als aber Gott, der mich schon im Mutterleib auserwählt und durch seine Gnade berufen hat, mir in seiner Güte seinen Sohn offenbarte, damit ich ihn unter Heiden verkündige, da zog ich keinen Menschen zu Rate; ich ging auch nicht sogleich nach Jerusalem hinauf zu denen, die vor mir Apostel waren, sondern zog nach Arabien und kehrte dann wieder nach Damaskus zurück. (Gal 1, 15–17)

In seinem ersten Brief an die Korinther verweist Paulus zweimal darauf, dass Jesus Christus ihm erschienen ist, um sich als Apostel zu legitimieren.[34] Da Paulus jedoch nicht detailliert auf seine Vision eingeht, können wir nur Vermutungen darüber anstellen, was genau er sah und hörte.

Von einer Bekehrung im traditionellen Sinne des Wortes kann man jedenfalls wohl kaum sprechen. Sein Beitritt zum christlichen Glauben war nicht das Ergebnis eines Lernprozesses oder die unmittelbare Folge einer inspirierenden Ansprache eines Jüngers Christi. Er pflegte ja keine Kontakte zu Christen, die ihn hätten belehren können. Sein Wandel war radikal, der ihn von einem zum anderen Moment zu einem „neuen" Menschen machte.

Paulus hat nie einen Zweifel daran gelassen, dass er einzig und allein durch die Gnade Gottes der geworden war, der er war (1 Kor 15, 10). Diese Erklärung lässt sich verschieden deuten, denn Paulus hatte Jesus nicht gekannt, konnte also auch nicht wissen, ob er von ihm angesprochen worden war. Später stellte er es so dar, als habe er den auferstandenen Jesus gesehen und dessen Stimme gehört. Seine Erklärung lässt stark an die

„Berufung" des Propheten Jeremia denken, der wissen ließ, der Herr habe ihn schon im Mutterschoß zum Propheten für die Völker bestimmt (Jer 1, 4–5).

Über die Vision des Paulus ist bemerkenswert viel geschrieben worden und es wird nicht überraschen, dass die Interpretationen dessen, was er gesehen zu haben glaubte, weit auseinandergehen. Überzeugte Gläubige zweifeln nicht daran, dass Jesus tatsächlich zu Paulus gesprochen hat. Paulus hatte eine mystische Erfahrung, die mit blendendem Licht und Stimmen einherging. Eine diametral entgegengesetzte Auffassung vertreten Wissenschaftler, die die Vision völlig rationalisieren. Dem Hirnforscher Dick Swaab zufolge litt Paulus an einer „Temporallappenepilepsie", die zu beeindruckenden ekstatischen Erfahrungen führte, in denen der Apostel glaubte, direkt mit Gott in Verbindung zu treten und Aufträge von ihm zu erhalten. Er zeige auch das sogenannte Geschwind-Syndrom, das sich in einer ausgiebigen Schreibtätigkeit, einem geringen Interesse an Sex und einer sehr ausgeprägten Religiosität äußert.[35] Swaab führt einige andere bekannte historische Figuren an, die seiner Ansicht nach ebenfalls an dieser Form der Epilepsie litten und ähnliche Erfahrungen machten: Mohammed, Jeanne d'Arc, Vincent van Gogh und Dostojewski.[36]

Dieser Argumentation zufolge wurde Paulus allein durch seine Epilepsie zu der Person, die wir aus seinen späteren Briefen kennen, und für die Entscheidungen, die er in seinem Leben traf, war sein Gehirn verantwortlich, ohne dass sein Wille darauf Einfluss hätte nehmen können. Ich kann nicht beurteilen, ob Paulus an Epilepsie oder einer anderen Krankheit litt, die sich auf sein Gehirn auswirkte. Dazu reichen die Informationen, die wir über sein Verhaltensmuster haben, nicht aus. Doch selbst, wenn er an Epilepsie gelitten haben sollte, werden wir, wie ich glaube, Paulus nicht gerecht, wenn man seine Umkehr ausschließlich auf einen Hirndefekt zurückführt.

Meiner Meinung nach liegt der Schlüssel zur Berufung des Paulus nicht in einem Krankheitsbild, sondern darin, dass er bereits seit geraumer Zeit auf der Suche nach einer Möglichkeit war, sich den Christen anzuschließen. Er hat den Moment der Umkehr in seinem Leben selbst ausgewählt. In der Umgebung von Damaskus kam ihm ein taktischer und brillanter Einfall: eine Vision, die ihn mit den von Gott auserwählten

Der Zugang zur Geraden Straße in Damaskus (Foto: Jan Janus)

Aposteln auf eine Stufe stellte. Seit einiger Zeit schon befand er sich im Zwiespalt zwischen seinem Verhältnis zum pharisäischen und zum christlichen Judentum und nach dem Tod des Stephanus hatte er immer stärkere Sympathien für die christlichen Standpunkte entwickelt. Aber wie konnte er für die Christen ein vertrauenswürdiger Gesprächspartner werden? Wäre er einfach nur so auf sie zugegangen, hätten sie ihn aufgrund seines Rufes als Verfolger mit großer Skepsis empfangen. Und selbst, wenn die Christen ihn akzeptiert hätten, hätte er kaum auf Anhieb eine seinen Wünschen entsprechende wichtige Rolle in ihrer Mitte spielen können. Die Apostel hatten das schwerwiegende Argument auf ihrer Seite, Jesus selbst gekannt zu haben. Sie waren von ihm persönlich auserwählt und unterrichtet worden. Eine Vision, in der er von Gott berufen wurde, kam Paulus also sehr gelegen. Wie er in seinem ersten Brief an die Korinther sagte: Zuerst war Jesus Petrus erschienen, dann den zwölf Aposteln, dann mehr als 500 „Brüdern" und schließlich ihm, dem geringsten unter den Aposteln, der es nicht wert war, Apostel genannt zu werden, da er die Christen verfolgt hatte (1 Kor 15, 5–9). Da der Herr ihm erschienen war, da Gott ihn persönlich angesprochen und geheißen hatte, den Glauben zu verkündigen, konnte er den Aposteln jetzt ebenbürtig gegenübertreten.

Paulus wusste aus eigener Erfahrung, dass viele Juden von dem neuen Glauben nichts wissen wollten. Eine breite Zustimmung der Juden zur Botschaft Jesu war ausgeblieben. Vielleicht wollte er, ein Diasporajude, der jahrelang in einer griechisch-hellenistischen Umgebung gelebt hatte, mit seiner Vision „zeigen", dass Gott deshalb gerade ihn als Werkzeug ausgewählt hatte, um das Evangelium sowohl unter Juden wie auch unter Nichtjuden zu verbreiten. Eine solche Argumentation passt in das Bild, das wir uns von Paulus machen können: Er nutzte alle Mittel, um sich zu profilieren, und gleichzeitig war er sich darüber bewusst, dass er sich in dieser Phase mit seinen Ideen noch zurückhalten sollte. Zuerst musste er zusehen, dass er in die Kreise der Christen aufgenommen wurde.

Die Christen in Damaskus müssen es als etwas ganz Außergewöhnliches und vermutlich auch Schmerzliches empfunden haben, Auge in Auge dem Mann gegenüberzustehen, der, wie sie gehört hatten, gekommen war, um sie zu verfolgen, und der jetzt auf einmal von sich sagte, vom Herrn auserwählt worden zu sein. Er wurde in ein Haus in einer Straße gebracht, die die „Gerade Straße" genannt wurde. Damals lag diese Straße in einem neuen hellenistischen Viertel, gleich außerhalb des griechischen Stadtzentrums; heute verläuft sie quer durch die Altstadt des modernen Damaskus.

Drei Tage lang war Paulus blind und er aß und trank nicht (Apg 9, 9). Vollendet wurde seine Bekehrung mit der Ankunft des Hananias, eines bedeutenden Mitglieds der jüdisch-christlichen Gemeinde. Er hatte, ebenfalls in einer Vision, von Gott den Auftrag erhalten, Paulus in dem Haus, in dem er sich aufhielt, aufzusuchen, ihn durch Handauflegen von seiner Blindheit zu heilen und schließlich zu taufen, um ihn von Sünden zu befreien und mit dem Heiligen Geist zu erfüllen. Zunächst reagierte Hananias zurückhaltend, wusste er doch um den Ruf, der Paulus vorausgeeilt war. Das Böse, das Paulus den Christen angetan hatte, stand in seinen Augen einer vollwertigen Mitgliedschaft in der christlichen Gemeinde entgegen. Schließlich ließ Hananias seine Bedenken jedoch fallen, legte Paulus die Hände auf und heilte ihn von seiner Blindheit. Danach taufte er ihn und sagte ihm, dass Gott ihn als Werkzeug auserwählt habe, um seinen Namen „vor Völker und Könige und die Söhne Israels" zu tragen. So wurde Paulus in die christliche Gemeinschaft aufgenommen (Apg 9, 10–18).

Häufig ist zu lesen, Saulus habe in Damaskus seine alte jüdische Identität abgeworfen, sich öffentlich vom Judentum abgekehrt, indem er den Namen Paulus annahm. Für diese These gibt es keinen Beweis, wohl aber für die Feststellung, dass Paulus keineswegs mit dem Judentum brach und die Bedeutung des jüdischen Gesetzes nie geleugnet oder bestritten hat. Das „Damaskuserlebnis" war keine „Bekehrung" zu einer neuen, sondern eine *Berufung* innerhalb seiner eigenen Religion. Paulus wurde nicht müde, hervorzuheben, Gott habe einen anderen Weg als ein Leben nach der Tora gewählt, um die Menschheit zu retten.[37]

Auch im neunten Kapitel der Apostelgeschichte findet sich kein Hinweis auf eine „Bekehrung zu einer neuen Religion". In der Vision spricht Jesus Paulus als Saul an und Hananias erfährt danach, dass Saulus aus Tarsus angekommen ist. Mit anderen Worten: Sowohl während als auch nach seiner Vision wird Paulus mit seinem hebräischen Namen angesprochen. Erst später ist zum ersten Mal von beiden Namen die Rede: „Saulus, der auch Paulus heißt" (Apg 13, 9).

Dieser doppelte Name wird die ersten Leser der Apostelgeschichte nicht wirklich überrascht haben; für Diasporajuden war es nichts Ungewöhnliches, zwei Namen zu haben: einen für das öffentliche Leben und einen, mit dem man in der Synagoge angesprochen wurde.[38] Im Fall von Paulus sind die beiden Namen auf seinen jüdisch-römischen Hintergrund zurückzuführen. Seine Eltern waren als jüdische Sklaven aus Gischala nach Tarsus gekommen, ins Haus eines Römers. Als seine Eltern freigelassen wurden, suchten sie nach römischen Namen, für sich selbst und für ihren Sohn. Für ihn wählten sie einen Namen, der fast genauso klang wie sein jüdischer Name Saulus: Paulus. Es ist auch möglich, dass der Römer, der sie freigelassen hatte, diesen Namen trug, und dass Paulus' Eltern aus Respekt und Dankbarkeit ihren Sohn nach ihm benannten.

Der Kirchenvater Augustinus vermutete gut drei Jahrhunderte später,

Paulus habe mit seiner Bemerkung, er sei „der geringste von den Aposteln" (1 Kor 15, 9) deutlich machen wollen, dass er den Namen Paulus bewusst gewählt hatte, als Anspielung auf seine geringe Körpergröße – das lateinische Adjektiv *paulus* bedeutet nämlich „klein". Einige spätere Kommentatoren haben den Namen Paulus auf die gleiche Weise ausgelegt, wobei sie sich vielleicht auf die einzige Beschreibung der äußerlichen Erscheinung des Paulus stützten, die einem Augenzeugen zugeschrieben wird, einem entlaufenen Sklaven und späteren Mitarbeiter des Paulus namens Onesimus, von dem in Paulus' Brief an Philemon die Rede ist (siehe S. 200). Sie findet sich in den apokryphen Paulusakten aus dem 2. Jahrhundert:

> Er sah aber Paulus kommen, einen Mann klein von Gestalt, mit kahlem Kopf und krummen Beinen, in edler Haltung mit zusammengewachsenen Augenbrauen und ein klein wenig hervortretender Nase, voller Freundlichkeit; denn bald erschien er wie ein Mensch, bald hatte er eines Engels Gesicht.[39]

Paulus' erste Kontakte mit den Christen in Damaskus waren nach seinem eigenen Bekunden (Gal 1, 17) nur von kurzer Dauer.[40] Er war sich durch und durch bewusst, dass es unglaubwürdig gewesen wäre, wenn er sich sogleich als der von Gott persönlich Auserwählte präsentiert hätte. Zurückhaltung war jetzt angebracht und es war nur folgerichtig, dass er bald, nachdem er seine neuen Glaubensgenossen kennengelernt hatte, Damaskus wieder verließ. Es kann auch nicht verwundern, dass er nicht sofort nach Jerusalem zurückkehrte, um dort die Apostel über die große Veränderung in seinem Leben zu informieren. Er hätte befürchten müssen, dass sie ihm seine Vision nicht geglaubt und ihn auf der Stelle als einen gefährlichen Intriganten, dem man nicht trauen konnte, aus der Gemeinschaft der Christen ausgeschlossen hätten.

Paulus suchte Zuflucht in Arabien (Gal 1, 17), vermutlich, um dort in aller Einsamkeit, fern von den prüfenden Blicken der Mitglieder der Glaubensgemeinschaft in Jerusalem, die ihn nicht aus den Augen lassen wollten, die große Veränderung in seinem Leben zu überdenken und sich eine Strategie für die Zukunft zurechtzulegen. Dieses Land war nicht Arabia Felix, die Region zwischen dem Roten Meer und dem Persischen Golf, sondern das Wüstengebiet östlich der Städte Damaskus, Raphana und

Philadelphia. Dort lebten die Nabatäer, deren Einflussbereich sich im 1. Jahrhundert über den Süden Syriens, Jordanien, die Wüste Negev, den Sinai und den Nordwesten Saudi-Arabiens erstreckte. Zu Paulus' Zeiten war das eindrucksvoll in den Fels gehauene Petra die Hauptstadt ihres Reiches. Für jemanden, der sich eine Zeit lang aus der Welt zurückziehen wollte, boten die schwer zugänglichen Felswohnungen einen idealen Unterschlupf. Es ist leider nicht mehr feststellbar, ob Paulus sich tatsächlich in diese Stadt zurückzog, und wir wissen auch nicht, ob er die Zeit seines freiwilligen Exils nur zur Meditation nutzte oder ob er auch jetzt schon versuchte, Menschen zu bekehren. Bereits nach kurzer Zeit kehrte er nach Damaskus zurück.

Drei Jahre lang, von 34 bis 37, blieb Paulus in Damaskus. Er wird sich dort sicherlich wie Zuhause gefühlt haben, denn die Stadt erinnerte ihn an seine Vaterstadt Tarsus. Auch hier hatten über lange Zeit hinweg Assyrer und Perser das Zepter in der Hand und ebenso war diese Stadt nach dem Tod Alexanders des Großen unter die Herrschaft der seleukidischen Könige gelangt. Im Jahr 65 v. Chr. wurde Damaskus dann von den Römern erobert und damit zu einer römischen Stadt. Das zeigte sich im Straßenplan und an den monumentalen Gebäuden, die hier errichtet wurden. Das Straßenbild war geprägt vom großen Jupitertempel, vom Theater und vom Forum, wo Recht gesprochen, aber auch Handel getrieben wurde.

Wie in Tarsus gab es auch in Damaskus eine jüdische Gemeinde. Paulus suchte die Mitglieder der jüdischen Gemeinde in ihren Synagogen auf, nicht um, wie er es zuvor immer getan hatte, auf gleicher Augenhöhe mit ihnen über die Deutung der Gesetze der Vorväter zu diskutieren, sondern, um sie zum Christentum zu bekehren. Die Reaktionen der Juden kann man sich vorstellen: Sie konnten nicht begreifen, dass der Mann, den sie als gesetzestreuen Pharisäer kannten und der als Christenverfolger bekannt war, sich hier und jetzt als Verkündiger der Botschaft Jesu präsentierte.

Paulus verhielt sich in diesen Tagen nicht anders als in seiner Zeit als Christenverfolger: Er hielt an seinen Methoden fest und trat nach wie vor als Einzelkämpfer auf. Gleich nach seiner Rückkehr in die Stadt begann er zu predigen und zog alle Aufmerksamkeit auf sich. Lukas lässt die anderen Christen in seinem Schatten verschwinden. Ihre Taten werden kaum zur Sprache gebracht, obwohl sie den Glauben an Jesus bereits viel länger verkündigt hatten. Alles dreht sich nur um Paulus. Von „seinen Jüngern" ist die Rede, wenn sie ihn mitten in der Nacht in einem Korb die Stadtmauer hinablassen, weil die Juden beschlossen hatten, ihn zu töten (Apg 9, 23–25). Der Verfasser der Apostelgeschichte konzentriert sich in seiner Darstellung von Paulus' Aufenthalt in Damaskus ganz auf seine Hauptperson. Es bleibt jedoch schwer zu begreifen, dass ein Mann mit einem so zweifelhaften Ruf auf Anhieb die Hauptrolle für sich beanspruchen konnte. Noch merkwürdiger ist, dass die übrigen Christen als „Jünger" bezeichnet werden, als habe Paulus sie in einer ihnen unbekannten Lehre unterwiesen, wo doch viele von ihnen schon viel länger als er überzeugte Christen waren. Man darf sich auch fragen, weshalb die nichtjüdischen Bewohner der Stadt toleriert haben sollten, dass die Juden Wachen an den Stadttoren postierten, damit Paulus ihnen nicht entwischen konnte.

Was Paulus genau in Damaskus gemacht hat, mit welchen Menschen er verkehrte und ob er noch in Kontakt mit den Pharisäern stand, darüber schweigt der Verfasser der Apostelgeschichte sich aus. Darum ging es ihm auch nicht. Paulus als gewöhnlicher Mensch, der wie alle anderen seinen Lebensunterhalt bestreiten musste, interessierte ihn nicht. Er wollte den Ehrgeiz seiner Hauptperson vor Augen führen. Sein Aufenthalt in Damaskus ist Teil einer größeren Erzählung: die von der Verbreitung der Heilsbotschaft Jesu. In Damaskus reifte in Paulus der Gedanke, dass er die Verbreitung des Glaubens an Christus zu seiner Lebensaufgabe machen müsse. Hier traf er auf eine ähnliche Bevölkerung, wie er sie aus der Stadt kannte, in der er seine Jugend verbracht hatte. Mit seinem Hintergrund – ein Jude mit römischem Bürgerrecht, der mit der gemischten Bevölkerung griechisch-hellenistischer Städte bestens vertraut war – glaubte er der richtige Mann zu sein, die christliche Botschaft über Judäa und Galiläa hinaus zu tragen. In dieser Hinsicht waren die drei Jahre in Damaskus bestimmend für sein weiteres Leben.

Bevor er seine Pläne verwirklichen konnte, begab er sich im Jahr 37 zuerst einmal nach Jerusalem. Er konnte es offensichtlich noch nicht wagen, auf eigene Faust nach Norden zu gehen, nach Tarsus zum Beispiel, um dort den neuen Glauben zu verkündigen. Man hätte es ihm verübelt, wenn er sein Vorhaben umgesetzt hätte, ohne Petrus darüber in Kenntnis zu setzen. Darum suchte er ihn auf und blieb zwei Wochen lang bei ihm (Gal 1, 18). Zweifellos wird Paulus sich von Petrus Näheres über Jesus und seine Jünger berichtet haben lassen. Natürlich hatte er schon in Damaskus einiges über ihn gehört, doch jetzt wollte er mit dem Mann sprechen, der Jesus von Anfang an begleitet hatte und von ihm zu seinem Nachfolger bestimmt worden war. Petrus wird ihm von Jesus als Prediger erzählt haben, von seinen Wundern und von seinem Tod. Allmählich entwickelte Paulus daraus Gedanken und Überzeugungen, die er später auf seinen Missionsreisen in Wort und Schrift verbreiten sollte.

Ob Petrus und Paulus sich in ihren Gesprächen über den einzuschlagenden Kurs einig werden konnten, wissen wir nicht. Paulus verließ Jerusalem, danach verliert sich seine Spur für drei Jahre. Vermutlich hat er in diesen Jahren die christliche Botschaft an vielen Orten verkündigt, vor allem in Kilikien, wo er sich wie zu Hause fühlte. Er tritt erst wieder in Erscheinung, als Barnabas, ein Diasporajude aus Zypern, von den Führern der Christen in Jerusalem nach Antiochia am Orontes gesandt wurde, um dort die christliche Gemeinde zu organisieren. Sein richtiger Name war Josef, doch von den Aposteln wurde er Barnabas genannt, was Lukas zufolge „Sohn des Trostes" bedeutet (Apg 4, 36). Er brauchte einen Gefährten, der mit ihm zusammen die Neubekehrten im Glauben unterweisen sollte, und machte sich auf die Suche nach Paulus. Dass seine Wahl auf diesen fiel, hatte seine guten Gründe: Paulus war römischer Bürger und sprach fließend Griechisch. Barnabas fand ihn in Kilikien und nahm ihn mit nach Antiochia, wo sie ein Jahr lang blieben und eine überaus erfolgreiche Missionsarbeit leisteten. In Antiochia wurden, wie Lukas schreibt, die Jünger zum ersten Mal Christen genannt (Apg 11, 26).

Die erste Missionsreise

Antiochia

Paulus und Barnabas wussten, wie sie den verschiedenen Bevölkerungsgruppen in den griechisch-hellenistischen Städten gegenübertreten sollten. Petrus, der sich in der griechisch-hellenistischen Kultur nicht auskannte, hätte in Antiochia vermutlich weniger erreichen können. Antiochia hatte mit dem alten Jerusalem überhaupt nichts gemein: Es gab dort keine vergleichbaren antiken Monumente. An den Maßstäben der Juden gemessen, war es eine sehr junge Stadt, gerade mal 300 Jahre alt. In diesen drei Jahrhunderten hatte sich Antiochia, die „Königin des Ostens" am Fluss Orontes und zu Füßen des Berges Silpius, jedoch zur zweitwichtigsten Stadt des östlichen Teils des Mittelmeerraumes entwickelt. Nur das etwas ältere Alexandria in Ägypten genoss noch größeres Ansehen.

Seleukos I., einer der Generäle Alexanders des Großen, die nach dessen Tod in einen erbitterten Streit um das Erbe des großen Welteroberers geraten waren, hatte die neue Stadt gegründet. Er hatte sich im harten Nachfolgekampf unter den vielen Thronprätendenten behaupten können und war durch geschicktes Manövrieren zum Herrscher über einen Teil des Reiches Alexanders geworden. Einmal im Besitz der königlichen Macht wollte er, wie andere Herrscher, Städte gründen und seine architektonischen Träume verwirklichen. Seine Wahl fiel auf strategisch günstig gelegene Orte, an denen die Karawanenstraßen aus dem Osten zum Mittelmeer und die Handelsrouten, die von Syrien nach Anatolien führten, sich kreuzten. So kam er auf das Grenzgebiet zwischen der heutigen Türkei und Syrien, wo er dicht beieinander zwei neue Städten anlegen ließ: Antiochia und Seleukia.

Im 2. Jahrhundert v. Chr. geriet das Königshaus der Seleukiden in Bedrängnis. Bestärkt von den Römern spalteten sich immer mehr Regionen ab; das von Antiochia aus regierte Gebiet verkleinerte sich zunehmend. Der definitive Niedergang des Seleukidenreiches wurde 83 v. Chr. sichtbar, als der armenische König Tigranes II. die Stadt einnahm. Doch dessen Hoffnungen auf eine Übernahme der Herrschaft der Seleukiden wurden wiederum von den Römern zunichtegemacht, deren Feldherr Pompeius im Jahr 64 v. Chr. mit großem Machtaufgebot in die Stadt einzog. Es war der Beginn einer neuen Blütezeit der Stadt. Pompeius verlieh Antiochia *libertas*, sodass die Stadt ihre eigene Verfassung behalten konnte und die Bewohner von Steuerabgaben befreit waren. Unter Kaiser Augustus wurde Antiochia die Hauptstadt der Provinz Syrien.

Seleukos I. nahm den Aufbau der Stadt tatkräftig in Angriff. Von der Agora aus ließ er neue Stadtviertel anlegen und seine Nachfolger taten es ihm gleich. Sie erweiterten die Stadt um immer neue Viertel und verlegten die Stadtmauern, um den zahlreichen Neuankömmlingen, den Händlern und Handwerkern, die von dem Wohlstand der Stadt angelockt wurden, gute Unterkünfte bieten zu können. Als die Römer die Macht übernahmen, lebten in Antiochia nach optimistischen Schätzungen ungefähr 300 000 Einwohner. Die Stadt schien „vollendet“ zu sein, doch wie überall in der mediterranen Welt wollten die Römer auch hier zeigen, dass unter ihrer Herrschaft alles noch größer, noch imposanter werden konnte. Vorhandene Gebäude wie etwa das große Theater und das Hippodrom wurden erweitert und umgestaltet.

Vor allem die große, von Säulen gesäumte Marmorstraße, die von dem Stadttor nach Daphne im Westen längs der alten Agora zum östlichen Stadttor Richtung Beroia verlief, wird den Neuankömmlingen imponiert haben. Unter Kaiser Augustus war mit den Arbeiten an dieser schließlich gut drei Kilometer langen und fast zehn Meter breiten Straße begonnen worden. Von der Perle am Orontes sind nur noch einige Bruchstücke erhalten geblieben. Alle Bauwerke verschwanden im Laufe der Jahrhunderte, wurden von Menschenhand oder durch Erdbeben zerstört. Es verlangt schon einiges an Vorstellungsvermögen, wenn man im heutigen Antakya das einst so gepriesene Antiochia wiedererkennen will. Das archäologische Museum mit seiner schönen Sammlung kann zumindest für vieles entschädigen. Die zahlreichen Götterbildnisse zeigen, dass

Tyche, die Stadtgöttin von Antiochia

diese Stadt einst in der Gunst der Götter stand und dass die Bewohner ihre Dankbarkeit in Statuen verewigten.

Wie die anderen Städte im ehemaligen Seleukidenreich lebte auch in Antiochia eine gemischte Bevölkerung. Griechen und Makedonier bildeten die Oberschicht. Sie fühlten sich den autochthonen Syrern überlegen und begegneten ihnen herablassend. Sie duldeten sie nicht in ihrer näheren Umgebung und wohnten getrennt von ihnen in gesonderten Vierteln. Als die Stadt gegründet wurde, waren die Gegensätze zwischen den verschiedenen Bevölkerungsgruppen noch nicht sichtbar. Die jüdische Gemeinschaft ging auf jüdische Söldner zurück, die im Heer Alexanders des Großen gedient und sich nach dessen Tod hier niedergelassen hatten. König Seleukos hatte den Juden kollektiv das Bürgerrecht der Stadt verliehen. Sie besaßen die gleichen Rechte wie die Makedonier und die Griechen und konnten ihre Religion uneingeschränkt ausüben.[41] Spätere Könige wollten das jedoch nicht akzeptieren und versuchten, die Juden auf andere Gedanken zu bringen.

Vor allem unter König Antiochos IV. (175–164 v. Chr.), der sich selbst den Beinamen „Epiphanes“ (der Glorreiche) gegeben hatte, von seinen vielen Gegnern jedoch als „Epimanes“ (der Wahnsinnige) bezeichnet wurde, hatten die Juden einen schweren Stand. Der König wollte sie hellenisieren, wollte ihnen vor allem eine gemeinschaftliche Religion aufzwingen, in der die Verehrung des höchsten Gottes der Griechen, Zeus Olympios, einen zentralen Stellenwert einnahm. Zu seinem Entsetzen musste er feststellen, dass sein Vorhaben auf großen Widerstand stieß. Als die jüdischen Makkabäer in Judäa sich erfolgreich gegen ihn auflehnten und einen eigenen Staat gründeten, wurden die Juden in Antiochia dafür bestraft. Antiochos richtete seinen Hass vor allem gegen die orthodoxen Juden, die sich einer Hellenisierung heftig widersetzten und ihr Leben nach den Gesetzen und Geboten ihrer Vorväter führten. Den hellenisierten Juden, die sich vom alten Glauben gelöst und assimiliert hatten, war er dagegen wohlgesinnt. Später, in der zweiten Hälfte des 1. Jahrhunderts v. Chr., als die Römer die Macht übernommen hatten, erging es ihnen zeitweise noch besser. Das hatten sie der Freigebigkeit des Herodes zu verdanken, des Königs der Juden in Israel. Er schenkte der Stadt große Mengen Marmor zur Verschönerung der Hauptstraße. Juden, die daran festhielten, dass Gott einzig war und dass sie ihn „mit ganzem Herzen, mit ganzer Seele und mit ganzer Kraft“ lieben sollten (Dtn 6, 4–5), gerieten vom 1. Jahrhundert v. Chr. an jedoch unter Druck: In zunehmendem Maße wurde auch von ihnen erwartet, an den Kulten für die griechisch-römischen Götter teilzunehmen.

Die Unterschiede zu den übrigen Einwohnern Antiochias, überzeugten Anhängern des Polytheismus, traten immer deutlicher zutage. Ihre Götterwelt war in einer sehr langen Vorgeschichte verwurzelt, in Mythen, die bis zum Urgott Uranos zurückgingen, der von seinem Sohn Kronos mithilfe seiner Mutter Gaia vom Thron gestoßen worden war. Kronos wiederum musste Zeus das Feld räumen, der dann vom Olymp aus über Himmel und Erde herrschte. Sein Bruder Poseidon hatte die Herrschaft über das Meer erhalten und Hades herrschte über die Unterwelt. Insgesamt gab es zwölf olympische Götter: Neben Zeus und Poseidon gehörten dazu Aphrodite, Apollon, Ares, Artemis, Athen, Demeter, Hephaistos, Hera, Hermes und Hestia. Im Lauf der Zeiten wurden sie unter verschiedenen Anreden ihrer spezifischen Eigenschaften wegen verehrt. In Liebesdingen bat man Aphrodite um Hilfe, war man auf einer langen Seereise, wurde Poseidon um Beistand gebeten und für die Jagd war die Göttin Artemis zuständig. Neben den olympischen Göttern gab es noch viele andere Götter und Halbgötter. Zwar existierte eine deutliche Hierarchie in der Götterwelt, doch die einzelnen Götter waren keine isolierten Figuren. Sie ergänzten einander wie Glieder in einem größeren Ganzen und standen nebeneinander in einer langen Tradition. Ein spezieller Kult für einen bestimmten Gott stand der Verehrung der anderen Götter nicht entgegen. Ihre „Zugänglichkeit“ wurde noch dadurch erhöht, dass Griechen und Römer sich die Götter als Menschen mit – stark ausgeprägten – guten und schlechten Eigenschaften vorstellten. Was sie von den Menschen unterschied, war ihre Unsterblichkeit: Sie waren zeitlos und keinen Alterungserscheinungen, Krankheiten oder anderen körperlichen Beschwerden unterworfen.

In den vorangegangenen Jahrhunderten hatten sich in Syrien den Göttern Könige mit einer fast göttlichen Ausstrahlung hinzugesellt. Die Vergöttlichung eines Herrschers ging nicht immer von ihm selbst aus; sie wurde vor allem von Stadtoberhäuptern betrieben. Auf diese Weise wollten sie einem Herrscher danken, der sich um ihre Stadt besonders verdient gemacht hatte. Ein solcher Fürst wurde als „Retter“ und „Wohltäter“ tituliert und mit göttlichen Ehrbezeugungen überhäuft.

Als die Römer hier erschienen, zeigten sie sich zunächst erstaunt über das Phänomen des Herrscherkults, doch sie lehnten es keineswegs ab. Schon bald ließen sich die römischen Gouverneure in schönster Regelmäßigkeit göttliche Ehrbezeugungen erweisen. Der wahre Durchbruch kam jedoch mit Kaiser Augustus. Sein Kaiserkult stieß auf eine große Zustimmung, weil man in ihm den Mann sah, der dem Chaos der Bürgerkriege ein Ende bereitet hatte. In den Zentren der Städte wurden Tempel für ihn errichtet oder bereits vorhandene Heiligtümer wurden um einen Raum erweitert, in dem eine Statue des Kaisers aufgestellt wurde. Sein Kult verbreitete sich über den Osten, ohne zulasten der Verehrung der traditionellen Götter zu gehen. Augustus wurde nicht wie einer der anderen Götter verehrt, an die der Einzelne sich wandte, um die Heilung von einer Krankheit oder eine andere Wohltat zu erflehen. Er wurde von den Priestern, die in den Städten den Kaiserkult betreuten, als der Mann präsentiert, der für Frieden und Wohlstand gesorgt hatte.

Den Juden verbot es ihre Überzeugung, an diesem Kult und an der Verehrung fremder Götter teilzunehmen. Das machte sie in den Augen vieler Römer verdächtig. War es doch der „pax deorum“, dem Götterfrieden, zu verdanken, dass die Römer ein Weltreich hatten errichten können, und eine Vernachlässigung der Pflichten gegenüber den Göttern wurde als Loyalitätsbruch betrachtet. Im 1. Jahrhundert kam es deswegen mehrmals zum Ausbruch von Gewalt, vor allem in Antiochia und Alexandria.

Der Aufstieg der Christen verkomplizierte das Verhältnis zwischen Juden und Nichtjuden noch mehr. Das äußerliche Gepränge der Griechen und Römer interessierte sie nicht und die Vorschriften der Juden stellten sie zur Diskussion. Ihr Leben stand im Zeichen der Verkündigung der Botschaft Jesu. Die christliche Gemeinschaft in Antiochia wuchs schnell, hauptsächlich durch den Zustrom von Juden, die zu der Überzeugung gekommen waren, dass Jesus von Nazaret der Messias war. Nicht nur Menschen mit geringer Bildung fühlten sich vom christlichen Glauben angezogen, auch gelehrte Personen schlossen sich den Christen an. Einige der frühesten Christen in der Stadt sind uns namentlich bekannt: Barnabas aus Zypern, Simeon mit dem Beinamen „Niger" (der Schwarze), Luzius von Kyrene und Manaën.

Die Christen profitierten vom ökonomischen Wohlergehen der Stadt. Die Mitglieder der Kirche übernahmen den Brauch der orthodoxen Juden, Jahr für Jahr einen substanziellen Betrag zu sammeln und nach Jerusalem zu bringen. Die glaubenstreuen Juden spendeten diesen Betrag dem Tempel in Jerusalem, die christlichen Juden ließen das Geld ihren Brüdern und Schwestern in Judäa zukommen, wo eine Hungersnot herrschte (Apg 11, 27–30).

Paulus und Barnabas hatten auch persönlich von der Freigebigkeit der Mitglieder der christlichen Glaubensgemeinschaft in Antiochia einen Vorteil. Die Missionsreisen, die sie planten, kosteten viel Geld und den Missionaren, die sich auf ihren Reisen nur ein kärgliches Einkommen erarbeiten konnten, war jede Spende willkommen. Es ist durchaus denkbar, dass die erste Reise, die Paulus und Barnabas unternahmen, von der Gemeinde in Antiochia finanziert wurde. Das würde erklären, weshalb Paulus und seine Reisegefährten immer wieder nach Antiochia zurückkehrten und dort über ihre Missionsreisen berichteten.

Die Botschaft für Juden und Heiden

Paulus und Barnabas gingen nicht planmäßig vor, als sie beschlossen, das Wort Gottes zu verkündigen. Wir kennen jedenfalls keine Aussagen, aus denen hervorgeht, dass Paulus Pläne geschmiedet hätte, bevor er sich mit Barnabas nach Zypern einschiffte. Sie mussten selbst neue Wege finden, die sie außerhalb der jüdischen Welt Judäas und Galiläas beschreiten konnten. Das Verlangen, jedem, der sie hören wollte, die Botschaft Jesu zu vermitteln, war ihre größte Triebfeder. Sie wussten, dass sie sich damit eine schwierige Aufgabe aufgebürdet hatten, denn ihr Publikum setzte sich zusammen aus Juden, die an einen Gott, und aus Nichtjuden, die an viele Götter glaubten. Sie mussten ihre Botschaft also so verpacken, dass möglichst viele Menschen mit unterschiedlichem Hintergrund davon angesprochen wurden.

Viele Juden interessierten sich nicht für das, was Jesus zu seinen Lebzeiten gesagt und getan hatte. Für sie galt er keineswegs als der verheißene Messias. Von einem Messias wurde zumindest erwartet, dass er die Lage der Juden verbesserte. Jesus war dieser Forderung nicht nachgekommen. Er hatte kein jüdisches Königreich gegründet und den Menschen keinen höheren Lebensstandard gegeben. Sie betrachteten ihn als einen falschen Messias, einen Scharlatan, der das Volk irregeführt hatte. Hinzu kam sein ruhmloser Tod am Kreuz, worin sie eine Strafe Gottes sahen. Stand nicht im Buch Deuteronomium geschrieben, dass jeder, der an einem Pfahl hing, ein von Gott Verfluchter war? (Dtn 21, 23)[42]

Paulus und Barnabas mussten also „Beweise" dafür liefern, dass er tatsächlich der lang erwartete Messias war, dass Gott ihn vom Tod erweckt hatte und dass er einst zurückkehren werde. Das war keine einfache Aufgabe, hatte doch dem Evangelisten Markus zufolge (8, 27–33; 14, 61–62) Jesus selbst sehr zurückhaltend auf Andeutungen dieser Art reagiert. Andererseits handelte es sich um eine wohldurchdachte Strategie: Indem sie die immer wieder auflebende Hoffnung der Juden auf die Ankunft des Messias ansprachen, konnten die Missionare das Interesse der Menschen wecken. Schon die ersten Jünger Jesu hatten ihn deshalb auf Aramäisch „Jesjoea Mesjicha" (auf Hebräisch „Masjiach") genannt und so war es nur logisch, dass er den hellenistischen Juden jetzt auf Griechisch als „Iesous Christos" vorgestellt wurde. Sie hofften, die Juden würden erkennen, dass Jesus der Messias, der „Gesalbte", war. Doch die Juden hatten nicht auf einen Messias gewartet, der einen erniedrigenden Leidensweg hatte gehen müssen. Paulus und Barnabas mussten ihnen verdeutlichen, dass dieser Leidensweg einem Sühnopfer entsprach. Gott hatte seinen Sohn als ein Sühnopfer in die Welt gesandt, durch das alle, die an ihn glaubten, gerettet werden sollten (Joh 3, 16–18). Schon in Damaskus und Antiochia hatten sie mit dieser Strategie Erfolg gehabt. Lukas schreibt jedenfalls, dass Paulus die Juden in Damaskus in Verwirrung brachte, „weil er ihnen bewies, dass Jesus der Messias ist" (Apg 9, 22).

Das Unverständnis vieler Juden war nachvollziehbar: Sie brauchten nicht gerettet zu werden, denn durch den Bund Israels mit JHWH waren sie bereits gerettet. In der Tora stand deutlich, dass sie gerettet seien, wenn sie nur die Gebote des Gesetzes befolgten und mit Opfern im Tempel ihre religiösen Pflichten erfüllten. Weshalb hätten sie dann ihr Leben neu ausrichten sollen? Die Bücher Mose gaben ihnen Richtlinien genug. Paulus war sich dessen bewusst; schließlich hatte er selbst als geschulter Pharisäer nach den Gesetzen und Geboten gelebt. Deshalb schuf er auch keinen Gegensatz und propagierte keinen radikalen Bruch mit seiner Vergangenheit als Pharisäer, sondern stellte den Weg Jesu als eine Ergänzung und Anpassung des Weges dar, der den Juden vertraut war. Der Glaube an Christus eröffne ihnen, so bekamen sie zu hören, neue Möglichkeiten, Gott näherzukommen. „Denn", wie Paulus viel später in seinem Brief an die Römer schreiben sollte, „Christus ist das Ende des Gesetzes, und jeder, der an ihn glaubt, wird gerecht" (Röm 10, 4).

Die Nichtjuden zu erreichen, glich einer noch größeren Herausforderung. Sie bildeten eine viel größere Zielgruppe und hatten eine ganz andere Vorstellungswelt. Das Gedankengut der Juden und Christen spielte darin keine Rolle. Die Vorstellung vom Messias, dem Gesalbten, war ihnen völlig fremd. Sie kannten keine Zeremonien, in denen Könige bei ihrer Krönung mit Öl gesalbt wurden. Stattdessen rieben sie sich damit ein, um ihre Muskeln geschmeidig zu halten. Auch mit der Vorstellung von dem einen wahren Gott konnten sie nichts anfangen, beteten sie doch viele Götter und Göttinnen gleichzeitig an. In seinem ersten Brief an die Korinther spricht Paulus die Anwesenheit der zahlreichen Götter an:

> Und selbst wenn es im Himmel oder auf der Erde sogenannte Götter gibt – und solche Götter und Herren gibt es viele –, so haben doch wir nur einen Gott, den Vater. Von ihm stammt alles, und wir leben auf ihn hin. Und einer ist der Herr: Jesus Christus. Durch ihn ist alles, und wir sind durch ihn. (1 Kor 8, 5–6)

In dieser komplexen Glaubenswelt, in der Monotheismus und Polytheismus nebeneinander existierten, mussten Paulus und Barnabas die Botschaft verbreiten, dass Jesus mit seinem Tod und seiner Auferstehung seine Jünger gerettet hatte. Sie waren sich der zahlreichen Probleme bewusst, die sie auf ihrem Weg zu bewältigen hatten. Die Heiden würden sich nicht schnell überzeugen lassen, und in der überwiegend jüdisch-christlichen Gemeinde von Jerusalem herrschte zwar Übereinstimmung darüber, dass ihre Gemeinschaft auch Nichtjuden aufnehmen müsse, nicht jedoch über die Bedingungen ihrer Mitgliedschaft. Der Streit zwischen denen, die der Meinung waren, dass auch Nichtjuden sich an die Vorschriften der Tora halten müssten, um vollwertige Christen sein zu können, und anderen, in deren Augen solche „Äußerlichkeiten“ keine Bedeutung hatten, sollte alsbald in aller Heftigkeit ausbrechen.

Aufs Meer

In Antiochia trafen Paulus und Barnabas Vorbereitungen für ihre erste echte Missionsreise. Vielleicht hatten sie erwogen, den großen römischen Straßen folgend, über Tarsus die Südküste der Türkei entlangzureisen, doch schlussendlich sahen sie davon ab und beschlossen, zuerst nach Zypern aufzubrechen. Von dort aus konnten sie dann anschließend in den Süden der Türkei übersetzen. Barnabas, der auf Zypern geboren worden war, wird auf diesen Beschluss gedrängt haben. Er hatte zu dieser Zeit einen größeren Ruf als Glaubensverkünder als Paulus. Er hatte auch die Initiative zu dieser Expedition ergriffen und Paulus hinzugezogen. Jetzt erwartete er Loyalität von dem Mann, den er, vielleicht gegen den Willen vieler Christen, als Reisebegleiter ausgewählt hatte. Paulus blieb gar nichts anderes übrig, als darin zuzustimmen, zuerst Zypern zu besuchen und darauf nach Pisidien in der südlichen Türkei weiterzureisen.

Da Antiochia nicht am Meer lag, war der große Hafen von Seleukia Pieria der Ausgangspunkt der Reise. Die seleukidischen Könige hatten ihn angelegt und ständig erweitert. Auch damals war der Hafen, der sich in die natürliche Form der Bucht einfügte, schon gut ausgestattet. Kriegs- und Handelsflotten legten regelmäßig dort an. Die wirklich großen Veränderungen kamen jedoch erst später: Die Römer legten Piers außerhalb der Bucht an, wodurch der Hafen an Bedeutung gewann. Auch danach wurde der Hafen noch mehrmals modernisiert. Die wichtigsten Baumaßnahmen wurden erst in der zweiten Hälfte des 1. Jahrhunderts unter den flavischen Kaisern Vespasian, Titus und Domitian – also nicht mehr zu Paulus’ und Barnabas’ Lebzeiten – vorgenommen. Von den Hafenpiers sind heute noch zwei große Fragmente zu sehen; sie wurden nach Paulus und Barnabas benannt. Von der Stadt selbst, die genauso alt war wie Antiochia, ist so gut wie nichts erhalten geblieben, doch den Worten des griechischen Geschichtsschreibers Polybios (2. Jahrhundert v. Chr.) können wir entnehmen, dass ein Besuch Seleukias auch schon vor der Zeit der Römer ein Erlebnis gewesen sein muss:

> [Am] südlichen Abhang [des Koryphaios] liegt Seleukeia, jedoch durch eine tiefe, schwer überschreitbare Schlucht von ihm getrennt. Zum Meer hin senkt sich die Stadt in mehreren Terrassen hinab, auf den übrigen Seiten dagegen ist sie durch tiefe Abgründe und schroffe Felswände geschützt. Auf der Seeseite in der Ebene liegen die Märkte und Warenspeicher und die Vorstadt, die stark befestigt ist. Aber auch die Stadt selbst ist in ihrem ganzen Umfang in ähnlicher Weise durch Mauern gesichert, die unter großen Kosten gebaut worden waren, im Inneren aber herrlich geschmückt durch Tempel und andere Prachtbauten. Sie hat nur einen einzigen Zugang, von der Seeseite, auf einem von Menschenhand in den Fels gehauenen Treppenweg, der in vielfachen Windungen und Krümmungen emporführt. Nicht weit von ihr mündet der Orontes.[43]

Seleukos I. Nikator hatte die von ihm um 300 v. Chr. gegründete Stadt als Hauptstadt seines Reiches vorgesehen, doch weil die Stadt aufgrund ihrer Lage am Meer der Bedrohung durch große Kriegsflotten ausgesetzt war, beschloss sein Nachfolger Antiochos I. (281–261 v. Chr.), Antiochia zur Hauptstadt zu machen. Damit hatte Seleukia zwar an politischer Bedeutung eingebüßt, doch als Ein- und Ausfuhrhafen für Antiochia ist die Stadt immer wichtig geblieben.

Welche Gedanken werden Paulus bewegt haben, als er sich auf die Suche nach einem Schiff begab, das ihn und Barnabas nach Zypern bringen konnte? Hatte er eine Vorstellung davon, was ihn erwartete? War er sich der Abenteuer bewusst, denen er entgegenging, den Gefahren, denen er auf See ausgesetzt sein würde? Seit seiner Abreise aus Tarsus hatte er viele Meilen zu Fuß zurückgelegt, nicht nur auf gut ausgebauten römischen Straßen, sondern auch auf kaum betretenen Pfaden durch unwegsames Gebiet. Das Meer war für ihn ein unbekanntes Element.

Bevor er an Bord eines Schiffes gehen konnte, mussten noch jede Menge Erkundungen erledigt werden. Reisebüros und Passagierschiffe gab es nicht; sie mussten sich selbst einen Schiffsführer suchen, der bereit war, sie nach Zypern mitzunehmen. Als sie schließlich einen gefunden hatten, werden sie eine Vereinbarung unterzeichnet haben, in der festgelegt war, dass sie nicht nur einen Anspruch auf einen Platz an Bord hatten, sondern auch auf Trinkwasser und eine Kochstelle. Da Salamis an der Ostküste Zyperns hauptsächlich von kleinen Frachtschiffen angefahren wurde, wird der Aufenthalt an Bord kein reines Vergnügen gewesen sein, doch glücklicherweise dauerte die Überfahrt nur ein paar Tage.

Natürlich musste für die Überfahrt bezahlt werden. Die Schiffsführer ließen nur Passagiere an Bord, die tief in den Geldbeutel zu greifen bereit waren. Vermutlich wurde Paulus von Geldgebern aus der christlichen Gemeinde in Antiochia unterstützt, denn nirgendwo ist davon die Rede, dass er über Besitz oder (Familien-)Kapital verfügt hätte. Zum Teil wird er seine erste Überfahrt vielleicht mit verschiedenen Hilfstätigkeiten abgegolten haben. Er wird als Zimmerer und Anstreicher gearbeitet, Taue gespleißt und beim Stauen der Ladung geholfen haben. Die Arbeit wird ihm schwergefallen sein, hatte er doch als ein Mann des Studiums in den Kreisen von Philosophen und Rechtsgelehrten verkehrt.

Um nicht fortwährend auf die Verrichtung schwerer Hilfsarbeiten angewiesen zu sein, erlernte er später den Beruf des Zeltmachers (Apg 18, 3). Zur Ausübung dieses Berufes brauchte er nichts weiter als ein scharfes Messer, eine Nadel und Garn, Dinge, die er bequem bei sich führen konnte. In den Städten gab es immer Bedarf an neuen Planen, die auf öffentlichen Plätzen wie Marktplätzen, Theatern und Stadien Schutz gegen die brennende Sonne boten, und an Bord der Schiffe mussten gerissene Segel regelmäßig genäht werden.

Salamis und Paphos

Barnabas und Paulus gingen im Frühjahr 44 in Seleukia an Bord des Schiffes, das sie nach Salamis bringen sollte, vermutlich zu Beginn der Schifffahrtssaison, die am 5. März begann. An diesem Tag wurde in vielen Häfen das sogenannte *navigium Isidis*, das Schiffsfest der Göttin Isis, gefeiert, die von Ägypten aus einen wahren Siegeszug genommen hatte und von Seeleuten im ganzen Mittelmeerraum verehrt wurde. Die Zeremonie wurde immer in derselben Weise abgehalten: Ein Priester sprach einige Gebete, reinigte ein kleines Boot mit einer brennenden Fackel, einem Ei und Schwefel und stieß es vom Ufer ab. Mit guten Gaben der Bevölkerung beladen, wurde das kleine Boot dann vom Wind aufs offene Meer getrieben. Nach dieser Zeremonie war die Schifffahrtssaison offiziell eröffnet, was nicht bedeutet, dass zuvor noch kein Schiff den Hafen verlassen hatte. Unter bestimmten Umständen war es wünschenswert, bereits vorher in See zu stechen. So zwangen Getreideengpässe in den Städten die Obrigkeiten regelmäßig, auf Schiffstransporte zurückzugreifen.

Die Überfahrt von Seleukia zur Nordostküste Zyperns war von nur kurzer Dauer. Selbst bei Gegenwind konnten Paulus und Barnabas schon innerhalb von drei Tagen in Salamis an Land gehen, einem Städtchen, das nach der gleichnamigen Insel vor der Küste von Piräus benannt wurde, von der aus in mykenischer Zeit Kolonisten nach Zypern ausgezogen waren. Bereits im 8. Jahrhundert v. Chr. hatte Salamis die anderen Städte auf Zypern überflügelt und es behielt diese führende Position bis tief ins 5. Jahrhundert v. Chr. hinein. Alexander der Große zeigte der Stadt seinen Respekt für die Rolle, die die Einwohner beim Widerstand gegen die Perser gespielt hatten, und seine Ankunft läutete eine neue Blütezeit ein. Das Blatt wendete sich jedoch, als einer von Alexanders Nachfolgern, Ptolemaios I., die Stadt belagerte und einnahm. Gemeinsam mit mehreren seiner Getreuen beging König Nikokreon Selbstmord. Als im 1. Jahrhundert v. Chr. die Römer die Macht übernahmen, blieb Salamis eine wichtige Hafenstadt, doch in politischer Hinsicht wurde sie nun von Paphos im Südwesten der Insel überragt. Jeder Besucher kann die vergangene Pracht des alten Salamis auch heute noch mit eigenen Augen sehen: Marmorsäulen und große Steinblöcke eines Gymnasiums, Thermen, öffentliche Latrinen und ein Säulengang illustrieren, wie Salamis sich in all diesen Jahrhunderten entwickelt hat.

Über die Glaubensverkündigung in Salamis sagt Lukas nur, dass Paulus und Barnabas in den Synagogen predigten. Man darf von einem ersten Erkundungsbesuch sprechen; die Missionare wollten ausloten, wie die Zuhörer auf den neuen Glauben reagierten. Nach kurzer Zeit zogen Paulus und Barnabas weiter, in der Hoffnung, für den Fall, dass sie später zurückkehren sollten, ein Fundament gelegt zu haben. Über nichtjüdische Zuhörer in Salamis wird in der Apostelgeschichte nichts mitgeteilt. Das nächste Reiseziel war Paphos im Südwesten der Insel. Paulus und Barnabas hätten auf dem Seeweg längs der Südküste direkt dorthin gelangen können. Ich denke jedoch, dass sie über Land westwärts weitergezogen sind. Den kürzesten Weg quer über die Insel werden sie aber wohl nicht genommen haben: Das Risiko eines Überfalls war groß, die schlecht begehbaren Wege behinderten ein schnelles Vorankommen und die geringe Bevölkerungsdichte schloss Bekehrungen in größerem Umfang aus. Die Glaubensverkünder werden auf den Straßen längs der Küste weitergezogen sein und unterwegs vermutlich auch andere Städte besucht haben.

In diesem Zusammenhang kommt das alte Kition ins Bild, das im 13. Jahrhundert v. Chr. von Kolonisten aus Mykene gegründet und in den folgenden Jahrhunderten von Völkern besucht wurde, die in der Geschichte des Nahen Ostens eine herausragende Rolle spielten: die Phönizier, Assyrer, Babylonier und Perser. Mit Unterstützung der Perser war hier im 5. Jahrhundert für geraume Zeit eine phönizische Dynastie an der Macht, die die Angriffe der Flotte des von Athen angeführten aggressiven Delisch-Attischen Seebunds erfolgreich zurückschlagen konnte. 332 v. Chr. erkannte der König von Kition die Herrschaft Alexanders des Großen an. Nach dessen Tod übernahmen die ägyptischen Ptolemäer die Macht. In dieser Zeit erwarb sich die Stadt einen großen Namen auf kulturellem Gebiet. Das war auch dem Philosophen Zenon zu verdanken, der dort geboren worden war und in Athen zum Begründer der philosophischen Strömung der Stoa wurde. Auch nach der Machtübernahme durch die Römer behielten Philosophie und Rhetorik in Kition einen hohen Stellenwert.

Weil das alte Kition eine reiche kulturelle Tradition hatte, wird es dort auch eine jüdische Gemeinschaft gegeben haben. Da Paulus und Barnabas die ganze Insel christianisieren wollten, scheint es mir nur logisch zu sein, dass sie auf ihrer Durchreise nach Paphos in Kition Station machten. Lukas hat es jedoch nicht für nötig befunden, alle Orte anzugeben, die Paulus auf Zypern besuchte. Er wollte seinen Lesern den Fortgang der Christianisierung vor Augen führen, die Entwicklung der Vorstellungen der Glaubensverkünder erklären und dabei vor allem auf bemerkenswerte Ereignisse aufmerksam machen. Gleich nach der Feststellung, dass Paulus und Barnabas in Salamis in den Synagogen gepredigt hatten, erzählt er deshalb von einer ganz besonderen Begegnung, die sie in Paphos machten (Apg 13, 5–12).

Aber in welchem Paphos? Es gab nämlich zwei Städte mit diesem Namen: das alte und das neue Paphos. Sie liegen nur ungefähr 15 Kilometer voneinander entfernt. Zwischen den Gründungsdaten der beiden Städte klaffen jedoch fast 1000 Jahre. Die ältere Stadt wurde um 1300 v. Chr. von Mykenern aus der Peloponnes gegründet, die jüngere datiert aus dem 4. Jahrhundert v. Chr., nahm jedoch bald einen höheren Rang ein als die ältere. In beiden Städten liegen bemerkenswerte Ruinen, die ihre historische Bedeutung vor Augen führen. Für die ältere Stadt sind vor allem die Fragmente des Tempels der Aphrodite zu nennen – der Göttin, von der gesagt wird, dass sie auf dieser Insel vor Zypern aus dem Schaum des Meeres geboren wurde. Das jüngere Paphos präsentiert dem Besucher besonders eindrucksvolle Reste: eine Agora, ein Theater, einen Tempel des Asklepios, des Gottes der Heilkunst, und einige beachtliche Häuser, darunter das sogenannte Haus des Theseus, des Gründers von Athen. Es muss ein schöner Palast gewesen sein, mit vier Flügeln, die alle in einen Innenhof mündeten; neben Privaträumen gab es auch einen großen Doppelsaal, der als Empfangssaal diente. Das Gebäude wurde in der hellenistischen Periode erbaut, als die Stadt eine Blütezeit erlebte und zahlreiche Menschen, vor allem Händler, über genügend Geld verfügten, um ihre architektonischen Träume zu verwirklichen. Als die Römer sich 55 v. Chr. auf Zypern niederließen, fiel ihnen dieses prachtvolle Haus ins Auge. 22 v. Chr. wurde es zur Residenz der römischen Statthalter, die im größten Saal des Hauses ihre Gäste empfingen.

In Paphos trat die Christianisierung in eine neue Phase ein. Bis dahin hatten Barnabas und Paulus sich vor allem unter die Juden begeben. Zusammenkünfte mit Nichtjuden hatten nur wenige stattgefunden, doch mit Sicherheit werden sich die beiden Apostel um diese ebenso bemüht haben, denn ihre Botschaft kam auch dem damaligen römischen Statthalter Sergius Paulus zu Ohren. Er wollte wissen, was sie zu sagen hatten, und ließ sie zu sich rufen. Zu einer normalen Unterhaltung, in der der Statthalter seinen Gästen Fragen stellte und ihnen zuhörte, kam es jedoch nicht, da sie dort auf „einen Mann namens Barjesus" trafen, „einen Zaube-

Das „Haus des Theseus“ in Paphos

rer und falschen Propheten, der Jude war und zum Gefolge des Prokonsuls [...] gehörte.“ Er „trat gegen sie auf und wollte den Prokonsul vom Glauben abhalten“ (Apg 13, 6–8). Dass dieser Barjesus einen großen Einfluss auf den Statthalter hatte, ist nicht so ungewöhnlich, wie es auf den ersten Blick zu sein scheint. Zauberer und Astrologen waren in sämtlichen Schichten der römischen Gesellschaft allgegenwärtig (siehe S. 190). Sogar römische Kaiser nahmen ihre Dienste regelmäßig in Anspruch. Sie konsultierten sie in Fragen aller Art, insbesondere jedoch in solchen, die ihre persönliche Zukunft betrafen. Der bekannteste Berater mit prophetischen Gaben war ein gewisser Thrasyllos von Mendes. Auf der Insel Rhodos hatte er Tiberius vorausgesagt, er werde Kaiser Augustus nachfolgen. Als Tiberius dann tatsächlich Kaiser wurde, blieb Thrasyllos als sein Vertrauter immer in seinem Umfeld.

Die Konfrontation zwischen Paulus und dem „falschen jüdischen Propheten“ wird in nur wenigen Zeilen zu einem Höhepunkt geführt. Bemerkenswerterweise bedient Paulus sich der gleichen Mittel wie Barjesus. Es war ein ungleicher Kampf, Lukas macht sehr schnell deutlich, dass Bar-

Die Säule in Paphos, an der Paulus gegeißelt worden sein soll

jesus gegen Paulus keine Chance hatte. Der Apostel blickte seinen Widersacher unverwandt an und nannte ihn einen „elenden und gerissenen Betrüger“, einen „Sohn des Teufels“ und „Feind aller Gerechtigkeit“. Ein Blick von Paulus genügte, um Barjesus mit Blindheit zu schlagen. Das Opfer bot sogleich einen erbärmlichen Anblick: „[...] er tappte [im Dunkel] umher und suchte jemand, der ihn an der Hand führte“ (Apg 13, 11). Das „Wunder“ der Erblindung steht am Beginn einer neuen Phase in Paulus’ Glaubensverbreitung. Warum Barjesus auf diese Weise aus dem Weg geräumt wird, ist offenkundig: Paulus ist nicht nur ein passionierter Glaubensverkünder geworden, er ist auch in der Lage, Wunder zu verrichten, und kann sich nun auf eine Stufe mit den anderen Aposteln stellen, insbesondere mit Petrus. Als wolle er das noch einmal nachdrücklich hervorheben, nennt Lukas hier zum letzten Mal den Namen Saulus und setzt hinzu: „der auch Paulus heißt“ (Apg 13, 9). Der Apostel hat sein altes Ich jetzt definitiv abgelegt.

Die Konfrontation zwischen Paulus und dem falschen Propheten hatte zur Folge, dass der Statthalter Sergius Paulus sich zum Christentum bekehrte. Es dürfte sich um Lucius Sergius Paul(l)us gehandelt haben, der eine Zeit lang in Antiochia in Pisidien lebte. Die Bekehrung war zweifellos aufsehenerregend, auch wenn er sie nicht an die große Glocke gehängt haben wird, denn von einem Mann in einer so hohen Position wurde erwartet, dass er an den Opferritualen für die „staatstragenden“ Götter der Römer teilnahm. Vermutlich wurde er kein aktiver Christ, der seine Überzeugungen öffentlich kundtat: Das hätte ihm die römische Obrigkeit mit Sicherheit übel genommen.

Lukas lässt offen, ob die Mission auf Zypern erfolgreich verlief. Ich habe da meine Zweifel. Unter den Missionaren kam es jedenfalls zu ernsten Spannungen. Fast beiläufig wird in der Apostelgeschichte erwähnt, dass ein gewisser Johannes Markus, den Paulus und Barnabas auf der Insel „als Helfer“ bei sich hatten, sie zwar noch nach Pamphylien begleitete, sich unmittelbar nach der Ankunft jedoch von ihnen trennte und nach Jerusalem zurückkehrte. Ein Grund für seine Abreise wird nicht angegeben, doch anscheinend waren ihm diese Spannungen zu viel geworden. Die charakterlichen Gegensätze zwischen Johannes und Paulus waren zu groß, als dass sie gemeinsam hätten weiterreisen können. Möglicherweise ging es um eine persönliche Fehde, doch auch ihre Meinungsverschiedenheiten über die zu verfolgende Missionsstrategie könnten aus dem Ruder gelaufen sein und zu unüberbrückbaren Animositäten geführt haben. Vielleicht empörte Johannes sich darüber, dass Paulus sich immer häufiger unter Nichtjuden begab, was unter den Juden, die sich seine Botschaft von einem neuen Messias verbaten, zu großer Unruhe führte.

In Paphos steht gegenüber des Ausgrabungsgeländes in der Nähe der dem heiligen Cyriacus gewidmeten Kirche aus dem 12. Jahrhundert die sogenannte Paulussäule, eine unscheinbare Säule, die einer zypriotischen Legende zufolge zur Erinnerung an Paulus' Bestrafung durch ortsansässige Juden errichtet wurde. Während einer Predigt in der Synagoge soll er von ihnen ergriffen und gegeißelt worden sein. Die Legende fügt sich in seine eigene Aussage ein, er habe fünfmal „von Juden die neununddreißig Hiebe" erhalten (2 Kor 11, 24). Die Berechtigung dazu entnahmen sie einer Vorschrift im Buch Deuteronomium, der zufolge ein Richter, der ein Urteil in einer Auseinandersetzung zwischen zwei Männern gesprochen hat, den Schuldigen zu maximal 40 Schlägen verurteilen darf (Dtn 25, 1–3).

Paulus ist nie mehr nach Zypern zurückgekehrt. Das Verhältnis zwischen ihm und Johannes Markus hat sich später wieder eingerenkt; dafür spricht jedenfalls der (von einem Jünger des Paulus geschriebene) Brief an die Kolosser, worin Paulus sie bittet, Markus, den Vetter des Barnabas, aufzunehmen, wenn er zu ihnen kommt (Kol 4, 10).

Antiochia in Pisidien

Die Überfahrt von Paphos nach Pamphylien dauerte drei bis vier Tage. Gleich nach der Ankunft setzte sich Johannes, wie bereits gesagt, von seinen beiden Reisegefährten ab. Das Einvernehmen zwischen Paulus und Barnabas begann ebenfalls Risse zu zeigen. Dennoch setzten sie ihre Missionsreise fort, auch wenn es beiden schwergefallen sein muss, die Harmonie zu bewahren. Immer deutlicher trat zutage, dass Paulus nicht der Mann war, der sich anderen und deren Ansichten unterordnen wollte.

In der pamphylischen Hafenstadt Attalia gingen sie von Bord. Es war keine bewusste Entscheidung, ihre Missionsreise dort fortzusetzen, sondern Zufall. Hätte ihr Schiff einen anderen Hafen in Pamphylien angefahren, wären sie eben von dort aus weitergereist. Attalia, das heute unter dem modernen Antalya verborgen liegt, war im 2. Jahrhundert v. Chr. von Attalos II., dem König von Pergamon, gegründet worden. 77 v. Chr. war die Stadt unter die Herrschaft der Römer gekommen. Bis auf einige Fragmente der Stadtmauer sind Reste aus der Antike kaum noch aufzufinden. Auch den alten Hafen gibt es nicht mehr. Doch wer vom Hafenkai aus in die heutige Meeresbucht hineinschaut und die schönen, von der Natur geformten Konturen wahrnimmt, braucht nicht viel Fantasie, um sich vorstellen zu können, dass Küstenfahrer in der Antike hier einen sicheren Liegeplatz fanden.

Von Attalia waren es nur 15 Kilometer bis Perge, einer mittelgroßen Stadt, die an der Stelle einer alten Niederlassung aus dem 2. Jahrtausend angelegt worden war. Die Bewohner blickten stolz auf ihre Geschichte. Kalchas, ein griechischer Seher, der mit den Griechen gegen Troja gezogen war, wurde als der mythologische Gründer der Stadt betrachtet. Bis 300 v. Chr. war Perge ein unbedeutendes Städtchen, doch mit den Kolonisten aus Pergamon kamen neue Impulse und danach ließ sich das Wachstum der Stadt nicht mehr bremsen. Nachdem die Römer die Herrschaft übernommen hatten, strömten auch römische Kolonisten in die Stadt. Sie profitierten davon, dass Perge an die Via Sebaste angeschlossen und damit der Zugang zum anatolischen Hochland gewährt wurde.

Paulus bekam in Perge einige bemerkenswerte Bauwerke zu Gesicht, unübersehbare Zeichen für den Wohlstand und die religiöse Erlebniswelt der Stadtbewohner. Das Heiligtum der Artemis, der Schutzgöttin von Perge, machte deutlich, in welch hohem Ansehen diese Göttin stand, nicht nur hier, sondern auch in der weiteren Umgebung. Später sollte Paulus an mehreren anderen Orten erfahren, dass der Kult dieser Göttin tief verwurzelt war und nicht so schnell beseitigt werden konnte. Auch im großen Theater, das 14 000 Menschen Platz bot, kam die griechische Kultur deutlich zum Ausdruck und die gewaltigen Bäder vervollständigten das Bild einer wohlhabenden Stadt, deren Bewohner alles daran setzten, die Städte in der Umgebung und insbesondere das benachbarte Side zu übertrumpfen. Paulus wurde von Unsicherheit befallen: Alles wies darauf hin, dass die Einwohner der Stadt keinen Bedarf an Predigern hatten, die sie der Abgötterei beschuldigten und die die Vergangenheit ihrer Vorfahren nicht ernst nahmen.

Hätte es in Perge eine große jüdische Gemeinschaft gegeben, wäre Paulus sicherlich länger in der Stadt geblieben. Überreste einer Synagoge sind dort nicht gefunden worden, was jedoch nicht unbedingt ausschließt, dass es vielleicht doch eine kleine jüdische Minderheit in der Stadt gab. Möglicherweise hatte Paulus erwartet, in Perge auch einige Glaubensgenossen anzutreffen. Ihm war bekannt, dass es in Pamphylien Christen gab, denn Lukas schreibt, dass kurz nach der Auferstehung Jesu Christi auch Gläubige aus Pamphylien in Jerusalem am Pfingstfest anwesend waren und die Apostel das Wort Gottes in ihrer Sprache verkünden hörten (Apg 2, 9–11). Wahrscheinlich waren diese Prediger noch nicht bis Perge vorgedrungen. Andernfalls hätte Paulus sicherlich davon gewusst und wäre vielleicht noch eine gewisse Zeit geblieben, um die Gläubigen zu ermutigen. Oder zog er genau deshalb weiter, weil er auch schon in dieser Phase seiner Missionstätigkeit das Wort Gottes in Gebieten verkündigen wollte, in die noch kein anderer Prediger seinen Fuß gesetzt hatte?

Von Perge aus reisten Barnabas und Paulus ins Landesinnere, nach Antiochia in Pisidien. Auf den ersten Blick ist diese Entscheidung verblüffend. Wer seine Ideen effizient verbreiten wollte, wäre – so sollte man denken – eher auf dem Land- oder Seeweg die Küste entlanggezogen und hätte die Hafenstädte besucht. Denn dort lebten Menschen mit sehr unterschiedlichem Hintergrund; gleichzeitig trafen hier jederzeit Seeleute aus allen Himmelsrichtungen ein, die – wenn sie sich bekehren ließen – das christliche Gedankengut weiterverbreiten konnten. Paulus und Barnabas hätten ihre Missionsarbeit östlich von Perge auf Aspendos, Side und Korakesion konzentrieren können oder sie hätten auch nach Westen gehen können, nach Myra und Xanthos. Doch Paulus setzte seinen eigenen Plan durch und zog über die Pässe der Ausläufer des Taurusgebirges nach Norden, nach Pisidien.

In Paphos auf Zypern hatte er von dem bekehrten Sergius Paulus viel über das pisidische Antiochia gehört. Der Statthalter war dort geboren worden und hatte noch viele Verbindungen in die Stadt. Er hatte Paulus von den verschiedenen Bevölkerungsgruppen in der kleinen Stadt mit ungefähr 10 000 Einwohnern erzählt: Griechen und Römer, aber auch relativ viele Juden. Diese Information kam Paulus gerade recht. Indem er nicht in die Küstenstädte ging, wo bereits Christen lebten, sondern ins völlig unbekannte Bergland der Zentraltürkei, um dort die Botschaft Christi zu verbreiten, konnte er zeigen, dass er jede Mühe auf sich nehmen wollte, um ein würdiger Apostel zu sein. Später sollte er in seinem Brief an die Römer sagen, er habe „darauf geachtet, das Evangelium nicht dort zu verkündigen, wo der Name Christi schon bekannt gemacht war, um nicht auf einem fremden Fundament zu bauen“ (Röm 15, 19–21). Er wollte selbst das Fundament legen.

Abschnitt der Via Sebaste nördlich von Attalia

Vielleicht hatte Paulus auch persönliche Gründe, Gründe medizinischer Art. Das ist nur eine Spekulation, da Paulus sich nur selten über sein geistiges und körperliches Befinden geäußert hat. Für gewöhnlich lässt er es bei allgemeinen Bemerkungen wie, er habe auf seinen Reisen Hunger und Durst gelitten und Entbehrungen ertragen. In seinem Brief an die Galater wird er jedoch deutlicher und bekennt: „Ihr wißt, daß ich krank und schwach war, als ich euch zum ersten Mal das Evangelium verkündigte" (Gal 4, 13). Über die Art seiner Krankheit schweigt er sich aus, doch sollte er tatsächlich aus gesundheitlichen Gründen die Küstengegend verlassen und das raue Bergland aufgesucht haben, ist es gut möglich, dass er an einer chronischen Krankheit litt, die ihm im feuchten Klima sumpfiger Küstengebiete stärker zusetzte als in hoch gelegenen Regionen, gleichwohl sie sich auch dort dann und wann bemerkbar machte.

Von Perge aus führten zwei Wege nach Norden. Der östliche war ungefähr 180 Kilometer lang und verlief durch raues, gebirgiges Gebiet. Dieser Weg war nicht ungefährlich, da die Umgebung von den Homonaden unsicher gemacht wurde, einem kriegerischen Stamm, der immer wieder Reisende überfiel und ihres Besitzes beraubte. Nach Westen hin verlief die mehr als 250 Kilometer lange Via Sebaste, die 6 v. Chr. angelegt worden und deren Name eine Ehrbezeugung an Kaiser Augustus war.[44] Die Straße führte nach Nordwesten, über den Klimax-Pass und an mehreren kleinen Städten vorbei, in denen Veteranen aus der Armee des Augustus sich niedergelassen hatten. Über Apollonia erreichte man schließlich Antiochia, das eigentlich nicht in Pisidien lag, sondern in Phrygien. Deshalb hieß es auch oft Antiochia *bei* Pisidien. Barnabas und Paulus werden sicherlich einige Wochen gebraucht haben, bis sie die Stadt erreichten. Einige Strecken der Straße verliefen durch derart bergiges Terrain, dass sie höchstens zehn Kilometer pro Tag zurücklegen konnten.

Antiochia war für die ganze Region von großer Bedeutung. Die römischen Machthaber waren sich darüber bewusst, als sie die wichtige Straße von Ephesus im Westen nach Apameia im Osten, in Syrien, quer durch die Stadt führten, die von diesen guten Landverbindungen profitierte. Viele Händler und Handwerker hatten sich hier angesiedelt und zum Wohlstand der Stadt beigetragen. Anfänglich waren es vor allem neue römische Kolonisten gewesen, später hatten sich ihnen Griechen und Juden angeschlossen. Überreste eines Stadttors, eines Theaters, mehrerer Thermen und eines Aquädukts zeugen von dem wirtschaftlichen Wohlergehen der Stadt. Paulus erwartete also ein interessantes Arbeitsumfeld.

Juden und Heiden in Antiochia in Pisidien

In Lukas' Darstellung dieser ersten Missionsreise sind Paulus' Vorstellungen bis zu diesem Zeitpunkt noch nicht deutlich zutage getreten, sondern bleiben hinter vagen, wenig aussagekräftigen Worten verborgen. Als Paulus in Antiochia eintrifft, fühlt Lukas sich jedoch berufen, die persönliche Auffassung des Apostels unverblümt wiederzugeben. Eine Begegnung mit Juden in der Synagoge von Antiochia markiert den abrupten Übergang. Ohne auch nur mit einem Wort auf Paulus' erste Begegnungen in der Stadt einzugehen, paraphrasiert Lukas die Rede, die der Apostel am Sabbat vor den Juden hielt.

Zweifel darüber, ob Paulus diese Worte oder Worte, die in diese Richtung gingen, tatsächlich ausgesprochen hat, sind angebracht. Die Predigt wird offenkundig als ein Beispiel für den Stil und die Strategie angeführt, auf die Paulus später noch häufig in seinen Ansprachen an die Juden zurückgreifen sollte. Es geht drunter und drüber. Er beginnt mit einer kurzen Geschichte Israels, die an das denken lässt, was der Märtyrer Stephanus in seiner Todesstunde darüber erzählte (Apg 7, 2–53). Rasch kommt Paulus auf den Kern seiner Ausführungen: Gott habe dem Volk Israel einen Retter aus dem Geschlecht König Davids geschickt, wie er es verheißen hatte (Apg 13, 23). Die Ankunft Jesu als Messias ist für Gott die Einlösung seiner Verheißung. Den Protest vieler Juden schreibt Paulus vor allem ihrer Unwissenheit und ihrem Unvermögen zu, die Worte der Propheten im richtigen Kontext zu sehen. Gott hat Jesus auferstehen lassen und damit das Versprechen, das er gegeben hatte (Psalm 16, 10), erfüllt. Allen Gläubigen sollen ihre Sünden vergeben werden, doch wer den Glauben bekämpft, wird bestraft werden.

Paulus wusste, dass viele Juden sich mit aller Kraft seiner Auffassung widersetzen würden, nämlich dass der Glaube an den offenbarten Christus keine Alternative zu ihrem Judentum, sondern eine Vervollständigung und Erneuerung der bestehenden religiösen Praxis sei, also eine andere Art und Weise, Gott näherzukommen. Sie fürchteten, ihr jahrhundertealter Glaube werde ausgehöhlt, und sie müssten fortan andere neben sich dulden, die sich für Paulus' Botschaft empfänglich zeigten: Juden und gottesfürchtige

Nichtjuden, die am jüdischen Kultus und an den jüdischen Gebräuchen teilnahmen. Sie sahen einen Kampf zwischen zwei Religionen auf sich zukommen. Die alte und in ihren Augen wahre Religion war Mose auf dem Berg Sinai offenbart und von ihm an das Volk Israel weitergegeben worden, die neue war Paulus offenbart worden, dem, wie er sich später in seinen Briefen rühmen sollte, Gott gleichfalls erschienen war.

Paulus und Barnabas wussten gleich, wie sie auf den Widerstand der Juden gegen den neuen Glauben reagieren würden. Wenn die Juden das Wort Gottes nicht hören wollten, so müssen sie sich gedacht haben, dann wenden wir uns eben an die Heiden. Die ablehnende Haltung der Juden motivierte sie, sich der Bekehrung aller Nichtjuden anzunehmen. Hier, in Antiochia in Pisidien, festigte sich in Paulus der Gedanke, dass Gott nicht allein der Gott der Juden ist, sondern auch der Gott der Heiden. Später, in seinem Brief an die Römer, sollte er diesen Gedanken präzisieren: „Ist denn Gott nur der Gott der Juden, nicht auch der Heiden? Ja, auch der Heiden, [...]" (Röm 3, 29–30). Und etwas später schreibt er in demselben Brief, es gebe „keinen Unterschied zwischen Juden und Griechen. Alle haben denselben Herrn" (Röm 10, 12). Im Brief an die Epheser (2, 14), der nicht von ihm, sondern später in seinem Geist von einem Jünger geschrieben wurde, heißt es in aller Deutlichkeit: „Er [Jesus Christus] vereinigte die beiden Teile (Juden und Heiden) und riß durch sein Sterben die trennende Wand der Feindschaft nieder." In Antiochia legte Paulus das ideologische Fundament für die späteren christlichen Gemeinden.

Viele Juden hielten gar nichts davon, dass zahlreiche Heiden die Botschaft, die Paulus und Barnabas verbreiteten, freudig begrüßten. Sie konnten oder wollten nicht begreifen, dass die beiden Missionare mit Erfolg eine Religion für alle predigten, und beschlossen, sie aus der Stadt zu jagen. Lukas fasst sich hier sehr kurz. Er schreibt nur, dass die erzürnten Juden nicht nur selbst zur Tat schritten, sondern auch „die vornehmen gottesfürchtigen Frauen und die Ersten der Stadt" gegen Paulus und Barnabas aufhetzten (Apg 13, 50). Der Zorn gegen die beiden Missionare wurde also offenbar auch von vielen Nichtjuden geteilt.

Lukas beschließt seinen Bericht über den Aufenthalt der beiden Missionare in Antiochia mit den Worten: „[Sie] aber schüttelten gegen sie den Staub von ihren Füßen und zogen nach Ikonion" (Apg 13, 51). Die gleichen

Worte legt der Evangelist Matthäus Jesus in den Mund, als er seine Jünger aussendet: „Wenn man euch aber in einem Haus oder in einer Stadt nicht aufnimmt und eure Worte nicht hören will, dann geht weg, und schüttelt den Staub von euren Füßen" (Mt 10, 14). So traten Paulus und Barnabas in Jesu Fußstapfen.

Ikonion

Die Flucht aus Antiochia bedeutete nicht das Ende der Missionsarbeit in Pisidien und Pamphylien. Die Missionare schlugen die nordöstliche Richtung ein, zogen über das Bergmassiv, das heute unter dem Namen Sultan-Dagh bekannt ist, und nahmen die bereits genannte Straße nach Osten. Nachdem sie 100 Kilometer zurückgelegt hatten, erreichten Paulus und Barnabas Ikonion, das heutige Konya, eine kleine Stadt, die in mancher Hinsicht Antiochia glich. Auch hier hatten im Laufe der Geschichte verschiedene Völker die Macht ausgeübt und auch Ikonion war eine recht wohlhabende Stadt. Die Bevölkerungsstruktur entsprach der von Antiochia in Pisidien: Den römischen Kolonisten, die sich hier niedergelassen hatten, schlossen sich später andere Bevölkerungsgruppen an: Griechen, Autochthone und Juden. Paulus und Barnabas konnten also damit rechnen, hier auf die gleichen Probleme zu stoßen wie in Antiochia.

Sie müssen gewusst haben, dass sie mit ihrer „Friedensbotschaft" tatsächlich Zwietracht in die Stadt bringen würden, um dann schon bald wieder in die Flucht geschlagen zu werden. Doch sie gingen eingedenk der Worte Jesu vor, der zu den ersten Aposteln gesagt hatte: „Wenn man euch in der einen Stadt verfolgt, so flieht in eine andere" (Mt 10, 23). Wie kein anderer Apostel hat Paulus diesen Rat Jesu, den er aus den Erzählungen der anderen Apostel kannte, beherzigt, jetzt und auch auf seinen späteren Reisen. Ohne auch nur einen Augenblick zu zögern, gingen Paulus und Barnabas, so berichtet Lukas, gleich nach ihrer Ankunft in Ikonion in die Synagoge. Manche Juden und (später) Griechen reagierten positiv auf das, was sie zu hören bekamen, und ließen sich bekehren. Doch andere Juden wollten von der christlichen Botschaft nichts wissen und taten sich mit zornigen Heiden zusammen, um die Missionare, wie Lukas sagt, „zu mißhandeln und zu steinigen“ (Apg 14, 5). Aus diesen Worten ist zu schließen, dass die Stimmung hier wahrscheinlich noch aufgeheizter war als in Antiochia. Fluchtartig verließen Paulus und Barnabas die Stadt.

In späteren Texten, in den *Acta Pauli* („Paulusakten“) aus dem 2. Jahrhundert und bei Tertullian (um 160 bis um 225),[45] wird der Name einer Frau genannt, Thekla, die von Paulus bekehrt wurde und ihm folgte. Sie wird als eine Frau von außerordentlicher Hingabe, Frömmigkeit und Standhaftigkeit dargestellt, die die schwersten Folterungen überstand und selbst zu einer fanatischen Glaubensverkünderin wurde. Möglicherweise beruht die Erzählung ihres Lebens auf wahren Ereignissen. Sie könnte aber auch aus mündlich überlieferten Legenden zusammengesetzt worden sein, um dann ein Eigenleben zu führen. Aufgrund der idealisierten Beschreibung ihrer Person und ihres Lebens vermute ich, dass diese Erzählung vor allem nach den Heiligenleben modelliert wurde, die im 2. und 3. Jahrhundert geschrieben wurden.

Lystra und Derbe

Paulus und Barnabas reisten durch eine unüberschaubare Landschaft über die nach Syrien führende Straße in Richtung Süden und erreichten Lystra, einen kleinen Ort auf einem Hügel in einem fruchtbaren Tal. Dort lebten nicht mehr als 3000 Menschen, größtenteils römische Veteranen, die sich nach ihren erfolgreichen Feldzügen hier niedergelassen hatten. Sichtbare Reste der kleinen Stadt gibt es kaum. Der Hügel, auf dem Lystra lag, ist noch nicht ausgegraben worden, doch die verstreut herumliegenden Steinbrocken, Säulenfragmente und die zahlreichen Topfscherben lassen ein reiches wirtschaftliches Leben vermuten.

Lukas hebt ein Ereignis hervor: die Heilung eines von Geburt an gelähmten Mannes. Paulus hieß ihn aufzustehen und der Mann sprang auf und ging umher (Apg 14, 8–10). Es ist eine überraschende Mitteilung über ein Wunder, die eine unmittelbare Verbindung zu Jesus herstellt, der Lahme gehen und Blinde sehen ließ. Auf dieses erste echte Wunder folgen in der Apostelgeschichte noch viele weitere. Paulus ist jetzt nicht mehr nur als Glaubensverkündiger, sondern auch als Wundertäter in die Fußstapfen Jesu getreten. Damit führt Lukas vor Augen, dass Paulus den anderen Aposteln nicht nachstand, nicht einmal Petrus.

Die Reaktion der Bewohner von Lystra ist bemerkenswert. Bekehrt sind sie noch nicht und ihre Gedanken werden beherrscht von heidnischen Göttern und Symbolen. Sie standen ratlos vor diesem Wunder und glaubten, Götter in Menschengestalt seien auf Erden erschienen. Barnabas, der späteren frühchristlichen Texten zufolge von riesiger Gestalt war, nannten sie Zeus, Paulus, den Wortführer, identifizierten sie mit dem Gott Hermes. Eine feierliche Opferzeremonie wurde vorbereitet. Der Priester des Zeustempels wollte sogar Stiere und Kränze opfern, um dem obersten Gott zu danken, so wie sie es immer taten, wenn sie glaubten, die Götter hätten ihnen beigestanden.

In Lystra fand somit eine Konfrontation zwischen der polytheistisch eingestellten, hauptsächlich aus römischen Veteranen, einfachen Handwerkern und Bauern aus der Umgebung zusammengesetzten Bevölkerung und den beiden Verkündigern eines neuen monotheistischen Glaubens statt. Die Bewohner des kleinen Ortes bekamen von Paulus zu hören, dass alles, was sie bis dahin geglaubt und getan hatten, sinnlos war. Allen traditionellen Glaubensäußerungen sollten sie abschwören, da sie Zeugnisse eines verderblichen Aberglaubens waren. Die Zeit war gekommen, sich von ihrem Götzendienst abzuwenden und sich zum lebendigen Gott zu bekehren, der den Himmel, die Erde und das Meer geschaffen hatte (Apg 14, 15).

Zunächst begriffen die Bewohner gar nicht, was Paulus und Barnabas überhaupt von ihnen wollten, und setzten die Vorbereitungen für die Opferzeremonien fort. Fassungslos zerrissen die Apostel ihre Kleider, sprangen unter die Menschen und riefen ihnen zu, dass sie sich von ihrem Aberglauben lösen und Gott zuwenden sollten. Mit größter Mühe gelang es ihnen, die Menschen davon abzuhalten, ihnen Opfer darzubringen. Doch überzeugen konnten sie sie nicht; Paulus und Barnabas blieben für sie Repräsentanten der alten Götter. Die christliche Botschaft war noch nicht zu ihnen durchgedrungen.

Danach wiederholt sich das bereits bekannte Muster. Als Juden aus Antiochia und Ikonion, die es nicht hinnehmen wollten, dass die Missionare in dieser Region viele Zuhörer fanden, nach Lystra eilten, um die Menschen gegen die Apostel aufzuhetzen, schlug die Sympathie der Bewohner für die Glaubensverkünder in Unverständnis, Hass und Abscheu um. Sie begannen Paulus zu steinigen und er stürzte nieder. In dem Glauben, er sei tot, schleiften sie ihn zur Stadt hinaus. Dann passierte etwas Merkwürdiges. Als sich seine Jünger besorgt über ihn beugten, stand Paulus einfach auf und ging zusammen mit ihnen in die Stadt zurück. Noch seltsamer ist, dass die Bewohner ihn wieder in die Stadt hineinließen (Apg 14, 19–20). Ihr Zorn war offensichtlich schnell verflogen. Am folgenden Tag verließen Paulus und Barnabas die Stadt.

Auch hier spricht Lukas wieder von Jüngern, doch nur einen dieser Jünger nennt er mit Namen. Allerdings nicht im Bericht über Paulus' ersten Aufenthalt in Lystra, sondern, als er davon erzählt, wie der Apostel einige Jahren später auf einer großen Missionsreise durch die Türkei und Griechenland mehrere Orte besuchte, in denen er bereits gewesen war und Jünger hatte gewinnen können. Sein Name ist Timotheus. Paulus nahm ihn als Reisebegleiter, wahrscheinlich, weil er bei seinen Glaubensgenossen in Lystra so viel Respekt genoss (Apg 16, 2). Später sollte Paulus ihm vertrauliche Aufträge erteilen. Zwar sagt Lukas nicht, wann Timotheus zum christlichen Glauben übergetreten ist, doch wir können davon ausgehen, dass er bereits auf der ersten Missionsreise von Paulus und Barnabas bekehrt wurde.

Die Verletzungen, die Paulus bei der Steinigung davongetragen hatte, waren nicht so ernst, als dass sie ihn gehindert hätten, den 150 Kilometer langen Weg nach Derbe zurückzulegen. Die Apostel packten ihre Habseligkeiten zusammen und zogen nach Osten. Nach sechs oder sieben Tagen erreichten sie ihr Ziel, ein Städtchen, von dem heute nur noch ein Hügel übrig ist. Über die Geschichte des Ortes können die zahlreichen gefundenen Tonwaren aus der hellenistischen und römischen Zeit nicht viel aussagen. Aus literarischen und epigrafischen Quellen wissen wir jedoch, dass, kurz bevor Paulus dorthin kam, Kaiser Claudius der kleinen Stadt den ehrenvollen Namen Claudioderbe verliehen hatte.

In Derbe wurden die beiden Männer gastfreundlich aufgenommen und konnten ihre Botschaft ungestört verbreiten. Anders als in Antiochia, Ikonion und Lystra stießen sie hier nicht auf verärgerte Juden, die die Bevölkerung gegen sie aufhetzten. Und weil Derbe weit genug von diesen Städten entfernt lag, konnten sie sich vor ihren rachsüchtigen Feinden sicher fühlen. Paulus fand hier eine Oase der Ruhe, wo er seine Botschaft frei verbreiten konnte. Später hatte er in seinem Brief an die Galater auch die Bewohner von Derbe vor Augen, als er seine Dankbarkeit gegenüber den Menschen zum Ausdruck brachte, die ihn, als er krank und schwach war, „wie einen Engel Gottes" aufgenommen hatten (Gal 4, 12–15). Im zweiten Brief an Timotheus, der vermutlich nach Paulus' Tod von einem Jünger geschrieben wurde, werden ausdrücklich die Städte Antiochia, Ikonion und Lystra genannt, als die Entbehrungen und Verfolgungen zur Sprache kommen, die Paulus auf seinen Reisen ertragen musste; doch Derbe wird hier nicht erwähnt (2 Tim 3, 11).

Es wäre verständlich gewesen, wenn Paulus und Barnabas von Derbe aus weiter ostwärts gezogen und über Tarsus nach Antiochia am Orontes zurückgekehrt wären. Sie wählten jedoch eine andere Route und besuchten erneut die Städte, in denen sie auf große Schwierigkeiten gestoßen waren, wo es ihnen aber gleichzeitig auch gelungen war, Gläubige zu gewinnen. Vermutlich wollten sie sich vergewissern, wie viele Menschen sich tatsächlich hatten bekehren lassen und ob sie sich zu behaupten vermochten inmitten von Juden, die von dem neuen Messias nichts wissen wollten, und anderen Stadtbewohnern, die nur schwer begreifen konnten, dass ihre traditionelle Vielgötterei durch einen neuen Monotheismus untergraben werden sollte. Es war ein riskantes Unterfangen; Paulus und Barnabas erinnerten sich zweifellos noch deutlich an die Feindseligkeit, die ihnen entgegengebracht worden war. Sie wollten den neuen Mitgliedern der christlichen Gemeinden jedoch zeigen, wie sehr sie ihnen am Herzen lagen, und ließen die Gefahren, die ihnen drohten, außer Acht. Lukas zufolge verlief die Rückreise ohne Probleme. Von Angriffen gegen sie in den Städten, die sie aufsuchten, erzählt er jedenfalls nichts.

Nach einer viele Hundert Kilometer langen Reise kehrten die Missionare über Perge nach Attalia zurück, wo sie einen Küstenfahrer fanden, der sie nach Antiochia am Orontes bringen sollte. An Bord hatten sie reichlich Zeit, um über die Zukunft nachzudenken. Sie stimmten darin überein, dass diese erste große Missionsreise durch Zypern und die südliche Türkei eine gute Basis für spätere Expeditionen war, ob sie diese gemeinsam unternehmen würden oder jeder für sich. Sie hatten in einer Welt voller Götter manche Menschen zum Glauben bekehrt. Über die

Anzahl können wir nur Vermutungen anstellen. Es werden vielleicht eher Dutzende als Hunderte gewesen sein. Für die meisten war der christliche Glaube nicht mehr als ein kurzes religiöses Intermezzo. Sobald die Glaubensverkünder weitergezogen waren, nahm das Leben wieder seinen normalen Lauf und nicht wenige neue Gläubige fielen nach einiger Zeit wieder in ihren alten Glauben zurück. Doch ob es nun nur um einige wenige oder um eine viel größere Anzahl von Menschen geht – die Grundlage für neue christliche Gemeinden war gelegt.

Zurück in Antiochia am Orontes berichteten sie der Glaubensgemeinschaft von ihren Erlebnissen. Paulus wollte auch den Führern der Christen in Jerusalem von den Bekehrungen erzählen. Er konnte ihnen jetzt ruhigen Herzens unter die Augen treten, denn sein Selbstvertrauen, an dem es ihm noch nie gemangelt hatte, war beträchtlich gewachsen. Er trug jetzt nicht mehr die Last einer schlimmen Vergangenheit und konnte sich rühmen, die christliche Botschaft in Städten verbreitet zu haben, die Petrus und die anderen Anführer der Christen kaum kannten. Intelligent, wie er war, und erfüllt von einem Verlangen nach Ruhm und Ehre, wird Paulus jedoch auch vorausgeahnt haben, dass er mit seinem ausgeprägten Eigensinn bei den Christen in Jerusalem auf Widerstand stoßen würde. Seine Glaubensverkündigung an Juden und Heiden würde nicht bei allen Beifall finden. Es war an der Zeit, zu Beratungen zusammenzukommen, es war an der Zeit, den Kurs für die Zukunft zu bestimmen.

Das Apostelkonzil in Jerusalem

Der Empfang in Antiochia im Spätherbst des Jahres 45 entsprach nicht unbedingt dem, was Paulus und Barnabas erwartet hatten. Die Mitglieder der christlichen Gemeinschaft lauschten zwar andächtig den Erzählungen über ihre Erlebnisse und Bekehrungen und äußerten auch ihre Bewunderung über die Tatsache, dass sie Heiden in entlegenen Regionen den Glauben zugänglich gemacht hatten; doch einige machten auch kein Geheimnis daraus, dass die von Paulus und Barnabas vertretenen Vorstellungen stark von denen der Prediger aus Jerusalem abwichen, die bei ihnen zu Besuch gewesen waren. Sie hatten in ihrer Botschaft an die jüdischen und nichtjüdischen Christen von Antiochia verkündet, dass diejenigen, die sich nicht beschneiden ließen, nicht gerettet werden konnten (Apg 15, 1). Ungeachtet ihrer ethnischen Herkunft, sollten alle Christen die Vorschriften der Tora befolgen.

In Antiochia muss diese Vorschrift für große Unruhe gesorgt haben. Zahlreiche nicht beschnittene Christen kamen sich jetzt minderwertig vor; als wäre ihnen der Weg zu Christus versperrt. Paulus und in geringerem Maße auch Barnabas standen ihnen zur Seite. Der Widerstand gegen das, was die „Leute von Judäa" verkündet hatten, wurde so groß, dass im Frühjahr 46 beschlossen wurde, eine Delegation nach Jerusalem zu schicken, um über die Streitpunkte zu beraten.

Paulus war inzwischen ein Mann, dessen Wort Gewicht hatte, dessen scharfe Zunge und oft kompromisslose Haltung bewundert wurden und gefürchtet waren. Zweifellos waren Erzählungen über seine Missionsreise auch zu den Führern der Christen in Jerusalem durchgedrungen. Niemand konnte ihn mehr umgehen, auch Petrus nicht. Selbstbewusst schrieb Paulus Jahre später in seinem Brief an die Galater, er sei nach Jerusalem gegangen, um den „Angesehenen" der dortigen Gemeinde das Evangelium vorzulegen, das er unter den Heiden verkündigte (Gal 2, 1–2).

In wissenschaftlichen Kreisen sind längst nicht alle davon überzeugt, dass Paulus nach seiner ersten Missionsreise von Antiochia aus nach Jerusalem reiste. Mehrere Gelehrte glauben, dass die Konferenz, von der Lukas spricht, das sogenannte Apostelkonzil, erst fünf Jahre später stattfand – nach seiner zweiten großen Missionsreise, die ihn nicht nur nach Kleinasien, sondern auch nach Makedonien und Griechenland bringen sollte.[46] Ihr wichtigstes Argument ist Paulus' Bemerkung in seinem Brief an die Galater, er habe Jerusalem „vierzehn Jahre später" wieder besucht (Gal 2, 1). Da er seine letzte Unterredung mit Petrus im Jahr 37 führte, kurz nach seiner Bekehrung, müsste diese Zusammenkunft ins Jahr 51 datiert werden, nach seiner zweiten großen Missionsreise. Ich plädiere jedoch für eine frühere Datierung. Lukas schildert die Zusammenkunft unmittelbar nach seinem Bericht über Paulus' erste Missionsreise nach Zypern, Pisidien, Phrygien und einen Teil Galatiens (Apg 15, 3–4). Auf dieser Reise waren Paulus und Barnabas mehrmals mit der Frage der Beschneidung konfrontiert worden. Es gab also gute Gründe, diese dringliche Frage gleich auf die Tagesordnung zu setzen. Das Problem des von Paulus genannten zeitlichen Abstands von 14 Jahren bleibt jedoch bestehen. Vermutlich gab es mehrere Zusammenkünfte, da Paulus sich wiederholt besorgt die Frage stellte, ob Petrus und die ihm nahestehenden Apostel auch wirklich einsehen wollten, dass seine Missionsarbeit unter den Heiden das Werk Gottes war. Wir dürfen uns unter diesen Zusammenkünften übrigens nicht allzu viel vorstellen. Es waren keine durchorganisierten Versammlungen, sondern eher informelle Treffen einer unbekannten Anzahl von Personen, die sich bemühten, einen Kurs abzustecken, der für alle akzeptabel war.

Alle Teilnehmer der Zusammenkunft waren sich darüber bewusst, dass die Einheit der jungen Christengemeinschaft auf dem Spiel stand und dass es jetzt darum ging, Juden und Nichtjuden zusammenzuhalten. Die Verfechter einer Beschneidungspflicht waren vor allem in den Kreisen der jüdisch-christlichen Gläubigen mit einem pharisäischen Hintergrund zu finden. Sie stützten sich auf die Tora und beriefen sich auf das Buch Genesis 17, wo es heißt, Gott habe mit Abraham einen Bund geschlossen und zum Zeichen dieses Bundes müsse er sich beschneiden lassen und in Zukunft müssten alle männlichen Kinder, sobald sie acht Tage alt sind, beschnitten werden. Ihnen zufolge würden sie durch die Beschneidung und die Befolgung des Gesetzes Mose gerettet werden. Was Gott in Christus getan hatte, schloss an das an, was er in der Vergangenheit im Bund mit Abraham bestimmt hatte.

Sie brachten auch Erinnerungen an Jesus vor, die später von den Evangelisten aufgezeichnet werden sollten, und erklärten, dass auch er sich an das Gesetz gehalten habe. Lukas (2, 21) sollte später hervorheben, dass Jesus beschnitten war und auch ansonsten das Gesetz befolgt habe und zum Tempel in Jerusalem gepilgert sei. Sein Kollege Matthäus (5, 17–19) sollte Jesus sagen lassen, dass er nicht gekommen sei, „um das Gesetz und die Propheten aufzuheben. Ich bin nicht gekommen, um aufzuheben, sondern um zu erfüllen. [...] Bis Himmel und Erde vergehen, wird auch nicht der kleinste Buchstabe des Gesetzes vergehen." Die konservativen Christen stimmten diesen Vorstellungen zu. Sie wollten den nichtjüdischen Christen keine Ausnahmestellung zugestehen. Sie sollten ebenso beschnitten werden und sich an das Gesetz Mose halten (Apg 15, 5).

Paulus war anderer Meinung: Was Gott in Jesus getan hatte, übertraf alles, was er in der Vergangenheit getan hatte. Deshalb war die Beschneidung irrelevant geworden. Auf Äußerlichkeiten kam es nicht an. Der Glaube an Gott war von zentraler Bedeutung. In seinem ersten Brief an die Korinther, den er 53 schrieb, brachte er es auf den Punkt: „Es kommt nicht darauf an, beschnitten oder unbeschnitten zu sein" (1 Kor 7, 19). Mit anderen Worten: Es war gleichgültig, ob ein Gläubiger beschnitten war; wichtiger war, dass er voll und ganz auf Gott vertraute. Und er erzählte den anderen Aposteln von den Wundern, die Gott durch ihn und Barnabas bei den Heiden verrichtet hatte.

Die beiden Auffassungen waren kaum miteinander zu vereinbaren. Ich kann mir nicht vorstellen, dass Paulus auch nur einen Augenblick erwogen hat, den Standpunkt der Jerusalemer Gruppe zu übernehmen und die heidnischen Bekehrten aufzufordern, sich beschneiden zu lassen. Möglicherweise hat er kurz mit dem Gedanken gespielt, die Gemeinde in Jerusalem einfach außer Acht zu lassen und seinen eigenen Weg, ohne Rücksprache mit den dortigen Aposteln, fortzusetzen. In diesem Fall wäre er jedoch zweifellos zur Verantwortung gerufen worden und man hätte ihm vielleicht untersagt, seine Missionsarbeit weiterzuführen. Abgesehen von den, wie er sie nannte, „falschen Propheten", die unerbittlich auf der Beschneidungspflicht beharrten, waren sich jedoch auch die übrigen Teilnehmer an der Konferenz darüber bewusst, dass seine Auffassung nicht einfach ignoriert werden konnte. Ebenso hatte Petrus das erkannt. Er war ein Befürworter der Beschneidungspflicht für alle Christen und hätte sich gewünscht, dass Paulus sich an dieses Gebot gehalten hätte, doch gleichzeitig wusste er, dass Paulus viele Anhänger hatte und dass er sich nicht leicht geschlagen geben würde.

Als eine befriedigende Lösung ausblieb, ergriff Jakobus das Wort. Er war in der christlichen Gemeinschaft ein Mann von großer Autorität, nicht zuletzt deshalb, weil er der „Bruder des Herrn" genannt wurde (Gal 1, 19). Ein Apostel war er nicht gewesen, was vermuten lässt, dass er nicht gleich zu den Jüngern seines Bruders gezählt und womöglich erst später zum Glauben gefunden hatte. Nachdem er sich hatte bekehren lassen, wurde er jedoch schnell in die Führungsriege der christlichen Gemeinde in Jerusalem aufgenommen.[47]

Im Gegensatz zu Paulus gehörte Jakobus nicht zu den Männern, die in der Welt herumgekommen waren. Er hatte immer nur in jüdischen Gemeinschaften gelebt. Obwohl er zu den Befürwortern der Beschneidung zählte, trat er jetzt als Vermittler auf und schlug vor, den Heiden, die sich zu Gott bekehrten, keine unnötigen Verpflichtungen aufzuerlegen. Sie sollten sich lediglich der Abgötterei und der Unzucht enthalten und weder „Ersticktes noch Blut" essen (Apg 15, 21). Es war ein Kompromiss, mit dem die meisten Anwesenden leben konnten und der die Einheit innerhalb der christlichen Gemeinschaft am wenigsten gefährdete. Jakobus' Vorschlag lagen praktische Erwägungen zugrunde. Eine obligatorische Beschneidung stellte für Nichtjuden, die Christen werden wollten, ein großes Hindernis dar. Sie hatten schließlich keinerlei Verbindung zum Judentum; sie wollten Christus folgen, nicht dem Gesetz Mose. Und Paulus hatte in den vorangegangenen Jahren gezeigt, dass viele Heiden für seine Botschaft empfänglich und damit potenzielle Gläubige waren.[48]

Der Kompromissvorschlag führte jedoch noch nicht zur Lösung der Probleme. Die jüdischen Christen hatten ihre Wurzeln im alten Judentum und die bekehrten Heiden hatten damit nichts zu tun. Sie brauchten sich zwar nicht beschneiden zu lassen, doch damit liefen sie jetzt Gefahr, als Christen zweiter Klasse betrachtet zu werden. Sowohl Paulus als auch Petrus waren sich dessen bewusst, dennoch schien im Augenblick dieser Kompromiss die beste Lösung zu sein. Petrus und seine Gefolgsleute sollten die Glaubensverbreitung unter den Beschnittenen fortsetzen und Paulus und die Seinen vor allem unter den Unbeschnittenen predigen. Die wichtigsten Anwesenden, Jakobus, Petrus, Johannes, Barnabas und Paulus, besiegelten die Absprachen, indem sie sich „die Hand zum Zeichen der Gemeinschaft" gaben (Gal 2, 9).

In der Praxis kam es dennoch zu Problemen, wie der „antiochenische Zwischenfall" zeigte. In seinem Umgang mit den nichtjüdischen Christen legte Petrus keine große Standhaftigkeit an den Tag. So stellte es jedenfalls Paulus dar. In seinem Brief an die Galater (2, 11–14) schrieb er, dass Petrus nach der Konferenz von Jerusalem nach Antiochia kam und mit den heidnischen Christen an einem Tisch saß. Als er jedoch von der Ankunft von Christen aus dem Kreis um Jakobus hörte, der zwar den Kompromiss vorgeschlagen hatte, aber dennoch ein Befürworter der Beschneidungspflicht war, zog er sich schnell zurück und sonderte sich aus Furcht vor der Kritik der Beschnittenen von ihm ab. Auch andere jüdische Christen in Antiochia, sogar Barnabas, taten es ihm gleich, sodass daraufhin eine Trennung zwischen den jüdischen und den nichtjüdischen Christen folgte. Paulus beschuldigte Petrus und die jüdischen Christen der Heuchelei. In Gegenwart aller sagte er zu Petrus: „Wenn du als Jude nach Art der Heiden und nicht nach Art der Juden lebst, wie kannst du dann die Heiden zwingen, wie Juden zu leben?“ (Gal 2, 14).

Die Kontroverse hatte weitreichende Konsequenzen. Paulus wird sich im Wortgefecht mit Petrus zweifellos viel weniger diplomatisch geäußert haben als in seinem Brief an die Galater und machte sich mit Sicherheit Feinde. Selbst Barnabas, mit dem er auf seiner ersten großen Missionsreise Freud und Leid geteilt hatte, wandte sich von ihm ab. Lukas zufolge waren die beiden Apostel über die Frage in Streit geraten, ob sie Johannes Markus, der sie in Pamphylien im Stich gelassen hatte und nach Jerusalem zurückgekehrt war, auf eine folgende Reise mitnehmen sollten (Apg 15, 36–40). Die eigentlichen Gründe für die Trennung dürften aber die in Jerusalem getroffenen Absprachen und der antiochenische Zwischenfall gewesen sein. Als gläubiger Jude wollte Barnabas wie Petrus an den alten jüdischen Gebräuchen festhalten und war nicht bereit, die Speisegesetze aufzugeben. Damit hielt er an der Trennung zwischen jüdischen und nichtjüdischen Christen fest. Paulus warf ihm vor, sich von Petrus und seinen Gefolgsleuten mitreißen zu lassen. Es fielen harte Worte. Keiner von beiden konnte den anderen überzeugen und so gingen sie verbittert auseinander. Sie sollten nie mehr zusammenarbeiten. In seinem ersten Brief an die Korinther bringt Paulus jedoch seine Wertschätzung für seinen früheren Reisegefährten zum Ausdruck (1 Kor 9, 6).

Wie wir den Konflikt zwischen Barnabas und Paulus auch beurteilen mögen, die Schlussfolgerung drängt sich auf, dass während der Konferenz in Jerusalem Brüche in der christlichen Gemeinschaft aufgetreten waren, die nicht ohne Weiteres behoben werden konnten. Weder bei Lukas noch bei Paulus ist etwas darüber zu lesen, ob diese Streitigkeiten eine negative Auswirkung auf die Verbreitung des Evangeliums hatten. Nur eines ist sicher: Paulus fühlte sich berechtigt, seinen eigenen Weg zu gehen. Er wusste, dass viele Mitglieder der jungen Christengemeinschaft inzwischen seine Auffassungen teilten, und daraus schöpfte er Kraft für die Zukunft.

Die Theologen haben sich aus verschiedenen Blickwinkeln mit dieser „Spaltung“ beschäftigt und unterschiedliche Erklärungen dafür gegeben. Eine besonders extreme Theorie darunter ist, dass in diesen Tagen zwei mehr oder weniger definitive Richtlinien aufgestellt wurden: eine für jüdische Christen und eine für die übrigen Mitglieder der christlichen Gemeinschaft. Für diese beiden Gruppen sollen unterschiedliche Lebensregeln gegolten haben. Anhand der knappen Informationen in der Apostelgeschichte und im Brief an die Galater lässt sich diese weitreichende These übrigens kaum verifizieren. Es scheint jedoch so gewesen zu sein, dass die christliche Gemeinschaft in Jerusalem, die hauptsächlich aus Juden bestand, an den alten Gebräuchen festhielt, während die Gemeinden in Antiochia und anderen hellenistischen Städten, zu denen viele Nichtjuden gehörten, der von Paulus vertretenen liberaleren Auffassung folgten und vom Beschneidungszwang und der Befolgung der jüdischen Speisegesetze absahen.

Für Paulus war das Ergebnis der Konferenz in Jerusalem sicherlich unbefriedigend. Zwar war seine Auffassung auf große Unterstützung gestoßen, doch er hatte erkennen müssen, dass noch einiges zu tun war, bevor alle führenden Persönlichkeiten unter den Christen seine Standpunkte akzeptieren würden. Petrus, Jakobus und andere Galiläer würden ihn mit kritischem Blick im Auge behalten und gegebenenfalls zur Verantwortung heranziehen. Dass auch Barnabas sich von ihm abwendete, hat ihm große Schmerzen bereitet. Aber Paulus war kein Mann, der lange um eine verlorene Freundschaft getrauert hätte. Vielleicht spürte er sogar ein wenig Erleichterung darüber – jetzt konnte er einen Reiseplan aufstellen, ohne sich mit seinem ehemaligen Reisegefährten abstimmen zu müssen, der die Route der ersten Missionsreise vorgegeben hatte. Es war Barnabas' Wunsch gewesen, zuerst Zypern, seine Heimatinsel, anzusteuern. Jetzt wollte er, in Begleitung von Johannes Markus, erneut dorthin. Paulus hatte größere Ambitionen. Er wollte den neuen Glauben im ganzen Römischen Reich verbreiten; und er wusste, dass seine Botschaft in vielen Städten, die er besuchen wollte, auf noch größeren Widerstand stoßen würde als in Antiochia in Pisidien, in Ikonion und in Lystra.

Die zweite Missionsreise

Nach der Konferenz in Jerusalem kehrte Paulus nach Antiochia am Orontes zurück. Dort teilte er den Mitgliedern der christlichen Gemeinde mit, dass er sich erneut auf den Weg machen wollte, um das Wort Gottes kundzugeben. Seine Aussage im Brief an die Galater, Gott habe ihm in seiner Güte seinen Sohn offenbart, damit er ihn unter den Heiden verkündige (Gal 1, 15–16), könnte den Eindruck erwecken, dass Paulus fast ausschließlich unter Heiden predigen wollte. Dieser Eindruck täuscht jedoch, zumindest, wenn wir uns an die Angaben in der Apostelgeschichte halten. An den Orten, die Paulus auf seiner zweiten Missionsreise besuchte, ging er Lukas zufolge für gewöhnlich nicht anders vor als auf seiner ersten Reise: Er suchte zunächst die Juden auf, bekam Schwierigkeiten mit ihnen und wendete sich erst dann den Heiden zu.

Da Barnabas sich von Paulus abgewendet hatte, musste er sich nach einem anderen Reisegefährten umsehen. Seine Wahl fiel auf Silas, den er später in seinen Briefen auch Silvanus nannte. Silas war ein jüdischer Christ und (vermutlich) wie Paulus ein römischer Bürger (Apg 16, 37). Silas war nicht irgendwer: Er gehörte zu den Führungsfiguren der christlichen Gemeinde in Jerusalem. Möglicherweise lag hinter der Entscheidung von Paulus ein taktischer Schachzug. Mit Silas als Begleiter bekam seine Mission gewissermaßen ein Gütesiegel für Zuverlässigkeit. Genauso gut ist es jedoch möglich, dass die christliche Gemeinschaft in Jerusalem ihm Silas aufgedrängt hatte, um sicherzustellen, dass er von den auf der Konferenz aufgestellten Vereinbarungen nicht abwich.

Als Paulus im Frühjahr 46 von Antiochia aus zu einer jahrelangen Missionsreise aufbrach, die ihn in viele Städte der griechisch-hellenistischen Welt führen sollte, folgte er noch keinem fest umrissenen Reiseplan. Zu Beginn wollte er noch einmal die Städte in Phrygien, Pisidien und Galatien besuchen, in denen er bereits gewesen war. Da er genügend

Zeit hatte, nahm Paulus nicht den kürzesten Weg über das Meer zu einem der pamphylischen oder lykischen Häfen, um von dort aus ins Landesinnere zu gelangen, sondern wählte den Weg entlang der Küste nach Norden.

Zu seinen ersten Reisezielen gehörten die Gemeinden in „Syrien und Kilikien" (Apg 15, 41). Der Weg von Jerusalem nach Tarsus war ihm nicht unbekannt; er hatte ihn in beide Richtungen schon einige Male bereist und wusste, dass man von Antiochia aus durch die Syrische Pforte (über den Belen-Pass) die kleinen Städte Alexandria und Issos erreichte. Da er eine gute Ausbildung genossen hatte, wusste er auch, dass einst große historische Figuren hier durchgezogen waren. Die berühmteste darunter war Alexander der Große. 333 v. Chr. hatte er bei Issos das persische Heer besiegt und die Grundlage für die Herrschaft über ein riesiges Reich gelegt, das sich von Griechenland und Makedonien bis tief nach Pakistan hinein erstreckte. Nach der Schlacht von Issos war er mit seinem großen Heer nach Süden gezogen. Er hatte die Welt definitiv von Grund auf verändert. Ost und West, bislang voneinander getrennte Welten, hatte er miteinander verbunden; eine gemeinschaftliche Kultur war entstanden. Paulus ging ein Teilstück der Route Alexanders in umgekehrter Richtung, und auch er hatte ein großes Ziel vor Augen: den Triumph seines Glaubens über jeden Aberglauben. Das war seine Lebensaufgabe, der er alles unterordnete. Mit der Botschaft Jesu Christi würde er die Welt verändern.

Paulus hatte in der gebirgigen Region mit widrigen Umständen zu kämpfen: Schnee und Regen, schlammige Wege und steile Felspfade forderten ihm einiges ab. Erst als er in die fruchtbare kilikische Ebene hinabstieg, ging es schneller voran. Nach ungefähr zehn Tagen erreichte er Tarsus, die Stadt, in der er einst zur Schule gegangen und die Grundsätze des Judentums sowie der griechischen Philosophie gelernt hatte. Jetzt kam er mit ganz anderen Absichten. Er war vollkommen in die Rolle des Glaubensverkünders hineingewachsen und wollte auch seinen ehemaligen Lehrmeistern sein christliches Gedankengut nahebringen. Besonders erfolgreich ist er wohl nicht gewesen, denn Lukas erzählt nichts über seinen Aufenthalt in Tarsus und auch Paulus selbst erwähnt ihn in seinen Briefen nicht. Da seine Botschaft hier nicht angenommen wurde, konnte er damit rechnen, dass er auch in anderen Städten, in denen bedeutende Philosophen und Redner zu Hause waren, auf Schwierigkeiten stoßen würde.

Vielleicht aus diesem Grund wollte Paulus zuerst weniger zivilisierte Regionen besuchen; Menschen mit geringerer Bildung, so könnte er sich gedacht haben, waren vielleicht empfänglicher für seine Botschaft. Von Tarsus aus zog er in Richtung Norden. Sein Weg führte ihn durch die Kilikische Pforte, einen schmalen, mehr als 1000 Meter hohen Pass, über den man ins zentralanatolische Hochland gelangte. Nach 50 mühseligen Kilometern verzweigte sich der Weg. Paulus hätte nordwärts gehen können, nach Tyana und von dort aus nach Ancyra, dem heutigen Ankara, einer Stadt mit einer reichen Geschichte, die bis auf den legendären phrygischen König Midas zurückging. Auf die Perser, die hier lange Zeit geherrscht hatten, folgten die seleukidischen Könige und die Galater. Später kamen die Könige von Pontos zum Zuge, die dann den Römern weichen mussten. Wäre Paulus nach Ancyra gereist, hätte man ihn sicherlich auf den großen Tempel des Kaisers Augustus aufmerksam gemacht, auf dessen Mauern das als „Monumentum Ancyranum" bekannte politische Testament des Kaisers eingraviert war. Es waren die Worte, die der erste Alleinherrscher des Römischen Reiches im Jahre 14 n. Chr. kurz vor seinem letzten Atemzug diktiert hatte und in Form von Inschriften im ganzen Reich verbreiten ließ.

Nach Ancyra kam Paulus aber nicht. Er wollte zuerst die Städte besuchen, in denen er vor einigen Jahren bereits gewesen war, und zog westwärts nach Derbe und Lystra. In Lystra traf er auch Timotheus wieder, einen Jünger der ersten Stunde. Paulus wollte ihn als Begleiter mitnehmen, doch bevor sie die Stadt verließen, tat er etwas Bemerkenswertes: Er ließ Timotheus, den Sohn einer jüdischen Mutter und eines griechischen Vaters, beschneiden. Offensichtlich galt der junge Mann wegen seiner jüdischen Mutter als Jude, sodass er ohne Weiteres beschnitten werden konnte. Hätte er zu den Nichtjuden gezählt, wäre er den Vereinbarungen der Konferenz von Jerusalem gemäß nicht beschnitten worden. Dass Timotheus' Mutter es nicht für nötig erachtet hatte, ihren Sohn beschneiden zu lassen, lässt den Schluss zu, dass er nicht in einem Umfeld aufgewachsen war, in dem die jüdischen Gesetze beachtet wurden. Mit der Beschneidung von Timotheus zeigte Paulus, dass er sich an die Tora hielt und nach wie vor der Meinung war, ein jüdischer Christ bleibe ein Jude und dürfe nicht unbeschnitten durchs Leben gehen.[49] Möglicherweise hatte Silas ihn angewiesen, Timotheus beschneiden zu lassen. Als Mitglied der Jerusalemer Gemeinde fühlte er sich dem jüdischen Gesetz vielleicht stärker verpflichtet und erachtete es als notwendig, dass Timotheus auf seinen Missionsreisen den Juden nur als einer der ihren, als Beschnittener also, entgegentreten konnte.

Galatien

Von Lystra aus reisten Paulus, Silas und Timotheus nach Ikonion und Antiochia in Pisidien. Paulus hatte unterschiedliche Erinnerungen an seinen ersten Aufenthalt in diesen Städten. Vor allem aus den jüdischen Gemeinschaften war ihm starker Gegenwind ins Gesicht geblasen worden. Er war mit Steinen beworfen und aus der Stadt getrieben worden. Doch er hatte auch Freunde gewonnen und denen wollte er Mut machen. Er wollte die Christen in diesen Städten über die Beschlüsse der Konferenz in Jerusalem informieren. Die Reaktionen waren vorhersehbar: Nichtjuden reagierten erfreut auf die Mitteilung, dass sie nicht beschnitten werden mussten, viele Juden dagegen dachten anders darüber.

Nach einem kurzen Aufenthalt zogen die Männer weiter, doch ihre Spur lässt sich schwer verfolgen. Da das unwirtliche Binnenland nur von wenigen Menschen bewohnt wurde, zumal im Vergleich zum urbanisierten Küstenstreifen, hätte man erwarten können, dass Paulus jetzt das nachholte, was er auf seiner ersten Missionsreise unterlassen hatte: zur türkischen Südküste zu reisen, nach Attalia, und von dort aus auf einem Frachtschiff in Richtung Westen zu fahren. Er hätte dann das unter Seeleuten berüchtigte Kap Gelidonya umrundet und wäre vielleicht in Myra, Patara oder Xanthos an Land gegangen und danach zwischen dem Festland und der Insel Rhodos in Richtung Knidos und von dort aus über Halikarnassos in Richtung Norden gesegelt. Das wäre die nächstliegende Planung für einen Apostel gewesen, der seinen Glauben unter möglichst vielen Menschen in einem möglichst großen Gebiet verkündigen wollte. Seeleute, Händler und Handwerker, die die Hafenstädte bevölkerten, konnten das Wort Gottes dann in der ganzen mediterranen Welt weiterverbreiten. Andere Glaubensverkünder, vielleicht auch Markus, der sich mit Paulus zerstritten hatte, schlugen tatsächlich diese Route ein und verkündigten ihre Botschaft in den Küstenstädten.

Paulus aber entschied sich auch diesmal für eine andere Strategie. Eigensinnig, wie er war, hatte er die Ratschläge anderer immer wieder in den Wind geschlagen. Erneut zog er in abgelegene Gebiete, die nur über Land zu erreichen waren, um dort die Menschen zu bekehren. Zunächst folgte er einer noch nachvollziehbaren Route: Er wollte von Pisidien aus durch Phrygien über die römische Straße nach Ephesus in der Provinz Asien reisen. Unterwegs konnte er in den Städten Apameia, Hierapolis und Tralleis seinen Glauben kundgeben. Die Route war riskant. Zwar hatte Kaiser Claudius wie schon seine Vorgänger erklärt, die Wegelagerei sei weitgehend beseitigt, doch vor allem für Reisende in kleinen Gruppen blieb die Gefahr nach wie vor allgegenwärtig.

Das galt in noch stärkerem Maße für den Weg, den Paulus und seine Reisegefährten letztendlich wählten: quer durch Galatien in den Norden. Lukas liefert keine nachvollziehbare Erklärung für die Tatsache, dass sie nordwärts zogen. Er sagt nur, dass sie „durch Phrygien und das galatische Land“ reisten, weil ihnen „vom Heiligen Geist verwehrt wurde, das Wort in der Provinz Asien zu verkünden“ (Apg 16, 6). Was er mit diesen kryptischen Worten meint, bleibt unklar. Dass Gott selbst ihnen den Weg wies? Dass es sein Wille war, dass sie die schwierige Route ins galatische Kernland nahmen? Dass die Menschen in Ephesus, dem Endpunkt des Weges durch die Provinz Asien, warten konnten, da Paulus mit Sicherheit irgendwann zu ihnen kommen würde? Der Verweis auf den Heiligen Geist erweckt den Eindruck, dass Lukas nichts Genaues wusste; dass man ihm von dem in unwirtlichen Gegenden umherirrenden Paulus erzählt hatte, aber nicht von dem, was sich wirklich zugetragen hatte. Er musste jedoch einen Grund für die Kursänderung angeben, um seine gläubigen Leser nicht zu enttäuschen. Er konnte schwerlich erzählen, dass Paulus ganz bewusst die denkbar unwahrscheinlichste Route gewählt hatte, weil er den alten und den neuen Gläubigen zeigen wollte, dass er sich durch nichts und niemanden davon abhalten lassen und alles dafür hingeben würde, das Wort Gottes in

Regionen zu verkündigen, die von der Zivilisation kaum berührt waren. Darum schrieb Lukas, dass es Gottes Wille war.

Es fällt auf, dass Lukas kurz darauf erneut eine göttliche Eingebung als Grund dafür angibt, dass Paulus wieder einen anderen Weg einschlägt. Seine Aussage, dass „der Geist Jesu" ihm nicht erlaubte, nach Norden zu gehen, um „Bithynien zu erreichen", hilft einmal mehr nicht weiter (Apg 16, 7). Bithynien war eine riesige Region, die sich nördlich von Galatien bis zum Schwarzen Meer erstreckte und bereits seit geraumer Zeit unter römischer Herrschaft stand. Hohe Berge, steile Felsformationen und dichte Wälder erschwerten den Zugang von Süden aus. Dennoch reiste Paulus in das Grenzgebiet. Lukas erzählt nicht, wohin er wollte, doch die großen Städte in der römischen Provinz Bithynien und Pontus zogen ihn als Reiseziel an. Insbesondere in Nikomedia und Nicäa hoffte er, Menschen bekehren zu können. Er wusste, dass ihm keine einfache Aufgabe bevorstand, denn gerade in diesen beiden Städten war die Verehrung der römischen Kaiser sehr populär. In dem Glauben, sein Ansehen zu verbessern, wollte Paulus diese Herausforderung jedoch annehmen.

Paulus selbst bietet übrigens einen Anhaltspunkt für eine schlüssigere Erklärung, weshalb er nicht nach Bithynien gegangen ist. In einem offenherzigen Bekenntnis in seinem Brief an die Galater schreibt er später, dass er ihnen zum ersten Mal das Evangelium verkündigte, als er krank geworden war, weshalb er sich genötigt sah, in Galatien Obdach zu suchen. Die Galater hatten ihn in seinem schwachen körperlichen Zustand nicht abgewiesen, sondern ihn „wie einen Engel Gottes aufgenommen, wie Christus Jesus" (Gal 4, 13–14). Wie ernst diese Krankheit war, sagt Paulus nicht. Es kann eine plötzliche aufgetretene Schwäche infolge einer chronischen Krankheit gewesen sein (siehe S. 9 f.), wahrscheinlicher jedoch litt er einfach an Erschöpfungszuständen. Lange Zeit war er durch eine unwirtliche und unwegsame Landschaft gelaufen und hatte die Zeichen seines Körpers ignoriert. Im galatischen Hochland wird ihn die Schwäche regelmäßig übermannt haben. Die hohen Bergpässe, die schwer begehbaren Wege, Hitze und Kälte, Hunger und Durst müssen ihm schwer zu schaffen gemacht haben. Wenn er immer wieder neue Berggipfel vor sich aufragen sah, dürfte er sich wohl gefragt haben, wie er die Städte am Schwarzen Meer jemals erreichen sollte. Vermutlich wird er unterwegs, wenn er nur mühsam vorankam, von Bewohnern des galatischen Gebirges gehört haben, dass das Terrain nur noch unwegsamer würde und dass er noch Monate brauchen würde, um die bithynischen Städte zu erreichen. Irgendwann wird er zu der Einsicht gekommen sein, dass es zwecklos war, noch weiter nordwärts zu ziehen.

Wo er den Beschluss fasste, sich die Reise nach Bithynien aus dem Kopf zu schlagen, lässt sich schwer feststellen. Lukas sagt nur, dass Paulus „an Mysien" entlangzog (Apg 16, 7) – eine sehr vage Ortsangabe, die Fragen aufwirft. Vermutlich befand Paulus sich in dem Moment, als er entschied, westwärts zu reisen, noch nicht in der Region, die Mysien genannt wird, sondern irgendwo im Grenzgebiet von Galatien und Phrygien. Nachdem er in einem der Orte dort wieder zu Kräften gekommen war, schlug er den Weg nach Nordwesten ein, nach Mysien.

Über das Volk der Galater äußern sich Lukas und Paulus nicht genauer. Daraus kann man ihnen keinen Vorwurf machen. Galatien war eine ungeheuer große, sehr dünn bevölkerte Region, die ihren Namen den auch Galatern genannten Galliern verdankt. Sie gehörten zu den keltischen Stämmen, die 278–277 v. Chr. aus Europa in diese Region eingewandert waren, um als Söldner im Heer Nikomedes' I., des Königs von Bithynien, zu dienen. In den folgenden Jahrzehnten wurden sie zu gefürchteten Wegelagerern, die regelmäßig griechische Städte überfielen. Attalos I., der König von Pergamon, setzte um 230 v. Chr. diesen Praktiken ein Ende, doch trotz der Absprachen, die sie getroffen hatten, machten die Galater weiterhin mit gewalttätigen Aktionen von sich reden. Als die Römer zum ersten Mal in Kleinasien auftauchten, schlugen die Galater sich auf die Seite des Seleukidenkönigs Antiochos III. Die Römer trugen jedoch 190 v. Chr. bei Magnesia den Sieg davon. Sie führten eine Strafexpedition gegen die Galater durch, griffen ihre Bergfestungen an, töteten 40 000 Menschen und versklavten ebenso viele. Danach machte die Befriedung der Region große Fortschritte und die Galater zeigten sich für gewöhnlich als treue Bundesgenossen der Römer. Drei Stämme lebten jetzt innerhalb fester Grenzen: die Tolistobogier im Gebiet um die Stadt Pessinus, die Tektosagen in der Umgebung von Ancyra und die Trokmer in der Umgebung von Tavium. Später war Galatien sowohl die geografische Bezeichnung für Zentralanatolien als auch der Name der 25 v. Chr. eingerichteten römischen Provinz, die große Teile dieser Region umfasste.

In Galatien lernte Paulus Gesellschaften kennen, die weniger übersichtlich waren als die ihm vertrauten. Bis dahin hatte er Städte mit einer mehr oder weniger vergleichbar zusammengesetzten Bevölkerung besucht. Jetzt begegnete er Menschen mit einem ganz anderen Hintergrund. Die Nachfahren der gallischen Einwanderer sahen anders aus als Juden, Griechen und Römer. Sie fielen mit ihrem hohen Wuchs und ihren (rot)blonden Locken auf. Griechisch-römische Schriftsteller wie Strabon und Diodor beschreiben ihr furchterregendes Äußeres, womit sie im Kampf sogar den gut trainierten römischen Soldaten Angst einjagten. Sie waren jedoch mit der griechisch-hellenistischen Kultur in Berührung gekommen und hatten allmählich viele ihrer alten Gebräuche aufgegeben. Auch waren sie des Griechischen mächtig.

Paulus hatte den Eindruck, dass seine Worte in Galatien auf fruchtbaren Boden fielen, dass die Menschen sich für seine Botschaft öffneten und sich dem christlichen Glauben zuwendeten. Zufrieden zog er weiter. Aber einige Jahre später, als er noch einmal durch das ausgedehnte Gebiet gereist war, musste er sich eingestehen, dass seine Botschaft nicht richtig angekommen war, dass die Menschen jedenfalls nicht nach den Grundsätzen lebten, die er ihnen gegeben hatte. In seinem Brief an die Galater, den er in Ephesus an die Gemeinden in Galatien schrieb (siehe S. 198), brachte er seine Enttäuschung und seinen Zorn über ihren Unglauben und das ihm angetane Unrecht zum Ausdruck. Kurz gesagt, bestand die Ursache seines Zorns darin, dass seiner Überzeugung nach den „Beschlüssen" der Konferenz in Jerusalem zufolge neue Gläubige, die keine Juden waren, sich nicht beschneiden zu lassen und sich nicht an die jüdischen Speisegesetze zu halten brauchten. Doch er hatte seine Rechnung ohne die jüdischen Prediger gemacht, die nach seiner Abreise mit „einem anderen Evangelium" gekommen waren und die Beschneidung sowie die Einhaltung der jüdischen Speisegesetze gefordert hatten. Paulus nennt sie in seinem Brief „Leute, die euch verwirren und die das Evangelium Christi verfälschen wollen" (Gal 1, 7). Um welche Leute es sich dabei handelte, sagt er nicht. Es könnten jüdische Christen aus Jerusalem gewesen sein, die sich mit den in Jerusalem getroffenen Absprachen noch immer nicht abfinden wollten, oder aber auch in Galatien ansässige fanatische Judenchristen, die an den jüdischen Gesetzen festhalten und sie auch für Heidenchristen verbindlich machen wollten. Jedenfalls war es ihnen gelungen, Paulus' Glaubensbotschaft zu entkräften und die Galater davon zu überzeugen, dass einer wirklichen Bekehrung zum Christentum die Bekehrung zum Judentum vorangehen müsse.

Um seiner Botschaft Nachdruck zu verleihen, fühlte Paulus sich berufen, die Aufmerksamkeit seiner Leser noch einmal auf seine Vergangenheit zu lenken. Offensichtlich hatten seine Widersacher schlecht über ihn gesprochen und sich kritisch über sein Apostolat geäußert. Er fühlte das Bedürfnis, sich gegen die immer wieder laut werdenden Beschuldigungen zu verteidigen, er habe aktiv an den Christenverfolgungen teilgenommen, weshalb sein Wort weniger Gewicht habe als das anderer Glaubensverkünder, die ihr Leben bereits in einem viel früheren Stadium ganz in den Dienst des Herrn gestellt hatten. Indem er hervorhob, dass Gott auch ihm erschienen war, konnte er schreiben, dass das Evangelium, das er verkündigte, nicht von Menschen stammte, sondern ihm von Jesus Christus persönlich offenbart worden war. Auf diese Weise konnte er seinen Standpunkt, den er in Jerusalem so vehement vertreten hatte, in die Welt hinaustragen und nichtjüdischen Bekehrten einschärfen, dass sie durch ihren Glauben an Gott gute Christen wurden. Es war nicht nötig, die Vorschriften des jüdischen zu befolgen, und es war insbesondere nicht nötig, sich beschneiden zu lassen. Gute Christen wurden sie durch ein felsenfestes Vertrauen auf Gott.

In seiner Anschrift richtet Paulus sich an die „Gemeinden in Galatien" (Gal 1, 2). Mit einiger Sicherheit wird er dabei nicht alle Gemeinden in gleichem Maße vor Augen gehabt haben. Sein Brief richtete sich vermutlich nicht an die Gläubigen im südlichen Teil von Galatien, an die Gemeinden in Antiochia in Pisidien, in Ikonion, Lystra und Derbe. Dort hatte er nach zwei Besuchen die Gläubigen mit seiner Botschaft erreicht, auch wenn er sich sorgte, dass sie unter den Einfluss falscher Glaubensverkünder geraten könnten, die sich nach Kräften bemühten, seine Botschaft in ein falsches Licht zu rücken. Der Brief war vor allem für die Gläubigen im nördlichen, bislang noch kaum christianisierten Teil Galatiens bestimmt, für die Gemeinden in Pessinus, Tavium oder Ancyra, Städten, die an Paulus'

Route oder nicht allzu weit von ihr entfernt lagen. Die Reaktionen der Bewohner dieser Städte auf Paulus' harte Kritik an seinen Feinden kennen wir nicht und wir wissen deshalb auch nicht, ob seine Widersacher bereits an die Nordgalater herangetreten waren.

In seinem Brief machte Paulus jedenfalls deutlich, dass „sein" Glaube an Christus „bedroht" wurde. Vielleicht fürchtete er eine Spaltung innerhalb der christlichen Gemeinden, falls er und seine Geistesverwandten sich den „falschen Lehrern" nicht in den Weg stellten und deren Auffassungen unwidersprochen blieben. Das Wachstum der Kirche in Galatien hätte dann in einer frühen Phase eine Ende gefunden und das Christentum wäre dort einen leisen Tod gestorben.

Der Weg nach Makedonien

Nachdem er wieder zu Kräften gekommen war, schlug Paulus den Weg nach Nordwesten ein, nach Mysien. Zweifellos war es eine große Enttäuschung für ihn, dass er nicht nach Bithynien hatte reisen können, dass er die Herausforderung, die schwierigsten Wege zu nehmen und den Glauben in den entlegensten Winkeln der römischen Provinzen zu verkünden, nicht hatte eingehen können. Jetzt war die Küste der Ägäis sein Ziel. Paulus durchquerte Mysien, die Landschaft in Kleinasien, die das Ägäische Meer und den Hellespont säumt. Auch diesmal gibt Lukas keine Informationen über den Reiseweg, über die Städte, die auf seinem mindestens 600 Kilometer langen Weg lagen, und über Bekehrungen, die er vielleicht auf dieser Reise machen konnte. In Mysien muss Paulus vor schwierigen Entscheidungen gestanden haben. Der zentrale Teil der Region war kaum begehbar. Hohe Berge und dichte Wälder ragten bedrohlich auf. Es wird Paulus viel Mühe gekostet haben, nach Pergamon an der Küste der Ägäis zu gelangen.

Pergamon wird für Paulus ein echter Testfall gewesen sein. Der römische Schriftsteller Plinius der Ältere, ein Zeitgenosse von Paulus, beschreibt Pergamon mit seiner reichen kulturellen Tradition als die berühmteste Stadt der Provinz Asien.[50] Ihre Vorgeschichte reicht bis in mythologische Zeiten zurück. Die Gründung der Stadt wird Telephos, dem Sohn des Herakles, zugeschrieben, doch die Verknüpfung mit dem Sohn des Zeus hatte nicht sogleich zu einer „großen Geschichte“ geführt. Auch in der klassischen Zeit hatte Pergamon noch keine herausragende Bedeutung erreicht. Die kleine Stadt war nicht mehr als eine Burg auf einem Hügel und breitete sich allmählich an der Südseite nach unten aus. Erst als im Namen Alexanders des Großen die griechische Dynastie der Gongyliden in Pergamon herrschte, erlangte die Stadt eine größere Bekanntheit. Nachdem sie für kurze Zeit zum Reich des Lysimachos – einer der „Nachfolger“ Alexanders – gehört hatte, wurde die Stadt 263 v. Chr. unabhängig und erreichte unter den Attaliden ihre Blüte. Im Machtkampf der großen Reiche Syrien, Makedonien und Ägypten konnten die Attaliden sich behaupten und machten Pergamon zu einer weithin bewunderten Stadt. Gegen die militärische Überlegenheit der Römer konnten sie jedoch nichts ausrichten. 133 v. Chr. sah König Attalos III. keine andere Möglichkeit, eine Zerstörung der Stadt zu verhindern, als sie seinen Gegnern zu übergeben. Politisch gesehen, hatte Pergamon ausgespielt, doch in kultureller Hinsicht blühte die Stadt nach einer Periode der Stagnation unter Kaiser Augustus wieder auf. Herrliche Gebäude, darunter das berühmte Heiligtum für den Gott Asklepios, das Asklepieion, die Bibliothek, die Säulengänge und die Bäder, verliehen ihr eine große Anziehungskraft.

Im 1. Jahrhundert besuchten viele Reisende die Stadt. Manche wollten nur als Touristen die schöne Architektur bestaunen, andere wollten etwas lernen und in den Schulen in Rhetorik und Philosophie unterrichtet werden. Die Heiligtümer des Zeus, der Hera, Athene, des Dionysos und der Demeter prägten das Straßenbild. Zu den schönsten Prunkstücken gehörte der Zeusaltar, der zur Erinnerung an den Sieg Attalos' I. über die wilden Galater im Jahr 230 v. Chr. erbaut wurde. Mit einer Breite von 36, einer Tiefe von 33 und einer Höhe von zwölf Metern wurde er allseits bewundert. Ein riesiger, insgesamt 113 Meter langer Fries, auf dem der Kampf zwischen den Göttern und den Giganten dargestellt war, sagte viel über die Bedeutung aus, die Zeus und den anderen Göttern beigemessen wurde. Neben den traditionellen Göttern wurde, im speziell für Augustus eingerichteten Tempel, auch den römischen Kaisern eine göttliche Verehrung zuteil.

Aus all dem wird deutlich, dass die Religion in Pergamon eine große Rolle spielte. Darum ist es so schade, dass Paulus diese Stadt nicht besucht hat. Es hätte sich ihm hier die Gelegenheit geboten, mit hochgebildeten Menschen aus allen Teilen des Römischen Reiches zu diskutieren, die dem Polytheismus der Griechen anhingen. Auch mit Diasporajuden hätte er Gespräche führen können. Sie waren hier schon lange ansässig, in jedem Fall schon vor 62 v. Chr., als der römische Statthalter beschuldigt wurde, den Juden Geld gestohlen zu haben, das für den Tempel in Jerusalem bestimmt war.

Als Paulus mysischen Boden betrat, befand er sich im Norden dieser Region, fernab von Pergamon. Um diese Stadt zu erreichen, hätte er nach Süden abbiegen und um das hohe Bergland herum nach Westen reisen müssen. Das wollte er sich nicht zumuten. Er hatte schon so viele Entbehrungen auf sich nehmen müssen, dass er wahrscheinlich nur noch einen Gedanken hatte: so schnell wie möglich die Küste der Ägäis zu erreichen. Abgesehen davon, beabsichtigte er vermutlich auch gar nicht, Pergamon zu besuchen. Er hatte sich in den vorangegangenen Monaten vor allem in kleinen Städten im rauen galatischen Bergland aufgehalten und seine Botschaft Menschen mit geringer Bildung verkündigt – autochthonen Bauern und Handwerkern, römischen Veteranen und Diasporajuden – und das war, wie aus seinem Brief an die Galater hervorgeht, schon mühsam genug gewesen. In Pergamon wäre er bei der Verbreitung seiner Gedanken mit Sicherheit auf den Einspruch intellektueller Griechen und Römer gestoßen. Vermutlich wusste Paulus, dass seine Vorstellungen in dieser kosmopolitischen Stadt keinen schnellen Beifall finden würden; er wollte sie zunächst in kleineren Orten verbreiten. Es handelte sich also um eine wohlerwogene Entscheidung, den Weg nach Nordwesten zu nehmen.

Da es an gut begehbaren Straßen fehlte, gestaltete sich der Weg nicht einfach. Vermutlich war Paulus' erstes Ziel die kleine Stadt Kotieon. Von dort aus wird er dem Fluss Rhyndakos nach Westen gefolgt sein. Schließlich zog er in nordwestlicher Richtung weiter, bis er die Region Troas erreichte, die durch die Stadt Troja mit ihrer reichen mythologischen Geschichte bekannt war. Im hellenistischen Tarsus wird Paulus zweifellos auch einmal den Text der *Ilias* Homers in der Hand gehabt haben, das

Alexander der Große

Epos über den ruhmreichen Krieg zwischen den trojanischen und den griechischen Helden. Er wusste, dass es den Griechen dank einer List des Odysseus, des hölzernen „Trojanischen Pferdes", gelungen war, Troja einzunehmen. Die zerstörte, auch unter dem Namen Ilion bekannte Stadt war vor allem für die Griechen, die homerische Helden wie Achilles, Agamemnon, Ajax und Odysseus als Vorbilder betrachteten, zu einer Kultstätte geworden. Vom 1. Jahrhundert v. Chr. an kamen auch römische Touristen nach Troja, um sich die Reste der zerstörten Stadt anzusehen. Sie fühlten sich mit ihr verbunden, da der Stammvater der Römer, Aeneas, hier geboren worden war. Er hatte als einer der Trojaner gegen die griechischen Helden gekämpft. Nach der Zerstörung Trojas hatte er zusammen mit anderen Überlebenden aus der brennenden Stadt fliehen können. Nach langen Irrfahrten war er in Italien an Land gegangen und hatte sich in Lavinium niedergelassen. Die Gründer Roms, Romulus und Remus, waren seine späten Nachfahren.

Die Troas war mehr als nur der Mythos des alten Troja. Es handelte sich um eine wohlhabende Gegend mit der gleichnamigen Stadt als politischem und wirtschaftlichem Zentrum. 310 v. Chr. wurde Troas von Antigonos Monophthalmos (dem „Einäugigen") gegründet, einem der Protagonisten, die sich nach dem Tod Alexanders des Großen um dessen Erbe gestritten hatten. Er hatte die Bewohner der Dörfer in der Umgebung gezwungen, sich hier anzusiedeln, und hatte die „neue" Stadt nach sich selbst „Antigonia" benannt. Lysimachos, der ihn 301 v. Chr. besiegte, gab ihr zu Ehren Alexanders einen neuen Namen: Alexandria Troas. Danach entwickelte sich die Stadt zu einem richtigen Handelszentrum. Aus allen Windrichtungen kamen Kaufleute hierher; Händler aus Troas reisten ihrerseits nach Smyrna, Ephesus und Milet im Süden und nach Neapolis in Makedonien im Norden.

Bei Lukas ist nichts darüber zu lesen, dass Paulus sich länger in Troas aufgehalten hätte, obgleich sich die Stadt zu seiner Zeit einer gewissen Bekanntheit erfreute. Aufgrund der historischen Bande mit dem alten Troja hatte Iulius Caesar sogar erwogen, die Hauptstadt dorthin zu verlegen, doch sein vorzeitiger Tod durchkreuzte diese Pläne.[51] Auch der erste Kaiser, Augustus, wusste um die Bedeutung der Stadt und machte sie zu einer römischen Veteranenkolonie, der einzigen im westlichen Teil Kleinasiens. Alles weist darauf hin, dass Troas 50 Jahre später eine echte römische Stadt war, auch wenn die eigentliche Blütezeit erst noch folgen sollte. Kaiser Hadrian (117–138), der im ganzen Reich seine architektonischen Träume verwirklichte, ließ hier nämlich große Bäder und das berühmte Asklepieion erbauen, das Heiligtum des Gottes Asklepios, in dem die Menschen von ihren Krankheiten geheilt zu werden hofften.

Nichts von alledem ist heute noch zu sehen. Die von Sträuchern und Bäumen überwucherten oder unter Sanddünen verschwundenen Ruinen können kaum einen Eindruck von der einst so wohlhabenden Stadt vermitteln, die für Paulus das Tor nach Westen war. Lukas zufolge ist er nur eine Nacht lang hier geblieben (Apg 16, 8–9). Später sollte er jedoch hierher zurückkehren.

Der „Mann aus Makedonien“

Der Grund für Paulus' schnelle Abreise war einmal mehr eine Vision. Es scheint ein wiederkehrendes Muster in Lukas' Berichterstattung zu werden: Sein Protagonist fasst einen Beschluss, den der Autor nicht erklären kann. Um dennoch eine Begründung geben zu können, führt Lukas eine göttliche Eingebung an. Dass er Paulus' Umkehr zu einem der Botschaft Jesu gewidmeten Leben mit einer Vision erklärt, in der ein grelles Licht ihn blendet und eine Stimme zu ihm spricht, lässt sich nachvollziehen: Schließlich brauchte er einen dramatischen Effekt, um Paulus mit den anderen Aposteln auf eine Stufe stellen zu können. Fraglich bleibt, warum er ihn im weiteren Verlauf der Erzählung noch andere Visionen haben lässt. Das gilt insbesondere für die Erscheinungen und Stimmen im phrygisch-galatischen Land, die Paulus zwangen, seine Reiseroute zu ändern. Schon vorher hatte der Heilige Geist ihm untersagt, sich in die Provinz Asien zu begeben, und einige Zeit später hatte der Geist Jesu ihm nicht erlaubt, nach Bithynien zu reisen. In Troas hatte Paulus wiederum eine Vision. Diesmal wandte Gott sich nicht unmittelbar an ihn; Paulus sah in einem Traumbild einen Mann aus Makedonien, der ihm zurief: „Komm herüber nach Mazedonien, und hilf uns!“ (Apg 16, 9). Eine rätselhafte Stelle, die die Kommentatoren ratlos zurücklässt. Paulus war nie zuvor in Makedonien gewesen und kannte, soweit wir wissen, niemanden in dieser römischen Provinz.

Es ist kaum vorstellbar, dass Paulus einfach so beschloss, von Troas aus über den Hellespont nach Philippi zu reisen, dem Tor nach Makedonien. Er muss einen zwingenden Grund gehabt haben. Logischer wäre es gewesen, wenn er über das Meer oder über die nicht besonders gute Küstenstraße nach Süden gezogen wäre, nach Ephesus oder einer der anderen griechischen Städte an der Westküste der Türkei. Eine Überfahrt zum griechischen Festland wäre ebenfalls eine nachvollziehbare Alternative gewesen. Doch Paulus entschied sich, nach Makedonien zu gehen. Die Frage ist, was er in Makedonien, einem dünn bevölkerten Gebiet ohne größere kulturelle Bedeutung, zu erreichen hoffte.

Jahrhundertelang hatten die Griechen die Makedonier mehr oder weniger als Barbaren betrachtet. Im 4. Jahrhundert v. Chr. hatten der König Philipp II. und sein Sohn Alexander der Große jedoch deutlich gemacht, dass eine neue Zeit angebrochen war, in der für solch ein Überlegenheitsgefühl der Griechen kein Platz mehr war. Griechenland geriet für zwei Jahrhunderte unter die Herrschaft makedonischer Könige, bis in der Mitte des 2. Jahrhunderts v. Chr. die Römer mit harter Hand die Macht übernahmen. Wer im 1. Jahrhundert Griechenland und Makedonien besuchte, konnte immer noch die Unterschiede erkennen: In Griechenland gab es viele Städte, große und kleine, während Makedonien kaum urbanisiert war.

Auf die Gefahr einer allzu starken Spekulation hin möchte ich dennoch versuchen, eine rationale Erklärung für Paulus' Reise nach Makedonien zu geben. Paulus hörte die mysteriöse Stimme in der Umgebung von Troas. Diese geografische Angabe ist nicht ohne Bedeutung: Paulus muss hier Geschichten über Alexander den Großen gehört haben, den berühmten Makedonier, der wie er selbst den großen Traum hatte, die Welt unter seinen Einfluss zu bringen. Der junge König hatte nach dem Tod seines Vaters im Jahre 336 v. Chr. den Thron bestiegen und einige Jahre später von Makedonien aus den Hellespont überquert. Sein erstes Reiseziel war Troas/Ilion – nicht, um sich dort von der überwiegend griechischen Bevölkerung willkommen heißen zu lassen, sondern um zu zeigen, wie stark er sich mit der mythischen Vergangenheit der Region verbunden fühlte. Er wollte das Grab seines leuchtenden Vorbilds Achilles besuchen, des homerischen Helden, der im Kampf um Troja gefallen war.

Alexander vergoss dort bittere Tränen, denn er wollte wie sein Vorbild sein: ein phänomenaler Krieger, dem durch außergewöhnliche Leistungen Respekt entgegengebracht wird. Während Achilles jedoch ausschließlich für seine eigene Ehre und seinen eigenen Ruhm gekämpft hatte, verfolgte Alexander ein anderes Ziel: Er wollte sich an den Persern rächen, die 150 Jahre zuvor Athen verwüstet hatten. Ihr Reich sollte vom Erdboden verschwinden. Also zog er nach einer kurzen Zeremonie am Grabmal des Achilles weiter durch das Binnenland der Türkei in den Libanon, wo er nach einer langen Belagerung die alte phönizische Stadt Tyros eroberte. Danach unterwarf er Ägypten, um dann den langen Zug nach Osten fortzusetzen, dem persischen König den Gnadenstoß zu versetzen und die Herrschaft über dessen Reich an sich zu reißen.

Die Erzählungen über Alexander fanden bei Paulus Anklang. Er bewunderte die Beharrlichkeit des Makedoniers, die ihn zum mächtigsten Mann der Welt und zu einer der größten Figuren der Weltgeschichte gemacht hatte. Mit einiger Sicherheit wird er sich in gewissem Sinne dem Mann verbunden gefühlt haben, der das ganze Persische Reich aus den Angeln gehoben hatte und danach bis zu den Grenzen der damals bekannten Welt weitergezogen war. Einen Krieg nach dem anderen hatte Alexander geführt und gewonnen, doch dem Aufbau des neuen Reiches hatte er nur wenig Aufmerksamkeit gewidmet. Auch Paulus zog von einem Ort zum anderen, um seine Botschaft zu verkündigen; den Aufbau der neuen Kirche überließ er anderen.

Falls Paulus in sich gegangen ist, muss er erkannt haben, dass er und Alexander gleichartige Beweggründe hatten: Beide waren auf der Suche nach sich selbst, beide scheinen eine Rechtfertigung für ihre Handlungsweise gebraucht zu haben. Alexander der Große hat sich sein Leben lang mit der Frage, wer er war, auseinandergesetzt. Es hatte ihm nicht gereicht, aus einer königlichen Familie zu stammen. Er suchte nach tieferen Verwandtschaften, zunächst mit mythologischen Helden und in einem späteren Stadium sogar mit dem Göttervater Zeus. Anfänglich identifizierte er sich mit dem homerischen Helden Achilles, danach mit Herakles, den Zeus mit einer Sterblichen gezeugt hatte. In Ägypten stellte er dann dem Priester des Orakels von Siwa die Frage, wer sein Vater sei. Als er zur Antwort bekam, er sei der Sohn des Zeus, war er sehr zufrieden. Mit diesem Ergebnis musste er die Suche nicht weiter fortsetzen. Es machte ihn zu einem anderen Menschen, zu einer unnahbaren Person; selbst seine Freunde mussten von nun an ein kompliziertes Hofzeremoniell über sich ergehen lassen, um zu ihm vorgelassen zu werden.

Auch Paulus hatte eine Entwicklung durchlaufen, eine Entwicklung, die ihn näher zu Gott geführt hatte. Der gewöhnliche Jude, der mit dem Glauben an Christus nichts zu tun haben wollte, war zu einer Galionsfigur der christlichen Gemeinschaft geworden. Natürlich konnte er sich nicht als der Sohn Gottes darstellen, doch er konnte verbreiten, dass Gott ihn in einem Traumbild persönlich dazu auserwählt hatte, seine Botschaft in einer unbekannten Welt zu verkündigen. In Troas trafen Paulus' Leben und das Leben Alexanders gewissermaßen zusammen. Paulus erreichte die Stadt nach einer langen Reise durch viele Regionen, doch die „großen Bekehrungen“ mussten sich erst noch ereignen. Auch Alexander stand hier zu Beginn seines Siegeszuges. Wenn wir die Route von Paulus' zweiter Missionsreise mit dem Weg vergleichen, den Alexander von Troas aus nahm, dann scheint die Übereinstimmung darin zu liegen, dass Paulus in umgekehrter Richtung Orte aufsuchte, die der makedonische König fast 400 Jahre zuvor besucht hatte. Ohne suggerieren zu wollen, dass er sich von dem Makedonier leiten ließ, der sich ebenfalls für den schwierigen Weg durch das Binnenland der Türkei entschieden hatte, statt der Küste zu folgen, kommen wir nicht umhin, festzustellen, dass er fortlaufend mit ihm konfrontiert wurde. In den Städten, die er besuchte, hörte er immer wieder von den Heldentaten des legendären Königs, der sein Heer mit fester Hand durch eine unwirtliche Landschaft geführt hatte.

Diese Übereinstimmungen bieten natürlich keine stichhaltige Erklärung für Paulus' Überfahrt nach Makedonien. In Troas wird er sicherlich an Alexander gedacht haben, als er an Bord des Schiffes ging, das ihn nach Norden brachte. Aber wie sollte er seinen Reisegefährten erklären, dass er nach Makedonien reisen wollte statt unmittelbar ins Herz der Welt der klassischen Antike? Alexander, eine heidnische Figur mit Blut an den Händen, hätte er nicht anführen können. Das Traumbild bot sich somit als eine willkommene Erklärung an. In Gestalt eines Makedoniers hatte Gott selbst ihm aufgetragen, nach Makedonien zu gehen, um dort den Glauben zu verkündigen. Lukas lässt offen, ob die Person in der Vision im Namen einer dort bereits bestehenden christlichen Gemeinschaft spricht oder ob sie Paulus in eigenem Namen bittet, den christlichen Glauben nach Makedonien zu bringen.

Lukas' kurzer, lückenhafter Bericht fällt umso mehr auf, als er unmittelbar nach dem Traumbild von der dritten zur ersten Person Plural übergeht. Offensichtlich hatte sich der Verfasser in Troas der kleinen Reisegruppe hinzugesellt und war jetzt selbst in die Ereignisse einbezogen, von denen er erzählt. Auch deshalb ist es eine Enttäuschung, dass sein Bericht über den „Ruf“ aus Makedonien, der weitreichende Folgen haben sollte, so kryptisch ist.

Von Troas nach Philippi

Paulus und seine Reisegefährten hielten sich nicht lange in Troas auf. Gleich am nächsten Morgen suchten sie die Hafenkontore auf, um ein Schiff zu finden, das nach Philippi fuhr. Sie mussten nicht lange suchen, denn inzwischen war es Sommer geworden und das Meer war voller Schiffe, die Ladungen aller Art von Hafen zu Hafen beförderten. Größtenteils handelte es sich um „geruderte Handelsschiffe“. Diese Ruderschiffe eigneten sich bestens für die Küstenschifffahrt. Sie waren nicht nur mit Segeln ausgestattet, sondern auch mit einer ganzen Reihe von Riemen, sodass sie einfacher zu steuern waren als echte Segelschiffe, die nur mithilfe geruderter Schleppboote in einen Hafen hinein und aus ihm hinaus gelangen konnten. Auf einem solchen Küstenfahrer machte Paulus die ungefähr 160 Seemeilen (300 Kilometer) lange Überfahrt. Der Wind blies aus Nordwesten, sodass das Schiff kreuzen musste und eine mittlere Geschwindigkeit von nicht mehr als zwei bis drei Knoten hatte (ein Knoten entspricht 1,852 km/h). Die Überfahrt wird drei bis vier Tage gedauert haben.

Aus eigener Ruderkraft fuhr das Schiff aus dem Hafen hinaus und segelte dann nordwärts in die schmale Meerenge zwischen der kleinen Insel Tenedos und der Küste hinein. Die Nordwinde pressten große Wasserströme in Richtung Süden. Das erschwerte dem Schiffer das Navigieren; er musste darauf achten, dass das Schiff der Küste von Tenedos nicht zu nahe kam. Die Insel hatte eine ruhmreiche Vergangenheit. Die Mannschaften der Flotte der Griechen, die Troja belagerten, sollen an der Westküste der Insel den Anker ausgeworfen und in aller Stille auf das Signal der Helden gewartet haben, die sich unter der Führung von Odysseus im hölzernen Pferd verschanzt hatten. Als sie das Zeichen bekamen, dass die Tore Trojas offen standen, sollen sie zur Küste hinübergefahren und in die Stadt hineingestürmt sein.

Nachdem das Schiff Tenedos und die Insel Imbros passiert hatte, kam es aufs offene Meer und nahm Kurs auf die gut 30 Kilometer vor der thrakischen Küste gelegene Insel Samothrake. Hier legte der Schiffer an. Ob Paulus und seine Reisegefährten viel von der felsigen Insel gesehen haben, darf angesichts der Kürze des Aufenthalts bezweifelt werden. Die Geschichte des als „Heiligtum der Großen Götter" bekannten großen religiösen Zentrums interessierte sie nicht. Ursprünglich waren diese Götter als „Kabiren", mysteriöse vulkanische Götter, bekannt. Vom 4. Jahrhundert v. Chr. an wurden hier die Götter Hermes, Hades, Demeter und Persephone verehrt und später auch die phrygische Fruchtbarkeitsgöttin Kybele. Um diese Zeit bemächtigte sich Philipp II. von Makedonien der Insel und ließ das Heiligtum weiter ausschmücken. Spätere makedonische Könige taten es ihm gleich. Das bekannteste Prachtstück, die berühmte Nike von Samothrake, die Statue der Siegesgöttin, die mit weit ausgebreiteten Flügeln auf dem Bug eines marmornen Schiffes steht, stammt aus viel späterer Zeit. Wahrscheinlich hatten die stolzen Bewohner der Insel Rhodos das Denkmal 190 v. Chr. errichtet, um den Göttern für einen denkwürdigen Seesieg über den syrischen König Antiochos III. zu danken.

Von Samothrake aus war es noch eine zweitägige Fahrt bis Neapolis, dem Ziel der Seereise. Von dieser kleinen Hafenstadt ist nicht mehr viel zu sehen. Fast alles liegt unter der Bebauung des modernen Kavala verborgen. Nur die natürliche Bucht verrät noch, dass hier in ferner Vergangenheit Schiffe einen sicheren Anlegeplatz fanden. Neapolis wäre schon lange in Vergessenheit geraten, wenn Paulus' Ankunft in dieser Hafenstadt im Laufe der Zeiten nicht aus einer viel breiteren Perspektive betrachtet worden wäre. Häufig ist zu lesen, dass an diesem Ort der Keim für die christliche Komponente der europäischen Kultur gelegt wurde. Gegen diese Betrachtungsweise ist nichts einzuwenden, doch wir müssen uns vor Augen halten, dass es sich bei ihr um eine anachronistische Projektion handelt. Indem spätere Entwicklungen auf dem europäischen Kontinent als Kriterium herangezogen werden, wird suggeriert, dass es im 1. Jahrhundert unserer Zeitrechnung eine Trennung zwischen Ost und West, zwischen Europa und Asien gegeben hätte. Zu Paulus' Zeiten konnte davon jedoch noch keine Rede sein. Die beiden Kontinente waren nicht durch natürliche Grenzen voneinander getrennt. Der Name Europa stand vor allem in Verbindung mit dem Mythos, in dem Europa, die Tochter des Königs des phönizischen Tyros, von Zeus in der Gestalt eines weißen Stieres entführt und nach Kreta gebracht worden war. Der Mythos wurde häufig als Beweis dafür angeführt, dass Europa aus Asien hervorgegangen sei. Auch das Römische Reich hatte asiatische Wurzeln, denn der Stammvater der Römer war ein Trojaner, der nach der Einnahme seiner Vaterstadt nach langen Irrfahrten in Italien gelandet war. Sowohl Phönizien als auch Kleinasien gehörten zum Römischen Reich. Für Reisende wie Paulus gab es keine Grenzen zwischen Europa und Asien. Das ganze Gebiet, das er durchreiste, stand unter ein und derselben Macht und war von ein und derselben römisch-hellenistischen Mischkultur geprägt.

Von Neapolis aus mussten Paulus und seine Reisegefährten noch 16 Kilometer zu Fuß gehen, um Philippi zu erreichen, das vorläufige Endziel ihrer Reise. Ihr Weg führte sie ein kleines Stück weit über die lange Via Egnatia, die von Dyrrhachium (Durrës im heutigen Albanien) in südöstlicher Richtung nach Thessalonich (Thessaloniki) verlief und von dort aus weiter östlich über Amphipolis und Philippi nach Byzanz. Philippi war damals eine kleine Stadt von ungefähr 10 000 Einwohnern, deren Vorgeschichte bis 360 v. Chr. zurückreicht, als griechische Kolonisten von der Insel Thasos sich hier niederließen. Aufgrund der vielen Quellen benannten sie den Ort nach dem griechischen Wort für Quelle, *kréné*, Krenides. Als vier Jahr später thrakische Stämme die kleine Stadt angriffen, riefen die Bewohner König Philipp II. von Makedonien um Hilfe. Er vertrieb die Thraker, nahm die Stadt ein und benannte sie nach sich selbst. 42 v. Chr. war der Name der Stadt im ganzen Römischen Reich in aller Munde, denn in diesem Jahr versammelten sich in der nahen Umgebung Philippis zwei römische Heere, die gegeneinander um die Herrschaft im Reich kämpften. Die Heere von Octavian und Antonius, Gesinnungsgenossen des 44 v. Chr. ermordeten Diktators Iulius Caesar, schlugen die Truppen der Republikaner Brutus und Cassius. Der Sieg läutete das Ende der römischen Republik ein.

Diese Ereignisse waren inzwischen Geschichte. Als Paulus in Philippi eintraf, war das normale Alltagsleben schon längst wieder eingekehrt. Die römischen Kriegsveteranen, die sich hier niedergelassen hatten, lebten in Harmonie mit den Griechen und den Makedonen. Heiligtümer für die Götter Dionysos, Artemis und Apollo sowie für den römischen Kaiser bezeugten die ernsthaften religiösen Interessen der Bewohner. Anders als in den Städten, in denen Paulus bisher gepredigt hatte, gab es in Philippi keine jüdische Gemeinschaft, die groß genug für eine richtige Synagoge gewesen wäre. Eine solche Versammlungsstätte gab es also nicht. Man hätte deshalb erwarten können, dass Paulus sich nach seiner Ankunft gleich an die Nichtjuden wenden würde, doch in der Überzeugung, dass es mit Sicherheit Juden in der Stadt geben müsse, blieb er seiner alten Strategie treu.

In Lukas' Bericht über Paulus' Aufenthalt in Philippi reihen sich viele Zufälle aneinander. Es beginnt mit der recht schnellen Bekehrung einer Frau und erreicht einen Höhepunkt mit einem Wunder, das weitreichende Folgen haben würde. Kurz nach seiner Ankunft ging Paulus am Sabbat zur Stadt hinaus zu einer Waschstelle am Fluss, wo er die Gebetsstätte der Juden vermutete. Dort begegnete er Lydia, einer Purpurhändlerin. Sie stammte aus der Stadt Thyateira in Lydien, einer Landschaft in Kleinasien, nach der sie vermutlich benannt wurde. In Lukas' Worten war sie eine „Gottesfürchtige" (Apg 16, 14): eine nichtjüdische Frau, die zum Judentum übergetreten war. Sie kam mit Paulus ins Gespräch und zeigte sich empfänglich für seine Worte. Lukas drückt es plastischer aus: „der Herr öffnete ihr das Herz". Paulus taufte sie und alle, die zu ihrem Haus gehörten.

Die Frage, ob Lydia eine verheiratete Frau mit Kindern, alleinstehend oder vielleicht eine Witwe war, kann nicht beantwortet werden. Sie war jedenfalls finanziell unabhängig und besaß ein Haus, groß genug, um Paulus, Silas, Timotheus und Lukas aufnehmen zu können. Möglicherweise hat sie Paulus auch finanziell unterstützt und gehörte zu denjenigen, denen Paulus in seinem späteren Brief an die christliche Gemeinde von Philippi für die Hilfe dankte, die ihm zuteilgeworden war (Phil 4, 15–16). Lydias Bekehrung ist umso bemerkenswerter, als sie die erste Person in Philippi war, die zum christlichen Glauben übertrat. Bis dahin waren die ersten neuen Christen ausschließlich Männer gewesen. Dass eine Frau nun seiner Gemeinschaft angehörte, die überdies ihr Haus für den christlichen Gottesdienst zur Verfügung stellte, ist ein Hinweis darauf, dass in dieser Phase der Mission von einer Herabsetzung der Frau keine Rede sein konnte. Auch später noch sollten sich angesehene Frauen Paulus anschließen (siehe S. 161–165).

Darauf nimmt Lukas' Erzählung eine überraschende Wendung. In der Nähe der Waschstelle begegnet Paulus einer Magd, die „einen Wahrsagegeist hatte und mit der Wahrsagerei ihren Herren großen Gewinn einbrachte". Viele Tage lang lief sie ihm und seinen Gefährten nach und schrie: „Diese Menschen sind Diener des höchsten Gottes; sie verkünden euch den Weg des Heils" (Apg 16, 16–17). Irgendwann wurde diese Frau Paulus so lästig, dass er den Geist, von dem sie besessen war, aus ihr verjagte. Daraufhin verlor sie ihre Fähigkeit, in die Zukunft zu schauen.

Voller Zorn stürzten sich die Herren der Magd, die sich des Gewinns, den sie ihnen eingebracht hatte, beraubt sahen, auf Paulus und Silas und schleppten sie auf den Markt. Sie konnten die obersten Beamten und das Volk davon überzeugen, dass die beiden Glaubensverkünder mit ihren Predigten Unruhe in die Stadt brachten. „Es sind Juden", sagten sie, „sie verkünden Sitten und Bräuche, die wir als Römer weder annehmen können noch ausüben dürfen" (Apg 16, 20–21). Im Text ist ausdrücklich von römischen Bürgern die Rede: Sie werden sozusagen von den Griechen isoliert, als beteten sie andere Götter an und befolgten andere Bräuche, die unter keinen Umständen durch die Verkündigungen von Juden „angetastet" werden durften. Paulus und Silas wurden ohne ein Gerichtsverfahren festgenommen, gegeißelt und dann ins „innere Gefängnis" gebracht; ihre Füße schloss man in einen Block. Von der Gefangenschaft ließen sie sich ihre Stimmung jedoch nicht verderben: „Um Mitternacht beteten Paulus und Silas und sangen Loblieder; und die Gefangenen hörten ihnen zu" (Apg 16, 23–25).

Paulus' kurzer Aufenthalt im Gefängnis erreichte einen wundersamen Höhepunkt, als sich mitten in der Nacht ein gewaltiges Erdbeben ereignete. Lukas schreibt, dass „die Grundmauern des Gefängnisses wankten", doch die Mauern stürzten nicht ein und es wurden keine Opfer unter Trümmern begraben. Das Leben der Gefangenen war nicht eine Sekunde in Gefahr. Nur die Zellentüren sprangen auf „und allen fielen die Fesseln ab“ (Apg 16, 26). Als der aus dem Schlaf aufgeschreckte Gefängniswärter zu seinem Entsetzen alle Türen offen sah, glaubte er, die Gefangenen seien entflohen. In Panik zog er sein Schwert und wollte sich das Leben nehmen. Da trat Paulus nach vorn und teilte ihm mit, dass alle Gefangenen noch in ihren Zellen seien und dass er sich keine Sorgen machen müsse. Am ganzen Leibe zitternd, führte der Gefängniswärter Paulus und Silas hinaus und fiel ihnen zu Füßen. Auf seine Frage, was er tun müsse, um gerettet zu werden, bekam er zur Antwort: „Glaube an Jesus, den Herrn.“ Augenblicklich war der Mann für den christlichen Glauben gewonnen. Er nahm sie bei sich auf, „wusch ihre Striemen und ließ sich sogleich mit allen seinen Angehörigen taufen“. Dann ließ er für Paulus und Silas in seinem Haus den Tisch decken (Apg 16, 27–34).

Paulus’ Triumph war noch nicht vollendet. Die obersten Beamten, die ihn ohne einen Prozess hatten auspeitschen und ins Gefängnis werfen lassen, wollten ihm die Freiheit schenken und überbrachten Paulus diese Nachricht durch den Gefängniswärter. Paulus reichte es jedoch nicht, dass sie ihn jetzt einfach freisprachen, nachdem sie ihn „ohne Urteil“ ins Gefängnis geworfen hatten. Seine Empörung wirkt etwas erzwungen. Erst jetzt eröffnet er, dass er ein römischer Bürger sei. Hätte er das schon bei seiner Ankunft in Philippi bekannt gegeben, wäre er gar nicht erst ausgepeitscht und gefangen genommen worden. In diesem Fall hätten die *duoviri*, die beiden höchsten Beamten der Stadt, eine ordentliche Untersuchung einleiten müssen, um die Schuldfrage zu beantworten und das Strafmaß festzulegen. Das hatten sie nicht getan, weil sie Paulus und Silas für Juden ohne Bürgerrecht gehalten hatten, die eine „feindliche“ Religion verkünden wollten. Sobald Paulus sich als römischer Staatsbürger zu erkennen gegeben hatte, waren die obersten Beamten unsicher und ratlos. Sie wollten die „Unruhestifter“ nur noch aus der Stadt haben. Sie kamen, beschwichtigten sie und führten sie aus dem Gefängnis. Nach einem letzten Besuch bei Lydia und anderen Bekehrten erfüllten Paulus und Silas ihnen ihren Wunsch.

Im Frühjahr 53 hat Paulus aus dem Gefängnis in Ephesus den Bewohnern von Philippi einen Brief geschrieben. Der Ton in diesem Brief unterscheidet sich sehr zu dem im Brief an die Galater.[52] Keine Vorhaltungen, keine Verärgerung darüber, dass sie nach seiner Abreise anderen Predigern mit anderen Überzeugungen Gehör geschenkt hätten. Stattdessen werden hier Dankbarkeit und Wohlgefallen zum Ausdruck gebracht, Freude darüber, dass es der Gemeinde so gut ergangen ist. In seinem Brief schreibt Paulus, dass die Philipper immer in seinen Gedanken geblieben sind, im Glück und im Unglück, bei der Verkündigung seines Evangeliums und während seiner Gefangenschaft. Er zeigt sich ihnen gegenüber von seiner offenherzigsten Seite und lässt seine Leser an den tiefsten Regungen seiner Seele teilhaben, wenn er bekennt, dass er vor einer schweren Entscheidung steht. Es ist sein innigster Wunsch, dahinzugehen und ganz bei Christus zu sein. Er schreibt, „für mich ist Christus das Leben und Sterben Gewinn" (Phil 1, 21). Aber er weiß auch, dass es noch viel fruchtbare Arbeit zu tun gibt und dass er ihretwegen am Leben bleiben sollte. Eine gewisse Eitelkeit klingt dabei mit, wenn er ausdrücklich schreibt, dass er „bei euch allen ausharren" werde, „damit ihr euch in Christus Jesus um so mehr meiner rühmen könnt, wenn ich wieder zu euch komme" (Phil 1, 23–26).

Er nennt in diesem Brief Epaphroditus und preist ihn für die aktive Rolle, die er in der Glaubensverbreitung gespielt hat, indem er unter anderem fortwährend den Kontakt zwischen ihm und den Philippern aufrechterhalten hatte. Sein Name lässt vermuten, dass er aus einer Familie kam, die dem Kult der Aphrodite, der Göttin der Liebe, anhing. Nach seiner Bekehrung hatte er diesen Namen mit seinen Verbindungen zur heidnischen Götterwelt der Griechen nicht abgelegt. Paulus nennt ihn einen „Bruder, Mitarbeiter und Mitstreiter" (Phil 2, 25). Epaphroditus war vermutlich von seiner Gemeinde nach Ephesus geschickt worden, um Paulus im Gefängnis Geld zu übergeben und Mut zu machen. Paulus gab ihm seinen Brief an die Philipper mit auf den Weg und bat ihn, diesen den Gläubigen persönlich vorzulesen und ihnen für die finanzielle Hilfe zu danken, die sie ihm gewährt hatten.

Es fällt auf, dass Lydia in diesem Brief nirgendwo erwähnt wird. Dabei war sie doch die Erste gewesen, die sich zum Christentum bekehrt und an der Basis der christlichen Gemeinde von Philippi gestanden hatte. Wäre Lydia in diesem Brief genannt worden, hätten wir vielleicht erfahren, ob sie ihre Vorreiterrolle in der Kirchengemeinde von Philippi behalten hatte oder ob sie in ihren Geburtsort Thyateira zurückgekehrt war (siehe S. 189). Paulus nennt dagegen zwei andere Frauen, Evodia und Syntyche, die in der Apostelgeschichte nicht erwähnt werden. Diese beiden Frauen erhalten jetzt die führende Rolle. Sie werden als bedeutende Mitglieder der christlichen Gemeinde von Philippi präsentiert, die (nicht näher ausgeführte) Auseinandersetzungen hatten. Paulus bringt seine Wertschätzung für beide zum Ausdruck und ermahnt sie, ihre Meinungsverschiedenheiten beizulegen.

Dass diese beiden Frauen als führende Persönlichkeiten der Kirche von Philippi genannt werden, zeigt jedenfalls deutlich, dass in den christlichen Gemeinden, die Paulus' Vorstellungen entsprachen, Frauen eine bedeutende Rolle spielen konnten. Ich halte es durchaus für möglich, dass er in Makedonien zu dieser Einsicht kam, wo er mit eigenen Augen sah, wie Frauen öffentliche Aufgaben erfüllten, auf eigene Rechnung Handel trieben und einen eigenen finanziellen Haushalt führten. Paulus akzeptierte diese Realität und wusste sie für seine „Kirche" zu nutzen, indem er sie nachdrücklich darin einbezog.

Thessalonich

Paulus war jetzt bereits seit einigen Jahren unterwegs. Körperlich und geistig hatte er manches verkraften müssen. Krankheiten, Entbehrungen und Erschöpfung hatten ihren Tribut gefordert und ihn einige Male gezwungen, seine Reisepläne zu ändern. Schmerzlicher aber war für ihn, dass seine Botschaft nicht überall gut aufgenommen wurde. Er hatte sich größere Aufmerksamkeit und Zustimmung erhofft, doch fast überall, wo er gepredigt hatte, war er auf Widerstand gestoßen, von Juden und Nichtjuden; und mehr als einmal war er aus einer Stadt vertrieben worden. Die Gefangenschaft in Philippi war seine jüngste Erfahrung mit Menschen, die sein Ideal einer neuen Welt nicht begreifen wollten.

Mit gemischten Gefühlen machte er sich wieder auf den Weg, westwärts auf der Via Egnatia. Für einen erfahrenen Reisenden, der oft unbegehbare Wege hatte nehmen müssen, war eine gut angelegte römische Straße eine große Erleichterung. In zwei oder drei Tagen legten er und

Silas zu Fuß die ungefähr 50 Kilometer bis Amphipolis zurück. Das ummauerte Städtchen lag auf einem Hügel in einem Tal am östlichen Ufer des Flusses Strymon. Die ersten Bewohner waren aus dem Norden stammende Thraker. Sie hatten die Stadt, die ursprünglich „Neun Wege" hieß, im 5. Jahrhundert v. Chr. wiederholt gegen die aggressiven Athener verteidigen müssen, die ihre Macht nach Norden ausdehnen wollten. 436 v. Chr. gelang es den Athenern, die Mauern zu stürmen und die Macht an sich zu reißen. Lange konnten sie ihren Erfolg jedoch nicht genießen, denn schon 424 v. Chr. kapitulierte die athenische Garnison unter der Führung des späteren Geschichtsschreibers Thukydides vor den anrückenden spartanischen Truppen. Bemühungen Athens, Amphipolis zurückzuerobern, blieben erfolglos. Die Bewohner genossen ihre Freiheit, bis Philipp II. die Stadt 357 v. Chr. dem Königreich Makedonien einverleibte. Als im 2. Jahrhundert v. Chr. ganz Makedonien in die Hände der Römer fiel, blühte Amphipolis schnell auf. Auch der Bau der Via Egnatia, die quer durch die Stadt führte, ließ Handel und Handwerk gedeihen. Zu Beginn des 1. Jahrhunderts v. Chr. zerstörten Thraker aus der Umgebung die Stadt, doch das war nur ein vorübergehender Rückschlag. Nach ihrer Unterwerfung wurde die Stadt schnell wieder aufgebaut und mit beeindruckenden öffentlichen Gebäuden und Tempeln für die Götter ausgestattet.

Paulus hielt sich nicht lange in Amphipolis auf. Der Text der Apostelgeschichte lässt vermuten, dass er hier nur durchgezogen ist, ohne Missionsarbeit zu verrichten. Der Apostel musste Entscheidungen treffen. Amphipolis war ihm offenbar nicht wichtig genug. Paulus wollte möglichst schnell möglichst viele Menschen für seinen Glauben gewinnen, da er überzeugt davon war, dass die Ankunft Christi auf Erden nicht mehr lange auf sich warten lassen würde. Vielleicht rechnete er aufgrund der Erfahrungen, die er in Philippi hatte machen müssen, damit, dass die Einwohner von Amphipolis ihn nicht wohlwollend empfangen würden, und hoffte, in weiter entfernten Städten längs der Via Egnatia auf größeres Verständnis zu stoßen. Dennoch ist es merkwürdig, dass er in Amphipolis, das doppelt so groß war wie Philippi, nicht gepredigt hat. Wurde er vielleicht von Bekehrten in Philippi gewarnt, er müsse in Amphipolis mit einem „heißen Empfang" rechnen, und sah deshalb davon ab, das Wort an die Bewohner der Stadt zu richten? Jedenfalls wurde Amphipolis nicht von Paulus christianisiert. Wer (später) den Glauben dorthin brachte, ist nicht bekannt.

Auch Apollonia, 45 Kilometer weiter, bezog Paulus in seine Missionsstrategie nicht ein. Die kleine Stadt, die größtenteils noch nicht ausgegraben worden ist, war zwar in der Vergangenheit von berühmten Persönlichkeiten wie Alexander dem Großen und dem römischen Redner Cicero besucht worden, dennoch aber nichts weiter als eine unbedeutende Station an der Via Egnatia. So gesehen, ist es nachvollziehbar, dass Paulus gleich nach Thessalonich weiterzog, das 50 Kilometer von Apollonia entfernt lag. Es handelte sich um eine ziemlich junge Stadt. Sie war 315 v. Chr. von Kassander gegründet worden, einem General im Heer Alexanders des Großen und nach dessen Tod einer der Protagonisten im Streit um das Erbe. Als König von Makedonien hatte er die Stadt nach seiner Gattin Thessalonike benannt: die Tochter Philipps II. und Halbschwester Alexanders. Ein großer Teil der alten Stadt liegt unter späteren Bebauungen begraben. Das römische Forum aus dem 2. oder 3. Jahrhundert n. Chr., vermutlich an der Stelle der alten hellenistischen Agora, ist eines der wenigen Überreste aus der frühen Vergangenheit. Ansonsten muss sich der Besucher mit Monumenten aus dem 3. und 4. Jahrhundert begnügen, wie dem Triumphbogen des Kaisers Galerius, auf dem sein Sieg über die Perser im Jahr 297 n. Chr. dargestellt ist.

Auch in Thessalonich ging Paulus nach der uns bereits bekannten Weise vor. Er begab sich zuerst in die Synagoge und wandte sich dort an die Juden. An drei aufeinanderfolgenden Sabbaten legte er ihnen die Schriften aus und erklärte, „daß der Messias leiden und von den Toten auferstehen mußte“ (Apg 17, 3). Das sind bezeichnenderweise fast genau die gleichen Worte, die Christus dem Evangelium nach Lukas zufolge nach seiner Auferstehung zu den Emmausjüngern gesagt hatte: „Mußte nicht der Messias all das erleiden, um so in seine Herrlichkeit zu gelangen?“ (Lk 24, 26). Dieser Messias, so sagte Paulus in der Synagoge von Thessalonich, ist „Jesus, den ich euch verkünde“.

Ein gewisser Erfolg kann Paulus und Silas nicht abgesprochen werden. „Einige Juden ließen sich überzeugen und schlossen sich Paulus und Silas an, außerdem eine große Schar gottesfürchtiger Griechen, darunter nicht wenige Frauen aus vornehmen Kreisen“ (Apg 17, 4). Die Bekehrung der

Juden steht im Einklang mit der Aussage, dass Paulus in der Synagoge predigte. Dass die Griechen und die Frauen einen neuen Glauben annahmen, versteht sich dagegen nicht unbedingt von selbst; in der Apostelgeschichte ist nicht ausdrücklich die Rede davon, dass Paulus unter ihnen predigte. Hier kann der Begriff „gottesfürchtig" weiterhelfen. Es ist durchaus möglich, dass die bekehrten Griechen vorher bereits zum Judentum übergetreten waren und regelmäßig die Synagoge besuchten. Paulus selbst erzählt in seinem ersten Brief an die Thessalonicher eine ganz andere Geschichte als Lukas. Dort kommt in seinen Auslassungen über die neuen Gläubigen (1 Thess 1, 9) eine Synagoge überhaupt nicht vor. Auch Juden, die sich für das Wort Christi empfänglich zeigen, werden in diesem Brief nicht erwähnt. Er spricht jedoch von Gläubigen, die sich „von den Götzen zu Gott bekehrt" haben. Aus diesen Worten ist zu schließen, dass er sich vor allem Nichtjuden zuwendete, um sie von ihren vielen Göttern abzubringen und zum einen Gott der Christen zu bekehren.

Paulus und Silas verbrachten mindestens drei Wochen in Thessalonich. Es war keine einfache Zeit. Paulus selbst schreibt in seinem ersten Brief an die Thessalonicher, dass sie neben ihrer Missionsarbeit Tag und Nacht für ihren Lebensunterhalt arbeiten mussten (1 Thess 2, 9). Im zweiten Brief an die Thessalonicher, der nicht von Paulus selbst geschrieben wurde, wird das noch einmal wiederholt. Dort ist zu lesen, dass Paulus sein Brot „bei niemand umsonst gegessen" hatte (2 Thess 3, 8). Aus diesen Aussagen lässt sich schließen, dass die beiden Glaubensverkünder länger als die genannten drei Wochen in Thessalonich geblieben sind und nicht, wie in Philippi, auf die Gaben vermögender Bürger zurückgreifen konnten. In Thessalonich predigte Paulus vor allem vor einfachen Menschen, die sich im Handel und im Handwerk nur einen kargen Lohn erarbeiteten.

Ob wir nun dem von Lukas verfassten Text der Apostelgeschichte oder Paulus' eigenen Worten folgen: Fest steht, dass erboste Juden zunächst ihren Zorn zum Ausdruck brachten und daraufhin alles daran setzten, Paulus und Silas aus der Stadt zu vertreiben. Sie wiegelten das Volk zur Jagd auf die beiden Glaubensverkünder auf. Als sie diese nicht finden konnten, richtete sich ihr Zorn gegen Jason, der Paulus und Silas gastlich in seinem Haus aufgenommen hatte. Jason war ein hellenisierter Jude, der ursprünglich Joshua geheißen hatte, was die orthodoxen Juden zusätzlich gegen ihn aufbrachte. Die aufgehetzte Meute zerrte ihn und mehrere Mitglieder seiner Familie auf die Straße und schrie, Jason habe Unruhestifter in seinem Haus beherbergt. Die Nichtjuden in der Menge warfen Paulus und Silas vor, mit ihren Predigten über einen anderen König, Jesus, gegen die Gesetze des Kaisers verstoßen zu haben. Diese Anschuldigungen müssen viele Thessalonicher aufgebracht haben, denn damit untergrub Paulus das Fundament des Kaiserkults, der in dieser Zeit in allen griechisch-römischen Städten sehr angesehen war. Es gab nur einen Kaiser und das war Claudius. Diesen verehrten sie als ihren Wohltäter und hofften gleichzeitig auch weiterhin auf Mittel aus seinen Schatullen.

Zu einer Verurteilung Jasons ist es nicht gekommen. Er wurde gegen eine Bürgschaft freigelassen und konnte in seinem Haus die Basis für die neue christliche Gemeinde legen. Das musste er ohne Paulus' Hilfe schaffen, der still und heimlich Thessalonich verlassen hatte. In seinem ersten Brief an die Thessalonicher hat Paulus später kein Geheimnis daraus gemacht, wie schmerzlich es für ihn war, nicht schnell zu ihnen zurückkehren zu können. Seine Erklärung, „der Satan hat uns daran gehindert" (1 Thess 2, 18), ist vielsagend, vor allem, wenn sie in Kontext mit den abfälligen Bemerkungen gebracht wird, die er wenige Zeilen zuvor über die Juden äußert (1 Thess 2, 14–16). Die Thessalonicher hatten, so wirft er den Juden vor, von ihnen das Gleiche erlitten wie die Gläubigen der Christengemeinden in Judäa, die von den Juden verfolgt wurden, die Jesus und die Propheten getötet hatten. Auch jetzt noch, so sagt er, „hindern [sie] uns daran, den Heiden das Evangelium zu verkünden und ihnen so das Heil zu bringen". Es sind außergewöhnlich harte Worte, doch sie müssen beachtet werden, da Paulus sie geraume Zeit nach seinem erzwungenen Abschied aus Thessalonich in Korinth schrieb, einer Stadt mit einer großen jüdischen Enklave. Die harten Vorwürfe gegen seine Mitjuden zeigen, dass Paulus, der sich von ihnen losgesagt hatte, ihren Zorn noch immer zu spüren bekam. Er hatte den Glauben der Väter aufgegeben und den neuen Weg des Glaubens an Christus eingeschlagen. Damit war er zum Repräsentanten aller Juden geworden, die vom rechten Weg abgewichen waren.

Auf Anraten der dortigen Gläubigen zogen Paulus und Silas nach ihrer Flucht aus Thessalonich etwa 60 Kilometer weiter westlich nach

Beröa (das heutige Veria). Sie befanden sich jetzt in der Mitte Makedoniens, in der Nähe der Städte Pella und Aigai (Vergina). Die Entscheidung, nicht sogleich per Schiff nach Süden, sondern zuerst ins makedonische Binnenland zu reisen, lässt erneut den Schluss zu, dass Makedonien eine besondere Anziehungskraft auf Paulus ausübte. Vielleicht wollte er mit eigenen Augen sehen, was Philipp II., sein Sohn Alexander der Große und die späteren Könige hier bewirkt hatten, und hoffte, seine Ankunft in Beröa werde der Beginn eines „religiösen Siegeszuges" sein.

Zunächst sah es auch danach aus. Paulus trat in der Synagoge auf und las mit den Juden in den Texten des Alten Testaments, sodass sie selbst überprüfen konnten, ob das, was er über Jesus als Messias sagte, mit den Aussagen der Propheten übereinstimmte. Eine erfolgreiche Vorgehensweise. „Viele [Juden] wurden gläubig, und ebenso nicht wenige der vornehmen griechischen Frauen und Männer" (Apg 17, 12). Doch in die Euphorie über diesen Erfolg platzten die Juden aus Thessalonich. Sie hatten davon erfahren, dass Paulus in Beröa predigte, und waren dorthin gereist. Es kam zu starken Spannungen. Sie schafften es, das Volk aufzuwiegeln und aufzuhetzen, sodass eine Atmosphäre entstand, in der Paulus kaum noch predigen konnte. Schließlich musste er die Stadt verlassen.

Ob es tatsächlich so abgelaufen ist, wie Lukas berichtet, ist schwer zu sagen. Dafür spricht, dass Lukas selbst eine Zeit lang Paulus' Reisebegleiter war; er muss also gewusst haben, was sich alles ereignet hatte. Auffallend ist, wie die Beschreibung fast wörtlich der Erzählung von der Situation in Lystra während der ersten Missionsreise entspricht. Auch damals wurde Paulus von den Bewohnern herzlich empfangen und die Stimmung schlug erst um, als zornige Juden aus Ikonion und Antiochia in Pisidien eintrafen, woraufhin Paulus fliehen musste. Das ist der Grundtenor der Apostelgeschichte: Die Juden wollen Paulus häufig etwas Böses und ihnen gelingt es auch in Städten, in denen er zunächst freundlich aufgenommen wird, die Menschen gegen ihn aufzuhetzen. Zuletzt bleibt ihm dann nur noch die Flucht.

Vor allem Paulus wurde zur Zielscheibe des Volkszorns; seine beiden Reisegefährten, Silas und Timotheus, wurden in Ruhe gelassen und konnten in Beröa bleiben. Deshalb wollte Paulus ohne Mitreisende aufbrechen, doch einige neue Gläubige hielten das für zu gefährlich und begleiteten ihn. Die Reisegesellschaft zog zuerst in nordwestliche Richtung nach Aigai, bog dann nach Süden ab und erreichte bei Methone die Küste. Dort fanden sie einen Küstenfahrer, der nach Athen fuhr. Mit dem Nordwind segelte das Schiff die Küste entlang nach Euböa, fuhr dann in den Euripos ein, eine ihrer Strömungen wegen berüchtigte Meerenge, die die Insel vom griechischen Festland trennt. Daraufhin passierte es die Bucht von Aulis, wo sich einst, in mythologischen Zeiten, die Flotte der homerischen Helden für die Überfahrt nach Troja versammelt hatte. Danach erreichte das Schiff die Küste von Attika, umrundete das Kap Sounion mit dem prachtvollen Tempel des Poseidon als einer weithin sichtbaren Bake für die Seeleute und fuhr in den Saronischen Golf ein in Richtung Piräus, den Hafen von Athen.

Dort nahm Paulus Abschied von den Gläubigen aus Beröa und bat sie, Silas und Timotheus seinen Wunsch zu überbringen, so schnell wie möglich nach Athen zu kommen.

Athen

Eine große Spannung wird sich seiner bemächtigt haben, als Paulus in Piräus an Land ging. Bis dahin war er in Regionen tätig gewesen, in die die griechisch-hellenistische Kultur zwar Eingang gefunden hatte, wo der Einfluss der Juden und autochthoner Völker auf die gesellschaftliche und kulturelle Identität jedoch gleichfalls spürbar war. Als griechisch sprechender Jude mit römischem Bürgerrecht wusste er, wie er in dieser von einer Mischkultur geprägten Welt die Leute anzureden hatte, um möglichst viele für den neuen Glauben zu gewinnen. In Athen stand er vor einer völlig anderen Situation. Hier sollte er mit Menschen konfrontiert werden, die mit der Idee groß geworden waren, dass ihre Stadt im 5. Jahrhundert v. Chr. das Zentrum der Welt gewesen war. Diese Zeit war zwar schon lange vorbei, doch in den Gedanken der Athener lebte sie fort. Den Verlust an politischer Bedeutung kompensierten sie mit Erzählungen über ihre ruhmreiche Vergangenheit. Überall in der Stadt erinnerten Monumente an die Heldentaten ihrer Vorfahren. Vor allem sollte er hier auf Gelehrte treffen, die die Gabe des Wortes hatten und Rhetorik sowie Philosophie unterrichteten.

Das Athen, das Paulus besuchte, sah nur noch zum Teil so aus wie im 5. Jahrhundert v. Chr. Die Veränderungen im Stadtbild waren weithin dem römischen Feldherrn Sulla zuzuschreiben. Athen hatte Mithridates, den König von Pontos, der nach dem Karthager Hannibal vielleicht der größte Herausforderer Roms war, unterstützt; dafür hatte Sulla die Stadt schwer bestraft. Ab Beginn des 1. Jahrhunderts v. Chr. hatte Mithridates sich mit Klauen und Zähnen gegen den Imperialismus der Römer zur Wehr gesetzt. Zur Freude der Griechen war er vor einem großen Krieg nicht zurückgeschreckt. Sie hatten sich auf seine Seite gestellt, weil er ihrer Meinung nach der Einzige war, der sie von der Vorherrschaft der Römer befreien konnte. Auf ihre Bitte hin schickte Mithridates 88 v. Chr. eine große Streitmacht nach Griechenland. Ein Jahr später kam die Antwort der Römer: Fünf Legionen legten einen Belagerungsring um Athen. Fast ein Jahr lang hielten die Athener stand, doch schließlich mussten sie sich, erschöpft durch die Entbehrungen, ergeben. Die Römer ließen keine Milde walten. Sulla brachte seine Verärgerung über das Verhalten der Athener deutlich zum Ausdruck und gab den Befehl zu einem gewaltigen Gemetzel. Tausende Menschen wurden getötet, unzählige andere versklavt. Die Stadt wurde zwar nicht in Brand gesteckt, dafür aber völlig ausgeplündert. Wie wilde Furien stürmten Sullas Truppen durch Athen, stießen Statuen von ihren Sockeln und beraubten die Tempel ihres schönsten Schmucks. Zwei Jahre später kehrte Sulla zurück und ließ seine Soldaten die Stadt erneut systematisch ausplündern. Alles, was ihm der Mühe wert erschien, nach Rom transportiert zu werden, ließ er in den neun Monaten, die er sich in Athen aufhielt, nach Piräus bringen. Von dort aus sind in den folgenden Jahren zahllose Schiffe mit kostbaren Ladungen nach Rom gefahren, um die Bedürfnisse der an einem kulturellen Minderwertigkeitskomplex leidenden Römer zu befriedigen.

Langsam hatte Athen sich in den folgenden Jahrzehnten erholt, doch die Einwohnerzahl war niedrig geblieben. Zählte Athen in der Blütezeit des 5. Jahrhunderts v. Chr. mehr als 200 000 Bewohner, so war deren Anzahl in der Mitte des 1. Jahrhunderts auf unter 50 000 gesunken. In den Augen vieler römischer Besucher hatte Athen sich zu einer „leeren

Stadt“ entwickelt, eine Provinzstadt, von denen es viele im großen Reich gab; jedoch eine, die für intellektuelle Römer eine besondere Bedeutung hatte. Sie wollten erfahren, was die Griechen in der fernen Vergangenheit geleistet hatten. Und in Athen gab es noch genug zu sehen, was eine Reise dorthin lohnte. Im 2. Jahrhundert n. Chr. hat Pausanias in seiner *Beschreibung Griechenlands* ein eindringliches Porträt des Athens seiner Zeit gezeichnet.

Mit Pausanias als Reiseführer können wir auch den Weg nachvollziehen, den Paulus nach seiner Ankunft in Piräus nahm.[53] Vom Hafen aus folgte er der langen Straße, die zu den westlichen Stadtmauern führte. Unmittelbar vor der Stadt fielen ihm die ersten Monumente auf, die an die große Vergangenheit erinnerten. Sie verteilten sich über den Kerameikos, den großen Friedhof. Gleich außerhalb der Stadtmauern lagen die Gräber der Normalsterblichen, weiter im Inneren die der Helden und prominenten Bürger. Wird Paulus gewusst haben, dass hier vor fast 500 Jahren der athenische Staatsmann Perikles seine berühmte Leichenrede auf die im Krieg gegen Sparta Gefallenen gehalten hatte, die damals und auch später noch von vielen als einer der Höhepunkte der griechischen Rhetorik betrachtet wurde? Mit einiger Sicherheit wird er auf dem Kerameikos davon etwas mitbekommen haben. Falls er sich die Zeit nahm, etwas länger auf diesem berühmten Friedhof zu verweilen, wird man ihm zweifellos erzählt haben, dass die Rhetorik einer der Pfeiler der griechischen Kultur war. Jedenfalls konnte er erahnen, was ihn in Athen erwarten würde.

Vom Kerameikos aus ging Paulus durch das große Dipylon-Tor oder durch das Heilige Tor in die Stadt hinein. Da er seinen Glauben möglichst vielen Menschen verkünden wollte, besuchte er vor allem Orte, an denen er Kontakte knüpfen konnte. Er hätte zur Pnyx gehen können, dem Hügel, auf dem in der Blütezeit Athens die über achtzehnjährigen männlichen Bürger zu bestimmten Zeiten in der Volksversammlung zusammenkamen, um über Gesetzesvorlagen zu diskutieren. Doch die Zeiten hatten sich geändert; die Pnyx diente im 1. Jahrhundert vor allem als ein Mahnmal, das an die ruhmreiche demokratische Vergangenheit Athens erinnerte. Seit die Römer die Macht übernommen hatten, hatte die Volksversammlung ihre Bedeutung verloren. Eine bessere Begegnungsstätte war die nicht weit von der Pnyx gelegene prachtvoll ausgebaute Agora, wo

Der Kerameikos in Athen (Foto: Peter Biemans)

deutlich sichtbar wurde, wie eng Politik und Religion miteinander verknüpft waren. Athener und Römer trafen hier in den hohen Säulengängen zusammen, die den großen Platz umsäumten, im schönen Theater oder in den alten und neuen Tempeln für die Götter. Besonders prächtig war der große Tempel für die Götter Athene und Hephaistos am westlichen Rand.

An der Ostseite wurde die Agora von der Stoa des Attalos begrenzt, die dieser König von Pergamon im 2. Jahrhundert v. Chr. als Geschenk an die Athener erbauen ließ. Am südlichen Ende des Säulengangs öffnete sich ein hohes Tor auf die neue römische Agora, wo die römischen Kaiser als sichtbaren Beweis ihrer Macht prachtvolle Gebäude hatten errichten lassen. Von dort aus hatte man einen herrlichen Blick auf die Akropolis, den hohen Burgberg, der im 5. Jahrhundert v. Chr. von Künstlern aus allen Teilen der griechischen Welt zu *dem* Symbol der Macht Athens ausgestaltet worden war. Die Propyläen, das Erechtheion, der Niketempel und der Parthenon symbolisierten die Verbindung zwischen der Demokratie und

Die Agora in Athen (Foto: Stephan Mols)

der immensen Machtfülle, die die Athener sich angeeignet hatten. Intensiver als in anderen öffentlichen Räumen, auf der Agora, dem Kerameikos und in der Stoa Poikile, traten die Bürger hier in Kontakt miteinander und zu den Göttern. Die Glanzzeit war inzwischen Geschichte geworden, doch die Erinnerung daran wurde immer noch hochgehalten.

Für die reiche Geschichte Athens zeigt der Verfasser der Apostelgeschichte nicht das geringste Interesse. Für ihn war Athen eine Stadt wie jede andere. Die Vergangenheit zählte nicht, es ging um die Zukunft, um die neue Welt, die Paulus auch in einer Stadt mit einer so reichen Tradition vor Augen stand. Eine Kollision zwischen Paulus und den Athenern war unvermeidlich, da sie noch voller Nostalgie auf die Vergangenheit zurückblickten, auf Tragödiendichter wie Aischylos, Sophokles und Euripides sowie Philosophen wie Platon und Aristoteles. Sie waren es gewohnt, dass Menschen aus dem ganzen Römischen Reich in ihre Stadt kamen, die sich über Geschichte, Literatur und Philosophie informieren wollten. Jetzt wurden sie mit einem Mann konfrontiert, der nichts von alldem wissen und ihnen stattdessen seine eigenen Gedanken aufdrängen wollte.

Lukas richtet seine Aufmerksamkeit einzig und allein auf Paulus. Mit einer bemerkenswerten Einführung kommt er direkt zum Kern der Sache: Wenn Paulus durch Athen ging, sah er überall Statuen griechischer Götter, in seinen Augen allesamt Götzenbilder. In anderen Städten hatte er ebenfalls solche Statuen vorgefunden und sie hatten ihn dazu angespornt, die Bewohner von der Richtigkeit seines Glaubens zu überzeugen. Doch in dieser Stadt mit ihrer reichen kulturellen Vergangenheit fühlte er sich seiner Sache weniger sicher. Er wusste, dass er mit Menschen diskutieren musste, die sich nicht so ohne Weiteres bekehren ließen und stattdessen ihre Götter seinem Gott gegenüberstellen würden. Vielleicht ist das der Grund, weshalb Lukas Paulus auch in Athen zuerst in der Synagoge predigen lässt. Vor seinem eigenen Volk zu sprechen, gab ihm ein Gefühl von Ruhe und Selbstvertrauen. Auch die Kontakte mit den „Gottesfürchtigen" ließen ihn glauben, dass er an seiner bisher verfolgten Strategie festhalten konnte.

Es muss ihm jedoch klar gewesen sein, dass diese beiden Gruppen in Athen nur kleine Minderheiten bildeten. Die große Mehrheit der Menschen war mit der Vorstellung aufgewachsen, dass ihr Leben von mehreren Göttern beherrscht wurde. Am meisten beunruhigte ihn, dass er sich auf den „Kampf" mit Philosophen einlassen musste, die ihre Ideen nicht so leicht aufgeben würden. Ihre Inspiration fanden sie in Philosophien, die schon seit Jahrhunderten in Athen bestanden. Die Platonische Akademie gab es nach wie vor. Um 400 v. Chr. hatten dieser große Philosoph und seine Schüler über die Rolle der Götter im Leben der Menschen diskutiert und über die Frage, wie das Verlangen nach wahrer Erkenntnis befriedigt werden konnte. Ihre Nachfolger hatten von der Mitte des 3. Jahrhunderts v. Chr. an ihr Untersuchungsgebiet erweitert und sich vor allem mit der Widerlegung unterschiedlichster Dogmen befasst. Paulus wusste, dass die Verkündigung seiner Botschaft bei ihnen auf großen Widerstand stoßen würde. Auch die Philosophen der in der Mitte des 4. Jahrhunderts v. Chr. von Aristoteles gegründeten peripatetischen Schule wollten von seiner Botschaft nichts wissen. Sie waren es gewohnt, wissenschaftlich zu denken und nur die Vernunft gelten zu lassen. Diesen Kriterien konnte seine Botschaft nicht genügen.

Als Paulus seine Vorstellungen in Athen verkündete, waren dort zwei verhältnismäßig junge philosophische Strömungen sehr populär: die Stoa und der Epikureismus. Die Ideen, die die Anhänger dieser Philosophien von 300 v. Chr. an verbreiteten, hatten Anklang gefunden. In der ganzen griechisch-hellenistischen Welt waren Schulen entstanden, die auf reges Interesse stießen. Paulus suchte die Stoiker und die Epikureer auf der Agora auf und versuchte ihnen seine Gedanken aufzudrängen. Für alles, was er sagte, zeigten sie ein völliges Unverständnis. Das Unverständnis der Stoiker kann ihn wahrhaftig nicht verwundert haben, denn in Tarsus, einem Bollwerk der stoischen Philosophie, hatte er regelmäßig ihren Weg gekreuzt und auch ihre Vorlesungen besucht. Einige große stoische Philosophen waren sogar dort geboren worden: Zenon (nicht zu verwechseln mit Zenon von Kition, dem Begründer der Stoa), Antipatros und Chrysippos.

Die Begründer der Stoa und des Epikureismus waren Zeitgenossen, doch damit enden die Gemeinsamkeiten auch schon. Ihre Lebensweise und ihre Philosophie unterschieden sich grundlegend. Der auf Samos geborene und in Athen aufgewachsene Epikur (ca. 341–264 v. Chr.) stand ab 306 v. Chr. einer fast religiösen Gemeinschaft vor, die in einer märchenhaften Umgebung zusammenkam. Seine Botschaft war, dass das Leben des Menschen nach festen Naturgesetzen abläuft, dass die Götter zwar existierten, nicht jedoch ins menschliche Handeln einbezogen waren und dass der Mensch ein Individuum war, das nach Glück zu streben und diesem Ziel alles unterzuordnen hatte. Die Gesellschaft diente allein dem Wohlergehen des Individuums. Das höchste Glück konnte nur erreicht werden, wenn man keine Wünsche mehr hatte und wenn man sich von jeglicher Mühsal fernhielt, was im äußersten Fall sogar den Rückzug aus der Gesellschaft bedeuten konnte. Ein Leben nach dem Tod kam in seiner Philosophie nicht vor.

Der Stoiker Zenon (335–263 v. Chr.), ein asketischer Philosoph aus Kition auf Zypern, verkündete seine Botschaft jedem, der sie hören wollte. Weil er und seine Schüler in der Stoa Poikile (der bemalten Säulenhalle) zusammenkamen, erhielt seine Philosophie den Namen „Stoa“. Im Zentrum seiner Lehre stand der Gedanke, dass die Welt sich nach dem *logos*, einem göttlichen Plan, entwickelte. Die Götter, die überall in der Welt verehrt wurden, waren tatsächlich nur Benennungen dieser göttlichen Ratio. Der wahre Stoiker musste durch sinnliche Wahrnehmung und rationales Denken diesen göttlichen Plan ergründen. Wer dazu in der Lage war, konnte die Ideale der Stoa erreichen: ein Leben ohne unbeherrschbare Leidenschaften, Triebe und Emotionen, ein hohes Maß an Selbstbeherrschung, um die Rückschläge, die jedem widerfahren, hinnehmen zu können.

Wie er auch selbst in seinem ersten Brief an die Korinther eingesteht, hatte Paulus dem keine überzeugenden Gedanken gegenüberzustellen. Philosophische Zweifel interessierten ihn nicht. Ihm ging es einzig und allein um die göttliche Weisheit, die die weltlichen Weisheiten in den Schatten stellt. Seine Aussage, dass geschrieben steht, „Ich lasse die Weisheit der Weisen vergehen / und die Klugheit der Klugen verschwinden" (1 Kor 1, 19), spricht für sich: Die Philosophie ist der Kraft Gottes nicht gewachsen.

Die Konfrontationen zwischen den griechischen Philosophen und Paulus dürften wohl eher Wortwechsel als echte Debatten gewesen sein. Die Athener zeigten nicht das geringste Verständnis für Paulus und ihm wiederum waren die Standpunkte der Philosophen herzlich gleichgültig. Die meisten Zuhörer wandten sich von ihm ab, sie betrachteten seine Aussagen fast als Antiphilosophie, weil es unmöglich war, sie in einer Diskussion mit rationalen Argumenten anzufechten. Er pochte einfach nur auf seinem Standpunkt, dass die Weisheit der Menschen im Vergleich mit der Macht Gottes bedeutungslos war. Einige Philosophen brachten ihren Unglauben deutlich zum Ausdruck. Aus Bemerkungen wie „Was will denn dieser Schwätzer?" (Apg 17, 18) geht hervor, was sie von seiner Botschaft hielten. Paulus kümmerte das wenig. Er brauchte für sein Gotteszeugnis weder eine gekünstelte Sprache noch philosophische Wahrheiten.

Einige Zuhörer zeigten etwas mehr Verständnis, ohne dabei die Essenz seiner Botschaft tatsächlich zu begreifen. Sie lag außerhalb ihres Vorstellungsvermögens. Sie hielten Paulus für einen Botschafter neuer fremder Götter und glaubten, er predige über Jesus und eine Göttin namens Auferstehung. Einige Anwesende, vermutlich Stoiker, wollten Näheres über seine Botschaft erfahren und nahmen ihn mit zum Areopag, einem Felsen am Fuße der Akropolis. Dort hatte in ferner Vergangenheit der Ältestenrat getagt. Am Fuße dieses „heiligen" Ortes erläuterte Paulus seine Botschaft. Lukas' Bericht darüber ist von einer unüberseh-

Der Areopag

baren Voreingenommenheit; die Athener sind offenbar ganz aufmerksam und scheinen auf Paulus nur gewartet zu haben. Er war freilich nicht der Erste, der in Athen seine persönlichen Vorstellungen vortragen wollte; für solche Redner hatte es dort immer schon ein Publikum gegeben. Unter den Zuhörern befanden sich auch Fremde, gebildete römische Touristen, die die Vorlesungen der Stoiker oder der Epikureer hören wollten. Einige von ihnen baten ihn um eine Darlegung seiner Lehre, die in ihren Ohren befremdlich klang.

Lukas führt Paulus' Ausführungen zu einem Höhepunkt, indem er die alte und die künftige Welt einander gegenüberstellt. Stoiker, Epikureer und alle anderen, deren Gedankengut von der Vergangenheit inspiriert war, stehen Paulus diametral gegenüber. Von einer Debatte kann keine Rede sein, es werden keine Diskussionen geführt, keine Argumente ausgetauscht. Über die inhaltlichen Einwände der Philosophen verliert Lukas kein Wort. Es geht ihm einzig und allein um die Hauptperson. Paulus spricht, die anderen dürfen nur zuhören.

Am Fuße des Areopags griff Paulus den polytheistischen Glauben der Griechen und Römer direkt an. Mit seiner Bemerkung, er habe in ihrer Stadt einen Altar mit der Aufschrift „einem unbekannten Gott" gesehen, kommt er direkt zum Kern der Sache. Er sei gekommen, um ihnen diesen Gott zu verkünden: „Gott, der die Welt erschaffen hat und alles in ihr, er, der Herr über Himmel und Erde, wohnt nicht in Tempeln, die von Menschenhand gemacht sind. Er läßt sich auch nicht von Menschen bedienen, als brauche er etwas: er, der allen das Leben, den Atem und alles gibt." Die Menschen bräuchten ihn nur zu suchen, dann fänden sie ihn schon von selbst (Apg 17, 23–27).

Mit seiner Bemerkung, Gott habe das ganze Menschengeschlecht erschaffen und deshalb sei es unsinnig, ihn in Gold und Silber darzustellen, nimmt Paulus (implizit) die Verehrung der griechischen Götter in der Form von Statuen und Porträts aufs Korn. Er führt aus, dass Gott einen Tag festgesetzt habe, an dem er durch seinen Sohn, den er von den Toten auferweckt habe, über die Menschen richten werde (Apg 17, 26–31). Er sagt nicht, wann dieser Jüngste Tag anbrechen wird. In seinem ersten Brief an die Thessalonicher, den er bald darauf schreibt, macht er jedoch kein Geheimnis daraus, dass das Ende der Zeiten naht, und er fügt hinzu, dass die, die den Heiligen Geist empfangen haben und Gott wohlgefällig sind, keine Angst zu haben brauchen, denn sie werden gerettet werden (1 Thess 4, 1–8).

Wie zu erwarten war, riefen Paulus' Worte vor allem Erstaunen, Verwunderung und Kritik hervor. Die meisten Umstehenden brachten ihr Unbehagen zum Ausdruck und begannen, Paulus zu verspotten. Seine Bemerkungen über eine „Auferstehung der Toten" stießen auf völliges Unverständnis. Viele Zuhörer konnten seine Worte einfach nicht verstehen, weil diese mit ihrer Vorstellung vom Körper als einem Gefängnis für die Seele nicht in Einklang zu bringen waren. Für den Körper war in einem Leben nach dem Tod kein Platz.

Paulus zeigt sich in Athen scharf und unversöhnlich. Durch die Angriffe der Epikureer und Stoiker in die Verteidigung gedrängt, greift er auf die älteste Waffe zurück, die ihm zur Verfügung steht: die Tora. Er beruft sich in seiner Erwiderung auf das Gebot, das Gott im Buch Exodus Mose gegeben hat: „Du sollst dir kein Gottesbild machen und keine Darstellung von irgend etwas am Himmel droben, auf der Erde unten oder im Wasser unter der Erde" (Ex 20, 4–5). Hier spricht der christliche Jude Paulus, nicht mehr der pharisäische Jude Saulus, der von Gamaliel in der Tora unterwiesen worden war. Die Distanz zu den Griechen und Römern in Athen war größer als je zuvor.

Wenn es wirklich so zugegangen ist, wie Lukas es darstellt, dann dürften die Stunden, die der Apostel auf dem Areopag verbrachte, nicht einfach für ihn gewesen sein. Die Kritik, die er zu hören bekam, konnte ihm jedoch nichts anhaben, denn er hatte sich, wie er später an die Korinther schrieb, entschlossen, „nichts zu wissen außer Jesus Christus, und zwar als den Gekreuzigten". Wie mitreißend die Worte „weiser" Menschen auch sein mochten, der Glaube konnte sich allein auf die Kraft Gottes stützen (1 Kor 2, 2–5).

Es gab auch einige Athener, die ein gewisses Verständnis für Paulus' Worte zeigten und sagten, sie wollten später noch einmal etwas über seine Ideen hören. Einige nahmen sogar seinen Glauben an. Zwei dieser Neubekehrten werden namentlich genannt. Der erste ist Dionysius, ein „Areopagit", ein Mitglied des auch im 1. Jahrhundert noch hoch angesehenen Ältestenrats Athens. Die Bekehrung dieses hochrangigen Atheners muss für Paulus ein besonderer Erfolg gewesen sein. Wir erfahren über diesen bekehrten Mann jedoch ansonsten nichts, auch in Paulus' Briefen wird er nicht erwähnt. Erst von Eusebius, einem Bischof und Geschichtsschreiber, der im 4. Jahrhundert lebte, wird sein Name der Anonymität entrissen. Ihm zufolge hatte ein Bischof von Korinth, der ebenfalls Dionysius hieß, gesagt, sein Namensvetter sei der erste Bischof von Athen gewesen.[54] Die zweite namentlich genannte Bekehrte war Damaris. Die Tatsache, dass sie genannt wird, lässt vermuten, dass sie keine einfache Frau aus dem Volk war, sondern ebenfalls eine angesehene Person. Sie könnte die Gattin eines hochgestellten Atheners gewesen sein oder auch eine der sogenannten Hetären: oft hochgebildete, nicht aus Athen stammende Frauen, die sich frei in Athen bewegen konnten und in speziellen „Clubs" mit Männern verkehrten und Konversation betrieben.

Paulus wird sich höchstens ein paar Tage oder auch Wochen in Athen aufgehalten haben. Er fühlte sich dort nicht wohl und die Reaktionen auf seine Botschaft waren ihm zu negativ, als dass er länger in der Stadt hätte bleiben wollen. Die abwehrende Haltung der Athener kann ihn jedoch nicht wirklich überrascht haben. Mit seinen Ausführungen über den neuen, unbekannten Gott hatte er die alte griechisch-römische Religion geschmäht und damit den Hohn der Athener auf sich gezogen. Er hatte sich nicht deutlich genug bewusst gemacht, dass er seine Worte hier sorgfältiger hätte wählen müssen als in den kleinen Städten in Kleinasien und Makedonien und Respekt vor einem Glauben zeigen müssen, der in der Gesellschaft tief verwurzelt war. Unbeirrbar hatte er sich stattdessen für den Frontalangriff entschieden. Er hatte seinen Glauben ohne jede Zurückhaltung als die wahre *religio* angepriesen und die römische Religion als nichts weiter als eine *superstitio*, einen Aberglauben, abgetan.

In Athen glaubten zu diesem Zeitpunkt nur wenige, dass Paulus in der Zukunft Erfolg haben würde. Dafür war seine Philosophie in ihren Augen zu wenig durchdacht, zu zusammenhanglos, zu wenig systematisch, zu sehr durchdrungen von dem Gedanken, dass alles von Gott bestimmt wurde und dass ein felsenfester Glaube ausreichte, um Gottes Gnade zu empfangen. Er selbst kann auch nicht zufrieden gewesen sein, denn er hatte gehofft, in Athen einen guten Eindruck machen zu können. Stattdessen war er von Philosophen und Intellektuellen verhöhnt worden. Um eine Illusion weniger kehrte er Athen enttäuscht den Rücken zu.

Korinth

Von Athen aus ging Paulus in südwestlicher Richtung nach Korinth, das ungefähr 80 Kilometer weit entfernt war. Lukas erzählt nicht, ob er von Piräus aus auf einem Frachtschiff nach Kenchreai, dem Hafen von Korinth, fuhr oder ob er den Landweg nahm. Eine Schiffsreise hätte nicht länger als zwei Tage in Anspruch genommen, der Weg zu Fuß über Land mehr als vier Tage. Dennoch glaube ich, dass Paulus den Weg über Land gewählt haben wird. Es gab ihm die Zeit, sich nach seinem „Abgang“ in Athen auf die Zukunft zu besinnen, darüber nachzudenken, ob seine Botschaft in dieser Region, in der die Götter sozusagen an jeder Straßenecke anzutreffen waren, überhaupt Gehör finden konnte. Er schlug den Weg nach Eleusis ein und kam an dem großen, hoch in der Landschaft aufragenden Heiligtum der Getreidegöttinnen Demeter und Kore vorbei. Es wird ihm Unbehagen bereitet haben, als er von den Bewohnern der Stadt erfuhr, dass Jahr für Jahr im Herbst in die Mysterien der beiden Göttinnen eingeweihte Pilger in einer feierlichen Prozession mit Myrtenzweigen in den Händen von Athen nach Eleusis liefen. Sobald sie die Stadtgrenze erreichten, wurden sie von den hier ansässigen Menschen willkommen geheißen. In einer Art Einweihungsritual wurden die rechte Hand und das linke Bein der Prozessionsteilnehmer mit einem Wollfaden miteinander verbunden. Waren sie im Tempelkomplex angekommen, sahen die Eingeweihten einer lebhaften Nacht entgegen; sie feierten bis in den Morgen hinein und dabei wurden ihnen die Geheimnisse der beiden Göttinnen enthüllt.[55] Paulus nahm diese Informationen zur Kenntnis und ließ das Heiligtum links liegen. Für ihn gehörte es zu den vielen Zeichen für einen Aberglauben, der aus der Welt geschafft werden musste.

Von Eleusis aus führte sein Weg ihn ins 20 Kilometer weit entfernte Megara. Die Landschaft wurde unwirtlicher und selbst ein erfahrener Reisender wie Paulus wird Mühe gehabt haben, den richtigen Weg zu finden. Vor allem die letzten fünf Kilometer waren mühsam: Die Reisenden liefen über einen kaum gepflasterten und von Wegelagerern unsicher gemachten Bergpfad, der sich längs und über mehr als 700 Meter hohe Kliffe schlängelte. Karren konnten diesen Weg kaum passieren. Erst 75 Jahre später, um 125, ließ Kaiser Hadrian den Weg verbreitern, sodass er auch für den Handelsverkehr nutzbar wurde. Vermutlich hat Paulus in Megara nicht angehalten. Das Grab der Iphigenie, der Tochter des legendären Königs Agamemnon, wird für ihn kein Grund gewesen sein, die Stadt zu besuchen. Ihn zog es weiter nach Korinth.

Nach dieser mühsamen Wegstrecke erreichte Paulus den Isthmos, die schmale Landenge, die das griechische Festland mit der Peloponnes verbindet. Korinth verdankte seinen Wohlstand seiner günstigen Lage. Mit ihren Häfen auf beiden Seiten des Isthmos spielte die Stadt im internationalen Handel eine tonangebende Rolle. Unternehmer aus der östlichen mediterranen Welt brachten ihre Güter zum am Saronischen Golf gelegenen Hafen Kenchreai und in Lechaion am Golf von Korinth legten die Schiffe aus Italien an.

Nicht für Korinth bestimmte Schiffsladungen konnten über die volle

Breite des Isthmos vom einen zum anderen Hafen transportiert werden. Das hatte der Tyrann Periander zu Beginn des 6. Jahrhunderts v. Chr. möglich gemacht. Zuerst hatte er geplant, einen Kanal durch den Isthmos zu graben, doch nachdem die ersten Versuche ins Leere gelaufen waren, hatte er eine Straße aus großen Steinblöcken, eine Art Portage, anlegen lassen. Auf speziell konstruierten Wagen wurden Ladungen (und vielleicht auch kleine Schiffe) in beide Richtungen transportiert. Die fast 6,5 Kilometer lange Straße war an beiden Enden sieben bis zehn und in der Mitte ungefähr 3,5 Meter breit. In den Kurven sollten kleine Schutzmauern „Entgleisungen" verhindern. Die Griechen nannten diese Portage *diolkos*; dieser Bezeichnung ist zu entnehmen, dass die Wagen vermutlich von Ochsen gezogen wurden. Ob der *diolkos* in der Antike häufig genutzt wurde, ist fraglich. Besonders in der römischen Zeit, als die Schiffe größer wurden, zogen die Schiffer, die aus westlicher Richtung kamen, es oft vor, die Peloponnes zu umrunden und die schweren Böen und gefährlichen Strömungen um das Kap Malea in Kauf zu nehmen. Den *diolkos* gibt es noch heute. An verschiedenen Stellen des Isthmos sind die Steine sichtbar; sogar die Rillen für die Räder der Wagen sind noch zu erkennen.

Das Korinth, das Paulus besuchte, war gerade mal ein Jahrhundert alt. Von der alten, in Griechenland führenden Stadt aus dem 7. und 6. Jahrhundert v. Chr. war nur noch wenig übrig geblieben. In der längst vergangenen Glanzzeit legten zahlreiche Schiffe in den Häfen ab, um viele Güter, vor allem Töpferware, in die das Mittelmeer umgebenden Länder zu bringen. Ein großer Teil der Ausfuhren ging nach Syrakus auf Sizilien, das im 8. Jahrhundert v. Chr. von korinthischen Kolonisten gegründet worden war. Das international orientierte Korinth der klassischen Zeit Griechenlands fiel 146 v. Chr. der Zerstörungswut der römischen Legionäre und ihres ungehobelten Befehlshabers Lucius Memmius zum Opfer. Dem Geschichtsschreiber Polybios zufolge wurde die Stadt, die im 5. Jahrhundert v. Chr. noch eine große Konkurrentin Athens gewesen war, zur Strafe für ihren hartnäckigen Widerstand von den Römern dem Erdboden gleichgemacht. Memmius ließ fast keinen Stein auf dem anderen. Die meisten Menschen, die den Untergang überlebten und nicht in die Sklaverei getrieben wurden, machten sich davon und ließen sich woanders nieder. Cicero, der die Stadt zwischen 79 und 77 v. Chr. besuchte, stellt die Zerstörungen als weniger drastisch dar. Ihm zufolge waren nicht alle Stadtviertel gleichermaßen radikal heimgesucht worden und in bescheidenem Umfang wurde in der Stadt auch noch Handel getrieben.[56]

Hundert Jahre lang blieb die Erinnerung an den Kahlschlag in Korinth sichtbar. Iulius Caesar ist es zu verdanken, dass die Stadt wieder aufgebaut wurde. 44 v. Chr. gab er Korinth den Status einer römischen Kolonie. Der Wiederaufbau nahm danach große Fortschritte und 27 v. Chr., in dem Jahr, in dem Octavianus Augustus „Princeps" – der Erste im Staat – wurde, durfte Korinth sich die Hauptstadt der Provinz Achaia nennen.

Korinth hatte in den anderen griechischen Städten stets einen schlechten Ruf. Die Stadt galt als verdorben, als eine Hochburg der Sittenlosigkeit. Die Bewohner anderer Städte erzählten sich mit unverhohlenem Vergnügen Geschichten über die Ausschweifungen der Korinther, die als notorische Ehebrecher verschrien waren. Sogar der heiligste Ort, der Tempel der Aphrodite auf dem gut 500 Meter hoch die Stadt überragenden Akrokorinth, war bei vielen Griechen verrufen. Es gab Gerede, dass die tausend Sklavinnen, die der Göttin als Tempelpersonal dienten, Huren waren, die mit Seeleuten aus allen Windrichtungen verkehrten. Selbst wenn in den vielen Geschichten über die Korinther vielleicht ein Körnchen Wahrheit steckt, wäre es ungerecht, daraus ein pauschales Urteil über diese Stadt fällen zu wollen. Die Ruinen von Korinth belegen, dass ein bedeutender Teil der Einkünfte in schöne Bauwerke investiert wurde. Bordelle gab es dagegen nur wenige.

Als Paulus von der Südseite des Isthmos aus Korinth erreichte, erblickte er eine typische römische Stadt mit mehr als 100 000 Einwohnern. Zwei große Bauwerke zeugten noch von der fernen griechischen Vergangenheit. Der große Apollotempel mit seinen 38 dorischen Säulen, die die beiden Räume des Heiligtums umrahmten, und das Theater, das 14 000 Zuschauern Platz bot, erinnerten an die Zeiten, in denen Korinth als ein unabhängiger Stadtstaat im Kampf um die Herrschaft in Griechenland mitmischte. Im Übrigen war es in der Anlage und Gestaltung eine römische Stadt. An der Ostseite des großen Tempels hatten die Römer ein 550 mal 280 Meter großes Forum angelegt. Von diesem einstigen ökonomischen, politischen und religiösen Zentrum ist heute lediglich ein Trümmerfeld übrig geblieben. Fast keines der monumentalen Gebäude, die in der Mitte des 1. Jahrhunderts dem Forum ein prachtvolles Erscheinungsbild gaben, erhebt sich noch in die Höhe. Von den Propyläen, die den Zugang zum Forum boten, der großen Basilica Iulia, den Säulengängen, die dieses Stadtzentrum umringten, den Tempeln, den Brunnen und den Thermen stehen nur noch Ruinen, von denen jedoch einige selbst in ihrem maroden Zustand noch etwas vom im 1. Jahrhundert so wohlhabenden Korinth erkennen lassen.

Paulus besuchte Korinth, bevor dort das große Erdbeben von 77 großen Schaden anrichtete. Alles stand noch an Ort und Stelle und in der Stadt herrschte ein lebhaftes Treiben. Die Handelsstraße zum Hafen Lechaion war rechts und links von Ladenlokalen und Lagerhäusern gesäumt. Die ganze Stadtplanung ließ deutlich erkennen, dass Korinth sich nicht mit Athen vergleichen ließ. Gebildete Römer oder Griechen und angesehene Philosophen waren hier kaum anzutreffen. Das Straßenbild wurde bestimmt von Händlern, Arbeitern und Handwerkern aus allen Provinzen des Römischen Reiches.

Aquila und Priszilla

Paulus fühlte sich in Korinth gleich zu Hause. Die Stadt hatte viel gemein mit anderen Hafenstädten, die er besucht hatte. Es gab auch eine Synagoge, sie lag in der Nähe der Propyläen an der Straße, die zum Hafen Lechaion führte. Archäologen haben dort einen Türsturz mit der Aufschrift „Synagoge der Hebräer“ gefunden. Da dieser Stein aus viel späterer Zeit datiert, ist anzunehmen, dass an der Stelle eines älteren Gebäudes, das zu Paulus’ Zeit als Gebetsraum für die Juden diente, eine neue Synagoge gebaut wurde.

In Korinth begegnete Paulus zwei bemerkenswerten Juden: Aquila und seiner Frau Priszilla. Sie brauchten nicht bekehrt zu werden, denn sie waren bereits Christen, vielleicht sogar schon länger als Paulus selbst. Sie hatten einen großen Teil des Römischen Reiches bereist, bevor sie sich in Korinth niedergelassen hatten. Begonnen hatten sie ihre Reise laut der Bibel in der Region Pontus in der nördlichen Türkei, wo Aquila zur Welt gekommen war. Wie so viele Menschen im östlichen Mittelmeerraum hatten sie dem Lockruf der Weltstadt Rom, wo fachkundige Handwerker gute Möglichkeiten für den Aufbau einer Existenz finden konnten, nicht widerstehen können. Dort hatten sie sich der jüdischen Gemeinschaft angeschlossen.

Es ist schwer zu sagen, ab wann Juden in der Hauptstadt des Reiches gelebt hatten. Schon 139 v. Chr. hatte jedenfalls der für die „Fremden" zuständige *praetor peregrinus* Juden aus der Stadt ausgewiesen, weil sie versucht hatten, ihre heiligen Riten auf die Römer zu übertragen. In den folgenden Jahrzehnten war die Anzahl der jüdischen Zuwanderer ständig gestiegen. 59 v. Chr. gab es schon so viele jüdische Bürger in der Stadt, dass ihre Anwesenheit bei großen Volksversammlungen ausdrücklich erwähnt wurde. Die vielen Kriegsgefangenen, die Pompeius 63 v. Chr. nach der Eroberung Jerusalems nach Rom gebracht und in seinem Triumphzug mitgeführt hatte, sind dabei noch gar nicht mitgezählt, da sie als Sklaven keinerlei politische Rechte hatten.

Zu Beginn des 1. Jahrhunderts n. Chr. lebten in Rom zwischen 20 000 und 40 000 Juden. Die meisten von ihnen wohnten im heutigen Trastevere, am Westufer des Tiber. Vor allem wurde ihnen vorgehalten, dass sie sich bewusst vom Rest der Bevölkerung abschotteten und ihren eigenen Weg gingen. Vom römischen Standpunkt aus betrachtet, lassen sich diese Anschuldigungen auch nachvollziehen: Im Vergleich zu anderen Volksgruppen integrierten sich die Juden nur schlecht. Diese selbst gewählte Absonderung führte jedoch nicht unmittelbar zu Maßregeln gegen sie. Vom ersten Kaiser, Augustus, hatten die Juden jedenfalls wenig zu befürchten. Er gestattete es ihnen, in ihren Synagogen zu beten und für den Unterhalt des Tempels Geld nach Jerusalem zu schicken. Unter seinem Nachfolger Tiberius (14–37) verschlechterte sich ihre Situation. Im Jahr 19 beschloss er sogar, 4000 Juden nach Sardinien zu verbannen, um das dortige Banditentum zu bekämpfen; die übrigen mussten ihre „heillosen Riten" aufgeben oder Italien verlassen.

Obgleich Kaiser Claudius (41–54) mehrere Bestimmungen traf, die den Juden im ganzen Reich zugutekamen, haben verschiedene antike Autoren über Ausweisungen von Juden aus Rom unter seiner Herrschaft berichtet. Ihre Darstellungen stimmen jedoch nicht überein. Die wahren Absichten des Kaisers werden durch sehr summarische, in einigen

Fällen fast kryptische Informationen verschleiert. Wenn wir die Texte von Lukas, Sueton und Cassius Dio, den drei Autoren, die über die Ausweisungen von Juden unter Claudius berichten, miteinander vergleichen, fallen die Unterschiede sofort auf. Lukas erzählt in gerade mal zwei Zeilen, dass Aquila und Priszilla aus Italien nach Korinth gekommen waren, weil „Claudius [...] angeordnet [hatte], daß alle Juden Rom verlassen müssten" (Apg 18, 2). Über die Problematik, vor deren Hintergrund diese Anordnung erlassen wurde – die die jüdische Gemeinschaft spaltenden Konflikte zwischen Juden und jüdischen Christen –, verliert er kein Wort. Es bleibt dem Leser überlassen, einen Grund für diesen Erlass herauszufinden. Gut ein Jahrhundert später geht auch Cassius Dio in seiner *Römischen Geschichte* auf diesen Hintergrund nicht ein.[57] Seinem chronologisch aufgebauten Geschichtswerk zufolge sollen zu einem bestimmten Zeitpunkt so viele Juden in Rom gelebt haben, dass Claudius es nicht wagen konnte, sie alle aus der Stadt zu jagen, und es deshalb bei einem Versammlungsverbot beließ. Für eine bestimmte Anzahl von Juden war das dann der Anlass, der Stadt den Rücken zuzukehren. Cassius Dio gibt auch ein Datum an: das Jahr 41, kurz nachdem Claudius Alleinherrscher geworden war. Jüdische Christen oder Konflikte mit orthodoxen Juden kommen in seiner Darstellung nicht vor. Und das ist in der Tat erstaunlich, denn gut ein Jahrhundert, bevor er seine *Römische Geschichte* schrieb, hatte bereits Sueton über die Ausweisungen unter Claudius berichtet. Er betrachtet sie in einem breiteren Kontext und schreibt: „Die Juden, die sich von Chrestos ständig zu Unruhen anstiften ließen, vertrieb er aus Rom."[58] Wer dieser Chrestos war, erzählt er nicht. Die plausibelste Erklärung ist eine fehlerhafte Schreibweise von Christus; es geht hier also um Konflikte zwischen den orthodoxen Juden und den Juden, die an Christus glaubten. Die Unruhen liefen offensichtlich derart aus der Hand, dass Letztere die Stadt verlassen mussten. Aquila und Priszilla gehörten vermutlich zu diesen Judenchristen. Ein Datum gibt Sueton nicht an.

Noch größer wird die Unsicherheit durch die verworrene Berichterstattung, die Orosius zu Beginn des 5. Jahrhunderts niederschrieb. In seiner *Geschichte gegen die Heiden*, mit der er die Behauptung entkräften wollte, dass die Einnahme Roms durch die Westgoten unter König Alarich im Jahre 410 den Christen anzulasten sei, da sie die alten römischen Götter durch ihren Gott ersetzt hatten, schrieb er:

> In seinem neunten Jahr wurden die Juden nach dem Bericht des Josephus durch Claudius aus der Stadt Rom vertrieben. Mich aber beeindruckt mehr Sueton, der folgendermaßen schreibt: „Claudius vertrieb die Juden aus Rom, die auf Anstiften Christi beständig Unruhen auslösten." Es ist keineswegs zu erkennen, ob er befahl, die gegen Christus lärmenden Juden zu zügeln und zu unterdrücken, oder ob er auch zugleich die Christen als Anhänger einer verwandten Religion vertreiben wollte.[59]

Wer diesen Text zu analysieren versucht, stößt auf Schwierigkeiten. Zunächst einmal macht Orosius nicht deutlich, wer genau der Stadt verwiesen wurde: die Juden, die gegen die Christen agierten, oder die Christen. Auch seine Datierung, das neunte Jahr der Regierung des Claudius, ist aus der Luft gegriffen. Zu Unrecht stützt er sich dabei auf Flavius Josephus, denn dieser hat in seinem umfangreichen Geschichtswerk nichts über eine Ausweisung von Juden aus Rom durch Claudius geschrieben. Orosius ist der Einzige, der die Ausweisung in das neunte Jahr der Regierung des Claudius datiert. Da Claudius am 25. Januar 41 an die Macht kam, müsste sie sich also im Jahr 49 ereignet haben. Trotz der mangelhaften Beweisführung sind viele moderne Historiker seiner Datierung gefolgt. Dabei wird außer Acht gelassen, dass der Geschichtsschreiber Tacitus in seinen *Annalen* für das Jahr 49 die Frage der Verbannung der Juden nirgendwo anspricht. Dieser gewissenhafte Historiker hätte zweifellos über solche Ausweisungen berichtet, wenn sie in jenem Jahr stattgefunden hätten. Während die *Annalen* für das Jahr 49 vollständig überliefert sind, fehlt uns leider der Teil des Werkes, in dem das Jahr 41 behandelt wurde, sodass wir Cassius Dios Datierung nicht anhand der *Annalen* überprüfen können.

Nach Abwägung aller Argumente denke ich, dass die Ausweisungen nicht in das Jahr 49 zu datieren sind, sondern acht Jahre früher, in das Jahr 41. In diesem Fall waren Aquila und Priszilla also nicht kurz vor Paulus in Korinth angekommen, sondern bereits seit geraumer Zeit dort ansässig. Vielleicht hatten sie nach ihrer Abreise aus Rom zuerst andere Orte besucht und erst später, als sie als jüdische Christen auch dort auf Probleme stießen, ihre Zuflucht in Korinth gesucht.

Falls sich bereits im Jahr 41 Unruhen zwischen Juden und (jüdischen) Christen in Rom ereigneten, wie Sueton vermuten lässt, dann muss die christliche Gemeinschaft in diesen Tagen bereits ziemlich groß gewesen sein. Das lässt nur den Schluss zu, dass die (jüdischen) Immigranten, die nach Jesu Tod den Weg nach Rom gefunden hatten, schon Christen waren. In Palästina, Phönizien und Syrien waren christliche Gemeinschaften entstanden und die Christen wollten offenbar mit einer derart großen Begeisterung ihren Glauben verbreiten, dass sie nicht nur zu Fuß durch die angrenzenden Regionen zogen, sondern auch per Schiff zu fernen Orten reisten. Auch wenn Paulus, Barnabas, Silas und die anderen, die in der Apostelgeschichte und den Paulusbriefen genannt werden, die bekanntesten Glaubensverkünder sind, waren sie sicherlich nicht die einzigen. Da Caesarea in Palästina in der ersten Hälfte des 1. Jahrhunderts ein bedeutender Hafen war, ist anzunehmen, dass in den Jahren nach Jesu Tod immer wieder begeisterte Christen von dort aus mit Schiffen nach Rom reisten, um hier die Botschaft Christi zu verkünden. Es ist also durchaus vorstellbar, dass im Jahr 41 bereits eine recht große christliche Gemeinschaft in Rom existierte, der vor allem in den Kreisen der traditionellen Juden mit Protesten begegnet wurde. Die Konflikte zwischen den beiden Gruppen führten zu Unruhen, die den Kaiser veranlassten, Ausweisungen anzuordnen, um Ruhe und Ordnung wiederherzustellen. Da die alte jüdische Gemeinschaft im Laufe der Zeit bestimmte Privilegien erhalten hatte, betraf diese Anordnung vor allem Mitglieder der jungen Christengemeinde. Aquila und Priszilla wurden zu unerwünschten Personen erklärt und mussten Rom verlassen. Und schließlich gelangten sie nach Korinth.

Für Paulus glich die Begegnung mit diesem Ehepaar einem Geschenk des Himmels. Bis dahin hatte er in Städten missioniert, in denen die meisten Bewohner nur eine vage Vorstellung von der großen Metropole Rom hatten. Vermutlich wussten viele von ihnen nicht einmal, dass sich dort bereits Christen aufhielten. Jetzt sprach er mit Menschen, die ihn aus erster Hand über die Auseinandersetzungen innerhalb der jungen christlichen Gemeinschaft und über das schwierige Verhältnis zwischen den Christen und der römischen Obrigkeit informieren konnten. Er wurde in seiner Absicht bestärkt, irgendwann selbst nach Rom zu reisen.

Die Zeltmacher

Paulus und das Ehepaar aus Pontos verstanden sich auf Anhieb so gut, dass Aquila und Priszilla ihn in ihr Haus aufnahmen. Das kam der Glaubensverbreitung zugute. Bis dahin war die Anzahl der Bekehrten in Korinth klein geblieben, doch mit Paulus' Ankunft sollte sich das ändern. Er war nicht der Mann, der mit salbungsvollen Worten Menschen für sich gewinnen wollte. Stattdessen suchte er die Konfrontation mit jedem, der seinen Weg kreuzte. In einer Stadt wie Korinth, in der die raue Wirklichkeit des Geschäftslebens eine Gesellschaft hervorgebracht hatte, die sich von der in Athen deutlich unterschied, schien das die richtige Strategie zu sein.

Es gab jedoch noch ein Problem: Paulus konnte nicht seine ganze Kraft der Glaubensverbreitung widmen. Tagsüber musste er in der Werkstatt des Ehepaars arbeiten, die sich an der Nordseite des großen Apollotempels befand, in einem Viertel, in dem sich vor allem Handwerker niedergelassen hatten.

In schwierigen Stunden werden die aufmunternden Worte Priszillas und Aquilas Paulus sicherlich geholfen haben. Bereits geraume Zeit waren sie als Zeltmacher und vermutlich auch als Lederarbeiter tätig, zuerst in Pontos und danach in Rom. Dort hatten sie vielleicht die riesigen Planen angefertigt, die in den Sommermonaten über die Tribünen im Kolosseum und im Marcellustheater ausgespannt wurden, um die Zuschauer vor der grellen Sonne zu schützen. Auch in Korinth konnten sie sich über mangelnde Arbeit nicht beklagen. Die Stadtregierung brauchte Planen, um öffentliche Räume zu überdachen. Außerdem mussten die verderblichen Esswaren der vielen Händler und Hausierer im Schatten geschützt stehen. Zu den besten Kunden Priszillas und Aquilas zählten wahrscheinlich die Handelsschiffer mit ihren durch plötzliche Windstöße gerissenen Segeln. Die Mannschaft konnte das Segeltuch an Bord zwar provisorisch ausbessern, doch für eine echte Reparatur oder für ein neues Segel mussten sie die Dienste eines Segel-/Zeltmachers in Anspruch nehmen.

Die anderen Zeltmacher in Korinth betrachteten Aquila und Priszilla als Außenseiter, weil sie sich in ihrer freien Zeit nur selten mit ihren Kollegen trafen; damit stellten sie sich in deren Augen außerhalb der Gesellschaft. In allen großen Städten des Römischen Reiches gab es Fachverbände, in denen Menschen sich zusammenschlossen, die den gleichen Beruf ausübten. Auch die Zeltmacher hatten ihre eigene Gilde. Über eine Vereinigung (*collegium*) von Zeltmachern in Rom werden wir in mehreren Inschriften informiert.[60] Alle Mitglieder waren gleichberechtigt. Sie zahlten einen Beitrag und kamen mindestens einmal im Monat zu einem gemeinschaftlichen Festmahl, einem festlichen Abend oder einer Zeremonie für den Gott zusammen, unter dessen Schutz sie sich gestellt hatten. Ob Aquila und Priszilla in Rom einer solchen Vereinigung angehörten, möchte ich bezweifeln. Als jüdische Christen werden sie nicht einer Organisation beigetreten sein, die unter der Obhut eines griechisch-römischen Gottes stand. Auch in Korinth lebten sie ihren Glauben abgesondert von ihren Zeltmacherkollegen, die in ihrer übergroßen Mehrheit noch die alten Götter anbeteten und bei ihren Zusammenkünften einem dieser Götter huldigten. Die Ankunft von Paulus, der ebenfalls den Beruf des Zeltmachers beherrschte, muss für das christliche Ehepaar eine angenehme Überraschung gewesen sein.

Paulus wohnte mindestens einige Wochen lang im Haus von Aquila und Priszilla. Tagsüber arbeitete er in der Werkstatt und nachts schlief er in einem Zimmer darüber. Der Tagesablauf war genau eingeteilt. Seinen Gastgebern gegenüber wird er nicht viele Worte darüber verloren haben, doch in seinen Briefen an die Korinther hat er später kein Geheimnis daraus gemacht, dass die tägliche Arbeit ihm schwerfiel. Einem Mann des Wortes wie ihm konnte es wenig Freude bereiten, stundenlang große Planen und Segel zusammenzunähen. In seinem ersten Brief an die Korinther listet er die schwere Handarbeit unter den Entbehrungen auf, die er auf seinen Wanderungen zu ertragen hat: „[Wir] hungern und dürsten, gehen in Lumpen, werden mit Fäusten geschlagen und sind heimatlos. Wir plagen uns ab und arbeiten mit eigenen Händen“ (1 Kor 4, 11–12). Im zweiten Brief an die Korinther lässt er sie sogar wissen, er habe sich selbst erniedrigt, um ihnen das Evangelium Gottes zu verkünden (2 Kor 11, 7). Er will damit sagen, dass er dort niedrige Arbeiten verrichtete, wie er es bereits in Thessalonich getan hatte (1 Thess 2, 9). In anderen Gemeinden wurde ihm die Missionsarbeit einfacher gemacht, weil er von den Mitgliedern dieser Gemeinden finanziell unterstützt wurde.

Lange war Paulus für seinen Lebensunterhalt nicht ausschließlich auf seine Arbeit als Zeltmacher angewiesen. Die Ankunft von Silas und Timotheus aus Makedonien in Korinth war für ihn eine „Befreiung“. Das Geld, das die christlichen Gemeinden in Makedonien gespendet hatten, half ihm, sich ganz seiner Mission widmen zu können: der Verkündigung von Gottes Wort.

Die christliche Gemeinde von Korinth

Paulus' Predigten in Korinth stießen nicht bei allen auf Zustimmung. Einige fühlten sich davon angezogen und reagierten begeistert auf seine Botschaft, andere wollten davon nichts wissen. Paulus folgte seiner altbekannten Strategie. Er begab sich zuerst unter die Juden und wies ihnen den „neuen Weg“. Es wird ihn nicht überrascht haben, dass er in der Synagoge fast augenblicklich mit heftiger Ablehnung konfrontiert wurde. Die abwehrende Haltung der Juden in Korinth war vermutlich schmerzlicher für ihn als der Widerstand der Juden in den kleineren Städten. Er hatte gehofft, in dieser kosmopolitischen Stadt mehr Verständnis für seine Worte zu finden, doch das Gegenteil war der Fall. Aus seiner Enttäuschung machte er kein Hehl. Erzürnt rief er ihnen in der Synagoge zu: „Von jetzt an werde ich zu den Heiden gehen“ (Apg 18, 6).

Wir dürfen uns von Paulus' ersten Bekehrungsaktivitäten unter den Heiden in Korinth keine allzu großen Vorstellungen machen. Er sprach nicht etwa vor Hunderten interessierter Menschen, sondern führte vor allem Gespräche an seinem Arbeitsplatz. Während er an einem Segel oder einer Plane arbeitete, sprach er mit einem Kunden über den Glauben. Und das mit Erfolg, denn irgendwann hatte er so viele Korinther bekehrt, dass die Werkstatt von Aquila und Priszilla zu klein war, um Gebetsstunden darin abzuhalten; er musste nun nach größeren Räumlichkeiten Ausschau halten.

Einer der Menschen, die Paulus predigen hörten und sich von seinen Worten überzeugen ließen, war Titius Justus, nach Lukas ein „Gottesfürchtiger“ (Apg 18, 7): ein Nichtjude, der am jüdischen Kult teilnahm und sich an die jüdischen Gebote hielt. Aus Wertschätzung für Paulus stellte

Der Name Erastus auf einer korinthischen Inschrift

er sein Haus zur Verfügung. Im Atrium, der großen Halle, von der aus verschiedene Zimmer zugänglich waren, oder im Triclinium, dem Speisesaal, konnte der Apostel zu den Gläubigen sprechen. Ein auffallendes Detail ist, dass das Haus an die Synagoge angrenzte. Vielleicht hat Paulus, als ihm verschiedene Häuser angeboten wurden, sich für dieses Haus entschieden, weil die Juden, die die Synagoge besuchten, zwangsläufig daran vorbeikamen. Einige Juden wurden daraufhin auch tatsächlich bekehrt. Zu diesen gehörte Krispus, der Synagogenvorsteher. Seine Bekehrung war für die traditionell eingestellte jüdische Gemeinde ein herber Schlag, denn er hatte eine wichtige Funktion: Er musste darauf achten, dass die Gottesdienstvorschriften eingehalten wurden und dass die Finanzen in Ordnung waren.

Den Predigten in dieser Hauskirche wohnten Menschen aus allen Schichten der korinthischen Gesellschaft bei, von Sklaven und Freigelassenen bis hin zu hochrangigen Persönlichkeiten. Vermutlich waren die „einfachen Menschen" in der Mehrheit, doch wie so oft in den aus der Antike überlieferten Texten werden vor allem die Menschen mit einem bestimmten Status genannt. In seiner Charakterisierung der Glaubensgemeinschaft in seinem ersten Brief an die Korinther legt Paulus den

Nachdruck auf angesehene Menschen: „Seht doch auf eure Berufung, Brüder! Da sind nicht viele Weise im irdischen Sinn, nicht viele Mächtige, nicht viele Vornehme“ (1 Kor 1, 26). Mit diesen Worten wird angedeutet, dass sich unter den Gläubigen einige Personen befanden, die es weit gebracht hatten. Da Korinth seinen Wohlstand Handel und Gewerbe verdankte, müssen wir dabei vor allem an Großhändler und Eigentümer erfolgreicher Betriebe denken. Sie bildeten eine Minderheit, denn die meisten Bekehrten waren Arbeiter, Händler, Hausierer und andere Menschen mit einer niedrigen bis sehr niedrigen gesellschaftlichen Stellung.

Von einigen dieser angesehenen Personen wird etwas mehr erzählt, zum Beispiel von Erastus, den Paulus in seinem in Korinth geschriebenen Römerbrief (16, 23) als „Stadtkämmerer“ bezeichnet. Es ist ungewöhnlich, dass der Apostel hier die gesellschaftliche Funktion nennt, denn bei den anderen Mitgliedern der Christengemeinde von Korinth gibt er sie nicht an und beschränkt sich auf die Dienste, die sie der christlichen Gemeinschaft erwiesen haben. Ob Erastus diese hohe Funktion seiner Geburt verdankte oder ob er sie nach einer langen Laufbahn erlangte, die ihn auf die höchsten Sprossen der gesellschaftlichen Leiter führte, lässt sich nicht sagen. Auch die Frage, ob es sich bei dem auf einer Inschrift benannten Erastus, einem Ädil, der eine Straße in Korinth pflastern ließ, um dieselbe Person handelt, lässt sich nicht beantworten.

Ein anderer Gläubiger, der in den Vordergrund tritt, ist Stephanas. Paulus nennt ihn und seine Familie „die erste Frucht Achaias“ (1 Kor 16, 15).[61] Stephanas und sein ganzer Haushalt, wozu nicht nur seine nächsten Angehörigen zählten, sondern auch Sklaven und anderes Personal, haben ihm später bei der weiteren Verbreitung des Glaubens geholfen, wenngleich nirgendwo mit so vielen Worten gesagt wird, dass Paulus ihn als Führer der Gemeinde in Korinth eingesetzt hatte.

Paulus und die Frauen

Es gab noch eine Gläubige, vor der Paulus große Achtung hatte: Phöbe, eine Frau. Sie stammte aus Kenchreai, einem der Hafenorte von Korinth. Als sie später den Plan fasste, nach Rom zu gehen, empfahl Paulus sie von

Korinth aus den dortigen Gläubigen mit den Worten, sie sei eine *adelphé* („unsere Schwester“), eine *diakonos* (eine „Dienerin der Gemeinde“) und *prostatis* (eine Patronin; Röm 16, 1–2). Aus diesen schönen Beschreibungen geht hervor, wie wichtig diese Frau für die neue christliche Gemeinde in Korinth gewesen ist. Als „Dienerin der Gemeinde“ stand sie auf einer Stufe mit den männlichen Diakonen und zudem war sie eine Patronin, die mit freigebiger Hand „vielen, darunter auch mir, geholfen“ hat.

Phöbe war nicht die einzige Frau, der Paulus mit Wertschätzung begegnete. Auf seinen Reisen hat er verschiedene Frauen mit verantwortungsvollen Aufgaben betraut, sowohl in der Verkündigung des Glaubens als auch beim Aufbau und der Organisation christlicher Gemeinden. Ohne die Hilfe von Lydia, Priszilla, Phöbe, Tryphäna, Tryphosa, Maria, Persis, Syntyche, Eutychia, Junia und Chloë wäre das Wachstum der jungen christlichen Gemeinden in einer Reihe von Städten zum Stillstand gekommen. Sie wirkten als Diakone, Apostel und Missionare. Von Ehemännern ist nicht die Rede. Einige Frauen werden Paulus’ Rat, unverheiratet zu bleiben, damit sie sich auf ihre Pflichten im Dienste des Herrn konzentrieren konnten, beherzigt haben. Andere dagegen werden verheiratet gewesen sein, doch nur von Priszilla wird das ausdrücklich gesagt.

Paulus’ Bewunderung für die oben genannten Frauen scheint mit einigen seiner negativen Aussagen über Frauen kaum in Einklang zu bringen zu sein. Es lassen sich jedoch weitere Bemerkungen vorbringen. Ein positives Zeugnis ist die oft zitierte Stelle in seinem Galaterbrief, worin er auf das nahende Reich Gottes verweist, in das man durch die Taufe in Christus gelangt und wo alle kulturellen, religiösen, gesellschaftlichen und geschlechtlichen Gegensätze verschwinden werden:

> Es gibt nicht mehr Juden und Griechen, nicht Sklaven und Freie, nicht Mann und Frau; denn ihr alle seid „einer“ in Christus Jesus. (Gal 3, 28)

Dieser Gedanke der Gleichwertigkeit findet sich auch in einer Passage im ersten Brief an die Korinther, in der Paulus die Sexualität von Mann und Frau thematisiert:

> „Es ist gut für den Mann, keine Frau zu berühren“. Wegen der Gefahr der Unzucht soll aber jeder seine Frau haben, und jede soll ihren Mann haben. Der Mann soll seine Pflicht gegenüber der Frau erfüllen und

> ebenso die Frau gegenüber dem Mann. Nicht die Frau verfügt über ihren Leib, sondern der Mann. Ebenso verfügt nicht der Mann über seinen Leib, sondern die Frau. Entzieht euch einander nicht, außer im gegenseitigen Einverständnis und nur eine Zeitlang, um für das Gebet frei zu sein. (1 Kor 7, 1–5)

Diese zwei Passagen sprechen nicht für eine Herabsetzung der Frau. Es handelt sich eher um Angriffe auf die jüdische und römische Ehemoral. Vor dem Hintergrund des in diesen beiden Texten zum Ausdruck gebrachten Gedankens der Gleichwertigkeit ist es nicht weiter verwunderlich, dass sich unter den 26 Personen, die Paulus in seinem Römerbrief nennt, neun Frauen befinden (Röm 16, 1–16). Hätte Paulus es dabei belassen, dann wäre sein Urteil über seine Haltung Frauen gegenüber in späteren Zeiten nie auf Kritik gestoßen.

Doch es gibt auch den anderen Paulus, der in eben diesem Brief an die Korinther einen ganz anderen Ton anschlägt. Nicht Gleichwertigkeit, sondern Unterwürfigkeit ist das Motto:

> [...] die Frauen [sollen] in der Versammlung schweigen; es ist ihnen nicht gestattet zu reden. Sie sollen sich unterordnen, wie auch das Gesetz es fordert. Wenn sie etwas wissen wollen, dann sollen sie zu Hause ihre Männer fragen; denn es gehört sich nicht für eine Frau, vor der Gemeinde zu reden. (1 Kor 14, 34–35)

Und in diesem, in bestimmten Hinsichten fast paradoxen ersten Brief an die Korinther ist eine weitere Passage zu finden, die Paulus in die frauenfeindliche Ecke platziert:

> Ihr sollt aber wissen, daß Christus das Haupt des Mannes ist, der Mann das Haupt der Frau und Gott das Haupt Christi. Wenn ein Mann betet oder prophetisch redet und dabei sein Haupt bedeckt hat, entehrt er sein Haupt. Eine Frau aber entehrt ihr Haupt, wenn sie betet oder prophetisch redet und dabei ihr Haupt nicht verhüllt. Sie unterscheidet sich dann in keiner Weise von einer Geschorenen. Wenn eine Frau kein Kopftuch trägt, soll sie sich doch gleich die Haare abschneiden lassen. Ist es aber für eine Frau eine Schande, sich die Haare abschneiden oder sich kahlscheren zu lassen, dann soll sie sich auch verhüllen. (1 Kor 11, 3–6)

Die hohen Erwartungen, die der Galaterbrief hinsichtlich der Gleichwertigkeit von Mann und Frau und des Vertrauens in weibliche Mitarbeiter weckt, sind hier in weite Ferne gerückt. In den beiden zuletzt zitierten Passagen zeigt sich ein Paulus, der mit der Zurücksetzung der Frau in der jüdischen und griechisch-römischen Welt konform geht.

Viele moderne Theologen werten diese beiden Textpassagen als Beweis für Paulus' frauenfeindliche Haltung. Dieser Auffassung darf mit guten Gründen widersprochen werden. Ich habe bereits gesagt, dass Paulus kein festumrissenes theologisches System hatte, sondern auf Situationen und Probleme in bestimmten Städten reagierte. Allein schon deshalb ist es riskant, aus Aussagen über eine bestimmte Problematik in einer bestimmten Stadt allgemeingültige Schlussfolgerungen zu ziehen. Die frauenunfreundlichen Passagen im ersten Brief an die Korinther können eine Antwort auf die Dreistigkeit der korinthischen Frauen gewesen sein. Korinth stand in Griechenland nun einmal im Ruf der Zügellosigkeit und vielleicht war es Paulus ein Ärgernis, dass die Frauen in dieser Stadt sich in seinen Augen allzu viele Freiheiten herausnahmen. Damit ist jedoch nicht gesagt, dass er Frauen immer und überall von Versammlungen ausschloss. Dafür gibt es keinen Beweis, wohl aber für das Gegenteil, nämlich dass Paulus Frauen eine aktive Rolle in seiner Glaubensverbreitung zuerkannte.

Überdies bleibt noch die Frage, ob die Passagen, in denen Frauen diskriminiert werden, auch tatsächlich von Paulus selbst geschrieben wurden. Verschiedene Gelehrte vermuten, dass es sich bei diesen Äußerungen um spätere Einschübe handelt, und ich kann mich ihnen nur anschließen. Diese Passagen könnten eine oder zwei Generationen später von Paulusjüngern geschrieben worden sein, die sich viel stärker an den römischen Moralvorstellungen orientieren wollten, um der Staatsmacht möglichst wenige Angriffsflächen zu bieten. Sie schrieben sogar pseudepigrafische Briefe (d. h. Briefe in Paulus' Namen), in denen dem Umgang der Christen mit ihrer heidnischen Umgebung eine große Aufmerksamkeit gewidmet wird. Paulus, der davon ausging, dass das Ende der Zeiten nahte, hatte sich kaum um diesen Aspekt gekümmert. Um Paulus „auf ihre Linie" zu bringen, haben sie die zweifelsfrei von ihm selbst geschriebenen Briefe vermutlich in die von ihnen gewünschte Richtung redigiert.[62]

Die „Umformung“ des paulinischen Gedankenmusters hat zu dem frauenfeindlichen Ruf des Apostels geführt. Die Jahrhunderte hindurch, bis zum heutigen Tag, sind Paulus’ Briefe von zahlreichen Christen kritiklos als maßgeblich akzeptiert worden, ohne dass sie sich dabei die Frage gestellt hätten, ob diese im Laufe der Zeiten bearbeitet oder umformuliert worden sein könnten. Die höchsten Machtorgane der römisch-katholischen Kirche und die Führungsschichten einiger reformatorischer Kirchen greifen noch immer auf sie zurück, um die kirchenrechtliche Ungleichheit der Frauen zu rechtfertigen. Paulus’ enge Verbündete Lydia und Phöbe würden das mit Grausen zur Kenntnis genommen haben, aber angesichts einer solchen historischen Einsichtslosigkeit hätten sie sich vielleicht auch ein wenig amüsiert.

Gallio, der Bruder Senecas

Paulus ist 18 Monate lang in Korinth geblieben (Apg 18, 11), länger als er sich bis dahin auf seinen Reisen an irgendeinem anderen Ort aufgehalten hatte. In dieser Zeit war die kleine Gruppe Christen zu einer Gemeinde von beträchtlichem Umfang angewachsen. Niemand kam in der Stadt an Paulus vorbei, auch die traditionellen Juden nicht, die das Evangelium als eine Gefahr für ihren Glauben betrachteten und den Verlust der Sympathie der Nichtjuden fürchteten, die ihrem Monotheismus wohlwollend gegenüberstanden. Irgendwann kurz vor seiner Abreise aus der Stadt entlud sich ihr Zorn in einem Angriff auf Paulus. Anders als in den Städten Kleinasiens, wo die Juden immer versucht hatten, den Apostel und seine Reisegefährten aus der Stadt zu jagen, suchten die korinthischen Juden das juristische Verfahren und brachten Paulus vor Gericht. Es war ein nachvollziehbarer Schritt. Die Ankunft Aquilas und Priszillas (und anderer Juden) nach den Unruhen in Rom im Jahr 41 hatte sie gelehrt, dass Anfeindungen zwischen Juden und (jüdischen) Christen fatale Folgen für alle Beteiligten haben konnten. Aus Angst, dass sich in Korinth Ähnliches ereignen könnte, verfolgten sie Paulus und seine Sympathisanten nicht mit Gewalt, sondern wandten sich an den römischen Prokonsul Gallio und beschuldigten Paulus mit den Worten: „Dieser verführt die Menschen zu einer Gottesverehrung, die gegen das Gesetz verstößt“ (Apg 18, 13–14).

Die Anklagen gegen Paulus erinnern an eine ähnliche Situation in Philippi, als er ebenfalls beschuldigt worden war, „Sitten und Bräuche [zu verkünden], die wir als Römer weder annehmen können noch ausüben dürfen“ (Apg 16, 20–21). Damals jedoch waren die Ankläger keine Juden, sondern Römer, die die Stadtbehörden auf die Gefahren aufmerksam gemacht hatten, die von den jüdischen Predigern ausgingen. Dass sich diesmal die jüdische Gemeinschaft direkt an den Statthalter wandte, zeigt, wie nervös sie war. Bis dahin war ihr Glaube in Korinth wie auch in anderen Städten toleriert worden, doch jetzt befürchteten sie, dass die Römer bei einem auflodernden Konflikt zwischen Juden und Christen beide Gruppen in große Schwierigkeiten bringen würden. Eine Klage vor Gericht konnte ihrer Meinung nach die Rettung bringen. Es gab jedoch ein großes Problem: Welcher Gesetzesübertretung sollte Paulus beschuldigt werden? Sie konnten nichts weiter anführen, als dass er Gott auf ungesetzliche Weise, nicht in Übereinstimmung mit den Geboten Mose, verehrte.

Die Sitzung fand mitten auf dem neuen römischen Forum statt. Der Prokonsul saß auf dem erhöhten Richterstuhl, die Ankläger und der Angeklagte Paulus hatten auf einem tieferen Podest Platz genommen. Die Antwort des Statthalters auf die Anklage kann die Juden nicht wirklich überrascht haben. Es war ihnen immer ein hohes Maß an religiöser Autonomie zugestanden worden und Streitigkeiten innerhalb ihrer Gemeinschaft hatten sie immer unter sich schlichten können, ohne die Obrigkeit damit zu behelligen. Doch sein Ton muss sie schwer enttäuscht haben. Er hörte ihnen kaum zu und sagte nur: „Läge hier ein Vergehen oder Verbrechen vor, ihr Juden, so würde ich eure Klage ordnungsgemäß behandeln. Streitet ihr jedoch über Lehre und Namen und euer Gesetz, dann seht selber zu! Darüber will ich nicht Richter sein“ (Apg 18, 14–15). Er hielt es nicht einmal für notwendig, dass Paulus sich vor dem Gericht verteidigte, und schickte die Juden fort. Als die Menge daraufhin Sosthenes, den Wortführer der Juden, ergriff und zusammenschlug, störte Gallio sich nicht daran. Den Juden wird es die Sprache verschlagen haben.

Der Prozess, wenn man ihn denn als einen solchen bezeichnen will, bringt ein wenig Licht in die Chronologie des Aufenthalts von Paulus in Korinth. Bis hierhin haben wir die Daten seiner Reisen nur annähernd bestimmen können. Dank eines Schreibens des Kaisers Claudius kann Gallios Prokonsulat in die Jahre 51/52 datiert werden.[63] Am 1. Juli 51 trat er sein neues Amt an und am 30. Juni des folgenden Jahres endete seine Amtszeit offiziell. Gallios Bruder, der berühmte Philosoph und Tragödiendichter Lucius Seneca, engt den Zeitraum in einem Brief noch näher ein. Er schreibt nämlich, dass Gallio (der den Namen seines Adoptivvaters Iunius Gallio angenommen hatte) einer aufkommenden Krankheit wegen nicht bis zum Ende seiner Amtszeit in Achaia ausharrte, sondern die Provinz schon bald wieder verließ, vermutlich im Spätsommer des Jahres 51, also noch keine drei Monate nach seinem Amtsantritt.[64]

Wenn wir diese beiden Briefe und die Passage in der Apostelgeschichte über die Anklage gegen Paulus, kurz bevor er Korinth verließ, zusammennehmen, darf der Schluss gezogen werden, dass Paulus nach einem achtzehnmonatigen Aufenthalt (Apg 18, 11) im Spätsommer des Jahres 51, vermutlich im September, kurz vor Gallios Abreise aus Achaia, vor dessen Richterstuhl erschien. Daraus ergibt sich wiederum, dass er im April des Jahres 50 in Korinth angekommen war.[65]

Abreise aus Korinth

Einige Tage nach dem Prozess kehrte Paulus der Stadt den Rücken zu. Er glaubte, genug getan zu haben. Die Gemeinde konnte jetzt auf eigenen Beinen stehen. Andere brauchten ihn dringender. Schon fünf Jahre waren seit seinem letzten Aufenthalt in Antiochia vergangen und es war an der Zeit, seinen Mitchristen dort und in Jerusalem von seinen Erlebnissen zu berichten. Es war ihm nämlich nicht entgangen, dass in einer Reihe von Glaubensfragen noch immer Uneinigkeit herrschte. Er musste sich erneut mit den anderen Glaubensverkündern zusammensetzen. Er wird sich stärker gefühlt haben als je zuvor. Mehr noch als nach seiner ersten Missionsreise konnte er jetzt handfeste Ergebnisse vorweisen. Er hatte den christlichen Glauben in Kleinasien, Makedonien und Griechenland eingeführt.

Der Beginn der Straße, die vom römischen Forum zum Hafen Lechaion führte. Der Hafen Kenchreai lag auf der anderen Seite des Isthmus.

Die plausibelste Erklärung für Paulus' eilige Abreise ist, dass er eine wütende Reaktion der Juden befürchtete, die bei dem Richter mit ihren Anschuldigungen keinen Erfolg gehabt hatten. Er nahm Abschied von seinen Brüdern und Schwestern und ging zusammen mit Priszilla und Aquila zum Hafen Kenchreai. Dass die Eheleute ihre Zeltmacherexistenz und damit ihre finanzielle Sicherheit für ein ungewisses Leben als Glaubensverkünder irgendwo im Römischen Reich aufgaben, zeigt, dass sie wie Paulus bereit waren, ihr persönliches Wohlergehen ihrem Einsatz für eine „neue Welt" unterzuordnen. In Kenchreai warteten Paulus und seine Reisegefährten im Haus Phöbes, der Diakonin und Wohltäterin in diesem Hafenort, auf ein Schiff, das sie nach Antiochia bringen würde.

In Kenchreai tat Paulus etwas Unerwartetes: Er ließ sich „aufgrund eines Gelübdes den Kopf kahlscheren" (Apg 18, 18). Eine rätselhafte Passage, die möglicherweise etwas klarer wird, wenn wir uns vor Augen führen, dass Paulus einige Zeit zuvor das Gelübde der Nasiräer abgelegt hatte. Dieser alte Brauch wird bereits im Buch Numeri ausführlich beschrieben (Num 6, 1–21). Alle Männer oder Frauen, die etwas Besonderes tun wollten und das „Nasiräergelübde" ablegten, mussten auf den Genuss von Wein verzichten. Selbst Traubensaft durften sie nicht trinken und sie sollten weder frische noch getrocknete Trauben essen. Solange das Gelübde in Kraft war, durfte kein Schermesser das Haupt berühren. Wer sich dem Herrn als Nasiräer geweiht hatte, war für die Dauer des Gelübdes heilig und musste „sein Haar ganz frei wachsen lassen".

Auf den ersten Blick scheint es keine logische Erklärung dafür zu geben, weshalb Paulus dieses Gelübde abgelegt haben sollte, hatte er doch in den vorangegangenen Monaten in Zwietracht mit Juden gelebt, die die Vorschriften der Tora befolgten. Erst, wenn wir uns bewusst machen, dass Paulus zwar durch die Vision bei Damaskus zum Jünger Christi geworden, dem traditionellen Judentum jedoch noch immer tief verbunden war, können wir uns einer Antwort nähern. Paulus lebte zwar in der neuen christlichen Welt, hatte aber der alten jüdischen Gedankenwelt keineswegs abgeschworen. In seinem Brief an die Galater schreibt er denn auch ohne Scham oder Bedauern, dass er sich innerhalb des Judentums mit dem größten Eifer für die Überlieferungen seiner Väter eingesetzt hatte (Gal 1, 14).

Wenn er jedoch traditionelle Gelübde abgelegt hatte, warum ließ er sich dann den Kopf in Kenchreai kahl scheren und nicht am Ende seiner Reise in Jerusalem, wie es später einige Geistesverwandte tun sollten (Apg 21, 24)? Die einzige Erklärung hierfür ist meines Erachtens der Tod eines Menschen, der ihm lieb und teuer war, denn im Buch Numeri ist zu lesen: „Wenn aber jemand in seiner Nähe ganz plötzlich stirbt und er dabei sein geweihtes Haupt unrein macht, dann soll er sein Haar an dem Tag abschneiden, an dem er wieder rein wird: Am siebten Tag soll er sein Haar abschneiden, [...]" (Num 6, 9). Da Paulus nichts über eine geliebte Person sagt, die in Korinth gestorben war, bleibt dies jedoch eine Vermutung.

Nach diesem Intermezzo machte er sich zusammen mit Priszilla, Aquila und vielleicht noch einigen anderen im Hafen auf die Suche nach einem Schiff. Die Schifffahrtssaison lief zwar ihrem Ende entgegen, doch die Aussichten, am Kai ein Schiff zu finden, das in Richtung Osten fuhr, waren immer noch günstig. Paulus wäre am liebsten geradenwegs nach Antiochia in Syrien gefahren, doch der Zielhafen des Schiffes, das sie mitnehmen wollte, war Ephesus. Diese Stadt war in seinem Reiseplan nicht vorgesehen, doch als erfahrener Reisender wusste er, dass Korinth zwar ein geschäftiger Handelsplatz war, dass die großen Frachtschiffe, die das Mittelmeer durchfuhren, um nach Antiochia, Caesarea oder Alexandria zu gelangen, hier jedoch nur selten anlegten. Küstenfahrer dagegen steuerten Kenchreai häufig an. Und für gewöhnlich fuhren sie von hier aus in Richtung Ephesus, im alten Ionien an der Westküste der Türkei, nordöstlich der Insel Samos.

An einem schönen Spätsommertag ging Paulus an Bord eines Frachtschiffes und nach drei oder vier Tagen erreichte er Ephesus. Er blieb dort nur kurz, vielleicht ein paar Tage. In diesen wenigen Tagen führte er mehrere Gespräche mit Juden in der Synagoge. Es müssen fruchtbare Zusammenkünfte gewesen sein, denn sie baten ihn, noch länger zu bleiben. Er ging nicht darauf ein. Es lagen nicht mehr sehr viele Schiffe am Kai, die an die östlichen Küsten des Mittelmeeres fuhren. Und Paulus hatte es eilig. Er war mittlerweile 57 Jahre alt und seine Pläne, seinen Glauben im ganzen Römischen Reich zu verbreiten, duldeten keinen Verzug. Doch bevor er sie verwirklichen konnte, musste er zunächst in den Osten reisen, nach Antiochia und Jerusalem. Aus diesem Grund verließ er Ephesus schnell und vertraute die Leitung der jungen Gemeinde Aquila und Priszilla an. Das Ehepaar sollte das, was Paulus gelehrt hatte, in der Praxis umsetzen und wie in Korinth eine starke Basis für eine christliche Gemeinschaft legen, mit dem Gedankengut des Paulus als Fundament.

Die dritte Missionsreise

Manchmal fasst Lukas sich in seiner Berichterstattung so kurz, dass der Leser sich fragt, ob er denn wohl über ausreichende Informationen verfügte. Den Wanderungen des Paulus durch das Innere der Türkei auf dessen erster und zweiter Missionsreise widmete er nur wenige Federstriche, ohne auf das Land, die Flora und Fauna, das Klima oder Probleme einzugehen, auf die die Reisenden trafen. Auch über Paulus' lange Überfahrt von Ephesus nach Caesarea am Schluss seiner zweiten Reise verliert er nur wenige Worte. Es ist das erste Mal, dass Paulus so lange auf See ist, und man hätte erwarten können, dass diese Seereise etwas ausführlicher dargestellt worden wäre. Der Verfasser der Apostelgeschichte schreibt jedoch nur, dass Paulus in Ephesus an Bord und in Caesarea an Land gegangen ist. Kein Wort über die gut 500 Seemeilen, die mehr als 900 Kilometer lange Überfahrt. An einem Mangel an nautischen Kenntnissen kann es nicht gelegen haben, denn in seinem Bericht über Paulus' letzte große Seereise, die ihn von Caesarea nach Rom brachte, führt Lukas dem Leser vor Augen, dass er sehr wohl über Seereisen schreiben konnte und auch wollte.

Ebenfalls angebracht gewesen wäre eine Erklärung, weshalb Paulus nach Caesarea gefahren ist und nicht nach Antiochia. Bis dahin war er immer von dort aus abgereist und auch dorthin zurückgekehrt, um Bericht zu erstatten. Jetzt gibt Lukas nur an, dass Paulus in Caesarea an Land ging, den Christen in Jerusalem einen kurzen Besuch abstattete und erst danach per Schiff oder zu Fuß nach Antiochia weiterzog. Es kann ein Zufall gewesen sein: Paulus nahm das erste Schiff, das ihn nach Osten mitnehmen wollte, und der Zielhafen dieses Schiffes war Caesarea, der Hafen, der Antiochia und sogar Alexandria den Rang streitig machte (siehe S. 264–266). Ich denke jedoch, dass Paulus gezielt nach einem Schiff gesucht hat, das ihn in einen Hafen bringen konnte, der in größtmöglicher Nähe zu Jerusalem lag. Während seines jahrelangen Aufenthaltes in Griechenland hatten ihn Berichte erreicht, denen zufolge seine Missionstätigkeit unter den Heiden in der Jerusalemer Gemeinde noch immer keine ungeteilte Zustimmung fand. Er wollte deshalb mit den dortigen Christen sprechen, um Missverständnisse auszuräumen und ihnen zu sagen, dass er sich an die vor fast fünf Jahren getroffenen Absprachen der Konferenz von Jerusalem gehalten hatte.

Hier taucht für jeden, der sich mit Paulus beschäftigt, ein Problem auf. Nach Ansicht einer Reihe von Gelehrten fand die Konferenz in Jerusalem erst jetzt, im Oktober 51, nach seiner zweiten Missionsreise statt und nicht nach der ersten zu Beginn des Jahres 46 (siehe S. 99–105), weil die Dringlichkeit aufgrund gravierender Meinungsverschiedenheiten zwischen den Jerusalemer Christen und Paulus jetzt viel größer gewesen sei. Die Anzahl der Nichtjuden, die den christlichen Glauben angenommen hatten, war schnell gewachsen und aus Angst vor der weitreichenden Wirkung seiner Auffassungen sollen Petrus und Jakobus Paulus zur Verantwortung gerufen haben. Wenn wir jedoch in der Apostelgeschichte lesen, dass Paulus die Gemeinde begrüßte und dann gleich wieder abreiste, scheint das nicht unbedingt auf eine Konferenz schließen zu lassen. Die Begegnung war nur kurz und wahrscheinlich nicht allzu angenehm. Der eigensinnige Paulus prahlte mit positiven Resultaten und setzte damit seine Widersacher unter Druck. Seine Haltung stieß nicht auf begeisterte Zustimmung und deshalb zog er gleich weiter zu seiner eigenen Gemeinde in Antiochia. In den Briefen, die er während seiner dritten Reise in Ephesus schrieb, sollte er immer wieder auf die Streitigkeiten und Meinungsverschiedenheiten in Jerusalem und in den anderen jungen Christengemeinden zurückkommen.

Den Winter 51/52 verbrachte Paulus in Antiochia. Als dann zu Beginn des Frühjahres die Wege wieder begehbar wurden, machte er sich auf nach Norden, um dort die Städte zu besuchen, in denen er schon früher gepredigt hatte. Welchen Weg er nahm, wissen wir nicht. Wir wissen nur, dass er über Land durch Galatien und Phrygien gereist ist. Vielleicht hat er den gleichen Weg genommen wie auf seiner zweiten Missionsreise und die Städte Derbe, Lystra, Ikonion und Antiochia in Pisidien besucht, um zu sehen, wie sich die christlichen Gemeinden dort entwickelt hatten.

Dann lief er über die Via Sebaste nach Westen, um nach Ephesus zu gelangen. Im Sommer des Jahres 52 kam er dort an. Schon früher war es seine Absicht gewesen, nach Ephesus zu reisen, was ihm damals jedoch „vom Heiligen Geist verwehrt" worden war (siehe S. 111). Jetzt gab es keine Hindernisse und er zog an den Städten Apameia, Laodikeia und Tralleis vorbei. Vielleicht hat er in diesen Städten auch Station gemacht, doch davon wird nichts gesagt.

Das Artemision

Ein halbes Jahr nach seiner Abreise aus Antiochia erreichte Paulus das Lykostal. Meilensteine gaben die Auskunft, dass Ephesus, der wichtigste Ort der Region, nicht mehr allzu weit entfernt war. Der Weg folgte dem Nordufer des Flusses Mäander, bog irgendwann zur kleinen Stadt Magnesia ab und führte dann nach einiger Zeit auf einen Hügel, von dem aus Paulus die hohen Stadtmauern und gleich außerhalb der Stadt eines der größten Heiligtümer der griechisch-römischen Welt erblickte: das Artemision, den Ort, an dem der Gegensatz zwischen seinem Glauben und dem der Griechen und Römer besonders deutlich sichtbar wurde. Hier machte er sich Gedanken über die Strategie, die er von jetzt an verfolgen sollte. Seine Erfolge in der Handelsstadt Korinth und die schlechten Erfahrungen in Athen hatten ihn gelehrt, dass seine Botschaft in Städten, die von Handel und Gewerbe geprägt waren, auf fruchtbaren Boden fiel. Da Ephesus Korinth in mancher Hinsicht sehr ähnlich war, glaubte er, diese Stadt sei der geeignete Ort, von dem aus er seinen Glauben weiterverbreiten konnte, nicht nur in der Stadt und ihrer unmittelbaren Umgebung, sondern auch in anderen Gemeinden in Kleinasien. Er konnte jetzt noch nicht ahnen, dass hier viel mehr von ihm verlangt werden würde als allein eine gute Koordination der Glaubensverbreitung in der Provinz Asia. Wie sich zeigen sollte, musste er von Ephesus aus auch Maßnahmen gegen die Krisen ergreifen, die sich in mehreren Gemeinden in Makedonien und Griechenland manifestiert hatten.

Der Anblick des Tempels der Artemis wird bei Paulus zweifellos einen Schock ausgelöst haben. Dass die Architekten ein so prachtvolles Bau-

Die spärlichen Überreste des Tempels der Artemis (Foto: Jan Janus)

werk für die Verehrung der Göttin errichtet hatten, muss ihn tief beunruhigt haben. Bis dahin war für ihn der Tempel in Jerusalem der unbestreitbare Gipfel der architektonischen Genialität gewesen. Kein anderes Heiligtum konnte an ihn heranreichen, nicht einmal der Parthenon auf der Akropolis von Athen. Jetzt sah er, dass die Griechen für ihre Göttin Artemis ein Gotteshaus gebaut hatten, das viel größer und beeindruckender war als der Tempel für die Göttin Athena und das an Schönheit das gewaltige Bauwerk des Herodes noch übertraf. Paulus hat seine Bewunderung unterdrückt. Die Pracht des Artemistempels wird ihn nur in seinem Vorhaben bekräftigt haben, die griechischen Abgötter durch den einen wahren Gott zu ersetzen. Gleichzeitig wurde er sich darüber bewusst, dass der Glaube an die Göttin Artemis sehr tief verwurzelt sein musste, wenn die Griechen sie in einem solchen Heiligtum verehrten, und dass es ihn einige Mühe kosten würde, sie von seinem Gott zu überzeugen.

Verschiedene antike Autoren haben ihre Bewunderung für das Artemision zum Ausdruck gebracht, doch die in all ihrer Kürze vielleicht beste Veranschaulichung des Ruhmes des Heiligtums der Artemis ist der Lobgesang des ansonsten kaum bekannten Dichters Antipatros von Sidon, der den Tempel 140 v. Chr., kurz bevor Ephesus endgültig in römische Hände fiel, mit den anderen großen Weltwundern verglich, die er mit eigenen Augen gesehen hatte:

> Babylons ragende Stadt, ich sah sie mit Mauern, auf denen
> Wagen fahren, ich hab Zeus am Alpheios gesehn,
> sah des Helios Riesenkoloß und die hängenden Gärten,
> auch den gewaltigen Bau der Pyramiden am Nil
> und des Mausolos mächtiges Mal; doch als ich dann endlich
> Artemis' Tempel erblickt, der in die Wolken sich hebt,
> blaßte das andre dahin. Ich sagte: „Hat Helios' Auge
> außer dem hohen Olymp je etwas gleiches gesehn?"[66]

Vom Artemision ist praktisch nichts mehr vorhanden. Zuerst hinterließen im Jahr 262 gotische Stämme eine Spur der Vernichtung in der Stadt und der weiteren Umgebung. Das Heiligtum steckten sie in Brand. Geld für einen Wiederaufbau gab es nicht, weil der Handel durch die Verschlammung des Hafens stark zurückgegangen war. Darüber hinaus befand sich die ganze römische Welt im Niedergang. Im 4. Jahrhundert wurden dem Tempel durch Erdbeben weitere Schäden zugefügt. Doch die größten Zerstörungen ereigneten sich in den folgenden Jahrhunderten. Als der Gott der Christen im 5. Jahrhundert die heidnischen Götter endgültig verdrängt hatte, wurde der Tempel Stück für Stück niedergerissen, Säulen und Steinblöcke wurden entfernt und als Baumaterial für Kirchen verwendet. Die Gründlichkeit, mit der dabei vorgegangen wurde, verrät ein tiefes Verlangen, alles, was an Artemis erinnerte, aus der Welt zu schaffen.

Der Ort, an dem der Tempel sich einst so glorreich erhob, ist heute nicht mehr als ein sumpfiges Gelände. Da sichtbare Überreste kaum noch vorhanden waren, hatten Archäologen im 19. Jahrhundert die größte Mühe, den Standort des Tempels freizulegen. Nur eine Säule konnte aus den Bruchstücken rekonstruiert werden. Uns sind jedoch wenigstens die Lobpreisungen der antiken Autoren überliefert, die den Tempel in seiner vollen Pracht bewundern konnten. Aus ihren Schriften wissen wir, dass es tatsächlich zwei Tempel gab, unter denen sich die Fundamente noch älterer Heiligtümer befanden.

Der älteste Artemistempel wurde vermutlich im 6. Jahrhundert v. Chr. von dem Architekten Chersiphron entworfen. Dieser war ein Geschenk der „zusammenarbeitenden Städte Kleinasiens“ an die Göttin Artemis. Auch der steinreiche König von Lydien, Kroisos, hatte sich an den Kosten beteiligt. Fast drei Jahrhunderte lang wurde dieses Bauwerk von den Menschen bestaunt, bis das Heiligtum dem Wahnsinn eines gewissen Herostratos zum Opfer fiel. Er setzte den Tempel 356 v. Chr. in Brand, der Überlieferung zufolge in der Nacht, in der Alexander der Große geboren wurde. Als er nach seiner Verhaftung auf die Folterbank gelegt wurde, gestand er, seine Tat begangen zu haben, um unsterblichen Ruhm zu erlangen. Das ist ihm gelungen. Zwar schworen die Epheser, seinen Namen nie mehr auszusprechen, doch irgendjemand konnte seinen Mund nicht halten, sodass die Details der Brandstiftung doch an die Öffentlichkeit kamen.

Nach dem Brand scheuten die Epheser weder Kosten noch Mühe, um den Tempel wieder aufzubauen. Frauen spendeten ihren kostbaren Schmuck, Männer und Frauen griffen auf ihre Vermögen zurück, vom Feuer beschädigte und unbrauchbar gewordene Säulen des verwüsteten Tempels wurden verkauft und auch Geld, das die Perser im Tempel hinterlegt hatten (siehe S. 175), wurde für den Wiederaufbau herangezogen. Selbst Alexander der Große, der 334 v. Chr. nach Ephesus kam, wollte einen Beitrag leisten, doch die Epheser wiesen sein Angebot zurück – nicht, weil seine Gaben nicht willkommen gewesen wären, sondern, weil sie alles aus eigener Kraft leisten wollten.

Der römische Enzyklopädist Plinius der Ältere hat uns in seiner *Naturgeschichte* eine schöne Darstellung von der Errichtung dieses Tempels überliefert. Da er sich häufig auf Informationen stützt, die andere Menschen zusammengetragen hatten, dürfen wir annehmen, dass sein Urteil über den Tempel der Göttin Artemis, die er unter ihrem römischen Namen Diana anspricht, von vielen geteilt wurde. Seine Aufmerksamkeit galt vor allem der Konstruktion des ersten Tempels, die derjenigen des zweiten im Großen und Ganzen entsprochen haben dürfte:

> Zu echter Bewunderung griechischer Prachtliebe besteht noch der Tempel der Artemis zu Ephesos, an dem ganz Kleinasien 120 Jahre lang gebaut hat. Er wurde auf sumpfigem Boden errichtet, damit er Erdbeben

> nicht zu spüren und Erdrisse nicht zu fürchten habe; damit aber wiederum die Fundamente für eine solche Masse nicht auf schlüpfrigem und unsicherem Boden gelegt würden, bereitete man eine Unterlage aus zerstampften Kohlen und legte darüber Felle mitsamt ihrer Wolle. Der gesamte Tempel ist 425 Fuß lang, 225 Fuß breit; er hat 127 Säulen, jede von einem anderen König errichtet und 60 Fuß hoch; 36 von ihnen sind mit Bildhauerarbeit verziert, eine von der Hand des Skopas. Die Bauleitung hatte der Architekt Chersiphron inne. Das größte Wunder dabei ist, daß Architrave von solcher Masse [überhaupt] emporgehoben werden konnten. Er erreichte es, indem er Tragkörbe mit Sand füllte, sie auf einer sanft ansteigenden Rampe bis über die Kapitelle der Säulen aufhäufte und dann die untersten Körbe allmählich entleerte, so daß sich [jedes] Werkstück nach und nach an seine [richtige] Stelle setzte. Am schwierigsten gestaltete sich dies an der Schwelle selbst, die er über die Türe legte; dies war nämlich der größte Block, und er wollte sich nicht in sein Lager senken, so daß der Künstler in Angst geriet und nahe daran war, sich das Leben zu nehmen. Als er im Nachdenken darüber ermüdete, soll ihm zu nächtlicher Zeit die Göttin, für die der Tempel gebaut wurde, im Schlafe erschienen sein und ihn ermahnt haben, am Leben zu bleiben: sie habe den Stein zurechtgerückt. Und so wurde es am nächsten Morgen sichtbar; durch sein Eigengewicht schien [der Stein] sich in die rechte Lage gebracht zu haben. Die übrige Ausschmückung dieses Gebäudes zu schildern, gäbe Stoff für mehrere Bücher [...][67]

Der Standort des Tempels liegt heute ungefähr fünf Kilometer landeinwärts. Zu Paulus' Zeiten hatten sich noch keine dicken, von den Flüssen mitgeführten Schlammschichten abgesetzt. Das Heiligtum lag damals noch nahe an der Küste. Seeleute, die den Hafen anliefen, sahen schon vom Schiff aus, dass die Göttin, der die Epheser sich geweiht hatten, die Stadt Ephesus beherrschte. Sollten sie nicht gleich davon überzeugt sein, brauchten sie nach der Ankunft im Hafen nur den Bewohnern der Stadt zu lauschen, die sie in einem fort mit der Losung „Groß ist die Artemis der Epheser" begrüßten. Der Glaube an Artemis war tief in den Menschen verwurzelt, Die Göttin hatte im Laufe der Zeiten verschiedene funktionale Bezeichnungen erhalten: Retterin, Herrin und Königin des Kosmos. Die Stadtregierung, die die Verantwortung für den Tempel trug, hatte angeordnet, dass Jahr für Jahr ein Monat ganz im Zeichen der Artemis stehen sollte. In diesem Monat fanden Prozessionen statt, wurden Opfer dargebracht und athletische Wettkämpfe veranstaltet. Pantomimen traten auf und Festreden wurden gehalten.

Der Tempel der Artemis war mehr als nur eine Kultstätte für die Tausenden Gläubigen, die die Göttin dort verehrten. Das Heiligtum galt auch als ein sicherer Zufluchtsort für Bittsteller, die ihre letzte Hoffnung auf Rettung aus einer misslichen Lage auf diese Göttin gesetzt hatten. Auch wohlhabende Menschen, nicht nur aus Ephesus, sondern aus allen Teilen der Welt, setzten ihr Vertrauen in Artemis und brachten ihr Geld in diesen Tempelkomplex. Für sie war der Tempel eine sichere Bank. Dem Redner Dion Chrysostomos (ca. 40–120) zufolge war er das tatsächlich, weil er selbst in Kriegszeiten nie von Räubern heimgesucht wurde.[68] Diese Doppelfunktion des Heiligtums kam, wenn wir einer Mitteilung des Geografen Strabon glauben dürfen, schon im Namen Artemis zum Ausdruck, der von dem Wort *artemés* abgeleitet war, das „gesund" bedeutet.[69]

Paulus muss es gegraust haben, von all den Festivitäten zu hören, die die Epheser ausrichteten, um die Aufmerksamkeit der Menschen außerhalb ihrer Stadt auf ihre Göttin zu lenken. Ihre Bemühungen, den Artemiskult weit in die Provinz Asia hineinzutragen, werden ihn jedenfalls empfindlich berührt haben. Er war mit der festen Absicht nach Ephesus gekommen, von dieser Stadt aus das Christentum zu verbreiten. Jetzt galt es, seinen Gott gegen die Göttin Artemis zu behaupten. Es gab eine gewisse Verwandtschaft zwischen beiden. Auch Artemis wurden Kräfte zugesprochen, derer der Gott der Christen sich rühmen durfte. In einem Gebet an Artemis nach dem Tod eines jungen Mannes wird die Göttin zum Beispiel darin ersucht, dem Verstorbenen ihre Macht zu zeigen, da doch alles von ihr beherrscht wird, alle Macht von ihr kommt.[70]

Ephesus

In der Mitte des 1. Jahrhunderts zählte Ephesus mehr als 150 000 Einwohner. Die meisten waren Griechen. Die Juden bildeten eine kleine Minderheit. Von der zweiten Hälfte des 1. Jahrhunderts v. Chr. an ließen sich auch zahlreiche vermögende Römer innerhalb der Stadtmauern oder in der unmittelbaren Umgebung der Stadt nieder – als Repräsentanten der römischen Staatsmacht, jedoch auch der guten Möglichkeiten wegen, in Landbau, Handel und Gewerbe Geld verdienen zu können. Die Gewinne investierten sie in Häuser und öffentliche Gebäude, sodass immer irgendwo gebaut wurde und die Stadt allmählich ein anderes Gesicht erhielt.

Die römischen Machthaber standen in einer langen Tradition. Viele Völker haben in Ephesus das Zepter geschwungen. Die Stadtgeschichte geht zurück bis zu den mündlich überlieferten Erzählungen aus mythologischen Zeiten. Nach einer dieser Erzählungen, die dem griechischen Geografen Strabon zufolge übrigens ins Reich der Fabeln gehört, hatten die Amazonen, kriegerische Frauen, für kurze Zeit in Ephesus das Sagen.[71] Ein zuverlässiger Hinweis auf die früheste Besiedlung sind die Spuren in der Form eines mykenischen Grabes auf der Zitadelle von Selçuk, gleich hinter den heutigen Ruinen von Ephesus. Es stammt aus der Zeit um 1500–1400 v. Chr., als rund um die Burg die Leleger und Karer lebten, über die wir ansonsten kaum etwas wissen. Um 1100–1000 v. Chr. wurden diese Völker von griechischen Kolonisten vertrieben, die nach dem Einfall von Stämmen aus dem Norden in ihr Land und der darauf folgenden ökonomischen Regression ihr Heil an der Westküste Kleinasiens gesucht hatten. Ihr Anführer, der attische Königssohn Androklos, soll in einer Bucht des Flusses Kaystros ein neues Ephesus gegründet haben.

Um 560 v. Chr. wurde Ephesus als erste Stadt in Ionien von den Lydern unter König Kroisos unterworfen. Nach nicht einmal 15 Jahren, nach Kroisos' Niederlage gegen die Perser im Jahre 546 v. Chr., wurden die Sieger die neuen Machthaber. Die Herrschaft übten perserfreundliche Tyrannen aus, die 66 Jahre später nach den Niederlagen der Perser gegen die Griechen – 480 v. Chr. bei Salamis und 479 v. Chr. bei Mykale – das Feld räumen mussten. Von jetzt an konnte Ephesus sich als freier, unabhängiger Stadtstaat weiterentwickeln und breitete sich über das Tal am Fuße der Zitadelle aus. Handel und Gewerbe blühten auf und die Häfen beiderseits der breiten Landzunge bekamen einen gewaltigen Zustrom an Handelsschiffen. 334 v. Chr. setzte Alexander der Große dieser Freiheit ein Ende. Im Machtkampf nach seinem Tod kam Ephesus 294 v. Chr. in die Hände des makedonischen Königs Lysimachos. Er gab der Stadt erneut ein anderes Gesicht, indem er sie nach Norden und nach Süden, zur Küste hin, erweiterte, und auch einen neuen Namen: Arsinoeia, nach seiner Frau. Die neue Stadt wurde über eine Länge von gut acht Kilometern mit einer großen, sieben Meter hohen und drei Meter breiten Stadtmauer umgeben.

129 v. Chr. richteten die Römer in Kleinasien ihre neue Provinz Asia ein und machten Ephesus zum Verwaltungszentrum dieser Provinz. Aus zahlreichen Inschriften ist bekannt, dass der höchste Magistrat der Provinz dort seinen Sitz hatte. Die Beschlüsse des Stadtrats wurden ihm zur Billigung vorgelegt. Solange es um interne Angelegenheiten ging, die nur die Stadt betrafen, brauchte der Provinzmagistrat nicht in Aktion zu treten, doch sobald es im Rat zu Streitereien kam oder den Römern nicht genehme Beschlüsse gefasst wurden, die die Beziehungen zu den Nachbarstädten betrafen, griff er ein. Eine seiner Hauptaufgaben war die Steuereintreibung, für deren Ausführung die städtische Elite und spezielle Beamte verantwortlich waren.

Die Römer haben die von Lysimachos angelegte Stadt in großem Umfang modernisiert, jedoch erst ein halbes Jahrhundert, nachdem sie dort die Herrschaft übernommen hatten. Längst nicht alle Bewohner Kleinasiens waren sofort davon überzeugt, dass die Machtübernahme der Römer große Vorteile für sie mit sich bringen würde. Die meisten Epheser hatten ihre Zweifel und 88 v. Chr. schlugen sie sich (wie die Athener) auf die Seite von Mithridates, dem König von Pontos, der einen großen Krieg gegen die Römer führte (siehe S. 138). Sie brachten ihre Parteinahme aufs Grausamste zum Ausdruck: An einem einzigen Tag ermordeten sie 80 000 in Kleinasien ansässige Italiker. Die Römer ließen diese Demütigung nicht ungesühnt: Für diesen in den Augen der Römer unverzeihlichen Fehltritt musste die Stadt schwer büßen. Es sollte einige Jahrzehnte dauern, bis Ephesus sich erholt hatte und die Römer wieder Vertrauen in die Loyalität der Bewohner der Stadt gefasst hatten. Doch danach entwickelte sich die Stadt schnell zum Zentrum der Provinz Asia. Unter Kaiser Augustus setzte eine fast zwei Jahrhunderte lange Blütezeit für die Stadt ein, die jetzt zu Recht den Titel „erste und größte Metropole der Provinz Asia" führen konnte.

Einen großen Teil ihres Reichtums verdankte die Stadt dem ein- und ausgehenden Handelsverkehr. Der älteste Hafen lag in der Nähe des Artemistempels und wurde deshalb „der heilige Hafen“ genannt. Schon bald stellte sich jedoch heraus, dass der Schlamm, den der Fluss Kaystros ablagerte, zu einem Problem werden würde, nicht nur für diesen Hafen, sondern auch für die neuen, die später angelegt wurden. Der Schiffsverkehr nahm zu und damit auch das Bedürfnis nach größeren Häfen. Zu Paulus' Zeiten gab es zwei Häfen, doch auf lange Sicht hatte keiner von beiden im Kampf gegen die fortwährende Verschlammung eine Chance. So viel Mühe man sich auch gab und Taucher die Häfen ausbaggern ließ oder den Lauf des Flusses weiter nach Osten verlegte, die Probleme wuchsen der Bevölkerung über den Kopf und die Häfen wurden für große Frachtschiffe immer schwieriger erreichbar. Schließlich musste der Kampf gegen die Versandung aufgegeben werden; die Häfen waren nicht mehr zu gebrauchen und lagen irgendwann sogar weit von der Küste entfernt. Der Abstand der Häfen zum Meer beträgt heute fast sechs Kilometer.

Im 3. Jahrhundert setzte sich der Niedergang der Stadt fort, vor allem, weil sie von mehreren Kaisern nur unzulänglich geschützt wurde. Der bereits erwähnte Einfall gotischer Stämme im 3. Jahrhundert war für Ephesus eine regelrechte Katastrophe. Langsam erholte sich die Stadt von den Verwüstungen, doch die Verschlammung der Häfen und mehrere Erdbeben führten im 4. Jahrhundert dazu, dass viele Bewohner die Stadt verließen, um sich an einem anderen Ort eine Existenz aufzubauen. Zu einer kompletten Entvölkerung kam es jedoch nicht. Unter den byzantinischen Kaisern des 5. und 6. Jahrhunderts blieb die Stadt bewohnt. 614 ereilte Ephesus dann das Ende. Die sassanidischen Perser verwüsteten die Stadt und neue Erdbeben erledigten das Übrige. Nur ein kleiner Teil der ruhmreichen Stadt um den ehemaligen Hafen und den Hügel, auf dem die Reste der von Kaiser Justinian (527–565) erbauten Basilika des heiligen Johannes noch heute zu sehen sind, blieb bewohnt.

Als Paulus im Spätsommer des Jahres 52 durch das Magnesische Tor von Osten aus Ephesus betrat, sah er eine dynamische Stadt, die noch nicht ihre schönste architektonische Ausgestaltung erreicht hatte. Einige monumentale Bauwerke wie etwa den Tempel des Kaisers Domitian (81–96) und die berühmte Celsus-Bibliothek aus der Zeit Kaiser Hadrians (117–138), die Blickfänger für heutige Besucher, gab es noch nicht. Doch der gängige Straßenplan einer griechisch-hellenistischen Stadt, die eine

Die Straße in Ephesus, die die beiden Agorai miteinander verband

römische Umgestaltung und Erweiterung erfahren hatte, war überall sichtbar. Die beiden Agorai waren die festen Eckpunkte der Stadt, die durch eine schön gepflasterte und mit Statuen geschmückte Straße miteinander verbunden waren.

Nur wenige Gehminuten von diesem Tor entfernt lag die große „Staatsagora", seit mehr als 300 Jahren das religiöse und politische Zentrum der Stadt. Unter Lysimachos war mit dem Bau begonnen worden; die Römer hatten sie modernisiert und erweitert, sodass ein großer Platz von 160 mal 58 Metern entstanden war. Dort stand der älteste Tempel für den Kaiserkult, der im Auftrag des Kaisers Augustus zu Ehren der Göttin Roma und des vergöttlichten Iulius Caesar erbaut worden war.

Der Platz war von mehreren großen Gebäuden umsäumt. Dazu gehörten eine Basilika, ein Nymphäum (ein Wasserreservoir, aus dem die Oberstadt mit Wasser versorgt wurde) und ein Säulengang. Zwei Bauwerke symbolisierten die politische Bedeutung der Agora. Da gab es zunächst das Buleuterion, das Ratsgebäude. Die Reste, die heute noch zu sehen sind, stammen aus der Mitte des 2. Jahrhunderts, doch schon ein Jahrhundert vorher befand sich dort ein älteres Gebäude, in dem der Stadtrat zusammenkam und regelmäßig Theater- und Tanzaufführungen dargeboten wurden. Daneben stand das Prytaneion, das eigentliche politische Herz der Stadt. Kaiser Augustus hatte den Bau veranlasst und seither war das Prytaneion, wo ununterbrochen ein Feuer für Hestia, die Göttin des Herdes, brannte, wiederholt erweitert worden. Hier empfing der höchste Magistrat der Stadt seine Gäste und veranstaltete Staatsbankette.

Von dieser Agora aus verlief eine schön gepflasterte Straße quer durch die Stadt zur kommerziellen Agora hinunter. Diese Straße war von überdachten Fußgängerwegen gesäumt und in regelmäßigen Abständen waren Statuen berühmter Römer aufgestellt, die eine Bedeutung für Ephesus hatten. Vermutlich gab es hier auch Ladenlokale und dahinter, an der Südwestseite, waren durch schmale Gassen voneinander getrennte Privathäuser, Villen und Mietshäuser an den Hang gebaut. Die Hauptstraße mündete in die Handelsagora, einen großen Platz, der ganz von breiten Säulengängen umgeben war. Dahinter reihten sich zahlreiche Läden aneinander. An der Westseite des Platzes ermöglichte ein Tor den Zugang zu der Straße, die zum Hafen führte. Nicht weit von diesem Platz entfernt lag auch das große, im griechischen Stil gebaute Theater, das von den Römern mehrmals verschönert und erweitert worden war. Es bot über 21 000 Zuschauern Platz.

Dieses Ephesus wurde für mehr als zwei Jahre Paulus' Wirkungsstätte. Wir wüssten natürlich gerne, wo der Apostel in dieser ganzen Zeit gewohnt hat, doch er hat keine Spuren hinterlassen. Vermutlich hat er sich vor allem in der Umgebung der Häfen, des Theaters und des großen Marktplatzes aufgehalten. Dort hatten er und seine Mitstreiter die besten Chancen, Bewohner der Stadt zu bekehren, gleichzeitig war hier jedoch auch die Gefahr am größten, auf den heftigen Widerstand fanatischer Anhänger des Artemiskultes zu stoßen.

Apollos

Paulus' zweiter Besuch in Ephesus war die Einlösung seines ein Jahr zuvor gegebenen Versprechens, dorthin zurückzukehren, um von dieser Stadt aus das Evangelium in der weiteren Umgebung zu verbreiten. Begrüßt wurde er von seinen Gesinnungsgenossen Aquila und Priszilla. Über den Inhalt ihrer ersten Gespräche teilt Lukas nichts mit und auch Paulus kommt in seinen Briefen nicht darauf zurück, doch mit einiger Sicherheit war ein beherrschendes Thema die Glaubensverkündigung des Apollos, eines gelehrten und redekundigen Juden aus Alexandria. Seine Ankunft hatte zu großer Unruhe in der Stadt geführt, weil seine Predigten die Zuhörer verunsichert hatten. Er hatte viel und voller Begeisterung über Jesus erzählt, doch seine Erzählung war unvollständig, da er nicht mehr über Jesus zu wissen schien, als dass er von Johannes getauft worden war (Apg 18, 24–25). Sollten Lukas' Worte der Wahrheit entsprechen, dann dürften Apollos in Alexandria Bruchstücke aus Erzählungen über Jesu Leben und Tod zu Ohren gekommen sein, vielleicht von Schülern von Johannes dem Täufer, die es nach Alexandria verschlagen hatte.

Kurz bevor Paulus in Ephesus eintraf, war Apollos nach Korinth abgereist, um dort das Wort Gottes zu verkündigen. In Ephesus hatten ihm Aquila und Priszilla nähere Informationen über das Leben Jesu gegeben (Apg 18, 26–27). Vermutlich hatten sie ihm nahegelegt, nach Korinth zu gehen, um dort als vollwertiger Apostel zu wirken. Das hat er auch getan, zur vollen Zufriedenheit der Christen von Korinth, vermutlich jedoch nicht zur Zufriedenheit von Paulus, der im Eingang seines ersten Briefes an die Korinther andeutet, dass es Meinungsverschiedenheiten in der jungen Glaubensgemeinschaft gab. Er nennt sich selbst, Petrus und Apollos als Repräsentanten verschiedener Interpretationen (1 Kor 1, 12; siehe S. 203). Indem er Apollos und Petrus in einem Atemzug nennt, lässt er durchblicken, dass er in dem neuen Glaubensverkünder einen nicht zu unterschätzenden Konkurrenten sah.

Paulus beobachtete Apollos mit Argusaugen. Er kritisierte nicht nur, dass Apollos die neuen Gläubigen im Namen des Johannes und nicht im Namen Jesu getauft hatte, eine Praxis, die Apollos später korrigierte. Seine Skepsis ging weit darüber hinaus. Paulus hatte sich immer damit gebrüstet, ein Mann von Bildung zu sein, dass er in Tarsus Vorlesungen von Philosophen besucht und in Jerusalem zu Füßen des bedeutenden Pharisäers Gamaliël gesessen hatte. Die anderen Apostel hatten seine „Gelehrsamkeit" nie in Zweifel gezogen. Apollos war jedoch mindestens ebenso gebildet. Er hatte in der ägyptischen Stadt Alexandria studiert – in jener Zeit ein Zentrum der Kultur und Wissenschaft, wo verschiedene philosophische Strömungen nebeneinander existierten. Apollos war für Paulus eine ernste Konkurrenz.

Zu den Philosophen, die in der ersten Hälfte des 1. Jahrhunderts in Alexandria wirkten, gehörte der berühmte jüdische Gelehrte Philon, der um 20 v. Chr. geboren wurde und 50 n. Chr. starb. Er war ein gesetzestreuer, orthodoxer Jude, für den die Tora die höchste Autorität besaß, der sich jedoch nicht in seine eigenen Kreise zurückzog und die Diskussion mit Andersdenkenden nicht scheute. Seine Schriften zeugen von einer gründlichen Kenntnis des Gedankenguts der griechischen Philosophen.

Auf das Leben Jesu Christi dürfte Philon in seinen Vorlesungen kaum zu sprechen gekommen sein. In den Jahren, in denen er als Lehrer tätig war, wird in Alexandria nur wenig über Jesu Leben bekannt gewesen sein. Vielleicht hatten einige Gläubige in der Stadt Erzählungen über einen Messias verbreitet, doch ein Philosoph wie Philon wird sich für Prediger mit vagen Erzählungen über Jesus und Johannes den Täufer nicht wirklich interessiert haben. Es waren schon zu viele Geschichten über Messiasse in Umlauf.

Möglicherweise hatte Apollos, über den Lukas ausdrücklich sagt, dass er „in der Schrift bewandert" war, Philons Vorlesungen besucht. Zumindest hat er etwas von Philons Denkart mitbekommen. Sein alexandrinischer Hintergrund ist eine Erklärung dafür, dass Apollos in seiner Glaubensverkündigung anders vorgegangen ist als Paulus. Dessen wuchtige Worte sanken wie Hammerschläge auf seine Gegner nieder. Apollos aber zog die philosophischen Register von Rede und Gegenrede, von Argumentation und Überzeugung. Deshalb machte es ihm keine allzu große Mühe, einen neuen Standpunkt einzunehmen und sich für Aquilas und Priszillas Darlegung empfänglich zu zeigen, nämlich, dass nicht Johannes, sondern Jesus im Zentrum des Glaubens stand. Die Gläubigen in Ephesus waren ihrerseits begeistert über seine Predigten und ermunterten ihn, nach Achaia zu gehen, nach Korinth, weil dort nach Paulus' Abreise noch längst keine harmonische, einträchtige christliche Gemeinde entstanden war. In ihren Augen war Apollos ein würdiger und fähiger Verkünder des Glaubens.

Paulus hätte sich über einen weiteren Intellektuellen, der das Wort Gottes predigte, freuen müssen, doch in seinen Briefen ist darüber nichts zu finden. Vielleicht ahnte er, dass andere Apollos' Diskussionstechniken nachahmen würden, und das ließ den fanatischen Paulus unsicher werden. Er führte keine Diskussionen mit Andersdenkenden, sein Auftritt auf dem Areopag in Athen hatte ihn gelehrt, dass das Debattieren nicht zu seinen stärksten Seiten gehörte. Die Einwürfe seiner damaligen Gegner, er sei ein Antiphilosoph, der Diskussionen aus dem Wege gehe, hatte er nicht ernst genommen. Mit Berufung auf die Allmacht seines Gottes hatte er versucht, sie als Anhänger eines verderblichen Aberglaubens zu disqualifizieren. Doch einen Kenner der Strömungen der griechischen Philosophie, der innerhalb des Glaubens operierte, konnte er nicht ignorieren. Um seine Position zu sichern, ohne Apollos allzu sehr in den Rücken zu fallen, ließ Paulus in seinem ersten Brief an die Korinther, den er in Ephesus schrieb, wissen, dass eine Diskussion über die richtige Interpretation der Schriften nicht wünschenswert sei, weil sie nur zur Verfremdung des Wortes Gottes führen würde, das in seinen Augen völlig deutlich war. Von Paulus' Standpunkt aus betrachtet, war es eine kluge Entscheidung, nicht näher auf Apollos einzugehen. Damit verhinderte er, dass die Risse, die in der jungen Kirche sichtbar zu werden begannen, schon kurzfristig zu einer Spaltung führen konnten. Sein „Biograf" Lukas fühlte ebenso wenig das Bedürfnis, Apollos eine größere Rolle zuzuerkennen. Damit hätte er die Aufmerksamkeit von seinen Hauptpersonen abgelenkt und seine Erzählung entkräftet.

Die Krise in Ephesus und Umgebung

Apollos war nicht der einzige Prediger, den Paulus im Zaum halten zu müssen glaubte. Als er in Ephesus eintraf, war er der Überzeugung, dass Aquila und Priszilla seine Version der Botschaft Jesu Christi weitergegeben und somit eine gute Basis für die weitere Verbreitung des Glaubens gelegt hatten. Doch schon nach kurzer Zeit erkannte er, dass zwar neue Gläubige hinzugekommen waren, deren Glaube aber nicht immer dem entsprach, was er gepredigt hatte. Offensichtlich waren die Zeltmacher Aquila und Priszilla nicht genügend gewandt, um anderen Glaubensvorstellungen entschieden entgegenzutreten. Zu seiner Verärgerung musste er feststellen, dass es Varianten in der christlichen Glaubensverkündigung gab, die er nicht für möglich gehalten hätte.

Das extremste Beispiel war das Zeugnis der zwölf Prediger. Sie wussten kaum etwas über Jesus Christus, nannten sich jedoch Christen. In ihren Erzählungen über den Messias tauchten das Leiden und die Auferstehung überhaupt nicht auf. Sie konzentrierten sich ganz und gar auf Johannes den Täufer. Wie sie dazu gekommen waren, bleibt ungeklärt; womöglich waren sie auf einer Pilgerreise nach Jerusalem Johannesjüngern begegnet und von ihnen getauft worden. Was sie ihnen über ihren Lehrmeister erzählt hatten, könnte sie so beeindruckt haben, dass sie tatsächlich Johannes den Täufer für die zentrale und Jesus für eine untergeordnete Figur hielten. Paulus brachte sie auf den richtigen Weg und sie ließen sich im Namen Jesu Christi taufen.

Der Vorfall mit diesen Predigern zeigt, dass in den christlichen Gemeinden allerlei Gerüchte über das Leben Jesu die Runde machten und ein Eigenleben entwickelten. Jesu Taten waren zu dieser Zeit noch nicht aufgezeichnet und alles, was man über ihn wusste, beruhte auf mündlicher Überlieferung. Der kompromisslose Paulus war vollkommen überzeugt davon, dass seine Interpretation des Wortes Gottes die absolute Wahrheit war. Wenn Menschen eine andere Meinung vertraten, so fasste er dies als eine persönliche Beleidigung auf. Es bewog ihn dazu, nochmals in Briefen an die Gläubigen seine Vorstellungen in Erinnerung zu rufen.

Doch bevor er dazu kam, musste Paulus zunächst einmal in Ephesus für Ordnung sorgen. Auch hier blieb er seiner festen Gewohnheit treu: Zuerst predigte er unter den Juden und erst danach wandte er sich den anderen Bewohnern der Stadt zu. Dass er bei den Juden auf heftigen Widerstand stieß, kann ihn nicht wirklich überrascht haben. Er empfand es allerdings als eine persönliche Niederlage, dass er drei Monate lang zu ihnen über das Königreich Gottes und den Weg dorthin gesprochen hatte, ohne auch nur das geringste Ergebnis erreicht zu haben. In ihrer überwältigenden Mehrheit verweigerten sie sich hartnäckig seiner Botschaft. Sie äußerten öffentlich ihre Abscheu und wollten diesen auch auf andere übertragen. Paulus war wütend und änderte unverzüglich seine Strategie. Er ließ die Juden links liegen und wandte sich den übrigen Einwohnern von Ephesus zu. Tagtäglich ging er von nun an in die *scholé*, einen großen, für Lesungen oder Konzerte bestimmten Raum im Haus eines gewissen Tyrannos, eines Ephesiers, über den ansonsten kaum etwas bekannt ist.

Die täglichen Predigten in diesem „Lehrsaal" trugen Früchte. Voller Stolz teilt Lukas mit, dass in den zwei Jahren, die Paulus sich in Ephesus aufhielt, „alle Bewohner der Provinz Asien, Juden wie Griechen, das Wort des Herrn" hörten (Apg 19, 10). Dass er auch Juden nennt, deutet darauf hin, dass den früheren Einwänden zum Trotz eine ganze Reihe von ihnen, sowohl aus Ephesus als auch aus den umliegenden Städten, mit der Zeit Paulus' Botschaft angenommen hatten. Allmählich waren in der ganzen Region christliche Gemeinden entstanden. Sie wurden sicherlich nicht alle von Paulus persönlich gegründet. In einer ihm fremden Umgebung ließ er häufig Mitstreiter und Jünger den Anfang machen. In Ephesus hatte er Aquila und Priszilla zurückgelassen, um die Stadt auf seine Botschaft vorzubereiten, und so ging er auch in anderen Städten in der ganzen Provinz Asien vor. Er schickte Vertraute in diese Städte, um den Bewohnern das Christentum schon einmal nahezubringen. Erfolg kann ihm nicht abgesprochen werden. In seinem ersten Brief an die Korinther überbrachte er die Grüße der „Gemeinden in der Provinz Asien" (1 Kor 16, 19). Um welche Städte es ging, ist in diesem Brief nicht zu lesen, doch in einem späteren Brief, den einer seiner Jünger an die Kolosser schrieb, werden drei Städte genannt, in denen der Glaube an Christus Wurzeln geschlagen hatte: Kolossai, Laodikeia und Hierapolis (Kol 4, 13).

Auch wenn die Christianisierungserfolge mit Sicherheit nicht Paulus allein zugeschrieben werden können, so waren seine Aktivitäten in jedem Fall ein gewaltiger Ansporn für seine Jünger. Nach seiner Abreise aus Ephesus setzten sie und andere christliche Prediger sein Werk mit Erfolg fort, denn 40 Jahre später gab es Johannes zufolge, der in Gefangenschaft auf der Insel Patmos das letzte Buch der Bibel, die Offenbarung, schrieb, in der Provinz Asien sieben christliche Gemeinden, die nicht allzu weit voneinander entfernt lagen: Ephesus, Smyrna, Pergamon, Thyateira, Sardes, Philadelphia und Laodikeia (Offb 1, 11).

Paulus verfügte in Ephesus sowie in der Umgebung über verschiedene Mitarbeiter, von denen die meisten anonym geblieben sind. Zu den wenigen Ausnahmen zählt Epaphras, „der mit mir um Christi Willen im Gefängnis ist", wie Paulus im Brief an Philemon sagt (Vers 23). Wie aus einer

Passage im Brief an die Kolosser hervorgeht, ist er vor allem in ihrer Stadt aktiv gewesen:

> So habt ihr es von Epaphras, unserem geliebten Mitarbeiter, gelernt. Er ist an unserer Stelle ein treuer Diener Christi, und er hat uns auch von der Liebe berichtet, die der Geist in euch bewirkt hat. (Kol 1, 7–8)

Vermutlich hat Epaphras auch in anderen Städten die Grundlage für eine christliche Gemeinde gelegt. Eine zweite Person, die namentlich genannt wird, ist Lydia aus Thyateira. Sie war als Purpurhändlerin nach Philippi gekommen, doch irgendwann wieder von der Bildfläche verschwunden. Es ist gut möglich, dass sie nach ihrer Bekehrung in Philippi nach Thyateira zurückgekehrt ist und dort in Paulus' Auftrag eine christliche Gemeinde gegründet hat.

Die theologischen Kenntnisse dieser „Wegbereiter" dürfen nicht überschätzt werden. Anders als etwa Apollos hatten sie keine akademische Ausbildung vorzuweisen. Es handelte sich um Handwerker und Händler, die von Paulus in einem Schnellkursus instruiert und dann ausgesandt wurden, um die Botschaft vom Leben, vom Tod und von der Auferstehung Jesu Christi bis in die hintersten Ecken nur schwer zugänglicher Regionen zu verbreiten. In Liebe zueinander sollten sie seiner Selbstaufopferung nacheifern. Und gelang es ihnen dann auch noch, den Besitzer eines Hauses zu bekehren, das groß genug für Zusammenkünfte war, so konnten sie einen großen Erfolg verbuchen.

Statt mitzuteilen, wie ergebnisreich Paulus missionierte, wie viele Menschen er und seine Mitstreiter in Ephesus und Umgebung zum Glauben brachten, wechselt Lukas zu einem ganz anderen Thema über: zu den besonderen Gaben, über die Paulus zu verfügen scheint. Er spricht darüber in kryptischen Worten:

> Auch ungewöhnliche Wunder tat Gott durch die Hand des Paulus. Sogar seine Schweiß- und Taschentücher nahm man ihm vom Körper weg und legte sie den Kranken auf; da wichen die Krankheiten, und die bösen Geister fuhren aus. (Apg 19, 11–12)

So seltsam diese Worte auch klingen mögen, sie schließen sich an frühere Aussagen über Wundertaten des Paulus an. Schon in Paphos und in Lystra hatte Lukas ihm eine Wunderkraft zugeschrieben, die der des Petrus nicht nachstand. In Ephesus scheint er weit über den Status eines „gewöhnlichen" Wundertäters hinausgewachsen zu sein. Selbst Tücher, die mit seinem Körper in Berührung gekommen sind, erhalten eine heilende Wirkung. Er rückte immer mehr in die Nähe Jesu Christi und war sich dessen auch bewusst. In seinen Briefen an die Galater und die Korinther sind Aussagen zu finden, in denen er kein Geheimnis daraus macht, dass er sich nicht mehr wie ein normaler Mensch fühlte. An die Galater schreibt er, er trage die Zeichen Jesu an seinem Leib (Gal 6, 17), und die Korinther lässt er wissen, er habe den Geist Christi (1 Kor 2, 16) und sei als Diener Christi wie Jesus in den Himmel entrückt worden und wieder zurückgekehrt (2 Kor 12, 2).[72]

Diese Worte über Paulus' Gabe, Wunder zu verrichten und Dämonen auszutreiben, leiten zu einer wunderlichen und recht skurrilen Szene über, in der Glaube und Aberglaube durcheinanderlaufen und Scharlatane mithilfe magischer Praktiken „Wunder" verrichten. Im Mittelpunkt stehen der jüdische Oberpriester Skeuas und seine sieben Söhne, die einen bösen Geist austreiben wollen. Der Vorfall hätte sich in jeder beliebigen Stadt im Römischen Reich abspielen können, denn magische Praktiken kamen überall und zu allen Zeiten vor. Der Enzyklopädist Plinius der Ältere hat zahlreiche Beispiele für Menschen zusammengestellt, die sich auf unterschiedliche Weise mit Zauberkünsten beschäftigten. Er spricht mit Nachdruck über die lange Geschichte dieser Erscheinung und beginnt nicht ohne Grund mit der *Odyssee* Homers. Zwei Episoden aus diesem Epos erhalten besondere Aufmerksamkeit: die Sirenen, die mit ihrem betörenden Gesang den Seeleuten die Sicht auf die Wirklichkeit nahmen, sodass ihre Schiffe auf die Klippen aufliefen, und die Zauberin Circe, die die Reisegefährten des Odysseus in Schweine verwandelte. Auch in seiner eigenen Zeit war die Zauberei noch äußerst lebendig.[73] Für Plinius stellte die Magie einen verachtenswerten und verderblichen Aberglauben dar, doch schon allein die Tatsache, dass er ihr eine so große Aufmerksamkeit schenkt, beweist, wie populär dieses Phänomen war. Es gab keine Region im Römischen Reich, die der Faszination der Zauberei nicht erlegen war. Ob im Iran, in Israel, Ägypten, Griechenland oder im viel weniger zivilisierten Gallien im Westen – überall waren Erzählungen über Magie und Magier im Umlauf.

Lukas verliert über Skeuas' Söhne kein gutes Wort. Sie versuchten, einem Besessenen böse Geister auszutreiben, indem sie sagten: „Ich beschwöre euch bei dem Jesus, den Paulus verkündet" (Apg 19, 13–14). Sie erreichten damit nichts. Zu ihrer Bestürzung verließ der böse Geist den Besessenen nicht, sondern ließ ihn antworten: „Jesus kenne ich, und auch Paulus ist mir bekannt. Doch wer seid ihr?" Der Besessene „sprang auf sie los, überwältigte sie und setzte ihnen so zu, daß sie nackt und zerschunden aus dem Haus fliehen mußten" (Apg 19, 15–16). Wenn aus dieser kurzen Szene etwas deutlich wird, dann, dass Lukas den Namen Jesu nicht von Magiern in den Mund nehmen lassen wollte. Er hatte das schon vorher angedeutet, bei der Begegnung zwischen den Aposteln Petrus und Johannes und Simon dem Zauberer (Apg 8, 14–24): „Als Simon sah, daß durch die Handauflegung der Apostel der Geist verliehen wurde, brachte er ihnen Geld und sagte: Gebt auch mir diese Macht, damit jeder, dem ich die Hände auflege, den Heiligen Geist empfängt."

Lukas scheint mit Plinius darin übereinzustimmen, dass die Zauberei eine verwerfliche Erscheinung ist. Wenn er über nichtchristliche Magier spricht, nimmt er kein Blatt vor den Mund und bezichtigt sie sogar gräulicher Praktiken. Beschreibt er jedoch die Wunder, die von Johannes und Petrus und jetzt, in Ephesus, von Paulus verrichtet werden, dann bleibt Kritik außen vor. Paulus' Gabe, Dämonen auszutreiben, ist Lukas zufolge kein Zaubertrick, sondern ein Geschenk Christi. Mit seiner Feststellung, dass sowohl Juden als auch Griechen durch die Demaskierung der Geisterbeschwörer zum Glauben fanden und ihre früheren Praktiken bereuten, suggeriert er, dass Paulus den Beifall der Bevölkerung gefunden hatte. Und die, „die Zauberei getrieben hatten, brachten ihre Zauberbücher herbei und verbrannten sie vor aller Augen" (Apg 19, 19). Was Lukas damit sagen will, ist offensichtlich: Paulus hat mit seinen besonderen Gaben einer raschen Entfaltung des Christentums den Weg geebnet und damit den Aberglauben beseitigt.

Artemis und Demetrius

Jedes Mal, wenn Paulus am Heiligtum der Artemis vorbeikam, sah er, dass die Göttin in ihrem prachtvollen Tempel von zahllosen Menschen aus der ganzen griechisch-römischen Welt angebetet wurde. Und wenn er vom Hafen zum Theater lief oder die Straße entlangging, die die beiden Agorai miteinander verband, spürte er die Gegenwart der Göttin auch dort. Sie schien in der Stadt allgegenwärtig zu sein. Doch sie hatte wenig gemein mit der Artemis, wie sie in anderen griechischen Städten verehrt wurde. Dort wurde die Göttin als eine jungfräuliche Frau dargestellt, als die keusche Schwester Apollos. In Ephesus sah Paulus eine exotische Gottheit, deren Ursprung auf eine lokale Göttin zurückging, die Fruchtbarkeit ausstrahlte. Sie war dargestellt als eine wollüstige Frau, deren Körper mit zahlreichen Ausstülpungen in horizontalen Reihen überdeckt war. Ob es sich dabei um Brüste, Eier, Datteln oder Stierhoden handelte, wird wohl immer ein Rätsel bleiben, doch die Anhänger der Artemis schrieben ihnen magische und heilende Kräfte zu.

Eine Konfrontation zwischen Paulus' Jüngern und den Anhängern des Artemiskultes konnte nicht ausbleiben, dafür waren die Unterschiede zwischen Jesus Christus und Artemis zu groß. Es sollte jedoch noch zwei Jahre dauern, bis es zu dieser Konfrontation kam. Auf beiden Seiten zögerte man, seine Abneigung öffentlich zu erkennen zu geben. Für die polytheistisch eingestellten Stadtbewohner war es undenkbar, dass Paulus' Worte einen durchschlagenden Erfolg haben würden und dass ihre große Artemis seinem Gott weichen müssen würde. Paulus und seine Mitstreiter hielten sich anfangs ebenfalls zurück, denn schnell war ihnen klar geworden, dass eine zu frühe öffentliche Kritik an einer jahrhundertealten Göttin nur dazu führen würde, dass die Bevölkerung sich von ihnen abwandte. Doch ein Zusammenprall rückte immer näher, da Paulus nach seinem „Sieg" über die Teufelsaustreiber seine anfängliche Zurückhaltung ablegte und sich unter die Besucher des Artemistempels und des Theaters begab, um ihnen seine Botschaft zu verkünden.

Der Groll der Ephesier gegen Paulus kam Lukas zufolge deutlich ans Licht, als der Apostel es wagte, die Souvenirverkäufer am Tempel und am

Theater anzugreifen. Paulus' beißende Bemerkung, mit Händen gemachte Götter seien keine Götter, traf sie ins Mark. Nicht nur ihre Religion wurde damit geschmäht, mindestens genauso schlimm war es, dass ihr Geschäft in Verruf gebracht wurde. Schon für ihre Vorfahren war der religiöse Tourismus eine wichtige Einnahmequelle gewesen und niemand hatte je Anstoß daran genommen.

Die Spannungen, die sich in zwei Jahren angestaut hatten, entluden sich, als ein gewisser Demetrius, ein Silberschmied, Paulus anfeindete. Er brachte nicht nur seinen eigenen Zorn zum Ausdruck, sondern auch die Empfindungen vieler seiner Kollegen. Vermutlich beschäftigte er nicht nur mehrere Arbeitskräfte, sondern war auch Vorsitzender der Innung der Silberschmiede oder „Gewerkschaftsführer" einer Gruppe von Arbeitern, die gemeinsam Souvenirs herstellten. Was genau sie herstellten, lässt sich nicht mit Sicherheit sagen. Lukas schreibt, dass sie kleine silberne Artemistempel fertigten, doch solche Objekte konnten (noch) nicht gefunden werden. Möglicherweise stellten sie kleine silberne Statuen der Göttin her, von denen mehrere entdeckt worden sind. Ihr Zorn war vollkommen begreiflich. Überall auf der Welt hätten ihre Kollegen genauso reagiert. Auch in Lourdes oder im Vatikan würden die Souvenirhändler sich mit aller Kraft zur Wehr setzen, falls ein Anhänger einer anderen Religion dort verkünden wollte, Jesus Christus sei ein Abgott, der es nicht verdiente, dargestellt zu werden.

Der Ort der Handlung war nicht die Umgebung des Artemistempels, sondern der große Platz vor dem Theater am anderen Ende der Stadt. Was sich dort abspielte, glich einer Art spontan von Demetrius inszenierter Protestversammlung. Nicht nur Silberschmiede, die ihre Souvenirs in Verkaufsbuden ausgestellt hatten, auch zahllose andere Ephesier fanden sich hier ein. Sie alle fürchteten, dass die bislang unangefochtene Position der Artemis in Gefahr gebracht werden könnte.

Demetrius stieg auf ein Podest und hielt eine emotionale Rede. Nach seinen letzten Worten riefen seine Zuhörer in höchster Erregung: „Groß ist die Artemis von Ephesus!" (Apg 19, 28). Ihre Worte hallten durch die Stadt und aus allen Stadtvierteln liefen Menschen zum Theater, um der Stadtgöttin ihren Beistand zu versichern; denn alle fürchteten die Schande, die auf Ephesus niederkommen würde, gelänge es ihnen nicht,

Das große Theater von Ephesus (Foto: Stephan Mols)

die große Artemis gegen einen unbekannten neuen Gott zu verteidigen. Als sich das Theater durch den großen Zulauf mit einer riesigen Menschenmenge füllte, wurde die Atmosphäre immer bedrohlicher.

Für Paulus wurde die Situation kritisch, als seine makedonischen Reisegefährten Aristarch und Gaius von der wütenden Menge ergriffen und zum Theater gezerrt wurden. Paulus wollte seine Freunde befreien und vielleicht auch die Menge zur Ruhe mahnen, doch seine Jünger hielten ihn davon ab. Sie fürchteten, eine Ansprache von ihm, dem Mann, den die Ephesier als Quelle allen Übels betrachteten, würde die aggressive Stimmung nur noch anheizen. Auch der Magistrat der Stadt empfahl ihm, zu warten, bis die Gemüter sich abgekühlt hatten. Paulus konnte diesen Rat nicht ignorieren und begab sich nicht in die Menge.

Lukas schildert die Konfrontation kurz, aber spannend. Sein Bericht ist allerdings unvollständig. Gaius und Aristarch, die fast gelyncht worden wären, werden nicht mehr erwähnt. Die Menge scheint zwar nur schwer im Zaum zu halten zu sein, doch zu wirklichen Exzessen kommt es nicht. Die Intervention eines gewissen Alexander lässt die Spannung wieder steigen. Er wird von der jüdischen Gemeinde nach vorn geschickt, um deutlich zu machen, dass sie mit Paulus und den Christen nichts zu schaffen haben, dass sie sich seiner Lehre verschließen. Ihr Ärger war begreiflich. Sie waren bereits seit geraumer Zeit in Ephesus ansässig und fürchteten, der Jude Paulus könne mit seiner Missionsarbeit ihre an sich schon brüchigen Beziehungen zur Bevölkerung und zu den lokalen Behörden noch mehr gefährden. Erst in der jüngeren Vergangenheit, im Jahr 42, hatte der Stadtrat ihrer Bitte entsprochen, den Sabbat feiern zu dürfen, jedoch erst, nachdem sie sich mit einem entsprechenden Gesuch an den römischen Statthalter gewandt hatten.[74]

Die Ephesier reagierten mit Hohn und Spott auf Alexanders Worte, denn in ihren Augen waren die Juden nicht weniger verdächtig als die Christen. Ihr Glaube an nur einen Gott war für die Epheser nichts anderes als Atheismus. Sie ließen Alexander nicht einmal ausreden. Sie begannen zu johlen und schrien dann fast zwei Stunden lang wie aus einem Mund: „Groß ist die Artemis von Ephesus!“ (Apg 19, 34).

Der römische Stadtmagistrat war bis dahin noch nicht auf den Plan getreten, doch jetzt, da die Menge wie von Sinnen war und die Gefahr drohte, dass sowohl Juden als auch Christen als unerwünschte Fremdlinge betrachtet werden würden (was für die Juden, die bereits seit Generationen in Ephesus lebten, einem regelrechten Debakel gleichen würde), trat er in Aktion, und zwar so, wie es von römischen Machthabern in solchen Situationen erwartet wurde: entschlossen und pragmatisch, auf eine schnelle Lösung der Probleme ausgerichtet.

Sowohl die Silberschmiede als auch die Christen hatten allen Grund, ihren Unmut zu äußern; die Silberschmiede, weil Paulus ihnen geschäftlich gefährlich werden konnte, Aristarch und Gaius, weil die Bevölkerung gewalttätig gegen sie geworden war. Der Magistrat traf keine richterliche Entscheidung, eine Verurteilung einer der beiden Parteien blieb aus. Stattdessen mahnte er die Anwesenden zur Ruhe und Besinnung. Falls sie noch Klagen gegeneinander einreichen wollten, gäbe es dazu genügend juristische Möglichkeiten.

Der Repräsentant der römischen Staatsmacht trat behutsam auf, denn eine Eskalation der Gewalt wäre nicht nur den Ephesiern, sondern auch ihm persönlich angelastet worden. So waren nun einmal die Regeln des römischen Machtapparats. Lukas kannte diese Regeln und darum legte er dem Römer die folgenden Worte in den Mund:

> Sonst sind wir in Gefahr, daß man uns nach dem heutigen Vorfall des Aufruhrs anklagt, weil kein Grund vorliegt, mit dem wir diesen Volksauflauf rechtfertigen könnten. (Apg 19, 40)

Er konnte jetzt zu Recht zufrieden sein, denn er hatte verhindert, dass Berichte über aus dem Ruder gelaufene Unruhen Rom erreichen würden.

Der Aufruhr in Ephesus war Paulus' letzte Heldentat in dieser Stadt. Zum letzten Mal auch löste er öffentliche Unruhen aus. Er war jetzt in sieben Städten auf Widerstand gegen ihn und seine Botschaft gestoßen. Das erste Mal in Antiochia in Pisidien und daraufhin in Ikonion und Lystra. Danach hatte er die Bewohner von Philippi, Thessalonich und Beroia gegen sich aufgebracht und jetzt also mit seinen Äußerungen über Artemis die Ephesier. Immer wieder war er von der wütenden Bevölkerung ergriffen, mit Steinen beworfen oder aus der Stadt hinausgejagt worden. In Philippi hatte man ihn gefangen genommen, doch durch ein Wunder war er aus dem Kerker befreit worden. In Ephesus riskierte er erneut, in eine Gefängniszelle gesteckt zu werden, doch so weit kam es nicht. Jedenfalls ist in der Apostelgeschichte nichts darüber zu lesen. Paulus selbst erzählt in seinen Briefen eine andere Geschichte.

Der Briefschreiber

In Ephesus nahm Paulus Bekehrungen vor, kümmerte sich um die junge Christengemeinde, bezwang Geisterbeschwörer und forderte die Silberschmiede und andere Souvenirverkäufer heraus. Und das war nicht alles. Aus den Briefen, die er in dieser Zeit schrieb, spricht ein Mann, dessen Ambitionen über den Aufbau einer starken lokalen christlichen Gemeinschaft in Ephesus hinausgingen: Er wollte die christlichen Gemeinden, in denen er einmal gepredigt hatte, im Griff behalten. Mehr und mehr zeigte Paulus sich in seinen Briefen als ein Mann, der glaubte, Gott habe ihn zum Führer einer Gemeinschaft bestimmt, die die christliche Ideologie überall verbreiten sollte. Ephesus war für ihn die ideale Aktionsbasis. Die

Stadt lag zentral an der Westküste der Türkei, bildete einen Knotenpunkt von Straßen, die von verschiedenen Städten ins Innere Kleinasiens führten, und verfügte über einen guten Hafen, wo leicht ein Schiff zu finden war, das die griechischen und makedonischen Küstenstädte anfuhr.

Paulus war jetzt fast 60 Jahre alt und schon fast 20 Jahre lang als Glaubensverkünder aktiv. In dieser langen Zeit hatten seine Vorstellungen über die Organisation christlicher Gemeinden eine feste Gestalt angenommen und sein Name war unter den Christen weitverbreitet. In keiner Gemeinde wird sein Name unbekannt gewesen sein. Das reichte ihm jedoch nicht. Er wollte beim Abstecken der ideologischen Linien eine dominantere Rolle spielen und machte aus seinen Meinungsverschiedenheiten mit anderen Glaubensverkündern kein Geheimnis. Die Geschichten, die er in Ephesus über Apollos gehört hatte, und seine Erfahrungen mit den Johannes-Predigern hatten ihm deutlich gemacht, dass trotz all seiner Bemühungen andere Interpretationen der christlichen Lehre in Umlauf waren, auch in Städten, in denen er ein festes Fundament für seine Botschaft gelegt zu haben glaubte. Am liebsten hätte er alle diese Städte persönlich besucht und den Gläubigen erklärt, wie sie sich zu verhalten hatten. Da das, praktisch gesehen, unmöglich war, schickte er ihnen Briefe, in denen er ihnen Ratschläge erteilte, wie sie mit spezifischen Umständen und Problemen in ihrer Gemeinde umgehen sollten. Auf diese Weise hoffte er, das weitere Wachstum und die Entwicklung der christlichen Gemeinden in gute Bahnen lenken zu können.

Während seines gut zweijährigen Aufenthalts in Ephesus sind viele Probleme auf ihn zugekommen, die meisten davon von außerhalb der Stadt. Es wäre schön, wenn die Briefe, in denen Paulus den Gemeinden antwortet und von seinen Taten berichtet, fein säuberlich von Monat zu Monat auf einem Zeitbalken aneinandergereiht werden könnten. Doch die Datierung bleibt oft unklar und hinzu kommt, dass nicht alle kanonischen Briefe so geschrieben wurden, wie wir sie kennen. Manchmal, wie etwa im Fall der beiden Briefe an die Korinther, war bereits eine Korrespondenz vorangegangen und manchmal wurden in einem Brief Passagen aus früheren Briefen zusammengefügt; ein gutes Beispiel dafür ist der erste Brief an die Philipper. Dennoch möchte ich den Versuch unternehmen, Paulus' Wirken in Ephesus chronologisch darzustellen.[75]

Der erste Brief, der mit Sicherheit von Ephesus aus abgeschickt wurde, datiert aus dem Frühjahr 53 und richtet sich an die Galater. Wie wir bereits gesehen haben, hatte Paulus die Städte in Galatien zweimal besucht und beide Besuche hatten nicht zum gewünschten Ergebnis geführt. Die Probleme hatten sich angehäuft, weil die Galater unter den Einfluss konservativer Christen geraten waren, die von ihnen verlangten, die Gesetze einzuhalten und sich beschneiden zu lassen. Der in Jerusalem erreichte Kompromiss hatte offenbar wenig bewirkt. Die falschen Prediger und die positiven Reaktionen der Galater auf ihre Botschaft waren keine vorübergehende Erscheinung gewesen, sondern schienen mittlerweile ein festes Muster zu bilden – Grund genug für Paulus, von sich hören zu lassen. Sein Brief ist mehr als nur eine Zurechtweisung der Galater; er ist auch eine Selbstrechtfertigung, als habe er es nach so vielen Jahren als Prediger und Missionar noch für nötig befunden, sich zu verteidigen. Schon in den ersten Zeilen lässt er wissen, dass er seine Autorität als Apostel unmittelbar von Gott empfangen habe und nicht von Menschen. Er wiederholt noch einmal seinen Standpunkt, den er schon vorher dargelegt hatte: Nichtjuden, die sich zu Christus bekehrten, konnten vollwertige Mitglieder der christlichen Gemeinschaft sein, auch ohne sich strikt an das jüdische Gesetz zu halten.

Vermutlich in mehreren Briefen nahm Paulus auch Kontakt zu den Philippern auf. Der unmittelbare Anlass war, dass ihn Berichte erreicht hatten, wonach es in dieser ihm so teuren Gemeinde zwischen Evodia und Syntyche, die wahrscheinlich zwei Hauskirchen vorstanden, zu Meinungsverschiedenheiten über den Kurs der Gemeinde gekommen war. Er beschwor sie, die Einheit zu bewahren, und teilte mit, er habe seinen treuen Bruder, Mitarbeiter und Mitstreiter Epaphroditus zu ihnen geschickt, um ihnen bei der Suche nach einer Lösung zu helfen (Phil 2, 25).

Das war jedoch nicht das einzige Problem in Philippi. Auch von außerhalb der Gemeinschaft kamen Schwierigkeiten auf die Christen zu, auf die sie reagieren mussten. Paulus spricht davon, dass sie standhaft bleiben und sich nicht von ihren Gegnern einschüchtern lassen sollten (Phil 1, 28). Im weiteren Verlauf des Briefes spornt er sie an, „mitten in einer verdorbenen und verwirrten Generation, unter der ihr als Lichter in der Welt leuchtet", rein und ohne Tadel zu sein (Phil 2, 15). In ihrem Kampf gegen die „Feinde des Kreuzes Christi" sollten sie nie nachlassen (Phil 3, 18). Wer genau diese Feinde sind, sagt Paulus nicht. An erster Stelle kommen die jüdischen Prediger in Betracht, die die Galater auf einen Irrweg geführt hatten, doch es würde mich nicht wundern, wenn Paulus die autochthone Bevölkerung im Auge hatte. Die christliche Gemeinde in Philippi hatte inzwischen nämlich einen solchen Umfang erreicht, dass die Mitglieder zur Zielscheibe von Schikanen der übrigen Bewohner der Stadt geworden waren, die nicht hinnehmen wollten, dass die Christen die Verehrung der Götter und den Kaiserkult ablehnten. Paulus könnte jedoch auch die römische Obrigkeit im Blick gehabt haben, die in seinen Augen zu wenig für den Schutz der Christen in Philippi tat.

Als er sich im Sommer 53 an die Gläubigen in Philippi richtete, hatte er sicherlich seine eigenen negativen Erfahrungen in Ephesus vor Augen. Er hatte selbst Probleme mit den römischen Beamten bekommen und seinen Brief an die Philipper im Gefängnis geschrieben. Über die Art der Anschuldigungen lässt er sich nicht aus, er sagt nur, dass er „um Christi Willen" dort festgehalten werde (Phil 1, 13). Diese kryptische Bemerkung ruft die Frage auf, ob er nur als ein Unruhestifter gesehen wurde, der, wie bei der Protestversammlung von Demetrius und seinen Berufskollegen, die öffentliche Ordnung in Gefahr brachte. Hatten die Beamten möglicherweise Angst vor der wachsenden Anzahl der Zuhörer bekommen, die er mit seinen Predigten erreichte, und wollten sie ihn deshalb kaltstellen? Die Vermutung, dass er zum Opfer seines eigenen Erfolges geworden war, drängt sich jedenfalls auf. In den Augen der römischen Beamten hatten sich vielleicht schon zu viele Menschen zum Christentum bekehren lassen. Sie fühlten sich jedenfalls in die Enge getrieben und nahmen Paulus und mehrere seiner Mitarbeiter fest.

Wie lange Paulus seiner Freiheit beraubt war und unter welchen Bedingungen er im Gefängnis saß, bleibt uns ebenfalls verborgen, doch allzu harte Haftbedingungen werden es nicht gewesen sein, denn er durfte Besucher empfangen. Vermutlich hat seine Haft nicht länger als einen Monat gedauert. Die Behörden werden ihn so lange festgehalten haben, wie es für eine gerichtliche Untersuchung erforderlich war. Er wird der Störung der öffentlichen Ordnung und der Beleidigung der römischen Götter beschuldigt worden sein. Als diese Anschuldigungen nicht wirklich erhärtet werden konnten, wurde er wieder freigelassen.

Vom Gefängnis aus schrieb Paulus auch Briefe an Freunde und Bekannte. Ein kurzes Schreiben an Philemon, der in Kolossai ansässig war, ist in all seiner Kürze ein besonderes Dokument, weil der Apostel sich darin zu einer Frage äußert, die den Adressaten persönlich betrifft. Zugleich formuliert er in diesem Brief seinen Standpunkt zu einem der Pfeiler der römischen Gesellschaft, der Sklaverei. Den Anlass zu diesem Brief gab Philemons entlaufener Sklave Onesimus. Philemon war trotz seiner christlichen Aktivitäten (Paulus spricht ihn als „unseren geliebten Mitarbeiter" an) ein Sklavenhalter geblieben, von denen es im Römischen Reich viele gab. Paulus hatte den entlaufenen Onesimus im Gefängnis kennen und schätzen gelernt. Warum er seinen Herrn verlassen und im Gefängnis gelandet war, erfahren wir nicht. Er hatte Paulus um Vermittlung gebeten und der war seiner Bitte nachgekommen. In seinem Brief ruft Paulus Philemon auf, Onesimus wieder in sein Haus aufzunehmen, nicht als einen Sklaven, sondern als „geliebten Bruder". Sollte Onesimus ihn finanziell geschädigt haben oder ihm etwas schulden, so will Paulus dafür geradestehen. Schließlich bringt er die Hoffnung zum Ausdruck, dass Philemon seinen Sklaven gut behandeln werde.

Paulus schickte Onesimus also zurück, ohne ausdrücklich um dessen Freilassung zu bitten. Auf den ersten Blick hat es den Anschein, als ob er der Sklaverei keine Aufmerksamkeit widmen wolle. Er scheint sie zu akzeptieren, ohne die ethischen Aspekte dieses Phänomens zur Diskussion zu stellen. Man kann es jedoch auch anders sehen. Paulus hatte inzwischen so viele Regionen des Römischen Reiches besucht, dass er den Aufbau der Gesellschaft und die wichtige Rolle, die die Sklaverei darin spielte, sehr genau kannte. Hätte er sich zu offen für eine Abschaffung der Sklaverei ausgesprochen, wäre er nicht nur bei der Elite, sondern auch beim gemeinen Volk, das sich über die Sklaven erhaben fühlte, auf großen Widerstand gestoßen. Deshalb entschied er sich dazu, die Sklaverei von innen zu unterminieren, indem er das Verhältnis zwischen Herrn und Sklaven anders auslegte. Beide sollten sich wie Brüder in Christus betragen und in der Folge sollte sich der Unterschied zwischen Freien und Sklaven schnell verwischen. Für einen frontalen Angriff auf das System war die Zeit noch nicht reif.

Solange Paulus gefangen gehalten wurde, konnte er wenig mehr tun als Briefe schreiben. Sobald er wieder auf freiem Fuß war, wollte er seine Arbeit fortsetzen. Vom Gefängnis aus hatte er den Philippern versprochen, er werde zu ihnen zurückkehren. Es war nicht seine Absicht, nur Philippi zu besuchen; er wollte die Stadt in die Route einer neuen großen Missionsreise nach Makedonien und Griechenland aufnehmen, die in Korinth, der Basis für die Glaubensverbreitung in Griechenland, enden sollte. Paulus hat verschiedene Briefen an die Gläubigen in Korinth geschrieben. Zwei davon sind kanonisch geworden, was merkwürdig erscheint, denn die uns bekannten Briefe entsprechen nicht den ursprünglichen Versionen, die die Korinther zu lesen bekamen. Der „erste" Brief an die Korinther ist auch nicht der erste, den er an sie schrieb. In 1 Kor 5, 9 lässt er wissen, dass er ihnen bereits vorher geschrieben hatte. Er hatte vermutlich auch Antworten von ihnen erhalten und wird über den Zwiespalt innerhalb dieser Ortskirche informiert gewesen sein.[76]

Im Frühjahr des Jahres 54 (er war jetzt bereits seit einiger Zeit aus dem Gefängnis entlassen) erreichten Paulus düstere Berichte aus Korinth. Sie stammten von den „Leuten der Chloë" (1 Kor 1, 11), einer vermögenden Frau, die in Ephesus und Korinth Handel trieb. Menschen, die für sie arbeiteten oder zu ihrem Hausstand gehörten – Paulus spricht sich darüber nicht deutlich aus –, hatten sich verpflichtet gefühlt, ihn über das Wachstum und die Entwicklung der Kirche in Korinth zu informieren. Paulus erschrak, denn zwei Jahre nach seiner Abreise schien sich die Situation in Korinth ernsthaft verschlechtert zu haben. Die junge Kirche hatte sich über Glaubensfragen, religiöse Praktiken und die Führung der Gemeinde zerstritten.

Paulus wusste von den Meinungsverschiedenheiten in der Gemeinde, doch deren Umfang muss ihn deprimiert haben. Unverzüglich traf er Maßregeln. Am liebsten wäre er sogleich zum Hafen gelaufen, um an Bord des erstbesten Schiffes zu gehen, das nach Korinth fuhr, doch wurde ihm bewusst, dass ein übereilter Beschluss seine Arbeit sowohl in Korinth als auch in Ephesus beeinträchtigen konnte. Er wollte zuerst mehr über die Art der Probleme wissen, bevor er seine noch nicht abgeschlossene Arbeit in Ephesus und Umgebung für den Besuch der zerstrittenen Gemeinde unterbrach. Um die Lage in Korinth zu sondieren und zuverlässige Informationen aus erster Hand zu erhalten, schickte er im Mai 54 einen Vertrauten dorthin. Aus der Reihe seiner treuen Mitarbeiter, von denen sich einige zu dieser Zeit in Ephesus aufhielten, wählte er Timotheus aus, den er in Lystra kennengelernt und der ihn danach auf seiner zweiten Reise begleitet hatte. Timotheus hatte bereits zuvor einen ähnlichen Auftrag ausgeführt und Paulus über die Probleme in der christlichen Gemeinde von Thessalonich informiert (1 Thess 3, 5–6). Er hatte längere Zeit in Korinth gelebt und kannte die Stadt deshalb gut.

Ganz zuversichtlich über einen guten Ablauf dieses Besuches war Paulus nicht, denn in diesem Teil des Textes des ersten Briefes an die Korinther, den er bald darauf abschickte, bittet er die Korinther, Timotheus mit Ruhe gegenüberzutreten (1 Kor 16, 10–11). Offensichtlich ahnte er, dass es in Korinth noch manche Christen gab, die anderen Vorstellungen als er anhingen und die seinen Abgesandten ihre Gegnerschaft spüren lassen könnten.

Die Situation in Korinth schien noch verworrener zu sein, als Paulus aufgrund der Berichte der Gläubigen um Chloë vermutet hatte. Timotheus war gerade erst aus Ephesus abgereist, als sich auch schon eine neue Delegation aus Korinth bei Paulus meldete. Ihr Wortführer war Stephanas, einer der ersten Christen in dieser Stadt. Begleitet wurde er von Fortunatus und Achaikus (1 Kor 16, 15–17). Sie drängten Paulus, schnell nach Korinth zu kommen, weil der Richtungsstreit innerhalb der Gemeinde aus dem Ruder zu laufen drohte.

In dem Brief, den Paulus kurz darauf abschickte, einem Teil des ersten Briefes an die Korinther, ging er auf die Probleme ein. Was ihn besonders ärgerte, war, dass eine Reihe von Christen in Korinth seine Autorität als Apostel anzweifelte. Er fühlte das starke Bedürfnis, den Beweis zu erbringen, dass er ein vom Herrn erwählter Apostel war (1 Kor 9, 1–3), dass er imstande war, der Uneinigkeit, die an die Stelle der Einmütigkeit getreten war, ein Ende zu bereiten. Verschiedene Personen hatten sich zu Führern aufgeworfen. Sie alle vertraten ausgeprägte Haltungen zu Fragen wie Hurerei, eheliche Treue, Abgötterei, dem Verzehr geheiligter Tiere, dem Abendmahl und der Auferstehung der Toten. An und für sich ist es nicht weiter erstaunlich, dass in einer Stadt wie Korinth, in der so viele Menschen mit unterschiedlichen Hintergründen der christlichen Gemeinschaft beigetreten waren, Gegensätze sichtbar wurden. Paulus nahm diese Entwicklungen jedoch als eine persönliche Niederlage wahr. Er war immer davon ausgegangen, dass die gesellschaftlichen, religiösen und ethnischen Hintergründe der Gläubigen keine unüberbrückbare Kluft zu sein brauchten, doch jetzt musste er mitverfolgen, wie die Zwiespalte wuchsen und die Ergebnisse, die er erreicht hatte, zunichtezumachen drohten.

In seinem Schreiben nennt Paulus vier „Parteien". Es muss für ihn ein persönliches Drama gewesen sein, das feststellen zu müssen, denn er wird geglaubt haben, dass er in Korinth ein festes Fundament für seine Interpretation gelegt hatte. Jetzt musste er sich zu seiner Enttäuschung eingestehen, dass die Zerrissenheit eine Tatsache war, die in vier „Glaubensrichtungen" zum Ausdruck kam. Er beschränkt sich darauf, die jeweiligen Hauptpersonen zu nennen und lässt die unterschiedlichen Parteien ausrufen: „Ich halte zu Paulus – ich zu Apollos – ich zu Kephas – ich zu Christus" (1 Kor 1, 12; 3, 22).

Was Paulus' Bemerkungen zu Apollos betrifft, habe ich bereits gesagt, dass darin möglicherweise eher persönliche Eifersucht und Missgunst zum Vorschein kommt als eine Kritik an den Standpunkten des Alexandriners. Er konnte es nur schwer ertragen, dass der wortgewandte Apollos von Aquila und Priszilla nach Korinth geschickt worden war, und hat aus Verärgerung über die prominente Rolle, die er dort spielte, die Zerrissenheit innerhalb der korinthischen Glaubensgemeinschaft auch auf dessen Aktivitäten zurückgeführt. Was genau Apollos gepredigt hat, wissen wir leider nicht und es ist auch nichts bekannt über eine Gruppierung, die sich seiner Aussagen wegen von Paulus abgesetzt hätte. Ich könnte mir sehr gut vorstellen, dass Apollos mit seiner bedachten Wortwahl bei manchen mehr Sympathie und Verständnis finden konnte als der stets rechthaberische Paulus.

Wenn von einer ernst zu nehmenden Opposition gegen Paulus gesprochen werden kann, dann stand dafür zweifellos die Gruppe um Kephas, womit Petrus gemeint war.[77] Dass Paulus seinen Namen nennt, könnte ein Hinweis auf einen Besuch von Petrus in Korinth sein. Dafür gibt es jedoch keine weiteren Anhaltspunkte. Wir können aber davon ausgehen, dass Prediger der Jerusalemer Gemeinde von Galatien aus in groben Zügen Paulus' Spuren folgten und nach Philippi auch Korinth erreichten. Fall es so war, ist das ein weiterer Hinweis darauf, dass der „Kompromiss von Jerusalem" keine Ruhe, Harmonie und Einmütigkeit innerhalb der jungen Glaubensgemeinschaft herbeigeführt hatte und dass Paulus noch immer mit Argwohn begegnet wurde.

Noch schwieriger ist es, die „Christuspartei" näher zu bestimmen. Paulus bemerkt nur, dass alle „in Christus eins" sein müssen. Mit anderen Worten: Alle hätten dieser Gruppierung angehören müssen. Da dies nicht so war, stellt sich die Frage, ob es neben den anderen Richtungen auch so etwas wie eine „Christuspartei" gab. Vielleicht stammt diese Bezeichnung von Paulus selbst oder jemand anderem und war als eine unmissverständliche Aufforderung an alle gemeint, von den sinnlosen Zwistigkeiten abzulassen. Für Paulus war es unbegreiflich, dass Christen, die durch die Taufe, das Sakrament, das alle miteinander verband, zusammengebracht worden waren, jetzt auseinandergewachsen waren.

Dieser Brief an die Korinther, in dem der Nachdruck auf den spezifischen Problemen der Stadt liegt, ist auch in einem breiteren Kontext – dem des Verhältnisses zwischen Juden und Christen – interessant. Paulus spricht darin deutlich aus, er teile die apokalyptische Vision der Juden, dass Gott verheißen habe, auf die Erde zurückzukehren, um sie vom überall sichtbaren Bösen zu befreien. Gott hatte diese Verheißung erfüllt, doch auf eine andere Weise, als es die Juden erwartet hatten: durch das Mysterium des gekreuzigten Christus. Für Paulus waren der Tod und die Auferstehung Christi der Beginn einer neuen Zeit der Erlösung, die mit der Endzeit übereinstimmte, die die Juden so herbeisehnten.

Die Schuld an der Misere in Korinth gab Paulus denjenigen, die vom rechten Weg abgewichen waren und den „falschen Predigern" Gehör geschenkt hatten. Er selbst hatte sich immer an seine Aufgabe als Apostel gehalten und überall, wo er nur konnte, das richtige Evangelium verkündet, andere dagegen hatten die „Weisheit der menschlichen Beredsamkeit" akzeptiert und sich damit gegen die Weisheit des gekreuzigten Christus gewandt. Der Gedanke, dass es Menschen geben könnte, die den Verkündigungen des Apollos oder denen der Jerusalemer Gruppe einen größeren Wert beimaßen als seiner „Wahrheit", war ihm unbegreiflich und in seinem ersten Brief an die Korinther klingt seine Enttäuschung immer wieder durch.

Paulus konnte Timotheus' Rückkehr aus Korinth kaum erwarten, doch was dieser ihm schließlich zu berichten hatte, enttäuschte ihn schwer. Der harte Tonfall seines Briefes war bei manchen Christen gar nicht gut angekommen und sie hatten sich noch stärker von ihm abgewandt. Paulus war der Verzweiflung nahe. Er sah sein Lebenswerk in Gefahr. Die Prediger, die schon die Galater auf andere Gedanken gebracht hatten, schienen jetzt auch die Korinther in ihrem Griff zu haben.

Neue Briefe an die Korinther

Paulus hatte den Korinthern versprochen, er werde zu ihnen zurückkehren (1 Kor 16, 5–9), und er hielt Wort. Die Auseinandersetzungen in ihrer Stadt, die „falschen Prediger" als seine unerbittlichen Gegner, ließen ihm keine andere Wahl, als persönlich nach dem Rechten zu sehen und seinen Anhängern Mut zuzusprechen. In der Apostelgeschichte ist über diesen Besuch nichts zu finden und Paulus selbst lässt sich in seinem zweiten Brief an die Korinther nur indirekt darüber aus, doch angesichts der Dringlichkeit der Dinge liegt es auf der Hand, dass er sich gleich nach Timotheus' Rückkehr auf die Suche nach einem Schiff machte, dass ihn in wenigen Tagen über die Ägäis zum Hafen Kenchreai bringen konnte. Der Blitzbesuch in Korinth fand im Sommer 54 statt, einige Monate, bevor er definitiv von Ephesus aus in den Norden reiste. Nach wenigen Tagen erreichte er Korinth, doch der Besuch verlief anders, als er es sich vorgestellt hatte. Paulus verhielt sich arrogant und versuchte, seine Widersacher mit seiner scharfen Zunge zurechtzuweisen. Der Anführer der judaisierenden Christen ließ sich jedoch von ihm nicht einschüchtern und beleidigte Paulus. Die Mitglieder der Gemeinde, auf deren Unterstützung Paulus gehofft hatte, setzten sich nicht für ihn ein (2 Kor 2, 1–11 und 7, 6–16).[78] Die Kritik an seiner Person und an seinen Vorstellungen hat ihn zweifellos schwer getroffen. Die 18 Monate, die er zuvor in Korinth verbracht hatte, schienen ihm eine verlorene Zeit gewesen zu sein. Alles, was er aufgebaut hatte, war niedergerissen worden. Er musste seine Enttäuschung und Frustration über den Misserfolg seiner Mission hinunterschlucken.[79]

Schon nach wenigen Wochen war Paulus zurück in Ephesus. In der Hoffnung, dass in der Zwischenzeit seine Vertrauenspersonen in Korinth bis zu seiner Rückkehr den jüdischen Predigern Paroli bieten konnten, machte er sich jetzt zu seiner geplanten Reise nach Makedonien auf, um den Gläubigen dort Mut zuzusprechen und sich einen Eindruck vom Grad der Einmütigkeit in ihren Gemeinden zu verschaffen; denn auch dort hatte der Einfluss der Andersdenkenden zugenommen. Erst danach wollte er die Reise in den Süden antreten, um Korinth erneut zu besuchen.

In jedem Fall erfolgte seine Abreise aus Ephesus geraume Zeit nach dem 2. Juni 54, dem Datum des Pfingstfestes, worüber er in seinem ersten Brief an die Korinther gesprochen hatte (1 Kor 16, 5–9). Sein in aller Eile gefasster Beschluss, auf einen Kurzbesuch nach Korinth zu reisen, hatte zur Folge, dass Paulus erst im September/Oktober 54 seinen Jüngern in Ephesus Lebewohl sagen konnte. Es wird ein emotionaler Abschied gewesen sein, denn höchst ungewiss blieb, ob er je zurückkehren würde.

Paulus hatte sich für seine Reise nach Makedonien sicherlich einen Plan zurechtgelegt, der letztendlich von der Situation in den christlichen Gemeinden in Makedonien und Griechenland bestimmt wurde. Wäre er sich sicher gewesen, dass die Lage sich ernsthaft verschlechtert hatte und keinen Aufschub duldete, hätte er den Weg über das Meer gewählt, zuerst westwärts längs der Küste und dann nach Norden durch die enge Seestraße zwischen dem Festland und der Insel Chios. Daraufhin wäre es weiter nach Norden gegangen in Richtung der Insel Lesbos und längs der Ostküste dieser Insel und des Festlands schnurstracks nach Assos. Von dort aus ist es nicht mehr weit bis Troas, dem Ort, den Paulus in seinem zweiten Brief an die Korinther nachdrücklich nennt. Sollte das Schiff Häfen angesteuert haben, dann wäre der Aufenthalt jedes Mal so kurz gewesen, dass Paulus keine Gelegenheit gehabt hätte, das Wort an die dort lebenden Gläubigen zu richten.

Ich denke jedoch, dass Paulus anderen Erwägungen gefolgt ist und den Landweg nach Troas genommen hat. Die Probleme in Makedonien und Korinth bedurften zwar einer Lösung, doch gleichzeitig erkannte Paulus, dass sich ihm jetzt die Gelegenheit bot, Städte zu besuchen, die er einige

Jahre zuvor hatte übergehen müssen. Er brauchte in diesen Städten nicht lange zu bleiben. Allein schon seine Anwesenheit würde für die christlichen Gemeinden, die sich dort gebildet hatten, ermunternd sein. Für den Fall, dass seine Gegner ihre Botschaft auch dort hinterlassen hatten, konnte er dieser jetzt persönlich seine eigene Vision gegenüberstellen.

Von Ephesus aus führte die von dem römischen Statthalter Aquilius um 127 v. Chr. angelegte Straße in Richtung Smyrna, einer modernen Hafenstadt. Hier wehte noch der Geist Homers, denn Smyrna gehörte zu den sieben Städten, die sich rühmten, der Geburtsort des großen Dichters zu sein. Um 600 v. Chr. war die Stadt von den Lydern verwüstet worden; danach war sie für geraume Zeit nicht mehr als ein ausgewachsenes Dorf, bis Alexander der Große und die späteren hellenistischen Herrscher Antigonos I. und Lysimachos die Stadt zu Füßen des Berges Pagos wieder zum Leben erweckten. Zu Beginn des 2. Jahrhunderts v. Chr. hatten die Bewohner der Stadt schnell erkannt, dass die Römer die neuen Weltherrscher sein würden. Schon lange bevor Kleinasien eine römische Provinz wurde, hatten sie der Göttin Roma bereits einen Tempel errichtet. In Smyrna ließ es sich offenbar gut aushalten: Auf Münzen wurde sie als „an Schönheit und Größe die erste in Asia" bezeichnet und der Rhetor Aelius Aristides besang im 2. Jahrhundert in einer seiner Reden die vielen Gymnasien, Agorai, Theater und Heiligtümer der Stadt.[80]

Smyrna war für Paulus zu bedeutend, als dass er die Stadt hätte links liegen und gleich nach Pergamon weiterreisen können. Johannes nennt Smyrna in seiner Offenbarung (1, 11) als zweite der sieben christlichen Gemeinden. Paulus war noch nie dort gewesen. Jetzt aber ergab sich eine gute Gelegenheit, den dortigen Christen seine Vision zu verkünden. Ob es so war, ob Paulus auf der großen Agora im Zentrum der Stadt das Wort an die Bewohner gerichtet hat und gleich danach weitergereist ist, wissen wir nicht. Es ist jedoch sehr wahrscheinlich, wollte er doch in so vielen Städten wie nur möglich das Wort Gottes verkünden.

Die kleinen Orte Kyme und Elaia wird Paulus nicht besucht haben. Ein Aufenthalt dort hätte ihn zu viel Zeit gekostet. Pergamon, eine Stadt mit einer reichen kulturellen und religiösen Geschichte, die aufgrund der Tempel der olympischen Götter Zeus, Athene und Dionysos und anderer, später hinzugekommener Götter wie Serapis noch immer bewundert werden konnte, wird er dagegen ins Auge gefasst haben, allein schon der großen Popularität des Asklepieions wegen, des Heiligtums für Asklepios, den Gott der Heilkunde. Es muss ihm ein Dorn im Auge gewesen sein, dass Jahr für Jahr Tausende Menschen aus allen Teilen der alten Welt hierher reisten, um von diesem Gott Heilung zu erflehen. Wie in Ephesus die Göttin Artemis von ihrem Heiligtum aus das Leben in der Stadt beherrschte, so war in Pergamon Asklepios fast allgegenwärtig. Durch einen überdachten Säulengang betraten die Besucher den riesigen Vorhof, der den Zugang zum Tempel gab, wo sie sich in der Hoffnung, der Gott werde sie heilen und von ihren Qualen erlösen, im sogenannten *abaton* („unzugänglichen Ort") zur Ruhe legten.

Während seiner ersten Reise durch Kleinasien war Paulus einer Konfrontation mit den Bewohnern von Pergamon noch aus dem Wege gegangen. Jetzt fühlte er sich stark genug, seinen Glauben auch in dieser feindlichen Umgebung anzupreisen, doch es fehlte ihm die Zeit, lange dort zu bleiben und ein dauerhaftes Fundament zu legen. Außerdem gab es hier bereits eine christliche Gemeinde, die ohne seine Hilfe entstanden war. Es war nicht etwa so, dass die Gläubigen seinen Besuch sehnsüchtig erwartet hätten. Für viele von ihnen war Paulus eine umstrittene Figur, ein Quälgeist, der nur Probleme mit sich brachte. Vielleicht hat er ein- oder zweimal in ihrer Mitte seine Vorstellungen dargelegt und ist dann weitergezogen, ohne sich rühmen zu können, in dieser Stadt Menschen bekehrt zu haben.

Paulus hätte eventuell länger in Pergamon bleiben können, um die Stadt (zusammen mit den anderen Christen) zu einem regionalen Stützpunkt für die christlichen Gemeinden in der weiteren Umgebung zu machen. Vielleicht hat er das erwogen, doch weil mit Ephesus ein solcher Stützpunkt schon vorhanden war, als überflüssig verworfen. Für die Christianisierung des Gebietes weiter nördlich von Pergamon, das von Ephesus aus schwieriger zu erreichen war, war er jedoch noch auf der Suche nach einem Ort, von dem aus die Aktivitäten koordiniert werden konnten. Seine Wahl fiel auf Troas, wo er sich während seiner vorigen Reise nur für sehr kurze Zeit aufgehalten hatte, weil die Stimme eines Makedonen ihn in einem Traumgesicht fortgerufen hatte. Er hatte zu wenig Zeit, um sich ein genaues Bild von der Stadt machen zu können, doch sie reichte zumindest aus, um die gute strategische Lage der Stadt zu erkennen.

Der Gott Asklepios

In Troas musste Paulus eine neue Enttäuschung verkraften. Er hatte gehofft, seinen treuen Mitarbeiter Titus dort anzutreffen, der ihn schon früher auf seinen Reisen durch Galatien begleitet und in Korinth seine Standpunkte verteidigt hatte. Doch zu seiner Bestürzung war Titus nicht nach Troas gekommen. War die Situation in Korinth so kritisch, dass er dort nicht abkömmlich war, oder hatte schlechtes Wetter die Überfahrt verhindert? Paulus war deprimiert und schrieb, sein Geist habe keine Ruhe finden können, „weil ich meinen Bruder Titus nicht fand" (2 Kor 2, 13). Er fühlte sich hin- und hergerissen: Seine Missionsreise nach Makedonien duldete keinen langen Aufschub, doch gleichzeitig wollte er auf Titus warten, um sich von ihm über den Stand der Dinge in Korinth informieren zu lassen.

Paulus war vor allem an den Reaktionen der Korinther auf einen früheren Brief interessiert, den sogenannten Tränenbrief, den er in Ephesus Titus mitgegeben hatte. Dieser Brief ist nicht erhalten geblieben, doch wir dürfen annehmen, dass Paulus darin kein Blatt vor den Mund genommen und hart gegen seine Widersacher ausgeteilt hatte, wie er es dann auch in Teilen des zweiten Briefes an die Korinther tat, den er im Sommer 55 in Makedonien schrieb. Er wollte von Titus hören, wie die Korinther auf seine Anschuldigungen reagiert hatten. Glücklicherweise traf er ihn dann noch in Makedonien, bevor er Korinth zum dritten Mal besuchte. Vor Einbruch des Winters war er auf einem der wenigen Schiffe, die jetzt noch aufs Meer hinausfuhren, von Troas aus nach Makedonien gereist. Titus wusste, dass Paulus dorthin reisen wollte, und hatte sich von Korinth aus ebenfalls nach Philippi oder Thessalonich begeben. Er hatte Gutes zu berichten. Die korinthische Gemeinde hatte Reue gezeigt und sah Paulus' Ankunft in ihrer Stadt mit freudiger Erwartung entgegen (2 Kor 7, 7). Sie musste jedoch noch einige Zeit darauf warten, denn Paulus und Titus blieben den ganzen Winter über in Makedonien.

Im Frühjahr trennten sich ihre Wege wieder. Paulus hatte ein so großes Vertrauen in Titus, dass er ihn als seinen Bevollmächtigten mit einem versöhnlichen Brief nach Korinth schickte. War Paulus nach seinem zweiten Besuch noch aufgebracht gewesen und hatte scharfe Kritik an seinen Widersachern geäußert, so zeigte er sich jetzt voller Selbstvertrauen und versöhnlich. Diesmal verwendete er auch keine harten Worte, sondern gab eine milde Erwiderung auf die positiven Berichte, die ihn aus Korinth erreicht hatten (2 Kor 1–9). Er sprach jetzt auch nicht mehr in der Ich-, sondern in der Wirform. Und als wolle er seinen Versöhnungsversuch unterstreichen, gab er Titus noch einen zusätzlichen Auftrag mit auf den

Weg: Geld für die Armen der Gemeinde in Jerusalem einzusammeln. Das war ein schlauer Schachzug. Hätte Paulus selbst in Korinth die Initiative ergriffen, hätten seine Konkurrenten ihn vielleicht mit Kritik überhäuft. Dem liebenswürdigeren Titus konnten sie ihre Zustimmung kaum verweigern. Sie konnten schwerlich Einwände erheben, wenn auch die dem Paulus wohlgesinnten Gläubigen den Armen in Jerusalem helfen wollten.

Paulus selbst kam erst im Spätherbst oder im frühen Winter des Jahres 55 nach Korinth. Er hatte die Zwischenzeit jedoch nicht ausschließlich in Makedonien verbracht, sondern seine Aktivitäten nach Illyrien ausgedehnt, dem nordwestlichen Teil des Balkans an der Adria. In der Apostelgeschichte ist darüber nichts zu lesen, doch Paulus selbst sagt in seinem Römerbrief, den er im Frühjahr des Jahres 56 schrieb, er habe „von Jerusalem aus in weitem Umkreis bis nach Illyrien überallhin das Evangelium Christi gebracht“ (Röm 15, 19). Mehr sagt er dazu nicht. Diese Mitteilung bietet einen Einblick in seine Strategie. Mit Korinth hatte Paulus noch lange nicht abgeschlossen, doch in Gedanken war er bereits woanders. Nicht ohne Grund nennt er Illyrien in einem Atemzug mit Jerusalem. Illyrien war die bis dahin am weitesten von Jerusalem entfernte Region, die er auf seinen Missionsreisen erreicht hatte. Es ist auch kein Zufall, dass er Illyrien im Brief an die Römer nennt statt in einem seiner Briefe an die Korinther. Paulus lässt keinen Zweifel an seinen ernsthaften Plänen, nach Westen zu reisen, damit sein Name mit der Glaubensverbreitung im ganzen Römischen Reich verbunden wird, nicht nur mit der Christianisierung der Länder rund um das östliche Mittelmeer. Illyrien war für ihn eine Zwischenstation, kein definitiver Endpunkt.

Paulus’ optimistische und ehrgeizige Pläne wurden jedoch durchkreuzt. Noch in Illyrien erreichten ihn schlechte Nachrichten aus Korinth. Die ihm feindlich gesinnten Prediger hatten in der korinthischen Gemeinde erneut für Unruhe gesorgt. Die von Titus zustande gebrachte Versöhnung war nicht von langer Dauer. Die Korinther warfen ihm Arroganz vor und sie nahmen es ihm übel, dass er Titus geschickt hatte, um Geld für die Armen in Jerusalem zu sammeln. Warum war er nicht selbst gekommen? Redete er nicht immerzu von Liebe? Wo war denn seine eigene?

Paulus war fassungslos. Vielleicht erwog er, sogleich nach Korinth abzureisen, doch seine Missionsarbeit in Illyrien stand gerade erst am

Anfang und er konnte die frisch bekehrten Gläubigen nicht jetzt schon ihrem Schicksal überlassen. Erneut griff er zur Feder und schrieb einen Brief, inhaltlich hart und scharf im Ton. Er suchte die Konfrontation. Frustration wechselt sich mit Sarkasmus und Wut ab, wenn er ausführt, dass er in keiner Weise hinter den nicht namentlich genannten jüdischen Predigern zurücksteht. Er beschuldigt sie der haltlosen Arroganz und schreibt: „Sie sind Hebräer – ich auch. Sie sind Israeliten – ich auch. Sie sind Nachkommen Abrahams – ich auch“ (2 Kor 11, 22). Und er fügt hinzu: „Sie sind Diener Christi – jetzt rede ich ganz unvernünftig –, ich noch mehr“ (2 Kor 11, 23). Dann erzählt er, als müsse er sich noch verteidigen, was er alles für Christus ertragen hat:

> Ich ertrug mehr Mühsal, war häufiger im Gefängnis, wurde mehr geschlagen, war oft in Todesgefahr. Fünfmal erhielt ich von Juden die neununddreißig Hiebe, dreimal wurde ich ausgepeitscht, einmal gesteinigt, dreimal erlitt ich Schiffbruch, eine Nacht und einen Tag trieb ich auf hoher See. Ich war oft auf Reisen, gefährdet durch Flüsse, gefährdet durch Räuber, gefährdet durch das eigene Volk, gefährdet durch Heiden, gefährdet in der Stadt, gefährdet in der Wüste, gefährdet auf dem Meer, gefährdet durch falsche Brüder. Ich erduldete Mühsal und Plage, durchwachte viele Nächte, ertrug Hunger und Durst, häufiges Fasten, Kälte und Blöße. Um von allem andern zu schweigen, weise ich noch auf den täglichen Andrang zu mir und die Sorge für alle Gemeinden hin. (2 Kor 11, 23–28)

In seinem Brief geht Paulus auch auf den Vorwurf seiner Widersacher ein, es fehle ihm an Beredsamkeit. Er war sich seiner Defizite auf diesem Gebiet bewusst; schon in Athen war er von den Philosophen verspottet worden, weil er ihrer Meinung nach Unsinn von sich gegeben und keine schlüssige Darlegung vorgetragen hatte. Damals hatte er dem nicht allzu viel Aufmerksamkeit geschenkt und der Stadt nach kurzer Zeit den Rücken zugekehrt. Jetzt musste er auf diese Vorhaltungen eingehen. Er entgegnete, dass er genügend Kenntnisse besitze und das mehr als einmal bewiesen habe. Darum, so sagte er, stehe er den „Überaposteln“ keineswegs nach (2 Kor 11, 1–6).

Paulus' Enttäuschung und Ärger über die „verkehrten“ Auffassungen und Aktivitäten der „falschen Prediger“ war noch viel größer. Seine Widersacher priesen Jesus zwar als den Messias, doch gleichzeitig predigten sie, dass Nichtjuden die jüdischen Gesetze zu befolgen hätten. Paulus konnte oder wollte nicht begreifen, dass die Korinther sich so leicht ihren Vorschriften gebeugt hatten, nur weil sie ihnen vielleicht etwas erzählt hatten, was ihrem Gefallen entsprach. Leider kennen wir ihre Version des Konflikts nicht und müssen uns auf Paulus' Darstellung stützen, die sicherlich gefärbt und voller Übertreibungen ist. Ihre Version des Glaubens schien ihnen möglicherweise authentischer zu sein als die, die Paulus ihnen vermittelt hatte, unterhielten sie doch gute Kontakte zur Gemeinde in Jerusalem und damit zu Menschen, die Christus persönlich gekannt hatten, was von Paulus nicht gesagt werden konnte.

Paulus musste jetzt nach Korinth zurückkehren, um die Jünger zu unterstützen, die ihm treu geblieben waren. Es ist nicht bekannt, wo genau er sich in Illyrien befand, als die schlechten Nachrichten ihn erreichten. Lukas und auch Paulus selbst lassen uns hier im Stich. Wir können die Reiseroute nur erraten. Sollte er bis weit in Illyrien vorgedrungen sein, könnte er über die Via Egnatia nach Dyrrhachium (das heutige Dürres in Albanien) gelangt sein und dort ein Schiff gesucht haben, das zum Golf von Korinth fuhr, nach Patras oder nach Lechaion, dem westlichen Hafen Korinths. Vermutlich befand er sich noch im Grenzgebiet zu Makedonien und ist erst an die makedonische Küste zurückgekehrt, um dort in einem der Häfen ein Schiff nach Korinth zu nehmen oder über die große Küstenstraße nach Süden zu ziehen.

Noch vor dem Winter 55/56 traf Paulus in Korinth ein. Es war sein dritter Besuch in dieser Stadt. Offenbar hatten seine ermahnenden Worte eine heilsame Wirkung gehabt, denn die christliche Gemeinde reagierte nicht feindselig. Seine Anhänger und seine Gegner schienen zur Besinnung gekommen zu sein. Auch er selbst hatte sich vielleicht Gedanken über seine künftige Strategie gemacht. Möglicherweise hatte er eingesehen, dass aus harten Wortgefechten mit seinen Glaubensgenossen nur Verlierer hervorgehen konnten, und strebte jetzt eine Versöhnung an. Über Probleme mit den „falschen Predigern" ist jedenfalls nichts mehr zu lesen. Während seines dreimonatigen Aufenthalts in Korinth sammelte Paulus Geldspenden für die Gemeinde in Jerusalem, eine Aktion, für die Titus die Grundlage gelegt hatte. Es war eine Voraussetzung für den Erfolg dieser Spendenaktion, dass die korinthischen Christen nicht entzweit

Die Via Egnatia (Foto: Artmaster/P. J. Homan)

waren, dass alle darin übereinstimmten, dass sie vertrauensvoll in Paulus' Hände gelegt werden sollte. Für ihn war es sowohl eine ehrenvolle wie auch eine wichtige Aufgabe. Die Spendengelder bewiesen nicht nur die Freigebigkeit aller Kirchen, in denen er das Wort Gottes verkündet hatte. Paulus konnte die Kollekte auch in einen religiösen Rahmen stellen. Er konnte jetzt mit einigem Recht behaupten, dass in der ganzen Christengemeinschaft Einheit und Gleichheit herrschte und dass er sich mit aller Kraft darum bemüht hatte, den Unterschied zwischen Juden und Nichtjuden aufzuheben.

Eine neue Strategie

In Korinth hat Paulus ernsthaft über seine Zukunftspläne nachgedacht. Sollte er sich jetzt auf den ägäischen Raum konzentrieren oder sollte er weiter entfernte Regionen aufsuchen, in die noch kein Prediger vorgedrungen war? Der Abstecher nach Illyrien hatte ihn an seine ersten Missionszüge durch das Binnenland der Türkei erinnert, wo er den christlichen Glauben als eine neue Religion verkündet hatte. In Illyrien hatte er sich nicht um theologische Haarspaltereien kümmern müssen und sich auf die Kernaufgabe konzentrieren können, die er sich gestellt hatte: in Regionen zu predigen, die noch nicht oder kaum mit seinem Glauben in Berührung gekommen waren. Hier, in Illyrien, vielleicht irgendwo an der adriatischen Küste, ist bei ihm die Idee gereift, eine andere Strategie zu verfolgen: sich weniger in den Glaubensrichtungsstreit einzumischen und stattdessen weiter westwärts zu reisen, über Rom an die westlichen Ränder des Römischen Reiches. Sein Wunsch, das Wort Gottes in möglichst vielen Regionen des Römischen Reiches zu verkünden, spielte dabei sicherlich eine Rolle.

Dass Paulus seinen Reiseplan änderte, könnte auch als eine persönliche Niederlage betrachtet werden, als eine Kapitulation vor der Macht der konservativen Prediger. Er war des Kampfes müde. In den Ländern an der Ägäis waren zwar noch zahlreiche Streitpunkte zu lösen, doch darin sah er keine Herausforderung mehr. Er war ein Pionier, der nicht missionierte Regionen besuchen wollte, um dort das Wort Gottes zu verkünden (Röm 15, 23). Sein Brief, in dem er eine neue Strategie entwirft, ist denn auch als eine Flucht nach vorn zu betrachten. Die alles andere als vollendete Christianisierung Kleinasiens, Griechenlands und Makedoniens überließ er lieber anderen, seinen Mitarbeitern und Jüngern, die seine Vorstellungen vertraten.

Paulus hatte inzwischen allerdings die harte Lektion lernen müssen, dass er von vielen nicht als „*der* Glaubensverkünder" betrachtet wurde, der er so gerne sein wollte. Es gab zahllose andere, von denen viele Ansichten verbreiteten, die nicht den seinen entsprachen, und sie waren auch schon nach Rom vorgedrungen. Aquila und Priszilla hatten ihm schon bei seinem ersten Besuch in Korinth darüber erzählt. Er wusste also von Zwistigkeiten zwischen Juden und jüdischen Christen und von der harten Ausweisungsverfügung, die Kaiser Claudius im Jahr 41 erlassen hatte (siehe S. 153 f.). Claudius war jedoch 54 gestorben, und was sein Nachfolger, der junge Nero, über „jüdische Fragen" dachte, war noch nicht ersichtlich.

In Korinth, im Haus des Gaius (Röm 16, 23), der zu den Ersten gehörte, die er dort bekehrt hatte, arbeitete Paulus in seinem Römerbrief seine Strategie weiter aus. War es Hochmut, wenn er sich geradewegs an die

Bewohner der Hauptstadt des Römischen Reiches richtete und ihnen mitteilte, er wolle in Rom einen Zwischenstopp auf seinem Weg in den fernen Westen einlegen? Er war noch nie in Rom gewesen. Bis dahin hatte er nur Briefe an Gemeinden geschrieben, die er besucht hatte, oder an Personen, mit denen er bereits verkehrt hatte; jetzt maßte er sich an, den römischen Christen vorzuschreiben, wie sie sich zu verhalten hatten, um zu Gott zu kommen.

Da der Römerbrief tiefer greift als die anderen Briefe, wird er von einigen Exegeten als Paulus' spirituelles Testament betrachtet. Andere sind dagegen der Meinung, dass er einfach nur seinen eingeschlagenen Weg fortsetzte und auch in diesem Schreiben die Probleme einer christlichen Gemeinde behandelte, in diesem Fall die Probleme einer Weltstadt. Probleme also, die viel komplexer waren als die der Gemeinden in Handelsstädten wie Korinth und Ephesus.

Der Brief ist an „die" Römer adressiert, ohne eine weitere Eingrenzung. Es ist die Frage, ob Paulus sich an alle Christen, jüdische und nichtjüdische, richtete oder ob er speziell die Nichtjuden vor Augen hatte. Er macht es seinen Lesern nicht einfach, denn er gibt keine eindeutigen Hinweise. Röm 7, 6 lässt den Schluss zu, dass Paulus alle Christen erreichen will. Mit seiner Aussage, dass die Christen von dem Gesetz frei geworden sind und dass *wir* „in der neuen Wirklichkeit des Geistes" dienen, „nicht mehr in der alten des Buchstabens", gibt er nichts anderes zu verstehen, als dass es zwischen Juden und Nichtjuden keinen Unterschied mehr gibt und dass die Tora als leitende Kraft der jüdischen Christen ausgedient hat. Stellen wir dieser Aussage jedoch die Anschrift des Briefes gegenüber, wo zu lesen ist (Röm 1, 5), er habe durch Jesus Christus die Gnade und das Apostelamt empfangen, „um in seinem Namen alle Heiden zum Gehorsam des Glaubens zu führen", dann hat es den Anschein, er habe sich speziell an die nichtjüdischen Christen gewendet.[81]

Paulus gibt sich im Römerbrief nicht gerade bescheiden. Er beginnt mit der gebräuchlichen Bemerkung in der Anschrift, dass er, ein „Knecht Christ Jesu", zum Apostel berufen und auserwählt sei, „das Evangelium Gottes zu verkündigen". Und dann sagt er etwas, was seine künftige Evangelisierungsarbeit in Rom in ein merkwürdiges Licht rückt: Ihr Glaube werde „in der ganzen Welt verkündet", schmeichelt er den Christen in

Rom, nur um dann hinzuzufügen, er sehne sich danach, zu ihnen zu kommen, damit seine Arbeit „wie bei den anderen Heiden“ auch bei ihnen Frucht bringen kann. Er fügt hinzu: „Griechen und Nichtgriechen, Gebildeten und Ungebildeten bin ich verpflichtet; so liegt mir alles daran, auch euch in Rom das Evangelium zu verkündigen“ (Röm 1, 8–15). Das sind nicht die Worte eines Menschen, der sich selbstlos in den Dienst einer Gemeinschaft stellt. Aus ihnen spricht Hochmut, als ob die römischen Christen einem schlichten Glauben anhingen und eine noch jungen Gemeinde bildeten, die er unterweisen und überzeugen müsse. Paulus war der Ansicht, die Römer könnten das eine und andere noch von ihm lernen.

Kein anderer seiner Briefe ist im Laufe der Jahrhunderte so eingehend analysiert und kommentiert worden wie der an die Römer. Einige sehen darin eine systematische Darlegung des großen Plans Gottes zur Rettung der Menschheit, andere betrachten ihn als eine abstrakte theologische Abhandlung und wieder andere als eine Zusammenfassung der Standpunkte, die er sich in den Jahren davor in den Debatten über die frühe Kirche zu eigen gemacht hatte. Hier ist nicht der Ort, die vielen und sehr unterschiedlichen Interpretationen dieses Briefes von der Reformation bis heute wiederzugeben.[82] Ich werde mich auf die Kernpunkte beschränken.

Man hätte erwarten können, dass Paulus im Osten seine Lektion gelernt hatte und seine Standpunkte vorsichtig formulieren würde. Aber davon ist nichts zu merken. Er denkt, mit seiner „Lehre“ den Schlüssel zum wahren Glauben in der Hand zu haben. Die zentrale Aussage seiner Botschaft ist, dass Nichtjuden und Juden gerettet werden können, wenn sie nur Gottes Evangelium folgen. Der neue Weg der „Gerechtigkeit durch den Glauben“ erreicht mit der Ankunft Christi einen Höhepunkt. Wer an ihn glaubt, wird gerettet werden. Paulus kennt nicht die Spur eines Zweifels. Seine Interpretation ist die einzig richtige. Danach führt er die Konsequenzen dieser Überzeugung für die Jünger Christi vor Augen und erteilt eine Reihe apostolischer Ratschläge, bevor er schließlich seine weiteren Reisepläne entfaltet.

Man darf sich fragen, ob Paulus den Blick auf die Realität verloren hatte, als er schrieb, dass Rom für ihn nur eine Zwischenstation auf seinem Weg nach Spanien sein sollte. Die Hauptstadt des Römischen Reiches ist in dem Brief also nicht das Endziel seiner Mission. Offenbar geht es ihm in erster Linie um den geografischen Umfang seiner Missionsarbeit. Bis dahin war das östliche Mittelmeergebiet sein Arbeitsterrain gewesen, er hatte seinen Glauben in Syrien, Kilikien, Galatien, Phrygien, Mysien, Makedonien, Griechenland und Illyrien verkündet. Jetzt wollte er sich dem westlichen Teil des Römischen Reiches zuwenden. Ein sehr gewagter Plan, denn er kannte den Westen überhaupt nicht. Und es war ein Plan, für dessen Ausführung sehr viel Zeit und Energie erforderlich gewesen wäre. Die Frage ist, ob Paulus darüber verfügte. Zuerst musste er noch einmal nach Jerusalem zurückkehren, um das von der Gemeinde in Korinth gesammelte Geld für die Armen abzuliefern und mit den Repräsentanten der Jerusalemer Gruppe Gespräche über den Kurs der jungen Kirche zu führen. Er konnte sich denken, dass sie nicht erfreut auf seine Pläne reagieren würden und ihn mit einiger Sicherheit davon abbringen wollten, seine Standpunkte in Rom zu verbreiten. Seine erträumte Expedition nach Spanien konnte erst recht nicht auf ihre Zustimmung hoffen. Zu oft schon hatte er sich gerühmt, den Glauben an Orten verkündet zu haben, zu denen nur er vorgedrungen war. Sollte er jetzt auch noch die Christianisierung des Westens auf sich nehmen, und zwar mit Erfolg, hätte man ihn mit Fug und Recht den „Apostel der Heiden“ nennen können und das passte ihnen gar nicht.

Ziehen wir alle Verzögerungen in Betracht, könnte er die Reise nach Rom frühestens im Jahr darauf angetreten haben. Wollte er in der Hauptstadt des Römischen Reiches etwas bewirken, dann musste er längere Zeit bei den Gläubigen verbringen, um herauszufinden, was sie beschäftigte. Und danach wollte er noch nach Spanien aufbrechen. Für einen fast 63 Jahre alten Mann keine einfache Aufgabe.

Sein Wunsch, nach Spanien zu reisen, wirft die Frage auf, ob Paulus seine Kapazitäten nicht überschätzte. Bis dahin hatte er überall in griechischer Sprache gepredigt. In dieser Sprache konnte er sich gut ausdrücken. In Spanien hätte er sich des Lateinischen bedienen und auf Dolmetscher zurückgreifen müssen. Auch seiner gängigen Strategie, zuerst in den jüdischen Synagogen zu predigen und danach in den Gebetshäusern der übrigen Bewohner einer Stadt, hätte er hier nicht mehr folgen können, weil es im 1. Jahrhundert in Spanien keine großen jüdischen Gemeinden gab. Aus diesen Gründen, und weil Paulus keine weiteren

Details über Missionsaktivitäten in Spanien gibt, ist es gut möglich, dass sein Brief an die Römer auch als ein allgemeiner Aufruf an die Christen in Rom zu verstehen ist, den Glauben weiterzuverbreiten. Falls es ihm selbst nicht gegeben war, in Spanien zu predigen, dann konnten andere das in seinem Namen tun – die Idee der Christianisierung Spaniens wäre auch in diesem Fall ihm zugeschrieben worden. Angesichts seines eigensinnigen Verhaltens in der Vergangenheit denke ich dann aber doch, dass Paulus in dieser Phase tatsächlich die Absicht hatte, nach Spanien zu reisen. Er hatte sich im Laufe der Jahre nicht geändert, noch immer war er der entschlossene Apostel, der auf ungebahnten Wegen wandelte.

Zurück nach Jerusalem

Nach drei Monaten verließ Paulus Korinth. Doch auch diesmal verlief die Reise nicht erwartungsgemäß. Zusammen mit seinen Reisegefährten begab er sich im Frühjahr 56 in die Hafenstadt Kenchreai und wartete dort auf ein Schiff, das nach Osten fuhr. Im Hafenviertel legte er auch letzte Hand an den Römerbrief und übergab ihn an Phöbe, über die er im letzten Kapitel seines Römerbriefes schrieb:

> Ich empfehle euch unsere Schwester Phöbe, die Dienerin der Gemeinde von Kenchreai: Nehmt sie im Namen des Herrn auf, wie es Heilige tun sollen, und steht ihr in jeder Sache bei, in der sie euch braucht; sie selbst hat vielen, darunter auch mir, geholfen. (Röm 16, 1–2)

Paulus konnte in Rom auf die Unterstützung einer Reihe von Getreuen zählen. Am Schluss seines Briefes lässt er 26 Personen grüßen, 24 davon nennt er beim Namen (Röm 16, 1–16). Aquila und Priszilla (Priska) kannte er am besten. Mit ihnen hatte er in Korinth und Ephesus zusammengearbeitet. Jetzt waren sie wieder in die Stadt zurückgekehrt, die sie im Jahr 41 verlassen hatten. Es ist sehr gut denkbar, dass Paulus sie vorausgeschickt hatte, um die Situation in Augenschein zu nehmen und die Gemeinde auf seine Ankunft vorzubereiten. Die Namen der anderen Vertrauten sind weniger bekannt, doch allen wird eine besondere Qualifikation zugeschrieben. Von Epänetus wird zum Beispiel gesagt, er sei

„die Erstlingsgabe der Provinz Asien für Christus", und von Andronikus und Junias, dass sie zusammen mit ihm im Gefängnis waren und angesehene Apostel sind. Die Aufzählung seiner Mitarbeiter rechtfertigt den Gedanken, dass Paulus auch der Christianisierung der Hauptstadt seinen Stempel aufdrücken wollte.

Eine ruhige Überfahrt von Kenchreai nach Syrien sollte Paulus nicht zuteilwerden. Im letzten Moment sah er von der Seereise ab, Lukas zufolge, weil die Juden einen Anschlag auf ihn planten (Apg 20, 3). Einen Grund für solche Anschlagspläne nennt er nicht. Mir kommt diese Mitteilung unglaubwürdig vor. Ich kann mir nicht vorstellen, dass es in Griechenland so etwas wie eine jüdische Verschwörung gegen Paulus gab. Genauso unwahrscheinlich ist es, dass Paulus' Leben auf dem Schiff, das ihn und seine Reisegefährten nach Syrien bringen sollte, in Gefahr war, weil man ihm die gesammelten Spendengelder hätte rauben wollen. Mit großer Wahrscheinlichkeit hat Lukas den „Anschlag" eingeführt, um Paulus' Abreise in den Norden, nach Makedonien, begründen zu können. Es war schließlich keine logische Entscheidung, zuerst nach Norden zu gehen, dann südwärts durch Kleinasien zu reisen und dort erst ein Schiff zu nehmen, das in Richtung Osten fuhr.

Aber Paulus war in diesen Tagen nicht mehr er selbst. Der Außenwelt gegenüber ließ er sich, wie sein Brief an die Römer zeigt, keine Zweifel anmerken und legte ein großes Selbstvertrauen an den Tag, doch tief in seinem Herzen fühlte er auch, dass er die Gläubigen in Thessalonich, Philippi und Neapolis im Regen stehen lassen würde, falls er, ohne von ihnen Abschied zu nehmen, gleich nach Jerusalem gehen sollte. Eine Abschiedsreise durch die Gemeinden in Makedonien verzögerte allerdings die Überbringung des für Jerusalem gesammelten Geldes und erhöhte das Risiko, dass er unterwegs beraubt werden könnte. Ohne dieses Geld wäre Paulus' Position in Jerusalem praktisch aussichtslos geworden. Hatten es doch die nichtchristlichen Juden schon auf ihn abgesehen (Röm 15, 31); sollte der Unmut der Christen noch hinzukommen, wären seine Missionsaktivitäten kaum noch glaubwürdig gewesen.

Dennoch schlug Paulus den Weg nach Makedonien ein, vermutlich über Land, um von möglichst vielen Christen in Griechenland und Makedonien Abschied nehmen zu können. In seiner Gesellschaft befand sich auch Lukas, denn in der Apostelgeschichte teilt dieser mit, dass andere in Troas „auf uns“ warteten (Apg 20, 5–6). Diese anderen waren Sopater aus Beroia, Aristarch und Secundus aus Thessalonich, Gaius aus Derbe und Timotheus, Tychicus und Trophimus aus anderen Gemeinden in der Provinz Asien, Reisegefährten, mit denen Paulus zuvor schon Freud und Leid geteilt hatte. Sie waren über das Meer nach Troas vorausgereist und warteten dort auf ihn. Sie trugen das Geld für die Armen in Jerusalem bei sich. Paulus hatte es ihnen anvertraut, denn er befürchtete, dass ihm auf seiner Reise von Stadt zu Stadt Wegelagerer auflauern könnten, und der Verlust des Geldes hätte seinem eh schon beeinträchtigten Ruf weiteren Schaden zugefügt.

In Neapolis, dem Hafen von Philippi, ging Paulus an Bord eines Frachtschiffes und erreichte nach fünf Tagen Troas, wo die ganze Gesellschaft sieben Tage lang blieb. In dieser Woche versuchte Paulus mit Sicherheit, eine Grundlage für ein Zentrum zu errichten, von dem aus dem Glauben in der Region Form gegeben werden konnte. Über die Ergebnisse lesen wir nichts. Dafür präsentiert Lukas uns eine wunderliche Erzählung. An einem Sonntag, am Tag vor der Abreise, waren viele zusammengekommen, „um das Brot zu brechen“. Da ergriff Paulus das Wort und hielt eine lange, ermüdende Predigt. Er war, wie sich schon früher gezeigt hatte, kein mitreißender Redner. Dafür gibt Lukas jetzt ein konkretes Beispiel (Apg 20, 7–12). Paulus redete und redete, bis es Mitternacht wurde. Er konnte kein Ende finden. Einer der Zuhörer saß auf der Fensterbank und fiel, vom Schlaf übermannt, aus dem dritten Stock hinunter. Alle hielten ihn für tot, nur Paulus nicht. Er lief hinab, schlug seine Arme um den Unglücklichen und sagte zu den Umstehenden, sie sollten nicht zu viel Geschrei machen, denn er lebe noch. Danach setzten sie das Abendmahl einfach fort und Paulus sprach noch bis zum Morgengrauen mit seinen Jüngern. Über den aus dem Fenster gestürzten jungen Mann erfahren wir nur noch, dass er lebend weggetragen wurde.

Der Gedanke, dass er sich auf einer Abschiedsreise befand und vermutlich keinen der Gläubigen in Makedonien und Troas je wiedersehen würde, rief bei Paulus emotionale Reaktionen hervor. Er wollte für kurze Zeit allein sein und alles, was vorgefallen war, vor seinem inneren Auge Revue passieren lassen. Sie kamen überein, dass seine Reisegefährten, auch Lukas, von Troas mit dem Schiff nach Assos fahren sollten, während Paulus die 50 Kilometer bis Assos zu Fuß zurücklegen und sich ihnen dort wieder anschließen würde.

Assos war ein Städtchen auf dem Hang eines Hügels mit Ausblick auf die Nordküste der Insel Lesbos. Schon im 6. Jahrhundert v. Chr. war es eine recht wohlhabende Stadt. Darauf lässt der dorische Tempel der Göttin Athene schließen, von dem noch einige Säulen stehen. Im 4. Jahrhundert hat Aristoteles eine Zeit lang hier gelebt – und seine Frau gefunden: Pythia, die Nichte des damaligen Herrschers. Assos war auch der Geburtsort des stoischen Philosophen Kleanthes (330–232 v. Chr.), der später in Athen von sich reden machen sollte. In der Mitte des 3. Jahrhunderts war die kleine Stadt unter die Herrschaft der Könige von Pergamon geraten. Um 130 v. Chr. hatten die Römer die Macht in Assos übernommen und danach durch den Bau neuer Straßen, Stadtmauern, Bäder und eine Erweiterung des alten griechischen Theaters das Stadtbild geprägt.

Paulus ist nicht lange in Assos geblieben, vielleicht nicht einmal einen Tag lang. Jedenfalls nicht lange genug, um das Wort an die Bewohner zu richten. Die ganze Gesellschaft ging an Bord eines Küstenfahrers, der sie nach Mytilene auf Lesbos brachte, die Insel, die ihren Ruhm vor allem der Dichterin Sappho verdankte. Sie hatte ihre Gedichte einem Publikum vorgetragen, das hauptsächlich aus Frauen bestand. Paulus war noch nie zuvor auf Lesbos gewesen und auch jetzt bekam er kaum etwas von der Insel zu sehen. Er blieb nur ein paar Stunden dort, höchstens eine Nacht lang. Am nächsten Morgen fuhren sie über Chios nach Samos, von wo aus im 6. Jahrhundert v. Chr. der Tyrann Polykrates die Meere kontrolliert und von den Schiffen einen Zoll für eine freie Durchfahrt gefordert hatte.

Nach einem kurzen Halt fuhr das Schiff über Trogylion nach Milet, einst der wichtigste Hafen Kleinasiens. Im 2. Jahrtausend v. Chr. hatten sich Kolonisten aus Kreta und Mykene hier angesiedelt und später waren Griechen aus Athen gefolgt. Milet war auch der Ort, an dem im 6. Jahrhundert v. Chr. die ionischen Naturphilosophen Thales, Anaximenes, Anaximander und Hekataios ihre Vorstellungen über die Entstehung der Welt entwickelt hatten. Zu Beginn des 5. Jahrhunderts v. Chr. hatte Milet die Initiative für den Aufstand gegen die persische Oberherrschaft ergriffen, der mit harter Hand niedergeschlagen wurde. 494 v. Chr. wurde die Stadt verwüstet, doch 15 Jahre später, nach dem Ende der Perserkriege (491–479 v. Chr.), gemäß dem später auch in anderen Städten angewandten quadratischen Stadtplan des Architekten Hippodamos wieder aufgebaut. In der römischen Zeit verlor Milet an Bedeutung. Der Hafen versandete (heute liegt er fast sieben Kilometer landeinwärts) und die Handelsschiffe legten im besser ausgerüsteten Hafen von Ephesus an, zumindest so lange, bis dieser ebenfalls zugeschlammt war. Der wirtschaftliche Rückgang hat jedoch nicht unmittelbar zu einem Rückgang der Bauaktivitäten geführt. Läuft man durch die Ruinen von Milet, sieht man noch immer das schöne Zusammenspiel von griechischer Architektur (die Tempel der Athene, der Hera und des Apollo, eine Agora und ein Theater) und typisch römischen Bauten, unter denen vor allem die Thermen ins Auge fallen.

Gegen alle Erwartungen ging Paulus nicht nach Ephesus. Auf den ersten Blick ist nicht nachzuvollziehen, weshalb er diese Stadt gemieden haben sollte, hatte sie doch in den Jahren zuvor eine wichtige Rolle in seinem Leben gespielt. Möglicherweise wollte er auch dort von einer Reihe seiner Vertrauten Abschied nehmen. Vielleicht sah er sich durch die Umstände gezwungen, davon abzusehen, weil das Schiff, das er genommen hatte, nicht in Ephesus anlegte, sondern ohne Zwischenhalt nach Milet fuhr. Möglicherweise blieb er in Milet, um keine Zeit zu verlieren, bis er ein Schiff mit Kurs in Richtung Osten gefunden hatte. Gegen diese Annahme spricht, dass er die Ältesten der ephesischen Gemeinde in Milet zu sich rief und sie über seine Befürchtungen für die Zukunft informierte. Statt sie zu sich kommen zu lassen, hätte er auch selbst nach Ephesus gehen können und sich danach von dort oder wieder von Milet aus in den Osten aufmachen können.

Meiner Meinung nach hatte Paulus einen tieferen Grund, Ephesus zu meiden: Es wäre über seine Kräfte gegangen, die Stadt noch einmal zu besuchen. Er hatte dort so viel erlebt, dass ein wenn auch noch so kurzer Aufenthalt unter den Ephesiern zu viele Emotionen in ihm ausgelöst hätte. Er beschränkte sich jetzt auf eine Ansprache an die Ältesten der Gemeinde von Ephesus, in der er nicht um den heißen Brei herumredete und sagte, dass ihn nach seiner Ankunft in Judäa ein ungewisses Schicksal erwartete. Sie müssten damit rechnen, ihn nie mehr wiederzusehen.

Die Agora von Milet (Foto: Artmaster/P. J. Homan)

In einer schönen Bildsprache prophezeite er ihnen eine nicht sehr freudvolle Zukunft:

> Ich weiß: Nach meinem Weggang werden reißende Wölfe bei euch eindringen und die Herde nicht schonen. Und selbst aus eurer Mitte werden Männer auftreten, die mit ihren falschen Reden die Jünger auf ihre Seite ziehen. Seid also wachsam, und denkt daran, daß ich drei Jahre lang Tag und Nacht nicht aufgehört habe, unter Tränen jeden einzelnen zu ermahnen. (Apg 20, 29–31)

Für Paulus war der Kampf gegen die „falschen Prediger“ offenbar noch immer nicht ausgefochten. Nach seiner Ansprache brachen alle in Tränen aus. Sie umarmten und küssten ihn und gaben ihm das Geleit.

Mit seiner ganzen Gesellschaft und den Spendengeldern aus Korinth im Gepäck schiffte Paulus sich für die Reise in Richtung Osten ein. Sie nahmen Kurs auf Kos, passierten das hoch aufragende Heiligtum des Asklepios und fuhren danach an Halikarnassos vorbei. Jetzt kam ein Punkt, der den Seeleuten immer schon Angst eingeflößt hatte: das Kap

Die Landenge von Knidos (Foto: Jos Beelen)

Triopion mit der Stadt Knidos. Sie passierten das Kap, ohne Schaden zu nehmen, und steuerten zwischen den Inseln Nisyros und Telos an Steuerbord und Syme an Backbord auf die Nordküste von Rhodos zu. Von dort aus nahmen sie direkten Kurs auf Patara in Lykien, eine wichtige Hafenstadt, die nach Pataros, einem Sohn Apollons, benannt worden war. In der Zeit der Perserkriege hatte die Stadt den Persern als Ausfallbasis gedient. Die Nachfolger Alexanders des Großen hatten manchen Kampf um den Besitz dieses Hafens ausgefochten und auch in römischer Zeit war Patara im Machtkampf um das Erbe Iulius Caesars hart umkämpft gewesen. Nachdem sich aber der Staub der Bürgerkriege gelegt hatte, entwickelte sich Patara zu einem geschäftigen Handelshafen. Die Römer hatten die Bedeutung der Stadt erkannt und sie zum Regierungssitz des Statthalters von Lykien gemacht.

Wie von vielen anderen Städten sind auch von Patara nicht viel mehr als einige schlecht konservierte Bruchstücke alter Bauwerke erhalten geblieben. Dichtes Gesträuch inmitten sumpfiger Moraste hat die Ruinen überwuchert. Vom großen Apollotempel, der die Stadt berühmt machte, ist keine Spur zu finden. Am besten bewahrt ist das östliche Zugangstor, das 100 n. Chr. gebaut wurde, gut 40 Jahre nach Paulus' Besuch. Dass die Stadt im 1. Jahrhundert ein wichtiges regionales Zentrum war, ist noch am größtenteils von Sand überdeckten Theater zu erkennen, das in hellenistischer Zeit erbaut und unter Kaiser Tiberius (14–37) restauriert wurde.

Paulus hatte Patara auf seinen beiden früheren Missionsreisen nicht besucht. Auf diesen Reisen hatte er den schwierigen Weg durch das Binnenland genommen. Der energische Paulus der ersten beiden Missionsreisen hätte in der Stadt gleich nach Möglichkeiten gesucht, seine Botschaft zu verbreiten. Die Enttäuschung über die Kritik an seiner Interpretation des Glaubens und dunkle Vorahnungen hatten ihn jedoch schwächer und unsicherer werden lassen. In Patara musste er sich erneut der Tatsache stellen, dass er nicht der einzige Apostel war, der Gottes Wort verkündigte. Auch andere Prediger hatten die günstig gelegene Hafenstadt bereits besucht. Vielleicht war die Stadt auch unter den Einfluss der Personen geraten, die seine Missionsarbeit in Galatien zunichte gemacht hatten, und er wollte in der kurzen Zeit seines Aufenthalts in Patara die Konfrontation mit diesen Predigern nicht eingehen. Eine solche Konfrontation hätte seine Position bei der Rückkehr nach Jerusalem nur noch zusätzlich geschwächt.

Am liebsten hätte Paulus ein Schiff genommen, das ihn unmittelbar nach Caesarea gebracht hätte. Er musste jedoch mit einem Frachtschiff vorliebnehmen, dessen Ladung für Tyrus in Phönizien bestimmt war. Unterhalb der Südküste Zyperns nahm das Schiff Kurs nach Südosten und mit den Nordwestwinden im Rücken legte es die Entfernung von 330 Seemeilen, fast 600 Kilometern, innerhalb einer Woche zurück. Paulus ging in einer namhaften Hafenstadt an Land, deren weit zurückreichende Geschichte um 2750 v. Chr. begonnen hatte. Damals wurde Tyrus auf einer der Küste um ungefähr 700 Meter vorgelagerten Insel gegründet. Zwischen 1000 und 700 v. Chr. war die Stadt zusammen mit dem etwas weiter nördlich gelegenen Sidon ein Zentrum des internationalen Handels. Zahlreiche Phönizier befuhren in ihren schlanken Galeeren das Mittelmeer, um in Nordafrika und Spanien Kolonien zu gründen, die später zu ausgewachsenen Städten wurden. Allmählich war ihr Expansionsdrang zu einem Ende gekommen (das von ihnen in Nordafrika gegründete Karthago übernahm die Fackel) und danach übten zuerst die Assyrer und dann die Perser die Macht in Tyrus aus. Die Perser mussten 332 v. Chr. das Feld räumen, als der makedonische König Alexander der Große die Stadt nach einer siebenmonatigen Belagerung einnahm. Nach seinem Tod wurde Tyrus zum Spielball in einem erbitterten Machtkampf. Mal gelang es der Stadt, unabhängig zu bleiben, dann wieder hatten die ägyptischen Ptolemäer oder die syrischen Seleukiden das Sagen. Sie mussten jedoch den Römern das Feld räumen, die sich im 2. Jahrhundert v. Chr. zum ersten Mal in dieser Region sehen ließen und schnell deutlich machten, dass sie die Herrschaft im ganzen östlichen Mittelmeerraum anstrebten. Anfänglich konnten Klientelfürsten in ihrem Namen die Macht in dieser Region ausüben, doch schließlich wurde ein römischer Statthalter eingesetzt. Da sich in Tyrus Land- und Seewege kreuzten, nahm die Stadt einen wirtschaftlichen Aufschwung. Der Hafen wurde mehrmals, unter anderem von Herodes, tief greifend modernisiert und erweitert.

Paulus befand sich jetzt in einer Stadt, in der Jesus selbst gepredigt hatte (Mt 15, 21 und Mk 7, 24; 31). Anfänglich hatte sich die Gemeinde vor allem aus jüdischen Christen zusammengesetzt, doch im Laufe der Zeit waren auch andere, Griechen, Makedonen und Römer, hinzugekommen und Paulus' Glaubensinterpretation hatte an Terrain gewonnen. Gestützt wird diese Annahme durch die Tatsache, dass ortsansässige Christen Paulus den Rat gaben, nicht nach Jerusalem zu gehen. Lukas teilt nicht mit, wie sie wissen konnten, was er in Jerusalem zu erwarten hatte, doch er fügt geheimnisvoll hinzu, dass sie „auf eine Eingebung des Geistes hin" zu ihrer Warnung gekommen waren (Apg 21, 4). Paulus schlug diese Warnung jedoch in den Wind und verließ Tyrus nach sieben Tagen. Eine große Schar Männer, Frauen und Kinder gab ihm und seinen Reisegefährten das Geleit zur Stadt hinaus.

Der nächste Anlegehafen war Ptolemaïs. Ihren Namen verdankte die Stadt einem der Ptolemäer des 3. Jahrhunderts v. Chr. Es war der Ort, an dem der Chronologie des Hieronymus zufolge Paulus und seine Eltern einst von Sklavenhändlern auf das Schiff geführt worden waren, das sie nach Norden gebracht hatte (siehe S. 34 f.). Vielleicht hat er sich hier Betrachtungen über diese fernen Jahre und sein eigenes Schicksal hingegeben. Viel Zeit dafür blieb ihm nicht. Nur einen Tag lang hielt er sich an diesem Ort unter seinen christlichen Brüdern auf, dann zog er weiter.

Innerhalb eines Tages erreichte er Caesarea, wo er von Philippus aufgenommen wurde, einem der sieben Diakone, denen die Jerusalemer Kirche die Sorge für die Armen und Witwen aufgetragen hatte. Die Spannungen zwischen den hellenistischen jüdischen Christen und den jüdischen Christen aus Jerusalem, die 20 Jahre zuvor zur Hinrichtung des Stephanus geführt hatten – ein trauriger Tiefpunkt in den Religionsstreitigkeiten –, waren noch immer spürbar. Nach dessen Tod hatte Philippus Jerusalem verlassen. Mit seinen Predigten (und Wundern) hatte er in dem langen Küstenstreifen nördlich von Jerusalem sowohl Juden als auch Nichtjuden zum Glauben an Christus bekehrt.

Lukas erzählt, dass Philippus vier unverheiratete Töchter hatte, die alle die Gabe der Prophetie besaßen (Apg 21, 9). Vermutlich haben sie Paulus vorhergesagt, was ihn in Jerusalem erwarten sollte. Er wird ihre Worte mit Sicherheit ernst genommen haben, denn schon in seinem ersten Brief an die Korinther hatte er über Frauen mit prophetischen Fähigkeiten gesprochen. Damals hatte er allerdings angemerkt, dass eine Frau ihr Haupt entehrt, „wenn sie betet oder prophetisch redet und dabei ihr Haupt nicht verhüllt“ (1 Kor 11, 5).

Lukas’ Erzählung spitzt sich jetzt auf Paulus’ Empfang in Jerusalem zu. Laufend trafen schlechte Neuigkeiten aus Jerusalem in Caesarea ein. Eine Vorhersage des Propheten Agabus, an dessen prophetischen Gaben Paulus und seine Reisegefährten nicht zweifelten, erhöhte die Spannung. Einst, als Paulus und Barnabas sich zu ihrer ersten Missionsreise aufmachten, hatte Agabus, als er sich in Antiochia aufhielt, eine große Hungersnot vorhergesagt. Mit den Hungersnöten in der Zeit des Kaisers Claudius (41–58) war diese Prophezeiung, wie Lukas sagt, in Erfüllung gegangen (Apg 11, 27–28). Auch Palästina wurde in den Jahren 46–48 von einer Hungersnot getroffen und nur dank der Bemühungen der Königin Helena von Adiabene, die Getreide aus Ägypten und Feigen aus Zypern in Jerusalem verteilen ließ, konnte eine Eskalation abgewendet werden. Auf Agabus’ Weissagung hin hatte die Christengemeinde von Antiochia damals Getreide nach Jerusalem geschickt. Jetzt meldete er sich erneut mit einer Prophezeiung zu Wort, die er noch dazu mit einer symbolischen Handlung verband, die an die alten Propheten gemahnte. Er nahm Paulus' Gürtel und band sich damit die Hände und Füße. Dabei rief er aus:

> So spricht der Heilige Geist: Den Mann, dem dieser Gürtel gehört, werden die Juden in Jerusalem ebenso fesseln und den Heiden ausliefern. (Apg 21, 11)[83]

Tiefe Traurigkeit befiel alle, die anwesend waren. Sie redeten Paulus zu, nicht nach Jerusalem zu gehen, doch er wollte davon nichts hören und sagte, er sei bereit, sich in Jerusalem für den Namen Jesu nicht nur fesseln zu lassen, sondern sogar zu sterben.

Der Empfang

Kurz darauf machten sich Paulus und seine Reisegefährten nach Jerusalem auf. Die Reise dauerte zwei Tage. Glaubensgenossen aus Caesarea begleiteten sie und brachten die Gesellschaft gegen Abend des ersten Reisetages bei einem gewissen Mnason aus Zypern unter, einem Jünger der ersten Stunde (Apg 21, 16). Es wird nicht gesagt, ob er zu den Christen gehörte, die Barnabas auf Zypern bekehrt hatte, oder ob Jesus selbst ihn zum Glauben gebracht hatte. Am folgenden Tag reiste Paulus nach Jerusalem weiter und meldete sich gleich nach seiner Ankunft bei Jakobus. Die Ältesten der Kirche von Jerusalem waren bei dem Gespräch anwesend. Paulus hatte wahrscheinlich gemischte Gefühle. Voll Stolz konnte er als Beweis seiner großen Verbundenheit mit der Kirche von Jerusalem das Ergebnis der Kollekte der Kirchen in Griechenland und Makedonien überhändigen. Der Vereinbarung der Konferenz von Jerusalem, an die dortigen Armen zu denken, war er nachgekommen (Gal 2, 10). Gleichzeitig machte er sich keine allzu großen Illusionen über die Reaktionen, die er von Jakobus und dessen Geistesverwandten zu erwarten hatte. Das Geld würden sie erfreut entgegennehmen, doch zugleich würden sie ihn für sein eigensinniges Vorgehen zurechtweisen.

Lukas' Bericht über diese Zusammenkunft lässt vermuten, dass das erste Gespräch harmonisch verlief. Paulus erzählte in allen Einzelheiten von seiner Missionsreise und alle priesen Gott (Apg 21, 18–20). Doch die schlummernden Differenzen wurden wieder geweckt, als Paulus auf seine Missionsarbeit unter den Heiden zu sprechen kam. Nicht alle Gläubigen der Kirche von Jerusalem zeigten sich erfreut. Einige konnten es nicht lassen, die Differenzen noch einmal hervorzuheben:

> Du siehst, Bruder, wie viele Tausende unter den Juden gläubig geworden sind, und sie alle sind Eiferer für das Gesetz. Nun hat man ihnen von dir erzählt: Du lehrst alle unter den Heiden lebenden Juden, von Mose abzufallen, und forderst sie auf, ihre Kinder nicht zu beschneiden und sich nicht an die Bräuche zu halten. (Apg 21, 20–21)

Sowohl Jakobus als auch Paulus befanden sich in einer misslichen Lage. Jakobus musste für seine Anhängerschaft glaubwürdig bleiben und durfte Paulus keinen zu großen Spielraum geben. Paulus wollte mit der Jerusalemer Gemeinde im Gespräch bleiben und hatte deshalb großes Interesse daran, die Anschuldigungen, er sei dem Gesetz Mose untreu geworden, zu entkräften. Die Lösung war ein für beide Parteien annehmbarer Kompromiss: Paulus sollte sich einem Reinigungsritual unterwerfen und Gott Opfer darbringen. Nur so konnte er beweisen, dass er seine jüdische Identität nicht abgeworfen hatte. Wie alle anderen, die den Tempel betraten, musste er sich von den weltlichen Unreinheiten säubern. Nach sieben Tagen der Reinigung konnte er in den Tempel hineingehen.

Es gab ein Problem. Zusammen mit Paulus sollten auch vier Männer der Jerusalemer Gemeinde gereinigt werden, die das Nasiräergelübde abgelegt hatten (siehe S. 168 f.). Die Kosten für die rituelle Reinigung dieser Männer sollte er übernehmen. Diese Entscheidung ist insofern auffallend, als den Mitgliedern der Jerusalemer Gemeinde bekannt war, dass er nur über wenig Geld verfügte; vielleicht wurde für die verbindlichen Opfer, die Paulus und die anderen darzubringen hatten, um den nichtchristlichen Juden zu zeigen, dass Paulus immer noch einer der ihren war, auf die Kollekte aus Korinth zurückgegriffen.

Paulus tat, was man von ihm verlangte, und brachte die Nasiräeropfer dar, wie sie im Buch Numeri vorgeschrieben sind: „ein fehlerloses einjähriges männliches Lamm als Brandopfer, ein fehlerloses einjähriges weibliches Lamm als Sühnopfer, einen fehlerlosen Widder als Heilsopfer, ferner einen Korb voll ungesäuerter Kuchen aus Feinmehl, das mit Öl vermengt ist, sowie voll ungesäuerter Brotfladen, die mit Öl bestrichen sind, ferner das dazugehörende Speiseopfer und die dazugehörenden Trankopfer“ (Num. 6, 14–15).

Noch vor Ablauf der siebentägigen Frist, in der Paulus und die vier Männer alle Reinigungszeremonien zu durchlaufen hatten, bewahrheitete sich seine Angst vor den Juden, über die er in seinem Brief an die Römer gesprochen hatte. Nichtchristliche Juden aus der Provinz Asien, vermutlich Pilger aus Ephesus, erkannten ihn im Tempel, ergriffen ihn und lösten unter den Tempelbesuchern eine große Aufregung aus. Paulus war es inzwischen gewohnt, dass Juden es auf ihn abgesehen hatten. Auf seinen Reisen hatte er häufig ihren Hass erfahren. Einige Male war er nur mit knapper Not einem Lynchmord entkommen. In Jerusalem muss es ihn besonders geschmerzt haben, den Volkszorn zu spüren zu bekommen. Er hatte getan, was er nur konnte, um die Führer der Jerusalemer Gemeinde nicht vor den Kopf zu stoßen, doch gegen die Aggression von Menschen, die ihm nach dem Leben trachteten, wusste er sich nicht zu helfen.

Inhaltlich waren die Anschuldigungen nicht neu, sondern schon oft vorgebracht worden: Paulus habe sich immer wieder gegen das jüdische Volk, das Gesetz und den Tempel gewendet. Jetzt warfen sie ihm vor allem vor, er habe Griechen in den Tempel hineingeführt und damit den heiligen Ort entweiht. Die Anschuldigung beruhte allein auf der Tatsache, dass er kurz zuvor zusammen mit dem Griechen Trophimus in der Stadt gesehen worden war. In ihrem Eifer, Paulus zu verleumden, hatten seine Verfolger die Wahrheit verdreht und das Gerücht verbreitet, er habe Trophimus in den Tempel mitgenommen. Die Stadt geriet in Aufruhr und es kam sogar zu einem Volksaufstand. Paulus wurde aus dem Tempel gezerrt und die Tempeltore wurden sogleich geschlossen (Apg 21, 27–30).

Die Entweihung des Tempels war ein schweres Vergehen. Seit der durchgreifenden Neugestaltung des Tempels durch Herodes hatte dieses Thema die Gemüter nicht mehr losgelassen. Flavius Josephus berichtet im *Jüdischen Krieg*, dass es im Laufe des 1. Jahrhunderts rund um das Tempelgelände immer wieder zu Unruhen kam, wenn Juden der Meinung waren, der Tempel sei durch Fremde entweiht worden. Nichtjuden durften zwar den großen, von Säulengängen umgebenen Vorhof auf dem Tempelberg betreten, doch der kleinere Innenhof um den Tempel war für sie verbotenes Terrain. Selbst die höchsten Repräsentanten der Römer nahmen die den Tempel betreffenden Vorschriften ernst, sogar in Kriegszeiten. Als der spätere römische Kaiser Titus sich im Jahr 70 als Oberbefehlshaber zur großen Schlussoffensive gegen Jerusalem anschickte, musste er zu seiner Bestürzung beobachten, wie die radikalen Aufständischen unter der Führung von Johannes von Gischala alle Tempelvorschriften übertraten. Er machte ihnen daraufhin heftige Vorwürfe:

> Überaus betrübt rief Titus nochmals den Anhängern des Johannes die vorwurfsvollen Worte zu: „Habt nicht ihr, verruchte Frevler, jene Mauer um das Heiligtum gezogen? Habt nicht ihr daran jene Steinplatten angebracht, auf denen in griechischer und eurer eigenen Schrift das Verbot, die Schranke zu überschreiten, eingegraben steht? Und haben nicht wir euch gestattet, die Übertreter dieser Vorschrift, selbst wenn es ein Römer war, mit dem Tode zu bestrafen? Wieso tretet ihr Elenden jetzt darin auf Leichen herum und besudelt den Tempel mit dem Blute von Fremden und Einheimischen? Ich rufe die Götter meines Landes und den, der früher einmal über dieser Stadt wachte (jetzt, glaube ich, tut er es nicht mehr), ich rufe mein Heer, die bei mir weilenden Judäer und euch selbst zu Zeugen auf, daß nicht ich euch zwang, diese Stätte zu entweihen. Wenn ihr einen andern Kampfplatz wählen wollt, so wird kein Römer das Heiligtum betreten oder schänden. Ja, den Tempel erhalte ich euch selbst gegen euren Willen.“[84]

Paulus hätte es sich dreimal überlegt, Nichtjuden in den für sie verbotenen Tempelbereich hineinzuführen. Er wusste, dass ihm überall aufgelauert wurde und jeder Fehltritt aufgegriffen werden würde, um ihn an den Schandpfahl zu nageln. Es ist also sehr unwahrscheinlich, dass er tatsächlich einen Griechen in den Tempel geführt hatte. Auch ohne eine solche Provokation war seine Position schon heikel genug. Die traditionellen Juden brauchten nur zu rufen, er habe die Regeln übertreten, und schon wurden die Spannungen unkontrollierbar. Jedenfalls stürmte eine große Menschenmenge auf Paulus zu und wollte ihn umbringen. Dem Tribun der in Jerusalem stationierten römischen Kohorte wurde davon berichtet. Er schritt unmittelbar zur Tat. Als die aufgebrachte Menge die nahenden Soldaten sah, hörte sie auf, Paulus zu schlagen. Der Tribun verhaftete Paulus und ließ ihn mit zwei Ketten fesseln. Er fragte die Menge, wer dieser

Mann sei und was er getan habe. Aus ihren Antworten wurde er nicht viel schlauer, weil alle etwas anderes behaupteten. Daraufhin ließ er Paulus in die Kaserne bringen und das Volk lief hinterher.

Zur großen Überraschung des Tribuns sprach Paulus ihn auf Griechisch an. Verwundert fragte er: „Du verstehst Griechisch?“ Er hatte Paulus für den Ägypter gehalten, der vor einiger Zeit einen Aufstand angezettelt und mit 4000 Unruhestiftern in die Wüste gezogen war (Apg 21, 37–38). Vielleicht war dieser falsche Prophet der ägyptische Scharlatan, über den Flavius Josephus schreibt.[85] Er war im Jahr 54 aufgetaucht und hatte mit seiner Behauptung, ein Prophet zu sein, das einfache Volk dazu gebracht, ihm auf den Ölberg zu folgen. Von dort aus wollte er diese Menschen sehen lassen, wie auf seinen Befehl hin die Mauern Jerusalems einstürzen würden. Danach würde er sie über die Trümmerhaufen in die Stadt hineinführen. Als der römische Prokurator Felix von seiner Ankunft hörte, ließ er das Heer, Fußsoldaten und Reiter, ausrücken. Sie stürzten sich auf die Anhänger des Ägypters und töteten 400 von ihnen. Der „Prophet“ selbst war mit einer Schar von Getreuen entkommen und spurlos verschwunden.

Paulus erwiderte dem römischen Tribun, dass er nicht dieser Ägypter sei, sondern ein römischer Bürger aus Tarsus in Kilikien. Daraufhin bekam er die Erlaubnis, eine Ansprache an die Juden zu halten. Auf der Freitreppe der Kaserne richtete Paulus auf Hebräisch das Wort an das Volk. Er erzählte von seiner Erziehung, seiner Unterweisung durch Gamaliël, seinem Eifer für den jüdischen Glauben, der ihn zu einem Christenverfolger hatte werden lassen. Ausführlich ging er dann auf seine Bekehrung in der Umgebung von Damaskus ein und erzählte, wie er mit Blindheit geschlagen wurde und Hananias ihn wieder sehen ließ. Schließlich sagte er, dass er, als er im Tempel betete, eine Vision gesehen habe, in der Gott ihn auserwählte, das Evangelium unter den Heiden zu verkündigen. Er wollte ihnen also sagen, dass er im Gegensatz zu ihnen kein ergebener und gesetzestreuer Jude mehr war, sondern durch das Eingreifen Gottes zum Christen und zu einem Apostel für die Heiden geworden war.

Er hatte seine Predigt noch nicht beendet, da fing die Menge auch schon an, zu toben. Sie schrien und lärmten, sie zerrissen ihre Kleider und warfen Staub und Sand in die Luft. Der Tribun, den diese Situation offensichtlich in Verlegenheit gebracht hatte, fürchtete einen Volksaufstand und ließ Paulus schnell in die Kaserne bringen. Der Inhalt der Predigt, die Paulus gehalten hatte, interessierte ihn nicht wirklich. Er hatte sich schon häufiger religiöse Fanatiker anhören müssen. Er wollte jedoch wissen, warum die Juden einen solchen Lärm machten, warum ausgerechnet seine Worte einen solchen Protest hervorriefen. Er gab einem Zenturio den Befehl, Paulus unter Geißelschlägen zu verhören. Die Geißelung war eine Verhörmethode, der Sklaven unterzogen wurden, nicht jedoch Menschen, die das römische Bürgerrecht besaßen. Als er schon für die Geißelung festgebunden war, sagte Paulus zu dem Zenturio: „Dürft ihr jemand, der das römische Bürgerrecht besitzt, geißeln, noch dazu ohne Verurteilung?“ (Apg 22, 25). Der verblüffte Zenturio berichtete dem Tribun, von dem später gesagt wird, dass sein Name Klaudius Lysias war (Apg 23, 26), dass Paulus ein Römer sei. Der Tribun konnte das nicht glauben und sagte zu Paulus, er selbst habe ein Vermögen für dieses Bürgerrecht bezahlt (Apg 22, 27–28). Paulus' Antwort, er sei sogar als Römer geboren (siehe S. 35), gab dem Tribun zu denken. Sofort wurde das Verhör abgebrochen.

Am Tag darauf musste Paulus vor dem Hohen Rat der Juden, dem Sanhedrin, erscheinen, einer Versammlung der angesehensten Priester und Bürger von Jerusalem, der der Hohepriester Hananias vorsaß. Während der Befragung begab sich ein merkwürdiger Vorfall, der einiges über die Distanz sagt, die sich zwischen den Anhängern des traditionellen Judentums und Paulus ergeben hatte. Wie er es schon so oft getan hatte, sprach Paulus davon, dass er ein reines Gewissen habe und im Auftrag Gottes handle. Der Hohepriester war offensichtlich nicht gewillt, es hinzunehmen, dass ihm der Mann, der hier als Angeklagter stand, die Show stehlen wollte, und gab seinen Bewachern den Befehl, ihn auf den Mund zu schlagen. Paulus' Antwort kam prompt: „Dich wird Gott schlagen, du übertünchte Wand! Du sitzt hier, um mich nach dem Gesetz zu richten, und entgegen dem Gesetz befiehlst du, mich zu schlagen?“ (Apg 23, 2–3).

Paulus konnte den Hohenpriester zwar nicht von seiner Unschuld überzeugen, doch klug wusste er die Gegensätze zwischen den Pharisäern und den Sadduzäern im Hohen Rat offenzulegen, indem er die Auffassungen dieser beiden Gruppierungen über die Auferstehung der Toten und die Existenz von Engeln und Geistern zur Sprache brachte. Paulus gab deutlich zu verstehen, dass er die Vorstellungen der Pharisäer teilte – was nicht weiter verwunderlich war, war doch der Pharisäer Gamaliël sein Lehrer gewesen. Die Sadduzäer fühlten sich zurückgesetzt und hoben ein lautes Geschrei an. Die Spannungen steigerten sich und der Lärm drang aus dem Ratsgebäude nach draußen. Der römische Tribun fürchtete, es könne zu gewaltsamen Ausschreitungen kommen, und ließ Paulus wieder in die Kaserne bringen.

Viele Juden sahen darin keine befriedigende Lösung. Sie forderten, dass Paulus aus dem Weg geräumt werden müsse. Vielleicht wäre es dazu auch gekommen, wenn ihn nicht am nächsten Morgen der Sohn seiner Schwester (hier erfahren wir zum ersten Mal, dass Paulus Angehörige in Jerusalem hatte) besucht und ihm erzählt hätte, dass 40 fanatische Juden geschworen hatten, so lange zu fasten, bis sie ihn getötet hätten. Paulus bat seinen Neffen, dies auch einem Zenturio mitzuteilen, und dieser Zenturio brachte den jungen Mann zum Tribun. Die Enthüllung, dass der Hohe Rat Paulus am folgenden Tag erneut befragen wollte und dass jüdische Verschwörer den Plan geschmiedet hatten, ihn auf dem Weg dorthin zu töten, ließ den Tribun den Beschluss fassen, ihn aus Jerusalem nach Caesarea zu überstellen, der Stadt, in der der römische Prokurator Felix seinen Sitz hatte.

Still und heimlich (Paulus' Neffe durfte mit niemandem darüber sprechen) ließ der Tribun zwei Zenturionen zu sich kommen und befahl ihnen, „von der dritten Stunde der Nacht an zweihundert Soldaten zum Marsch nach Cäsarea bereit [zu halten], außerdem siebzig Reiter und zweihundert Leichtbewaffnete", um Paulus dorthin zu bringen (Apg 23, 23). Zweifel über den Umfang der Eskorte sind angebracht. So wichtig war Paulus nun auch wieder nicht. Die angegebene Mannschaftsstärke ist jedoch ein Hinweis darauf, dass es im ganzen Land unruhig war und dass die Römer unbedingt verhindern wollten, dass irgendwo ein (religiös motivierter) Aufstand ausbrach. Bei Nacht und Nebel brachen die Soldaten mit Paulus auf und erreichten bei Sonnenaufgang Antipatris, eine nach Antipatros, dem Vater des Herodes, benannte Burg. Dort verbrachten sie die frühen Morgenstunden.

Die Fußsoldaten kehrten dann nach Jerusalem zurück, die Reiter zogen mit Paulus weiter und überbrachten ihn zusammen mit einem

Begleitbrief, worin die besonderen Umstände dieses Gefangenentransports dargelegt wurden, am Ende des Tages dem Prokurator Felix in Caesarea. Der römische Statthalter las den Brief und fragte Paulus, aus welcher Provinz er stamme, worauf dieser „Kilikien" zur Antwort gab. Er wurde ins Gefängnis gebracht, in den Keller des von Herodes gebauten Palastes, der jetzt dem römischen Prokurator als Amtssitz diente. Zu diesem Zeitpunkt wusste der Apostel noch nicht, dass er Jerusalem nie wiedersehen würde, und Felix konnte noch nicht ahnen, dass die Vernehmung und Aburteilung dieses Juden mit römischem Bürgerrecht ihm noch viel Kopfzerbrechen bereiten würde.

Caesarea

Caesarea war die Stadt des Herodes. So schlecht der Ruf dieses Königs der Juden in den Geschichtsbüchern auch ist (er schrak nicht einmal davor zurück, seine eigene Frau und seine Kinder zu ermorden), kann man jedoch nicht leugnen, dass er seinem Land ein anderes Gesicht gegeben hat. Straßen wurden angelegt, Städte gegründet und Burgen ausgebaut. Was dabei ins Auge fällt, ist die Harmonie mit der Landschaft. Man könnte fast glauben, Herodes habe einen Pakt mit der Natur geschlossen. Wir haben bereits gesehen, wie er den Tempel in Jerusalem wieder aufbaute, so groß und so prachtvoll, wie er noch nie war. Freund und Feind sprachen mit Bewunderung darüber. Doch der Gipfel seiner architektonischen Ingeniosität war die Stadt Caesarea mit dem dazugehörigen Hafen. Der römische Kaiser Augustus hatte ihm den Raum gegeben, die Verlassenheit der Küste in eine mit allen Bequemlichkeiten ausgestattete Stadt umzuwandeln.

Selbst heute noch, nach 2000 Jahren, atmet alles die Atmosphäre alter Pracht. Die Fundamente des einstigen königlichen Palastes, die Reste eines großen Amphitheaters, die Erhöhung, auf der einmal ein Tempel des Kaisers Augustus stand, die Ausmaße eines immensen Hippodroms und die gewaltigen Aquädukte zeigen, dass Herodes nichts dem Zufall überließ, um seinen Ruhm als Baumeister zu festigen.

So hoch die Baukosten auch waren, sie werden ein Bruchteil der Sum-

Der Palast des Herodes, der später von den römischen Statthaltern bewohnt wurde. Vermutlich wurde Paulus im Keller dieses Palastes gefangen gehalten. (Foto: Herman Beliën)

men gewesen sein, die die Anlage des Hafens verschlungen haben muss. Das ruft die Frage auf, warum Herodes ein solches Megaprojekt in Angriff nahm, dessen Ausgang höchst ungewiss war. Noch nie war es gelungen, einen Hafen an dieser Küste anzulegen, die dafür einfach nicht geeignet zu sein schien. Flavius Josephus gibt eine Antwort. Fast immer äußert er sich negativ über Herodes, doch in seiner Beschreibung des Hafens klingt Bewunderung für den Mann durch, der aus dem kleinen Ort Turris Stratonis (Stratons Turm) die moderne Hafenstadt Caesarea werden ließ.

> So erschien ihm auch eine Stadt an der Küste mit Namen Stratons Turm, die damals im Verfall begriffen war, wegen der Schönheit des Geländes geeignet, sein Vorhaben auszuführen. Er baute sie ganz aus weißen Steinen wieder auf, schmückte sie mit prächtigen Palästen und zeigte hier in besonders hohem Maße seinen angeborenen Sinn für großartige Unternehmungen. Stratons Turm lag mitten zwischen Dora und Joppe, und auf der ganzen Strecke zwischen diesen beiden Städten war die Küste ohne Hafen, so daß manches Schiff, das an Phönikien vorbei nach Ägypten segelte, auf offenem Meer ankern mußte wegen der Gefahren

> des Südwestwindes, der selbst bei mäßiger Stärke eine solche Brandung an den Felsen erzeugt, daß die zurückgeworfenen Wellen weit hinaus das Meer in Aufruhr bringen. Der König besiegte durch seinen Ehrgeiz und mit bedeutenden Kosten die Natur und schuf einen Hafen, der den Piräus an Größe übertraf und im Innern eine Reihe vortrefflicher Ankerplätze hatte. Obwohl der Ort recht ungünstig war, reizte doch gerade die Schwierigkeit den Eifer des Königs, ein Werk herzustellen, das dem Anprall der Meereswogen Widerstand leisten könnte und dessen Schönheit die darauf verwendete Mühe nicht ahnen lassen sollte.[86]

Ausgrabungen in den letzten 20 Jahren haben gezeigt, dass Josephus mit seinen lobenden Worten nicht übertrieben hat. Aus dem felsigen Meeresufer wurde ein 240 mal 125 Meter großes Becken herausgeschlagen, das die Architekten mit einer lotrechten Rückwand und großen Kaimauern umgaben. Die Bauweise hatte Josephus allerdings überhaupt nicht begriffen. Er spricht von 15 Meter langen, fast drei Meter hohen und drei Meter breiten Felsblöcken, die als Fundament für die Molen ins Meer abgesenkt wurden; doch die Ausgrabungen unter Wasser haben eine andere Konstruktion offengelegt. Die Molen, damals eine Neuheit, waren auf großen, teils 14 Meter langen, fünf Meter hohen und sieben Meter breiten, doppelwandigen und wasserdichten hölzernen Verschalungen angelegt, die vom Boden bis zur Wasseroberfläche reichten. Die meisten dieser Caissons waren am Strand, an der Südseite des geplanten Hafens, zusammengesetzt und mit großen Querbalken verstärkt worden. Von dort aus wurden sie zu der Stelle gebracht, an der sie abgesenkt werden sollten, und daraufhin von Tauchern mit Eisenketten am Boden verankert. Von längsseits festgemachten Schiffen aus wurden die Caissons mit einer betonartigen Substanz aus Schutt, vulkanischer Asche und Kalk (Puzzolanerde) aufgeschüttet. Dieses Gemenge füllte sich mit Wasser und wurde hart; danach wurden die Caissons vorsichtig auf den Boden abgesenkt, der von den Tauchern mit Schotter und Mörtel ausgeglättet worden war. Die Verschalungen wurden dicht aneinandergerückt und die Zwischenräume mit vulkanischer Asche und Kalk gefüllt. Auf diese Weise entstanden starke Fundamente für die Molen und die Plattformen für die Türme. Die Mole an der Süd- und Westseite lief ungefähr 500 Meter ins Meer hinein, die an der Nordseite fast 250 Meter. Der

Zugang zum Hafen lag im Nordwesten. Ein ausgeklügeltes Schleusensystem sollte die Versandung des Hafens verhindern.

Felix, Festus und Agrippa

Die Römer hatten Caesarea, fernab des Getöses des immer unruhigen Jerusalem, als Sitz ihrer Statthalter ausgewählt. Im ehemaligen Palast des Herodes war einer der großen Räume als Gerichtssaal eingerichtet worden. Hier wurden die Anklagen gegen Paulus verhandelt. Zunächst machte Paulus sich keine allzu großen Sorgen über den anstehenden Prozess. Die Römer würden in den religiösen Zwistigkeiten unter Juden, die sich jetzt auf ihn konzentrierten, einen römischen Bürger doch sicherlich nicht fallen lassen. Er hoffte, dass die Richter die Anschuldigungen schnell entkräften würden. Vielleicht war alles innerhalb weniger Wochen wieder vorbei, sodass er seine Missionsarbeit fortsetzen konnte.

Es kam jedoch anders. Nach fünf Tagen trafen der Hohepriester Hananias, einige Mitglieder des Sanhedrin und ihr Anwalt Tertullus in Caesarea ein. Sofort reichten sie eine Klage gegen Paulus ein. Felix erkannte gleich die hohe Bedeutung dieser Frage für die Juden und berief unverzüglich eine Gerichtssitzung ein. Nach der Eröffnung erhielt Tertullus das Wort. Er begann seine Anklagerede mit einigen schmeichelnden Bemerkungen, die an den Statthalter gerichtet waren:

> Tiefen Frieden genießen wir durch dich, und durch deine Umsicht hat sich für dieses Volk vieles gebessert. Das erkennen wir immer und überall mit großer Dankbarkeit an, erlauchter Felix. (Apg 24, 2–3)

Das waren gängige Eingangsworte, wenn Bewohner der Provinzen einen Repräsentanten der römischen Staatsmacht ansprachen; doch der Anwalt Tertullus hatte auch tatsächlich gute Gründe, die Gunst des Statthalters Felix gewinnen zu wollen. In der Apostelgeschichte wird Felix als ein verständnisvoller Richter dargestellt, der Paulus einen ehrlichen Prozess bereiten wollte. Die Geschichtswerke des Flavius Josephus werfen jedoch ein anderes Licht auf die Person dieses Prokurators und enthüllen seine merkwürdige Vorgeschichte. Er war ein Mann von niedriger Herkunft, ein

Freigelassener des Kaisers Claudius. Dank seines Bruders Pallas, dem nach seiner Freilassung die besondere Gunst des Kaisers zuteilgeworden war und der als dessen Vertrauter hohe politische Ämter bekleidete, hatte er es zum Statthalter von Judäa gebracht. Mehr als acht Jahre lang, von 52 bis 60, blieb er in Judäa. In dieser Zeit heiratete er seine dritte Frau, Drusilla, die Tochter des jüdischen Königs Agrippa I. Tertullus wusste, was unter Felix' Statthalterschaft alles vorgefallen war. Er hatte mit Erfolg eine Reihe von Banditengruppen bekämpft, doch auch eine dubiose Rolle bei der Ermordung des Hohepriesters Jonathan gespielt. Sogar die Zusammenarbeit mit den radikalen Sikariern (Messerstechern) hatte er dabei nicht gescheut. Und in Caesarea, wo jetzt der Prozess gegen Paulus stattfand, hatte er mit harter Hand in einen langjährigen Konflikt zwischen syrischen Griechen und Juden eingegriffen. Zahlreiche Juden waren dabei ums Leben gekommen. Tertullus trat freundlich auf, um einer weiteren Eskalation zuvorzukommen und Felix günstig zu stimmen.

Er war zweifellos ein tüchtiger Ankläger, denn seine Anschuldigungen an Paulus' Adresse beschränkten sich bei Weitem nicht allein auf die Entweihung des Tempels. In seinen Augen war Paulus „eine Pest, ein Unruhestifter bei allen Juden in der Welt" (Apg 24, 5). Erst danach brachte er die konkrete Anklage der Entweihung des Tempels vor; eine Tat, die unter keinen Umständen toleriert werden könne.

Paulus hatte Tertullus aufmerksam zugehört. Als er das Wort erhielt, um die Anklage zu widerlegen, bediente auch er sich zunächst der gebräuchlichen Eingangsworte und äußerte seine Zuversicht, dass Felix ein gerechtes Urteil sprechen werde. Danach begann er mit seiner Verteidigung und sagte, sein Verhalten habe noch nie einen Anlass zum Tadel gegeben und die Beschuldigungen des Anklägers seien völlig unbegründet. Entschieden widersprach er Tertullus' Vorwurf, er sei der Anführer einer neuen Sekte. Er diene dem Gott seiner Väter und glaube „an alles, was im Gesetz und in den Propheten steht" (Apg 24, 14). Er folge darin allerdings „dem (neuen) Weg", dem Glauben der Christen. Es gebe, so beteuerte Paulus, nicht den geringsten Grund, ihn der Entweihung des Tempels zu beschuldigen. Die Juden, die ihn zusammen mit Griechen im Tempel gesehen haben wollten, sollten selbst vor dem Gericht erscheinen.

Felix kannte den (neuen) Weg, vielleicht über seine jüdische Frau Drusilla. Paulus' Worte kamen ihm glaubwürdig vor, doch um die Juden nicht vor den Kopf zu stoßen, vertagte er seine Entscheidung bis zur Ankunft des Tribuns Lysias. Paulus blieb in Haft, jedoch unter milderen Bedingungen. Der Leser der Apostelgeschichte könnte jetzt erwarten, dass die Sache nun ein schnelles Ende findet und Felix bald ein Urteil fällt, doch davon kann keine Rede sein. Der Prozess schleppt sich endlos fort und geht aus wie das Hornberger Schießen, auch wenn der Prokurator eigentlich davon überzeugt zu sein scheint, dass Paulus nach römischem Strafrecht kaum etwas vorzuwerfen war und es zu einem Freispruch kommen müsse. Als jedoch der Angeklagte über „Gerechtigkeit, Enthaltsamkeit und das bevorstehende Gericht" zu sprechen beginnt, beendet Felix die Sitzung ohne Urteilsverkündung (Apg 24, 25). Bis zum Ende seiner Amtszeit ist es dazu auch nicht mehr gekommen. Noch zwei volle Jahre blieb Paulus in Caesarea in Haft, vielleicht, weil Felix die Hoffnung hegte, der Apostel werde ihm Geld für seine Freilassung anbieten. Er hätte es besser wissen müssen. Paulus hatte kein Geld und wenn er welches gehabt hätte, hätte er es nie als Lösegeld verwendet. Indem er kein Urteil fällte, zog Felix sich geschickt aus dieser Affäre. Er hielt Paulus in Haft und war damit den Juden zu Willen. Als er im Sommer des Jahres 60 nach Rom zurückgerufen wurde, konnte er seinem Nachfolger ein Land übergeben, in dem Ruhe herrschte.

Der neue Prokurator, Porcius Festus, wollte gleich nach seinem Amtsantritt reinen Tisch machen und die Probleme, die sein Vorgänger ihm hinterlassen hatte, baldmöglichst lösen. Eines dieser Probleme war „der Fall Paulus". Festus, der in den Geschichtsbüchern viel besser wegkommt als Felix, war noch keine drei Tage in Judäa, als er bereits nach Jerusalem reiste, um mit Vertretern des Hohen Rats Gespräche über die Zukunft zu führen. Gleich drängten sie ihn, Paulus von Caesarea nach Jerusalem bringen zu lassen, weil sie ihn, so zumindest Lukas, „unterwegs aus einem Hinterhalt heraus ermorden" wollten (Apg 25, 3). Festus ging auf ihr Ersuchen nicht ein und beschloss, dass Paulus in Caesarea in Haft bleiben solle. Er sagte ihnen jedoch zu, die Gelegenheit zu erhalten, ihre Anklagen gegen Paulus in Caesarea vor seinem Richterstuhl vorzubringen.

Nach ein paar Tagen war es dann so weit. Festus hatte auf dem Richterstuhl im ehemaligen Palast des Herodes Platz genommen und ließ

Paulus vorführen. Gleich umringten ihn seine Feinde und klagten ihn an. Paulus verteidigte sich mit den Worten, er habe sich weder gegen das Gesetz der Juden noch gegen den Tempel noch gegen den Kaiser vergangen. Auch Festus konnte keine Schuld erkennen, doch um es sich nicht mit den Juden zu verderben, schlug er vor, Paulus nach Jerusalem bringen zu lassen, damit er sich dort unter seinem Vorsitz vor den Juden verantworten könne. Mit seiner Antwort gab Paulus dem Prozess eine ganz neue Wendung:

> Ich stehe vor dem Richterstuhl des Kaisers, und da muß ich gerichtet werden. Den Juden habe ich kein Unrecht getan, wie auch du sehr wohl weißt. Wenn ich wirklich ein Unrecht begangen und etwas getan habe, worauf die Todesstrafe steht, weigere ich mich nicht zu sterben. Wenn aber ihre Anklage gegen mich unbegründet ist, kann mich niemand ihnen ausliefern. Ich lege Berufung beim Kaiser ein! (Apg 25, 10–11)

Festus war sichtlich überrascht über diese Antwort. Er besprach sich mit seinen Ratgebern und sagte dann: „An den Kaiser hast du appelliert; zum Kaiser sollst du gehen!“ (Apg 25, 12).

Wir können uns fragen, warum Paulus sich auf den Kaiser berief, denn der Prokurator Festus hatte noch kein Urteil gesprochen. Die Worte „ich lege Berufung ein“ verweisen auf die *appellatio*, ein Verfahren, das einem Verurteilten das Recht gab, beim Kaiser in Berufung zu gehen. Aber wogegen sollte Paulus in Berufung gehen, wenn er doch noch gar nicht verurteilt worden war? Einige Gelehrte haben versucht, diesen Widerspruch aufzulösen, und die Vermutung geäußert, dass Paulus nicht das Recht der *appellatio* in Anspruch nahm, sondern das der *provocatio*. Dieses Provokationsrecht war ein altes republikanisches Berufungsverfahren, das einem Bürger, der die Bestrafung durch einen römischen Magistraten zu fürchten hatte, die Möglichkeit bot, sich an die Volksversammlung zu wenden. Paulus, so denken sie, könnte diese Möglichkeit in Anspruch genommen haben, wobei er sich wohlgemerkt nicht an die römische Volksversammlung wandte (die spielte in seiner Zeit keine Rolle mehr), sondern an den römischen Kaiser. Diese Vermutung ist eine Möglichkeit, jedoch eine etwas weit hergeholte. Wahrscheinlicher ist, dass Paulus sich auf die Tatsache berief, dass er ein römischer Bürger war und dass er sich mit dieser Begründung weigerte, vor einem Gericht in Jerusalem oder Caesarea zu erscheinen, weil man dort seiner Meinung nach voreingenommen war und ihm nicht die Chance auf einen ehrlichen Prozess geboten wurde. In Rom dagegen glaubte er mit einem gerechten Verfahren rechnen zu können. Festus kam diese Lösung nicht ungelegen, denn auf diese Weise wurde er von der Pflicht entbunden, ein Urteil zu fällen, das ihn in Konflikt mit den Juden bringen konnte. Es ist sogar vorstellbar, dass Paulus die Worte „Ich lege Berufung beim Kaiser ein!“ gar nicht ausgesprochen hat, sondern dass Festus aus eigenem Antrieb Paulus nach Rom schickte, um ihn loszuwerden.[87]

Mit Festus' Beschluss, Paulus nach Rom zu schicken, war der Prozess faktisch zu Ende. Doch die ganze Frage ließ dem eben erst eingetroffenen Prokurator keine Ruhe. Deutlich wurde das, als ihn einige Tage später Agrippa II., ein Urenkel des Königs Herodes, und dessen damalige Lebensgefährtin Berenike besuchten. Sie waren ein merkwürdiges Paar, nicht zuletzt deshalb, weil sie Bruder und Schwester waren. Agrippa war 27 n. Chr. in Rom als Sohn des Herodes Agrippa geboren worden und hatte später noch mehrere Male Rom besucht. Bei einer dieser Gelegenheiten war ihm von Kaiser Claudius der vor allem symbolische Titel „König der Juden“ und die Verfügungsgewalt über große Gebiete verliehen worden, was ihn den Römern gegenüber noch unterwürfiger werden ließ, als er es eh schon war. Seine Partnerin Berenike hatte ein unruhiges Leben geführt. Nach einer ersten Ehe mit dem früh verstorbenen Marcus Iulius Alexander heiratete sie zunächst ihren Onkel Herodes von Chalkis, daraufhin den König Polemon von Kiliken, und nachdem diese Ehe zerbrochen war, ging sie eine Beziehung mit ihrem Bruder ein. Zum Schluss teilte sie in den 70er-Jahren auch noch mit dem zehn Jahre jüngeren Titus, dem späteren römischen Kaiser, das Bett.

Festus legte seinen Gästen die Anschuldigungen der Juden gegen Paulus dar. Der Kernpunkt, so der in religiösen Fragen nicht sehr bewanderte Festus, sei ein gewisser Jesus, der gestorben sei, von dem Paulus aber behaupte, er lebe. Festus erzählte Agrippa, er habe Paulus gefragt, ob er bereit sei, nach Jerusalem zu gehen, um sich dort richten zu lassen, doch der Beklagte sei dieser Frage aus dem Weg gegangen und habe zu seiner großen Verwunderung Berufung beim Kaiser eingelegt. Daher habe er, Festus, den Befehl gegeben, ihn in Haft zu behalten, bis er ihn zum Kaiser schicken könne. Agrippas Neugier war geweckt. Er sagte, dass er den Mann gern selbst hören würde.

Als am Tag darauf Agrippa und Berenike zusammen mit den Heerführern und den vornehmsten Männern der Stadt in der Empfangshalle des Regierungspalastes saßen, wurde Paulus hereingeführt. Festus erklärte den Anwesenden, dies sei der Mann, dessen Tod die jüdische Bevölkerung fordere. Das Problem sei, dass er ihn keines Verbrechens beschuldigen könne, auf dem die Todesstrafe stehe. Da Paulus an die kaiserliche Majestät appelliert habe, bleibe ihm, Festus, nichts anderes übrig, als ihn nach Rom zu schicken. Er wisse allerdings nicht, was genau er dem Kaiser zu diesem Fall mitteilen solle. Vielleicht könne Agrippa ihm helfen, nach dem Verhör ein Schreiben an den Kaiser aufzusetzen, um ihm zu sagen, was Paulus vorgeworfen werde.

Es war keine schlechte Idee von Festus, Agrippa um Rat zu fragen. Durch seinen jahrelangen Umgang mit Römern aus den höchsten Kreisen war er mit ihren Auffassungen über religiöse Fragen bestens vertraut. Aufmerksam hörte er Paulus' Darlegung zu. Mit leidenschaftlichen Worten berichtete der Apostel von seiner Berufung, wie er als Pharisäer die Christen mit allen ihm zur Verfügung stehenden Mitteln bekämpft hatte, bis ihm auf dem Weg nach Damaskus eine himmlische Vision zuteilgeworden sei. Nach seiner Bekehrung habe er dann mit all seiner Kraft die Lehre Christi unter Juden, Christen und Heiden verbreitet.

In seiner ersten Reaktion auf Paulus' Worte nahm Festus kein Blatt vor den Mund: „Du bist verrückt, Paulus! Das viele Studieren in den (heiligen) Schriften treibt dich zum Wahnsinn" (Apg 26, 24). Offensichtlich nahm er Paulus' Auslegung des christlichen Gedankenguts nicht ernst. Seine spöttischen Worte erinnern an die vernichtenden Kommentare der Athener zu Paulus' Ansprache auf dem Areopag. Auch sie hatten die Worte eines Mannes, der davon überzeugt war, dass allein er die Wahrheit sprach, nicht ernst nehmen können und Paulus war schließlich nichts anderes übrig geblieben, als Athen zu verlassen. Jetzt setzte er seine Hoffnungen auf Agrippa. Den Blick auf ihn gerichtet, rief er aus, dass das, was er gesagt habe, kein Unsinn sei, sondern wahr und vernünftig. Als er ihn unverwandt fragte, ob er den Propheten glaube, ließ der König sich jedoch nicht aus der Reserve locken und sagte scherzend: „Fast überredest du mich dazu, mich als Christ auszugeben." Darauf konnte Paulus nur antworten, er hoffe, dass es früher oder später dazu kommen werde.

Nach dieser Sitzung besprach sich Festus mit Agrippa und Berenike. Sie waren sich einig, dass Paulus nichts getan hatte, worauf Tod oder Haft stand. Doch er hatte nun einmal Berufung beim Kaiser eingelegt und musste deshalb auch nach Rom geschickt werden. Agrippa sagte zu Festus: „Der Mann könnte freigelassen werden, wenn er nicht an den Kaiser appelliert hätte" (Apg 26, 32). Den Inhalt des Begleitschreibens des Prokurators erfahren wir nicht.

Die Seereise des Paulus nach Rom

Schon mehrfach habe ich meine Verwunderung über die Tatsache zum Ausdruck gebracht, dass Lukas nur so wenige Reisedetails mitteilt. Mal kannte er sie einfach nicht, mal hielt er es für überflüssig, ihnen Aufmerksamkeit zu widmen, da es nun einmal vor allem um die Botschaft ging, die Paulus verbreiten wollte. Jetzt, da Paulus zur längsten Reise seines Lebens aufbricht und damit sein Versprechen, nach Rom zu kommen, einlöst – wenn auch auf eine andere Weise, als er es in seinem Brief an die Römer angekündigt hatte –, hält Lukas es auf einmal für erforderlich, die Reise ausführlich zu beschreiben. In Apostelgeschichte 27, 1–28, 15 ist zum ersten und einzigen Mal in diesem Buch des Neuen Testaments ein echter Reisebericht zu lesen. Nicht nur faktische Tatbestände werden präsentiert, auch die Wetterbedingungen, die Stimmung an Bord des Schiffes, die Diskussionen zwischen Paulus und der Mannschaft sowie die glückliche Rettung aller Schiffbrüchigen werden eingehend dargestellt.

Lukas macht es uns möglich, diese Reise zu kommentieren und zu analysieren. Die Hauptperson Paulus gibt sich nicht anders als auf den vorangegangenen drei Reisen. Er ist nach wie vor der festen Überzeugung, im Besitz der Wahrheit zu sein, und er verhält sich noch genauso eigensinnig und selbstsicher wie früher, als er in ihm unbekannten Städten das Wort Gottes predigte. Jetzt allerdings hat er nicht mehr konservative Prediger oder Ungläubige im Visier, sondern Seeleute. An Bord eines Schiffes, das in Seenot gerät, will er ihnen die Leviten lesen. Ihrem Rat schenkt er keinerlei Beachtung, selbst wenn es völlig offensichtlich ist, dass er verkehrt liegt. Lukas stellt Paulus als den Einzigen dar, der das Schiff, die Passagiere und die Bemannung vor dem Untergang retten kann. Er allein hat in dieser kleinen Welt mit seiner Botschaft den Schlüssel zur Rettung in den Händen.

Der Kontext

Für die Rekonstruktion der langen Überfahrt ist es wichtig, zu wissen, warum der Autor der Darstellung dieser Reise eine andere Form gab als den früheren Reisen des Apostels. Es hätte niemanden verwundert, wenn er es bei knappen, sachlichen Informationen belassen hätte. Als er sich zu einer ausführlichen Darstellung entschloss, hielt er sich an die gängige Praxis der hellenistischen literarischen Geschichtsschreibung, der Erzählung die Form eines „echten" Seereiseberichts zu geben. Der Leser sollte den Eindruck erhalten, dass der Autor die Meere selbst befahren hatte und wusste, wovon er sprach. Das Allerwichtigste aber war: Es durfte kein Zweifel daran aufkommen, dass er sich an der Seite der Hauptperson aufgehalten hatte. Es lässt sich kaum feststellen, ob er sich von einer bestimmten dieser Seefahrtsgeschichten inspirieren ließ oder ob er ganz allgemein von diesem Genre beeinflusst wurde, ohne sich an ein bestimmtes Beispiel anzulehnen.

Jedenfalls kann dem Verfasser nicht vorgeworfen werden, dass er die Zutaten für eine spannende Seefahrtsgeschichte ungenutzt gelassen hätte. Die Beschreibungen des Sturms, des Überbordwerfens der Ladung, des dunklen Himmels ohne Sonne und Sterne, der verflogenen Hoffnung auf Rettung, des vermeintlichen Versuches der Mannschaft, das Schiff zu verlassen, der Strandung und schließlich der Rettung aller Passagiere und Seeleute brauchen den Vergleich mit den Schiffbrucherzählungen anderer Autoren nicht zu scheuen. In dieser Hinsicht ist die Seereise des Paulus eine durchaus glaubwürdige Darstellung der Wirklichkeit.

Für den Verfasser der Apostelgeschichte war Paulus' Reise nach Rom jedoch mehr als einfach nur eine Seereise. Sein Aufenthalt in Rom sollte die Krönung seiner Missionsarbeit werden, der definitive Durchbruch des Christentums, das seinen Weg in die Hauptstadt des Römischen Reiches gefunden hatte. Dieser Aspekt musste in die Erzählung eingewoben und ausgearbeitet werden. Der Verfasser wollte deutlich herausstellen, dass die Rettung des Schiffes durch Gott, mit Paulus als Gottes Werkzeug, beispielhaft für die göttliche Rettung der ganzen Welt stand. Das bedeutete jedoch, dass er sich eine Rettung ausdenken musste, die sich von denen in anderen Seefahrtserzählungen unverkennbar abhob und an die Rettungen erinnerte, die Jesus den Evangelisten zufolge zu seinen Lebzeiten vollbracht hatte.

Die darauf zurückzuführende innere Spannung in dieser Erzählung wird noch deutlicher spürbar, wenn wir nachverfolgen, wie die uns bekannte endgültige Version der Seereise des Paulus nach Rom zustande gekommen ist. In der wissenschaftlichen Literatur herrscht allgemeine Übereinstimmung darüber, dass die Reiseerzählung in der Apostelgeschichte, wie sie in modernen Textausgaben zu finden ist, ursprünglich nicht in dieser Form geschrieben worden sein kann; dafür sind die Textunterschiede in den verschiedenen Handschriften der Apostelgeschichte einfach zu groß. Der Text, der oft als Standardtext betrachtet wird, ist als der „alexandrinische Text" bekannt. Die zuverlässigste Überlieferung dieses Textes findet sich im Codex Vaticanus aus der Mitte des 4. Jahrhunderts. Die modernen Übersetzungen beruhen auf diesem Text. Außer dem alexandrinischen Text gibt es noch den „westlichen" Text. Das wichtigste Manuskript dieser Textgruppe ist der Codex Cantabrigiensis, besser bekannt als Codex Bezae, aus dem 5. oder 6. Jahrhundert. Leider fehlen im Codex Bezae die Kapitel 27 und 28 der Apostelgeschichte; doch in zwei anderen zweisprachigen Fassungen der westlichen Gruppe, äthiopischen Manuskripten aus dem 15. Jahrhundert, ist der Bericht über die Seereise enthalten.

Zwischen dem alexandrinischen und dem westlichen Text gibt es einige signifikante Unterschiede und eben dieser abweichenden Lesarten wegen ist es nicht möglich, den Standardtext kritiklos als *den* Bericht über die Seereise zu lesen. Die Verwendung der Wir- und der Sieform lässt den Schluss zu, dass sowohl der alexandrinische als auch der westliche Text letztendlich auf ein und dieselbe Quelle zurückgehen: auf die Darstellung eines Augenzeugen. Dieser Augenzeugenbericht wird für gewöhnlich als das Reisetagebuch bezeichnet. Insbesondere die „Wirpassagen" in der Apostelgeschichte dürften auf dieses Dokument zurückgehen. Wer der Verfasser dieses Reiseberichtes ist, lässt sich nicht mit Sicherheit sagen. Verschiedene Reisegefährten des Paulus werden genannt, auch Lukas, doch für keinen der genannten Kandidaten gibt es einen unumstößlichen Beweis.

Die meisten Kommentatoren belassen es bei der Feststellung, dass Lukas auf die eine oder andere Weise auf einen Reisebericht zurückgegriffen hat und halten es nicht für möglich, anzugeben, wo genau der Text der Apostelgeschichte auf das Reisetagebuch zurückgeht. Es gibt jedoch auch Gelehrte, die sich damit nicht zufriedengeben und glauben, das Reisetagebuch aus dem Text herausfiltern und herausfinden zu können, wie der definitive Text zustande gekommen ist.

Eine sehr prononcierte Auffassung vertreten die französischen Forscher Marie-Émile Boismard und Arnaud Lamouille. In ihrem monumentalen dreiteiligen Werk *Les Actes des deux apôtres* haben sie ihre Standpunkte dargelegt. Mit großer Sorgfalt haben sie den alexandrinischen und den westlichen Text Wort für Wort zerlegt und gezeigt, dass beiden Fassungen eine ältere Version der Apostelgeschichte zugrunde liegen muss. Diesen Text nennen sie Apostelgeschichte I. Die Schilderung der Seereise in diesem Grundtext stimmt in einer Reihe von Punkten mit dem Text des Reisetagebuches überein. Ihrer Meinung nach sind das Reisetagebuch und die Apostelgeschichte I zwei Darstellungen von ein und derselben Reise unter jeweils anderen Vorzeichen. Im alexandrinischen und im westlichen Text gibt es Zeilen, die vermutlich auf das Reisetagebuch zurückgehen, und andere, die aus der Apostelgeschichte I stammen. Werden diese herausgefilterten Zeilen nebeneinandergelegt, so ergibt sich, dass Paulus im Reisetagebuch ein freier Mann ist, der sich nachdrücklich zur Geltung bringt, in der frühesten Version der Apostelgeschichte dagegen ein Gefangener, der an der Reiseplanung nicht beteiligt ist.

Wenngleich das Reisetagebuch in der Wir-, der frühe Text der Apostelgeschichte dagegen in der Sieform verfasst ist, zeigen sich deutliche Übereinstimmungen. Im Herbst läuft ein Schiff aus. Es wird eine gefährliche Reise. Bis Kreta gibt es keine Probleme, doch dann bricht ein Sturm los und die Bemannung sieht sich genötigt, die Ladung über Bord zu werfen. Die Passagiere und die Besatzung überleben eine Strandung auf einer Insel, wo sie von den Bewohnern gastfreundlich aufgenommen und mit Geschenken überhäuft werden. Danach reisen sie nach Rom ab. Mit großer Sicherheit haben wir es hier mit zwei Darstellungen ein und derselben Reise zu tun: mit dem Reisetagebuch als ältester Quelle und mit einer frühen Version der Apostelgeschichte, die sich auf dieses Dokument stützt. Die Apostelgeschichte I war Lukas' erste Schilderung der Reise. In einer späteren Phase haben er oder ein oder mehrere Bearbeiter an dem Text herumgebastelt und Paulus sowie seine Heilsbotschaft stärker hervorgehoben, wodurch der westliche und der alexandrinische Text entstanden.

Mit einiger Sicherheit vertreten Boismard und Lamouille zu Recht die Meinung, dass der alexandrinische und der westliche Text keine unmittelbaren, spontanen Schilderungen der großen Seereise des Paulus sein können. Dafür sind die Unterschiede zwischen den beiden Texten zu groß. Sehr gut ist das daran zu erkennen, wie die Wirform (aus dem Reisetagebuch) und die Sieform (aus der Apostelgeschichte I) verwendet werden. Im alexandrinischen Text beginnt die Seereise in der ersten Person Plural; danach wird mehrmals die Sieform verwendet und in 28, 1 wird wieder auf die Wirform zurückgegriffen. Im westlichen Text ist es umgekehrt: Der Reisebericht beginnt mit „sie", danach geht der Text zu „wir" über und in 28, 1 erfolgt die Rückkehr zur Sieform.

Trotz aller Unterschiede in den verschiedenen Handschriften spreche ich in meiner hier folgenden „Analyse" konsequent von Lukas als dem Autor der Seereise des Paulus, wie sie im modernen Standardtext der Apostelgeschichte beschrieben ist. Nach dieser Version bespreche ich den Text, schildere die Reise und kommentiere die Handlungen der Mannschaft. Jede nautische oder geografische Angabe, so undeutlich sie auch sei, nehme ich ernst. Auf diese Weise lässt sich das von Lukas formulierte Muster der Reise des Paulus sichtbar machen und der Leser kann sich ein Urteil über die Frage bilden, ob es dem Verfasser gelungen ist, die ursprünglichen Angaben über die Seereise des Paulus und dessen Heilsgeschichte harmonisch miteinander zu vereinen.

Die Abreise aus Caesarea

Die Erzählung der Seereise des Paulus nach Rom fängt mit der recht vagen Aussage an, dass „unsere Abfahrt nach Italien feststand" (Apg 27, 1). Wer diese Abfahrt angeordnet hatte, wird nicht mitgeteilt, doch es liegt auf der Hand, dass es Festus war. Zusammen mit mehreren anderen Gefangenen wurde Paulus Iulius anvertraut, einem Zenturio der kaiserlichen Kohorte in Caesarea. Aufgrund welcher Straftaten die anderen Gefangenen nach Rom überstellt wurden und ob vielleicht noch weitere römische Bürger unter ihnen waren, die Berufung beim Kaiser eingelegt hatten, erfahren wir nicht.

Iulius hatte keine besonderen Anweisungen erhalten, es gab kein Drehbuch. Die Entscheidung, wie Paulus und die anderen Gefangenen nach Rom zu bringen waren, blieb ihm selbst überlassen. Es gab verschiedene Reisemöglichkeiten. Er hätte die römischen Reichsstraßen nehmen und längs der libanesischen und syrischen Küste, quer durch das Binnenland der Türkei, durch Kilikien, Kappadokien, Galatien und Bithynien nach Thessalonich in Nordgriechenland gelangen können, wie Paulus es in der Vergangenheit schon zweimal getan hatte. Von dort aus hätte er über die Via Egnatia an die Adriaküste weiterreisen können, nach Dyrrhachium, wo es nicht schwierig gewesen wäre, ein Schiff für die Überfahrt nach Brundisium in Süditalien zu finden. Über die Via Appia wäre Iulius dann mit seinen Gefangenen nach Rom gelangt. Statt vom Balkan aus nach Italien überzusetzen, hätte er von der Türkei aus auch den Weg nehmen können, der nach Norditalien führte und mit ziemlich gut ausgestatteten Rastplätzen versehen war. Diese Route wurde manchmal für Truppentransporte genutzt, aber auch, um Gefangene nach Rom zu überstellen. Ungefähr 50 Jahre später wurde über diesen Weg Bischof Ignatius von Antiochia nach Rom gebracht, um dort den Märtyrertod zu sterben. Ein solcher Transport nahm jedoch viele Monate in Anspruch, war mit hohen Kosten verbunden und außerdem nicht ungefährlich, denn es war bereits Ende September und somit nicht auszuschließen, dass die Reise in den Herbst- und Wintermonaten unter widrigen Wetterbedingungen zurückgelegt werden musste. Darüber hinaus war in den dünn bevölkerten, schwer zugänglichen Gebieten immer mit Wegelagerern zu rechnen.

Eine bessere Wahl wäre es gewesen, über Land oder über See von Caesarea aus nach Alexandria zu reisen und sich dort auf einem der großen Getreideschiffe oder mittelgroßen Frachter einzuschiffen, die regelmäßig nach Rom fuhren. Diese großen Getreideschiffe waren ein beliebtes Transportmittel bei Reisenden, die von Palästina aus nach Rom gelangen wollten. Auch die römische Staatsmacht griff gerne auf solche Schiffe zurück, wenn große Gruppen von Menschen aus einer der östlichen Provinzen nach Rom gebracht werden sollten. Titus, der Sohn des römischen Kaisers Vespasian, ließ zum Beispiel im Jahr 70 nach der Einnahme der Stadt Jerusalem 700 jüdische Kriegsgefangene aus Judäa nach Alexandria und von dort aus auf Transportschiffen nach Italien bringen. Die Überfahrt dauerte ungefähr zwei Monate; damit handelte es sich bei dieser Route um die bei Weitem schnellste.

Es war jedoch kaum zu erwarten, dass Iulius zu diesem späten Zeitpunkt in Alexandria noch ein Schiff gefunden hätte, das geradewegs nach Italien fuhr. Das letzte Getreideschiff hatte bereits im September abgelegt. Da die Zufuhr von Getreide für die Bevölkerung der Stadt Rom von essenzieller Bedeutung war, wurden Risiken so weit wie möglich ausgeschlossen; die Transportsaison begann zu Anfang des Frühjahres und endete zu Beginn des Herbstes. Die Schiffe, die im Oktober noch aus Italien eintrafen, blieben den ganzen Winter über in Alexandria. Sobald die Wetterbedingungen es zuließen – für gewöhnlich im Laufe des März –, wurde das in den Speicherhäusern gelagerte Getreide aus dem vorigen Jahr verladen und die ersten Schiffe brachen auf nach Ostia, wo sie Mitte Mai eintrafen.

Die Chance, einem Küstenfahrer zu begegnen, der mit vielen Zwischenstopps nach Norden fuhr, war für Iulius in Alexandria nicht größer als in dem bestens ausgestatteten Hafen von Caesarea. Schiffe aus allen Hafenstädten legten dort an, um die Ladung von Karawanen aus den tief landeinwärts gelegenen Wüstengebieten an Bord zu nehmen. Insbesondere Luxusgüter aus Arabien sowie Salz und Pech aus den Gegenden um das Tote Meer wurden dort zwischengehandelt und in Häfen im gesamten Reich verschifft.

Iulius fand ein Schiff aus Adramyttion an der Westküste der Türkei. Der Schiffer war bereit, die Soldaten, Paulus und die anderen Gefangenen an Bord zu nehmen – entweder von sich aus, weil er etwas daran verdienen konnte, oder auf Druck von Iulius, dem ein offizielles Dokument, die *diploma*, das Recht gab, einen Schiffer zu verpflichten, ihn und seine Gefangenen an Bord zu nehmen. Wahrscheinlich gegen eine beträchtliche Vergütung bekamen auch einige Freunde von Paulus einen Platz an Bord.

Aus wie vielen Personen diese Reisegesellschaft bestand, erzählt Lukas nicht. Er teilt nur mit, dass Aristarch aus Thessalonich „bei uns" war. Bereits einige Jahre zuvor hatte er Paulus auf der Reise von Philippi nach Troas und Milet begleitet (Apg 20, 13–16). Paulus betrachtete ihn als einen treuen Mitarbeiter, mit dem er Freud und Leid geteilt und der mit ihm zusammen im Gefängnis gesessen hatte.

Paulus' Freunde hatten ihre Reisevorkehrungen getroffen. Sie mussten die Reisekosten selbst tragen und hatten sich für die Dauer der Überfahrt mit Lebensmitteln eingedeckt, vor allem mit Esswaren, die nicht schnell verdarben, wie Zwieback, Kuchen, gepökeltem, geräuchertem oder getrocknetem Fleisch, Hartkäse, hart gekochten Eiern und getrockneten Früchten. Gemüse und Obst reichten nur für die ersten Tage. Wasser war im Reisepreis inbegriffen.

Der Zielhafen dieses Schiffes war einer der Küstenorte der Provinz Asia (Apg 27, 2), vermutlich der Heimathafen Adramyttion. Weil auf dem Weg dorthin verschiedene Häfen angelaufen wurden, liegt die Vermutung nahe, dass es sich um einen Küstenfahrer handelte und nicht um eines der großen Segelschiffe, die auf den transmediterranen Routen eingesetzt wurden. Iulius muss klar gewesen sein, dass er und seine Reisegesellschaft zu einer langen Reise aufgebrochen waren. Unter normalen Umständen dauerte die Fahrt von Caesarea oder Alexandria nach Rom bei nordwestlichen Winden zwischen 55 und 70 Tagen. Da das kleine Schiff verschiedene Häfen ansteuern würde, war die Dauer der ganzen Reise schwer zu berechnen. Es würde sehr schwierig werden, Ostia noch vor Ende der Schifffahrtssaison zu erreichen. Warum er dennoch das Risiko einer Abreise im Herbst auf sich nahm, in dem Wissen, dass er sich vielleicht in einem Hafen in Kleinasien auf die Suche nach einem Schiff für den Rest der Überfahrt machen musste, bleibt eine unbeantwortete Frage. Paulus nach Rom zu überbringen, war schließlich keine dringliche Aufgabe. Der Apostel hatte schon zwei Jahre lang im Gefängnis gesessen. Wäre die Abreise in das beginnende Frühjahr verschoben worden, den Anfang der neuen Schifffahrtssaison, hätte das bei niemandem Unverständnis ausgelöst.

Nach Myra

Das Datum der Abreise lässt sich nur ungefähr ermitteln. Wenn wir davon ausgehen, dass der Prozess in der zweiten Septemberhälfte stattfand, dass Festus danach noch eine Unterredung zwischen Paulus und Agrippa arrangierte und dass die Vorbereitungen für die Reise und die Suche nach einem Schiff eine gewisse Zeit in Anspruch nahmen, kann die Abreise nicht vor dem 1. Oktober stattgefunden haben.

Mit eigener Ruderkraft verließ das Schiff den Hafen von Caesarea und nahm Kurs in Richtung Norden. Der Wind tat sein Bestes, denn schon am folgenden Tag konnte der Schiffer in Sidon anlegen, um Handel zu treiben und Proviant zu laden. Die Glanzzeit dieser alten phönizischen Hafenstadt war schon lange vorbei, doch die Hafeneinrichtungen waren noch so gut, dass der griechische Geograf Strabon dem Hafen zur Zeit des Kaisers Augustus ein Loblied sang.[88] Der Dichter Achilleus Tatios (2. Jahrhundert n. Chr.) ist nicht weniger begeistert; seinen Roman über die Liebesabenteuer von Leukippe und Kleitophon eröffnet er mit den folgenden Worten:

> Sidon ist eine Stadt am Meer; es ist das Meer der Assyrer. Die Stadt ist die Mutter der Phönizier, der Volksstamm der Vater der Thebaner. In einer Bucht liegt ein ausgedehnter Doppelhafen, der in allmählichem Übergang die offene See ausschließt; denn wo die Bucht seitlich nach rechts ins Land eingreift, ist eine zweite Öffnung ausgehoben worden, und das Wasser fließt ein zweites Mal in einen Hafen. Dadurch entsteht ein Hafen im Hafen, so daß Handelsschiffe hier in vollkommen ruhigem Wasser überwintern können, während sie im Sommer im äußeren Hafen vor Anker liegen.[89]

Ausgrabungen haben tatsächlich einen Außen- und einen Innenhafen freigelegt. Große Frachtsegler gingen wahrscheinlich im Außenhafen vor Anker, an der Ostseite einer kleinen Felseninsel vor der Küste, die durch einen Damm mit der eigentlichen Stadt verbunden war. Die Ladung wurde mit kleinen Booten zur Stadt gebracht und dort verkauft, worauf eine neue Ladung an Bord genommen werden konnte. Paulus' Schiff konnte mühelos in den Innenhafen hineinfahren und am innerstädtischen Kai anlegen. Während der Schiffer und andere Passagiere Handel

Blick auf den Hafen von Sidon von der Kreuzfahrerburg aus
(Foto: Marie Louise Verhoef)

trieben oder Proviant beschafften, bekam Paulus von Iulius die Erlaubnis, „zu seinen Freunden zu gehen und sich versorgen zu lassen“ (Apg 27, 3). Der Zenturio wird hier als ein sanftmütiger, freundlicher Mann vorgestellt, der sich ernsthaft um das Wohlergehen seines Gefangenen kümmert. Es ist das zweite Mal, dass in der Apostelgeschichte ein römischer Zenturio so sympathisch dargestellt wird. Schon vorher hatte Lukas Cornelius, den ersten nichtjüdischen Bekehrten, seiner Frömmigkeit und Mildtätigkeit wegen gepriesen (Apg 10).

Die Dauer von Paulus' Aufenthalt in Sidon hing davon ab, wie lange die Händler brauchten, um ihre Geschäfte zu erledigen. Da das Schiff auf seiner Fahrt gen Norden und Westen verschiedene große und kleine Häfen anlaufen wollte und die Schifffahrtssaison schon ihrem Ende entgegenging, wird das Schiff nur kurz im Innenhafen gelegen haben: einen, höchstens zwei Tage lang, um schließlich wieder in See zu stechen; daraufhin entschied man sich, Zypern zu umsegeln, „weil wir Gegenwind hatten“ oder, wie es in der Lutherbibel heißt, „im Schutz von Zypern“ (Apg

27, 4). Auf den ersten Blick könnte man meinen, Paulus' Schiff habe südlich von Zypern westlichen Kurs und dann mit dieser Insel an Steuerbord nördlichen Kurs genommen. Doch da im folgenden Satz zu lesen ist, dass die Fahrt „durch das Meer von Kilikien und Pamphylien" ging, hätte der Schiffer sehr merkwürdige Manöver vornehmen müssen, wenn er zuerst westlich von Zypern gefahren wäre und danach noch den Entschluss gefasst hätte, die türkische Südostküste entlangzusegeln. Vielleicht hatte der Schiffer anfänglich erwogen, die Route der Getreideschiffe zu nehmen, die regelmäßig zwischen Alexandria und Rom unterwegs waren, doch der „Gegenwinde" wegen – die somit aus dem Westen und nicht aus dem Nordwesten kamen – davon abgesehen. Möglicherweise entschied er sich aus diesem Grund für einen anderen, nördlicheren Kurs, östlich von Zypern, der zwar mehr Zeit in Anspruch nahm, segeltechnisch aber unproblematischer war. Mit den Worten „wir fuhren im Schutz von Zypern hin" meint Lukas, dass das Schiff mit dem Segel über Steuerbord Zypern an der Leeseite, an Backbord, passierte. Der Schiffer segelte also mit „halbem Wind" zwischen der libanesischen und syrischen Küste und Kap Apostolos Andreas an der Ostküste Zyperns nach Norden und dann längs der Küste Kilikiens und Pamphyliens nach Westen. Da Lukas nichts von Schwierigkeiten auf dieser Strecke sagt, darf man annehmen, dass die Fahrt nach Myra wunschgemäß verlief.

Interessant ist schließlich noch die Frage, wie viele Tage lang Paulus' Schiff unterwegs war, um die 370 Seemeilen von Sidon nach Myra zurückzulegen. Gehen wir von einer für kleinere Frachtsegler typischen mittleren Fahrgeschwindigkeit von drei Knoten aus, dann wäre die Strecke in gut fünf Tagen zu schaffen gewesen, allerdings nur, wenn das Schiff längs der kilikischen und pamphylischen Küsten über längere Zeit von günstigen Landwinden profitieren und ohne Unterbrechung durchfahren konnte, ohne irgendwo anzulegen oder vor Anker zu gehen und ohne nachts die Segel zu streichen. Ist es schon fraglich, dass ständig günstige Landwinde wehten, so ist es sehr unwahrscheinlich, dass die Fahrt ohne Unterbrechungen verlief. Paulus' Schiff war ein Küstenfahrer, der regelmäßig Häfen ansteuerte, um Ladung aufzunehmen oder zu löschen, was natürlich seine Zeit brauchte. Deshalb ist an dieser Stelle dem westlichen Text der Vorzug zu geben. Dort ist zu lesen, dass das Schiff für die Fahrt

Getreidelagerhäuser im Hafen von Andriake (Foto: Jos Beelen)

von Caesarea nach Myra 15 Tage brauchte, was einer relativ niedrigen, doch unter Berücksichtigung der Zwischenstopps realistischen Fahrgeschwindigkeit von 1,2 Knoten entspricht. Aber ob das Schiff nun fünfeinhalb oder fünfzehn Tage lang unterwegs war, das erste Viertel der Reise verlief jedenfalls problemlos.

Dass das Schiff aus Adramyttion Andriake, den Hafen von Myra, anlief, versteht sich fast von selbst. Es war ein guter Hafen in einer natürlichen Bucht, in die der Fluss Andrakos mündete. An der Südseite befand sich der wichtigste Kai mit Lagerhäusern und Kontoren; dahinter lagen Wohnviertel, die auf einen rechteckigen, von Markthallen und Kolonnaden umgebenen rechteckigen Marktplatz ausliefen. Als Paulus' Schiff in Andriake anlegte, gab es im Hafen noch nicht so viel Platz wie später im 2. Jahrhundert. Unter Kaiser Trajan (98–117) wurde der Hafen erweitert und sein Nachfolger Hadrian (117–138) ließ einen 65 mal 32 Meter großen Getreidespeicher bauen, in dem das Getreide aus dem Hinterland gelagert

Die Nekropole von Myra (Foto: Jan Janus)

wurde und der als Umschlagplatz für das in Schiffen angelieferte Getreide aus anderen Regionen diente.

Von Andriake aus führte eine kleine Straße nach Myra, das am Fuße des Taurusgebirges im Tal des Flusses Myros lag. Die antiken Schriftsteller berichten nichts von einer ruhmreichen Geschichte der Stadt und auch die spärlichen Überreste können uns nur wenig über die Bedeutung der Stadt seit ihrer Gründung in hellenistischer Zeit erzählen. Eine Jahreszahl sticht hervor: 42 v. Chr. Die Römische Republik ging ihrem Ende entgegen und es wütete ein Bürgerkrieg zwischen den Republikanern unter der Führung von Brutus und Cassius und dem Triumvirat aus Octavian, Antonius und Lepidus. Ein Leutnant des Brutus, Lentulus Spinther, forderte Geld von den Bewohnern von Myra, um den Krieg finanzieren zu können, doch sie weigerten sich und verschlossen den Zugang zum Hafen Andriake mit schweren Ketten. Lentulus durchbrach die Absperrung und fuhr in den Hafen hinein, worauf die Stadt sich ergab und seinen Forderungen nachkam.

In den folgenden Jahrzehnten profitierten die Bewohner von Myra von der wachsenden ökonomischen Bedeutung von Andriake. Mit den Einkünften aus den beträchtlichen Steuerabgaben ließen die Stadtoberen ein Theater bauen, das mehr als 10 000 Besuchern Platz bot. Zusammen mit den in die Felsen gehauenen Gräbern ist es heute die größte touristische Attraktion.

Kreta

In Andriake fand der Zenturio ein Schiff aus Alexandria, das auf dem Weg nach Italien war. Warum die Reise nicht mit dem Schiff aus Adramyttion fortgesetzt wurde, erfahren wir nicht. War dem Schiffer angesichts der drohenden Herbststürme die Weiterfahrt zu gefährlich? Fürchtete er, sein Frachtschiff zu verlieren? Jedenfalls war es eine vernünftige Entscheidung, das Schiff im Hafen von Andriake festzumachen, denn wenn er weitere kleinasiatische Küstenstädte angelaufen hätte, wäre er vor unangenehmen Überraschungen nicht gefeit gewesen. Spätestens, sobald er Rhodos passiert haben würde, hätte er mit schwerer See rechnen müssen, gegen die sein Schiff kaum eine Chance gehabt hätte. Es war besser, in Myra zu bleiben, eventuell Ausbesserungsarbeiten am Schiff vorzunehmen und auf den Beginn der neuen Schifffahrtssaison zu warten.

Die Initiative könnte auch vom Zenturio ausgegangen sein. Als er sich damit konfrontiert sah, dass der Schiffer die Fahrt nicht fortsetzen wollte, machte er sich selbst auf die Suche nach einem anderen, größeren Schiff, das besser gegen die Herbststürme gewappnet war. Selbst in dieser Jahreszeit waren die Aussichten, ein solches Schiff zu finden, noch gut, denn der Hafen Andriake wurde nicht nur von Küstenfahrern angelaufen, sondern auch von mittelgroßen (Getreide-)Schiffen, die die nördlichen Routen vom östlichen Mittelmeerraum nach Ostia befuhren: an Zypern, Myra, Rhodos oder Knidos und dann entweder nördlich an den Kykladen vorbei oder südlich längs der Südküste Kretas und an Malta vorbei durch die Straße von Messina und dann nordwärts die Westküste Italiens entlang.

Nach einigen Tagen fand der Zenturio ein Schiff aus Alexandria, das nach Italien unterwegs war. Es ist verlockend, dabei gleich an eines der großen Getreideschiffe zu denken, weil sich Lukas zufolge insgesamt

276 Menschen an Bord befanden (Apg 27, 37).[90] Tatsächlich eine große Anzahl, doch eine eher kleine im Vergleich zu den 600 Personen, darunter Flavius Josephus, an Bord des Schiffes, das im Jahr 64 im Adriatischen Meer Schiffbruch erlitt (siehe S. 274). Angesichts der primitiven Unterkunftsmöglichkeiten, die die Frachtschiffe ihren Passagieren zu bieten hatten (manchmal nicht mehr als ein paar Quadratmeter pro Person), könnte es ein Frachtschiff von 35 bis 40 Metern mit einer Ladekapazität von 400 Tonnen gewesen sein, doch die Reisenden hätten dann sehr eng aufeinanderhocken müssen, fast wie Heringe in einer Tonne. Darum denke ich, dass es eher ein großes Getreideschiff gewesen sein wird; nicht eines der Mammutschiffe von 1000 Tonnen, die zwischen Alexandria und Rom hin- und herfuhren, sondern ein Getreideschiff von mehr als 500 Tonnen, das die nördliche Route befuhr, mit Myra als festem Zwischenstopp.

Man darf sich fragen, ob der Schiffer nicht besser daran getan hätte, dem Beispiel seines Kollegen aus Adramyttion zu folgen und in Myra in aller Ruhe das Frühjahr abzuwarten, denn unmittelbar, nachdem das Schiff den Hafen verlassen hatte, begannen auch schon die Schwierigkeiten. Der Wind ließ das Schiff kaum vorankommen (Apg 27, 7). Theoretisch könnte eine Windstille das Schiff zum Stehen gebracht haben, sodass es abzutreiben drohte. In Anbetracht der späten Jahreszeit, in der mit schlechtem Wetter und Stürmen zu rechnen war, ist es wahrscheinlicher, dass ein ungünstiger, starker West- oder Nordwestwind es der Besatzung unmöglich machte, unterhalb der südlichen Kykladen nach Kap Malea zu fahren, der Südostspitze Lakoniens, und von dort nach Kap Spartivento (Herculis promontorium), dem südöstlichsten Punkt des italienischen Stiefels. Für diese Route hätte das Schiff hoch, vielleicht zu hoch, am Wind fahren müssen.

Dennoch zögerten der Schiffer und der Steuermann noch geraume Zeit, bevor sie sich für einen anderen Kurs entschieden. Einige Tage lang (wie viele es genau waren, wird nicht gesagt) versuchten sie, vielleicht gegen besseres Wissen, so hoch wie möglich am Wind zu fahren. Doch als sie in all dieser Zeit nur mit Mühe die Höhe von Knidos erreicht und damit nur 160 Seemeilen zurückgelegt hatten, beschlossen sie, das Ruder herumzureißen. Das war eine vernünftige Entscheidung, denn bis Knidos

Mosaik auf der Piazzale delle Corporazioni in Ostia. Zu sehen sind zwei Frachtschiffe vor dem Hafen, das eine mit rundem Bug und Standardtakelage, das andere mit Schnabel und drei Masten.

bot die kleinasiatische Küste noch einigen Schutz gegen heftige Windstöße, doch war die dortige Landenge einmal durchfahren, hatte man es sodann mit einem Nordwestwind zu tun, der ungehindert wehte. Darüber hinaus könnte die See bei Kap Malea angesichts der herrschenden Wetterlage auch arg getobt haben. Die Winde und Strömungen sind dort heftiger als andernorts. Die Gefahr, durch einen der Wirbelwinde gegen die hoch aufragenden Klippen geworfen zu werden, war groß. Nicht umsonst sagte ein Sprichwort: „Hast Malea du umschifft, vergiss die Heimfahrt dann.“[91] Eine Alternative wäre es gewesen, im Hafen von Knidos Schutz zu suchen und abzuwarten, bis der Wind aus einer nördlicheren Richtung wehen würde. Doch aus unbekannten Gründen sah man davon ab. Vielleicht fand der Schiffer diesen Hafen ungeeignet für sein Schiff oder er hegte in dieser Phase der Reise immer noch die Hoffnung, Italien erreichen zu können, bevor die Herbststürme das unmöglich werden ließen. Auch finanzielle Erwägungen werden dabei sicherlich eine Rolle gespielt haben. Traf ein reich beladenes Schiff nicht rechtzeitig in seinem Bestimmungshafen ein, konnten enorme Schadensersatzforderungen erhoben werden.

Die Route, die der Schiffer schließlich wählte, war zwar länger, doch das Schiff konnte jetzt volle Fahrt aufnehmen, da ein Kurs in südwestlicher Richtung, zur Ostküste Kretas, eingeschlagen wurde und das Schiff mit raumem Wind segeln konnte. Man könnte dem Schiffer vorwerfen, dass er diesen Entschluss vielleicht früher hätte fassen müssen, kurz nachdem er den Hafen von Myra verlassen hatte. Es dürfte ihm nicht unbekannt gewesen sein, dass viele Schiffer, die von Lykien aus Kurs auf Sizilien nahmen, auf dem Weg zur Ostküste Kretas Rhodos und Karpathos an Steuerbord passierten.

Das Schiff umrundete Kap Salmone, heute Kap Sideros, ein am äußersten nordöstlichen Punkt Kretas gelegenes Vorgebirge, und fuhr die Südküste der Insel entlang. Dem Schiffer wurde bewusst, dass, falls die Lage sich noch weiter verschlechterte, es keine Möglichkeit gab, hier einen Hafen anzusteuern, der für längere Zeit Sicherheit bieten konnte. Der östliche Teil der Südküste Kretas weist zwar eine Reihe natürlicher Buchten auf, doch fast keine dieser Buchten hätte einem großen Frachtschiff für geraume Zeit Schutz bieten können. Kaloi Limenes („schöne Häfen“) war der erste Hafen, der dem Schiffer in den Sinn kam, als ihm klar wurde, dass die Weiterfahrt zu riskant war und es deshalb ratsam war, einen Hafen zu suchen, um dort zu überwintern (Apg 27, 12). Lukas teilt nicht mit, ob der Schiffer den Entschluss, vor Anker zu gehen, erst auf der Fahrt längs der Südküste Kretas fasste oder bereits früher, kurz nachdem er bei Knidos das Ruder herumgerissen hatte. Aller Wahrscheinlichkeit nach kam er erst im letzten Moment zu dieser Entscheidung, aus dem Gedanken heraus, dass es aufgrund der Stärke der Stürme jetzt zu gefährlich geworden war, den südlichsten Punkt Kretas, Kap Lithinon, zu umfahren.

Die erste Intervention des Paulus

Bis dahin ist Paulus nicht in Erscheinung getreten. Darüber, wie er sich während des ersten Teils der Reise verhalten hat, schweigt Lukas sich aus. Wir erfahren nicht, ob Paulus sich an Bord frei bewegen konnte oder ob er wie ein Gefangener behandelt wurde. Vielleicht wurde ihm aufgetragen, seinen alten Beruf als Zeltmacher auszuüben und Segel auszubessern. Jetzt, da die Verspätung im Fahrplan erheblich zunahm und die Besatzung vor dem Dilemma stand, entweder Kaloi Limenes anzulaufen, um dort zu überwintern, oder nach einem geeigneteren Hafen zu suchen, tritt Paulus plötzlich in den Vordergrund. Obwohl dem Schiffer, auf dessen Schiff Paulus sich befand, bis dahin nichts vorzuwerfen war, glaubte der Apostel, ihm Ratschläge geben zu müssen, auch wenn seine Position an Bord eine solche hervorstechende Rolle nicht rechtfertigte. Er war zwar ein römischer Bürger und damit ein Mann mit einem gewissen Status, doch er war eben auch ein Gefangener. Und für einen Gefangenen, der in der Hierarchie an Bord ganz unten stand, war es fast unmöglich, von der Besatzung ernsthaft angehört zu werden, geschweige denn, sie zu einem Meinungswechsel zu bewegen.

Für einige Kommentatoren der Apostelgeschichte versteht es sich von selbst, dass Paulus schon in diesem Stadium in den Vordergrund tritt. Sie sehen seine Intervention als einen logischen Schritt, da er sich nicht als ein gewöhnlicher Passagier an eine nautische Diskussion herantraut, sondern sich bei der erstbesten Gelegenheit als Mann Gottes präsentiert, der mit vorausschauendem Blick weiß, welche Gefahren bevorstehen. Er ist als Einziger in der Lage, Schiff und Besatzung vor dem Untergang zu retten. Seine auf früheren Seereisen gesammelten Erfahrungen führen diese Kommentatoren zu seinen Gunsten an: Paulus verfüge über einen großen Sachverstand. Nun ist es natürlich wahr, dass Paulus bereits einige lange Seereisen gemacht hatte, auf verschiedenen Schiffen und mit unterschiedlichem Ablauf (über seine nautischen Erfahrungen in Krisensituationen sagt er selbst, dass er dreimal Schiffbruch erlitten habe und dass er eine Nacht und einen Tag auf hoher See getrieben sei; 2 Kor 11, 25). Dass seine nautischen Kenntnisse die des Schiffers, des Steuermannes und der übrigen Mannschaftsmitglieder übertrafen, muss jedoch entschieden bezweifelt werden. In meinen Augen ist Paulus' Intervention nichts anderes als eine Unterbrechung der Reiseerzählung, um dem Mann, um den es in der Apostelgeschichte geht, eine bedeutende Rolle zu geben, ohne dass der Verfasser sich fragt, ob die Intervention in dieser Phase der Reise gerechtfertigt oder auch nur einleuchtend ist.

Ob wir es für wahrscheinlich oder doch eher für unwahrscheinlich halten, dass Paulus tatsächlich seine Meinung äußerte: Wir kommen nicht um die Tatsache herum, dass sich im Text in der Apostelgeschichte alles um sein Urteil dreht. Er ist der Einzige, der zu Wort kommt und die Besatzung warnt, dass eine Fortsetzung der Fahrt für Schiff und Mannschaft fatale Konsequenzen haben würde. Was Paulus genau gesagt hat, schreibt Lukas nicht, doch aus dem Kontext (Apg 27, 21) geht hervor, dass er den Rat gab, in Kaloi Limenes anzulegen. Die Antwort des Schiffers, des Zenturios und all der anderen, die nicht seiner Meinung waren, wird nicht mitgeteilt. Sicher ist nur, dass Paulus keinen Beifall erhielt. Niemand brauchte der Mannschaft zu erzählen, dass die Situation prekär war und das weitere Vorgehen gründlich erwogen werden musste. Das beweist die Suche des Schiffers nach einem geeigneten Ort zur Überwinterung. Er war von Osten aus in die Bucht hineingefahren, hatte zuerst den kleinen Hafen des Städtchens Lasaia gesehen (Apg 27, 8) und war gleich zu dem Schluss gekommen, dass die von einer Landzunge umschlossene enge Bucht zu wenig Schutz bot und deshalb für einen längeren Aufenthalt nicht geeignet war. Auch bei Kaloi Limenes hatte er kein gutes Gefühl. Lukas stellt es jedoch so dar, als wäre Paulus der Einzige gewesen, der die Situation richtig eingeschätzt hatte. Ganz konsequent ist der Autor übrigens nicht. Nachdem Paulus auf die Gefahren für Schiff, Passagiere und Besatzung hingewiesen und der Zenturio sich der Auffassung des Steuermannes und des Schiffers angeschlossen hatte, die zu einem sichereren Hafen weiterfahren wollten, wird gleich erzählt, dass Kaloi Limenes für eine Überwinterung ungeeignet war (Apg 27, 12). Mit anderen Worten: Paulus hatte mit seinem Vorschlag, in Kaloi Limenes zu bleiben, falsch gelegen. Eine Weiterfahrt war riskant, doch für längere Zeit in Kaloi Limenes anzulegen, hätte mindestens genauso viele Risiken mit sich gebracht.

Lukas geht diesem Dilemma ganz einfach aus dem Weg, indem er Paulus in den Vordergrund stellt. Und er kommt im weiteren Verlauf seiner Erzählung auch nicht mehr darauf zurück. Über den Beschluss, weiterzufahren, wird nur gesagt, dass er von einer „Mehrheit“ gefasst wurde. Daraus dürfen wir schließen, dass der Schiffer zu dieser Entscheidung kam, nachdem er sich mit der Mannschaft und den Passagieren beraten hatte.

Seine Entscheidung stellte den Schiffer vor ein neues Problem. Er musste Kap Lithinon, den berüchtigten südlichsten Punkt Kretas, umrunden und daraufhin einen etwas nördlicheren Kurs nehmen, um die Hafenorte im westlichen Teil Südkretas erreichen zu können. Das folgende Reiseziel war der Hafen Phoinix, der „nach Südwesten und Nordwesten“ offen war (Apg 27, 12).

Paulus' Argumente für eine Überwinterung in Kaloi Limenes werden ebenfalls nicht besprochen. Sein Hinweis auf den späten Zeitpunkt in der Schifffahrtssaison kann nicht ernst genommen werden. Man hätte ihm noch recht geben können, wenn für die Fahrt von Kaloi Limenes nach Phoinix mehrere Tage auf hoher See veranschlagt hätten werden müssen. Im unzulänglich ausgestatteten Hafen von Kaloi Limenes zu bleiben, wäre dann ein geringeres Risiko gewesen als eine Überfahrt unter schlechten Wetterbedingungen. Doch einer Fahrt von 65 Seemeilen längs der Küste zu einem besseren Hafen war zweifellos der Vorzug zu geben. Dass Paulus sich dennoch für einen Verbleib in Kaloi Limenes aussprach, ist meiner Meinung nach nur dadurch zu erklären, dass er (oder Lukas?) mit der geografischen Situation an der Südküste Kretas nicht vertraut war.

Unter Seeleuten war Phoinix bekannt. Der Geograf Ptolemäus spricht über eine Stadt, Phoinix, mit einem Hafen, der auf die kleine Insel K(l)auda blickt, die ungefähr 20 Seemeilen südlich von Kreta liegt.[92] Auch in den *periploi*, den von Seeleuten geführten Schiffstagebüchern, wird Phoinix als ein regelmäßig angelaufener Hafen erwähnt. Die römischen Überreste der kleinen Stadt beim heutigen Loutro sind noch gut zu sehen. Sie liegt auf einer Landzunge, Kap Mouri, einem Ausläufer der Lefka Ori („Weißen Berge“), deren höchster Gipfel mit 2452 Metern der Pachnes ist. Da die hohen Berge den Zugang zum Hinterland praktisch unmöglich machten (daran hat sich bis heute nichts geändert), war ein guter Hafen für die Bewohner lebenswichtig. Die Möglichkeiten für einen solchen Hafen waren auch gegeben, beiderseits der Landzunge.

Leichter gemacht wurde der Entschluss, von Kaloi Limenes nach Phoinix weiterzufahren, durch das Aufkommen eines leichten Südwindes (Apg 27, 13). Von Kaloi Limenes aus konnte der Schiffer das nicht mehr als drei bis vier Seemeilen weit entfernte hoch aufragende Kap Lithinon sehen und er hoffte, nach der Umrundung dieses Kaps an der Küste entlang in nordwestlicher Richtung nach Phoinix segeln zu können. Mit dem günstigen Wind müsste das innerhalb eines Tages zu schaffen gewesen sein.

Kurz nach der Abfahrt geriet das Schiff jedoch in einen Wirbelsturm, einen „Orkan", wie es in der Apostelgeschichte heißt, der den Reiseplan gewaltig durcheinanderbrachte (Apg 27, 14–15). Plötzlich hatte sich der Wind nach Nordost gedreht. Dass der Wetterwechsel sich so schnell vollzog, muss den Schiffer überrascht haben. Er hatte nicht mehr die geringste Chance, sein Ziel zu erreichen. Er konnte jetzt nur noch versuchen, durch den Wind zu gehen und den Bug gegen die See zu halten. Wäre ihm das gelungen, hätte er eine kleine Chance gehabt, mit dem Segel über Backbord ziemlich hoch am Wind doch noch Phoinix zu erreichen. Es glückte jedoch nicht und machtlos musste er zusehen, wie das Schiff vom Wind mitgerissen wurde. Der ins Auge gefasste Hafen Phoinix verschwand schnell aus dem Blick.

Glücklicherweise gelangte das Schiff in den Windschatten einer kleinen Insel. Trotz des Sturms war es dem Schiffer gelungen, vorübergehend den Schutz einer hohen Küste aufzusuchen. In den Handschriften wird diese Insel C(l)auda oder K(l)auda genannt. Sie hat eine mehr als 300 Meter hoch aufragende Südküste, die nach Norden hin schräg abläuft – ein geeigneter Ort, um für kurze Zeit Schutz gegen den harten Nordwind zu finden.

Die Stimmung an Bord während des kurzen Aufenthalts vor K(l)auda muss sehr bedrückend gewesen sein. Jedem war bewusst, dass die kommenden Wochen äußerst nervenaufreibend werden würden, weil die Chance, an der Südküste Kretas noch einen geeigneten Hafen zu finden, gegen null ging. Die Mannschaft und die Passagiere mussten sich auf eine gefährliche Fahrt auf hoher See vorbereiten. Mit vollem Einsatz wurde das Schiff „sturmfest“ gemacht. Als Erstes wurde das Beiboot an Bord genommen. Jedes mittelgroße Schiff hatte ein solches Beiboot, das verschiedenen Zwecken dienen konnte: Es half beim Anlegen in einem Hafen und bei der Ausfahrt aus einem Hafen, es diente dem Übersetzen der Mannschaft an Ankerplätzen in einiger Entfernung von der Küste und dem Ausbringen der Anker. Und es diente als Rettungsboot.

Die Angst, dass die Schiffshaut der Kraft der von den Stürmen aufgepeitschten Wellen nicht standhalten könnte, war so groß, dass beschlossen wurde, das Schiff mit Tauen zu „untergürten“ (Apg 27, 17): Sie umspannten den Kiel quer mit Verstärkungsseilen, eine Praxis, die noch im 18. Jahrhundert auf großen Segelschiffen immer wieder angewandt wurde, vor allem auf alten Schiffen, die von ihren Eignern so lange wie möglich in Fahrt gehalten wurden. In der Mitte des Schiffes wurde ein langes Seil vier- oder fünfmal um den Rumpf herum gespannt, um das Schiff zu verstärken und so gegen Wind und Wellen zu schützen.

Die Prophezeiung des Paulus

Der Aufenthalt vor K(l)auda dauerte nicht lange. Nachdem der Schiffer und die Mitglieder der Besatzung alles so gut wie möglich für eine schwierige Zeit auf See vorbereitet hatten, verließen sie ihren unsicheren Liegeplatz. Kaum hatte sich das Schiff aus dem Windschatten der kleinen Insel entfernt, wurde es auch schon vom Nordoststurm erfasst. Aus Lukas’ wenigen Worten kann herausgelesen werden, dass der Sturm so heftig war, dass die Mannschaft zeitweise den Kurs nicht mehr halten konnte. Es war allerdings nicht so, dass die Mannschaft in Panik geraten wäre, wie aufgrund der zweiten Intervention des Paulus (Apg 27, 21–26) zu Unrecht angenommen wurde. Es waren die einzig richtigen Maßregeln getroffen worden. Da das Schiff im Unwetter nicht mehr durch den Wind kommen konnte, ließ der Schiffer das Schiff treiben. Er wusste, dass es damit Gefahr lief, in südliche Richtung abzutreiben und auf den Sandbänken der Syrten vor der afrikanischen Küste auf Grund zu laufen, die zu den gefährlichsten Bereichen des Mittelmeeres gezählt wurden. Sowohl die Große Syrte westlich der Kyrenaika, dem heutigen Golf von Bengasi oder

Golf von Sidra, als auch die Kleine Syrte, der Golf von Gabès an der Ostküste Tunesiens, flößten den Seeleuten große Angst ein. In beiden Syrten verursachten die sich ständig verlagernden Sandbänke Gezeitenströmungen, die die Seeleute vor größte Probleme stellten.

Der Schiffer fürchtete nicht nur, durch den Nordoststurm zu schnelle Fahrt aufzunehmen und auf die nordafrikanische Küste geworfen zu werden, sondern hatte noch größere Angst davor, das Achterschiff nicht auf See halten zu können. Sein Schiff würde quer fallen, was mit der Getreideladung an Bord verheerende Folgen haben konnte. Ihm blieb nur noch die Möglichkeit, vom Achterschiff aus einen Treibanker hinabzulassen, um so die Fahrgeschwindigkeit zu mindern (Apg 27, 17).

Am folgenden Tag hielt das Unwetter unvermindert an. Der Treibanker verlangsamte zwar die Fahrt, doch der Auftrieb und die Stabilität des mit Passagieren und Ladung vollgepackten Schiffes erforderten weitere Maßnahmen. Das Schiff schlingerte heftig, da es von der von hinten auflaufenden See ständig auf einem Wellenkamm gehalten wurde, seine Stabilität verlor und deshalb schlecht steuerte. Daraufhin fasste der Schiffer den Entschluss, das Schiff zu erleichtern, was der gängigen Praxis entsprach. Doch welche Güter sollten zuerst über Bord gehen? In dieser Phase äußert sich der Verfasser nicht dazu. Berücksichtigen wir Apg 27, 38, wo explizit gesagt wird, dass das Getreide ins Meer geworfen wurde, können wir uns einen Eindruck von der Reihenfolge machen. Das Getreide ging über Bord, nachdem man sich der übrigen Ladung bereits entledigt hatte. Nach welchen Kriterien die Reihenfolge bestimmt wurde, ist nicht zu ermitteln. Wir kennen den Umfang und die Zusammenstellung der Ladung nicht, doch ich vermute, dass wie auf vielen mittelgroßen römischen Frachtschiffen auch hier neben Getreide noch Ladung anderer Art existierte. Und dann gab es natürlich zudem noch die persönliche Habe der Passagiere. Es ist anzunehmen, dass sie, möglicherweise unter Protest, mit ansehen mussten, wie ihr Hab und Gut zuerst über Bord ging, gefolgt von den Handelswaren kleiner Händler, die in Myra an Bord gekommen waren. Danach erst war das Getreide an der Reihe, und zwar zunächst der oberste Teil der Ladung, um die Stabilität zu verbessern. Erst später, als die Situation prekär wurde (Apg 27, 38), fing man an, auch das tiefer im Laderaum befindliche Getreide ins Meer zu werfen.

Als sich am dritten Tag die Situation noch weiter verschlechterte, begann die Besatzung, eigenhändig einen Teil der Takelage über Bord zu werfen. Nähere Informationen liefert Lukas nicht. Angesichts der Tatsache, dass das Schiff heftig schlingerte, kam dafür eigentlich nur die große Rah des Hauptmastes in Betracht. Bei dieser Rah handelte es sich um ein gewaltiges Rundholz, an dem das große rechteckige Rahsegel befestigt war. Da es so hoch am Mast hing, hoch über dem Schwerpunkt, schlingerte das Schiff noch mehr. Die Rah über Bord zu werfen, war die einzige Lösung, wenn auch eine radikale. Eine andere Möglichkeit gab es jedoch nicht. Die Rah an Deck zu nehmen, war zu gefährlich, weil sie durch das starke Schaukeln des Schiffes Schaden angerichtet hätte. Man konnte sie auch nicht längsseits am Außenbord mitführen, da das Schiff dann hätte leckschlagen können.

Da wir nicht wissen, ob das Schiff einen, zwei oder drei Masten hatte, lässt sich die Frage, ob außer der Rah des Hauptmastes auch andere Rahen über Bord geworfen wurden, nicht beantworten. Sollte das Schiff zwei oder drei Masten gehabt haben, was in Anbetracht der Getreideladung und der Anzahl der Passagiere nicht unmöglich ist, wäre vermutlich zuerst die Rah des Hauptmastes gekappt worden. Danach hätte man überprüft, ob damit die Stabilität des Schiffes hinreichend verbessert worden war und gegebenenfalls auch die andere(n) Rah(en) gekappt. Da in Apostelgeschichte 27, 27 und 27, 40 suggeriert wird, dass die Seeleute sich nicht darauf beschränkten, das Schiff vor Wind und See ablaufen zu lassen, denke ich, dass wahrscheinlich neben dem kleinen Bugsprietsegel auch noch ein Rahsegel geführt wurde.

In den folgenden Zeilen fasst Lukas die Verzweiflung der Menschen an Bord in Worte, die schließlich zur zweiten Intervention des Paulus führen sollte. Der Grund für die Zweifel an einer wohlbehaltenen Ankunft in einem sicheren Hafen war die weitere Verschlechterung des Wetters. Sonne und Sterne ließen sich nicht sehen. Die Stürme hielten unvermindert an. Aufgrund der Aussage „Schließlich schwand *uns* alle Hoffnung auf Rettung“ (Apg 27, 20) möchte ich annehmen, dass vor allem die Passagiere von der Verzweiflung erfasst wurden.

Der Schiffer und der Steuermann gerieten zwar nicht in Panik, doch sie werden sich Sorgen gemacht haben, da es immer schwieriger wurde, das Schiff zu navigieren. Schon unter normalen Umständen war es bei einer Reise auf offener See immer eine spannende Frage, wann und wo genau man eine Küste erreichen würde. Wäre der Himmel klar gewesen, hätte der Schiffer sich tagsüber am Stand der Sonne und des Nachts an den Sternen orientieren können, wie es die Seeleute schon seit Jahrhunderten getan hatten. In diesem Unwetter war es jedoch praktisch ausgeschlossen, die Position des Schiffes richtig bestimmen zu können.

Die Lage wurde kritisch. Viele der Menschen an Bord hatten schon seit geraumer Zeit nichts mehr gegessen. Lukas schildert eine Atmosphäre der Resignation und Hilflosigkeit. Er stellt die Situation dramatisch dar, um Paulus' Auftritt so stark wie nur möglich akzentuieren zu können. Gleich nachdem er erzählt hat, dass die Moral der Passagiere und der Mannschaft auf einen Tiefpunkt gesunken ist und der Hunger die Menschen geschwächt hat, präsentiert er Paulus als den führenden Kopf, der in einer Notsituation den Ausweg kennt und keinen Widerspruch duldet. Sein Auftritt lässt erneut daran denken, wie er Jahre zuvor das Wort an die Bürger von Athen gerichtet hatte: Er ist selbstsicher, eigensinnig und davon überzeugt, recht zu haben. Das Erste, was er zur Sprache bringt, ist die Abreise aus Kaloi Limenes. Wie wir gesehen haben, hatte der Schiffer den vernünftigen Beschluss gefasst, weiterzufahren, um nach einem Hafen zu suchen, der für einen längeren Aufenthalt geeignet war. Paulus kommt jetzt darauf zurück; er spricht allerdings nicht von einer Abreise aus Kaloi Limenes, sondern nur von einer Abfahrt aus Kreta, womit er den Eindruck erweckt, dass der Schiffer sich bewusst von Kreta entfernt hatte, weil er versuchen wollte, nach Griechenland überzufahren. Der Hafen Phoinix in der Nähe von Kaloi Limenes wird nicht mehr erwähnt.

Noch auffallender ist, dass Lukas Paulus hier viel entschiedener auftreten lässt als in Apostelgeschichte 27, 10, obwohl angesichts der Notlage an Bord eine behutsamere Haltung geboten gewesen wäre. In seinen warnenden Worten vor der Küste Kretas hatte Paulus noch hervorgehoben, dass eine Weiterfahrt nicht nur für die Ladung und das Schiff mit Gefahr und großem Schaden verbunden sein würde, sondern auch für das Leben aller Menschen an Bord. Jetzt, auf offener See, ermahnt er alle, nicht den Mut zu verlieren: „Niemand von euch wird sein Leben verlieren, nur das Schiff wird untergehen" (Apg 27, 22).

In den folgenden Zeilen gibt Paulus die Erklärung für seine Prophezeiung. Ein Engel ist ihm in der Nacht erschienen und hat ihm drei Dinge prophezeit: Gott hat bestimmt, dass Paulus vor dem Kaiser erscheinen soll, dass alle gerettet werden, die mit ihm fahren, und dass das Schiff auf einer Insel stranden wird (Apg 27, 24–26). Es ist das erste Mal auf dieser Seereise, dass Paulus über Gott spricht, der in der Botschaft des Engels Paulus' Los mit dem aller anderen Menschen an Bord verbindet. Auf diese Weise werden alle Personen an Bord Teil des großen Planes, den Gott für Paulus hat. Doch damit wird in der Erzählung gleichzeitig eine Trennung zwischen Paulus und den Seeleuten vorgenommen. Paulus wird zur Hauptperson, die sich die Rettung der Passagiere und der Mannschaft zuschreibt, die Seeleute werden in den Hintergrund gedrängt. Die Erzählung nimmt eine Wendung, die im Kontext der Seereise gekünstelt wirkt. Wie die Zuhörer auf seine Worte reagierten, wird nicht erzählt, doch sollte Paulus die Worte, die Lukas ihm in den Mund legt, tatsächlich gesagt haben, wird er auf große Skepsis gestoßen sein. Das Argument, dass ihm auf Gottes Initiative hin ein Engel erschienen war, wird Menschen die (noch) keine Christen waren, kaum beeindruckt haben. Bemerkenswerterweise wird im ursprünglichen Reisetagebuch die Erscheinung eines Engels nicht erwähnt. Dort beschränkt Paulus sich auf die Bemerkung, dass die Menschen an Bord mit dem Leben davonkommen werden und dass das Schiff auf einer Insel stranden wird.

Über den Glauben der Seeleute lässt sich nur ganz allgemein etwas sagen. Sie hatten zahlreiche Götter, an die sie sich in der Not wandten. Schon seit den frühesten Zeiten wurden Götter mit dem Meer in Verbindung gebracht. Bei den alten Griechen war der olympische Gott Poseidon der Herrscher über das Meer, doch die Seeleute verehrten auch geringere Meeresgötter wie etwa Nereus und seine Töchter (die Nereiden) oder Proteus, der sich in verschiedenen Gestalten manifestierte. Außer diesen spezifischen Meeresgöttern wurden auch der oberste Gott Zeus und olympische Götter wie Artemis, Hera und Apollo, die auf den ersten Blick wenig mit dem Meer zu tun hatten, mit dem Meer assoziiert. Auch der Weingott Dionysos, von dem erzählt wurde, dass er einst von tyrrhenischen Piraten entführt wurde und sich befreien konnte, indem er sie in Delphine verwandelte, wurde in der Not angerufen. In Häfen und auf gefährlichen Felsen längs der Küste hatten alle diese Götter Heiligtümer. In religiösen Festzügen für diese Götter wurden „Schiffswagen“ mitgeführt, zum Beispiel bei den Dionysosfesten in Smyrna und Athen, womit ihre Verbundenheit mit dem Meer nochmals zum Ausdruck gebracht wurde.

Möglicherweise haben einige der Seeleute und Passagiere in dem tagelangen Sturm zu einem dieser Götter gebetet. Da das Schiff aus Alexandria kam, denke ich jedoch, dass die Besatzung sich vor allem an Isis gewandt haben wird, eine ägyptische Göttin, die unter Seefahrern im östlichen Mittelmeerraum viele Anhänger hatte. In den ältesten Zeiten war Isis als Schwester und Ehegattin mit dem Gottkönig Osiris verbunden. Als treue Gattin und liebevolle Mutter erlangte sie in Ägypten eine große Popularität. Allmählich war ihr Einfluss auf sehr unterschiedlichen Gebieten spürbar geworden. In ganz Ägypten wurden Heiligtümer für Isis errichtet, auch auf der Insel Philae, wo die Griechen in Ägypten mit ihr in Berührung kamen und sie im Laufe der Zeit mit einigen ihrer eigenen Göttinnen identifizierten. Auch die Zeremonien, mit denen die Göttin verehrt wurde, fanden Eingang in die griechisch-römische Welt, so etwa diejenige zur Eröffnung der Schifffahrtssaison (siehe S. 80 f.).

Der Glaube an die Götter kam in Darstellungen des/der betreffenden Gottes/Göttin auf Teilen des Schiffes oder in Attributen an Bord zum Ausdruck. Auf Ankern, Ruder- und Steuerriemen standen die Namen von Isis, Poseidon, Zeus, Hera und all den anderen Göttern mit einem Verweis auf die Eigenschaft, in der er/sie angerufen wurde. Zeus, der „Höchste“ oder der „Retter“, und Aphrodite, die „Retterin“ oder „am Hafen lebend“, sind nur einige Beispiele für Götter, die ihrer spezifischen Eigenschaften wegen verehrt wurden.

Die Seeleute der Antike waren nicht nur gläubig, sondern auch abergläubisch. Sie glaubten, mit bestimmten Handlungen schlechte Einflüsse von außen abwehren zu können. Bei gutem Wetter war es zum Beispiel verboten, Haare oder Nägel zu schneiden, in einem Sturm dagegen sollte genau das getan werden und die Haare sollten den Göttern geopfert werden. Auch sollte allzu auffälliges Verhalten vermieden werden. Die Passagiere sollten weder tanzen noch sexuelle Beziehungen miteinander unterhalten. Wer bei schlechter Gesundheit war, sollte eine Seereise gar nicht erst antreten, denn der Tod an Bord eines Schiffes war das Schlimmste, was einem widerfahren konnte. Auf vielerlei Weise versuchte man, das „böse Auge“ abzuwenden, zum Beispiel, indem auf den Bug des Schiffes zwei große Augen aufgemalt wurden. Münzen wurden „unter den Mast“ gelegt, um Glück, Reichtum, eine schnelle Reise oder Schutz vor bösen Geistern zu erflehen. Für manche war die Münze der Lohn für den Fährmann Charon für eine sichere Überfahrt über den Styx in die Unterwelt, falls das Schiff unverhofft untergehen sollte.

Angesichts ihres religiösen Hintergrundes ist es nicht sehr wahrscheinlich, dass die Passagiere und die Mannschaft Paulus’ Prophezeiung gleich ernst genommen haben. Sie werden seine Worte, dass sie auf einer Insel stranden würden und dass niemand sein Leben verlieren werde, achselzuckend zur Kenntnis genommen haben. Lukas spricht auch mit keinem Wort davon, dass Paulus mit seinem Auftreten eine Änderung im Fahrplan bewirken konnte. Die Besatzung setzte noch immer alles daran, das Schiff, so gut es eben ging, auf Kurs zu halten.

Verwirrende Quellenangaben

Nach Paulus’ zweiter Intervention kehrt der Verfasser mit der Mitteilung zur Erzählung zurück, dass das Schiff nach der Abreise aus Kreta/ K(l)auda schon seit 14 Tagen in der „Adria“ unterwegs war (Apg 27, 27). Das ist die erste geografische Angabe nach der Mitteilung, dass das Schiff in der nordafrikanischen Syrte zu stranden drohte. Auf den ersten Blick scheint es sich um eine klare Aussage zu handeln: Das Schiff war ins Adriatische Meer geraten, das Italien und den Balkan voneinander trennt. Sollte es das „echte Adriatische Meer“ erreicht haben, wäre das Schiff jedoch sehr weit nach Norden abgetrieben. Das wäre nur möglich gewesen, wenn der Wind gedreht und vom Osten aus die Südspitze aufgesucht hätte. Das Schiff hätte dann von K(l)auda aus bis ins Kerngebiet des Adriatischen Meeres eine Entfernung von fast 800 Seemeilen zurückgelegt, im Schnitt 55 Seemeilen pro Tag. Wenn wir annehmen, dass das Schiff irgendwann in die Nähe der Großen Syrte in Nordafrika geraten war, hätte es fast 1000 Seemeilen zurücklegen müssen.

Doch vielleicht ist unter „Adria“ nicht das Adriatische Meer zu verstehen, sondern ein anderer Bereich des Mittelmeeres. Als Ausgangspunkt für Überlegungen in diese Richtung nehme ich den sehr summarischen Bericht über einen anderen Schiffbruch in der „Adria“, der bei dem schon häufiger erwähnten Flavius Josephus zu finden ist. Im Jahr 64 machte er eine Seereise nach Rom auf einem Schiff mit 600 Menschen an Bord:

> Bevor ich in Rom anlangte, hatte ich schwere Gefahren zur See zu bestehen. Unser Fahrzeug ging nämlich mitten auf der Adria unter, und wir alle, an sechshundert Mann, mußten die ganze Nacht hindurch schwimmen. Bei Anbruch des Tages zeigte sich uns, durch Gottes Fügung, ein Schiff aus Kyrene, in dem ich mit anderen, etwa achtzig, die den übrigen vorausgeschwommen waren, Aufnahme fand. Also errettet, ging ich in Dikaiarchia, welches die Italer Puteoli nennen, an Land [...][93]

Sollte sich dieser Schiffbruch in der „Adria“ in der uns heute geläufigen engeren Bedeutung des Wortes ereignet haben, wäre das Schiff, das angesichts der Anzahl der Passagiere zu den größeren Schiffen gehörte, sehr stark aus dem Kurs geraten. In diesem Fall hätte man annehmen sollen, dass die Schiffbrüchigen im Hafen von Brundisium an Land gegangen wären und nicht in Puteoli am Golf von Neapel. Es gibt jedoch keinen Josephus-Kommentator, dem es in den Sinn gekommen wäre, diesen Schiffbruch in das „echte“ Adriatische Meer zu situieren, es wird immer nur das Seegebiet zwischen Kreta und Italien genannt. Da Paulus’ Schiff die gleiche Reise machte, nehme ich an, dass auch in der Apostelgeschichte unter „Adria“ dieses Seegebiet verstanden werden muss. Paulus’ Schiff fuhr auch nicht in nördliche Richtung, sondern mehr nach Westen.

Falls also Paulus’ Schiff im Seegebiet zwischen Griechenland und Italien unterwegs war, lag es noch immer leidlich auf Kurs und die Mannschaft war noch immer Herr der Lage. In Apostelgeschichte 27, 27 wird darüber jedoch nichts gesagt. Der Verfasser teilt nur mit, dass „wir schon die vierzehnte Nacht auf der Adria trieben“. Im Griechischen steht hier *diapheromenón*, ein Partizip des Zeitworts *diapheresthai*. Der Text ist schwer zu übersetzen. Wörtlich steht hier „nach verschiedenen Seiten getragen werden“ oder „nach verschiedenen Seiten eilen“. In der ersten Variante erhält die Mannschaft eine passive Rolle, in der zweiten ist sie aktiv in das Geschehen einbezogen. Sowohl in der Einheitsübersetzung als auch in der Lutherbibel wird hier das Wort „treiben“ benutzt. Darin kommt meiner Ansicht nach der Gedanke zum Ausdruck, dass die Mannschaft sich keinen anderen Rat wusste, als das Schiff vor Wind und Wellen fortlaufen zu lassen und abzuwarten, wo es stranden würde. Da sie sich jedoch bis dahin nach Kräften bemüht hatte, den Kurs zu halten, und die Hoffnung auf Rettung sicherlich noch nicht aufgegeben hatte, muss *diapheresthai* hier eine aktive Bedeutung haben. Eine Übersetzung, die sowohl den auf die Tiefdruckgebiete zurückzuführenden wechselnden Windrichtungen als auch den Bemühungen der Seeleute, so weit wie möglich den Kurs zu halten, gerecht wird, bietet das Wort „kreuzen“. Ich gehe dabei davon aus, dass als Folge der im Herbst von West nach Ost ziehenden Tiefs das Schiff wechselnden Winden ausgesetzt war, vor allem dem „Gregale“, dem kräftigen nördlichen, manchmal nach Nordosten drehenden Wind, der für Sizilien und Malta berüchtigt war (und ist), manchmal dem „Scirocco“, dem kräftigen Wind aus dem Süden, und ständig Winden aus West-Nordwest. Der Schiffer richtete sich nach diesen Wetterbedingungen und versuchte, so weit wie möglich den Kurs zu halten, indem er kreuzte. Er wollte die Südküste Siziliens ansteuern und dort in einem Hafen anlegen. Die Mittel, die ihm zur Verfügung standen, waren allerdings beschränkt: das Bugspriet- und vielleicht ein verkleinertes Rahsegel.

Lukas weiß in dieser Phase der Erzählung die Spannung zu halten, denn er sagt nicht, auf welches Land das Schiff zufährt. Er teilt nur mit, dass die Matrosen mitten in der Nacht des 14. Tages ahnten, dass sie sich Land näherten. Wahrscheinlich merkten sie am Seegang des Schiffes, dass sie sich in seichterem Wasser befanden, vielleicht war das Land auch schon zu riechen. Wäre es hell gewesen, dann hätten sie eventuell am Flug der Vögel sehen können, wo das Land lag.

Irgendwann muss der Schiffer bemerkt haben, dass das Schiff Richtung Küste getrieben wurde. Um sich Gewissheit über die Tiefe zu verschaffen, ließ er das Tieflot hinabwerfen, eine Methode, die schon seit Jahrhunderten in der Seefahrt angewandt wurde. Zuerst wurden 20, kurz danach 15 Faden gemessen und so wusste er, dass die Küste nicht mehr weit war. Jetzt geht es Schlag auf Schlag. Die Mannschaft und die Passagiere wussten noch immer nicht, wo genau sie sich befanden, und da in der Finsternis der stürmischen Nacht Felsen oder blinde Klippen nicht zu sehen waren, beschloss der Schiffer, vom Achterschiff aus vier Anker zu werfen und den Tag abzuwarten.

Als die Bemannung auch vom Vorderschiff aus Anker werfen wollte und dazu das Beiboot zu Wasser ließ, trat Paulus erneut in den Vordergrund. Seine Bemerkung, dass das Schiff nicht gerettet werden könne, wenn die Matrosen nicht an Bord blieben (Apg 27, 31), macht ihn in diesem Moment zwar zur Hauptperson in der Erzählung, doch was er sagte, widerspricht jeder nautischen Logik. Paulus vermittelt den Eindruck, als hätten die Seeleute nur noch ein Ziel vor Augen gehabt: die Flucht, nur raus aus dem Schiff, das sich seinem Untergang näherte. Dass der Zenturio und die Soldaten, unter deren Aufsicht Paulus stand, seinem Aufruf Gehör schenkten und die Taue des Beiboots kappten, zeigt, dass auch sie keine Ahnung davon hatten, was zu tun war, um eine Strandung zu verhindern.

Worum ging es? Vermutlich sah der Schiffer, dass die vom Achterschiff aus geworfenen Anker „scharrten" und das Schiff auf die Küste zutrieb. In einem letzten Versuch, das Schiff von den Felsen fernzuhalten, gab er die Weisung, auch vom Vorderschiff aus Anker zu werfen. Das ging jedoch nur mithilfe eines Beibootes. Die Matrosen taten daraufhin, was sie tun mussten. Sie machten Anstalten, das Boot zu Wasser zu lassen und einen der Anker ins Boot zu nehmen oder unter das Boot zu hängen. Daraufhin hätten sie die Ankertrosse im Boot zusammengelegt, an das Schiff festgemacht und vom Boot aus wieder die Leine nachgelassen. Sobald sie sich mit dem Wurfanker so weit wie möglich vom Schiff entfernt hätten, hätten sie ihn ausgeworfen und das Schiff zum Anker gehievt. Möglicherweise fürchteten sie auch, das Schiff könne zu nah an die Leeküste geraten, und wollten, um das zu verhindern, die Buganker nach hinten ausbringen.

Doch Paulus verhinderte mit seiner Einmischung, dass es so weit kam. Den Zenturio und die Soldaten konnte er überzeugen. Sie, nicht der Schiffer oder die Besatzungsmitglieder, folgten Paulus' Rat, die Taue zu kappen. So kurz gefasst der Text hier auch ist, ich kann mich des Eindrucks nicht erwehren, dass Lukas den vermeintlichen Fluchtversuch der Besatzung nur anführt, um Paulus' dritte Intervention rechtfertigen zu können. Er erfindet eine Meinungsverschiedenheit zwischen den Seeleuten und den Soldaten. Die Soldaten kappten die Fangleinen, an denen das Beiboot hing, und verhinderten damit, dass die Seeleute die notwendige Maßnahme ausführen konnten. Es war nicht nur unverständig von Lukas, Paulus die Seeleute verbieten zu lassen, Anker vom Vorderschiff aus auszuwerfen, es zeugt auch von Unkenntnis, zu denken, dass sie sich mit dem Beiboot davonmachen wollten. Wenn es ihnen nur darum gegangen wäre, ihr Leben zu retten, hätten sie besser daran getan, an Bord zu bleiben. Auf einem großen Schiff war die Chance, sicher an Land zu kommen, größer als auf einem ungefähr sechs Meter langen Boot. Die Besatzung tat nicht mehr als ihre Pflicht und dazu gehörte auch das Ausbringen von Wurfankern mithilfe des Beibootes.

Nach diesem Vorfall ergreift Paulus erneut das Wort. Die Begründung ist bereits vorher zur Sprache gekommen: die demoralisierte Stimmung unter den Menschen an Bord, die schon seit 14 Tagen nichts mehr gegessen hatten. Hatte Paulus in Apostelgeschichte 27, 21 nur konstatiert, dass sie seit geraumer Zeit nichts mehr gegessen hatten, ohne dass sein Appell etwas bewirkt hätte, so kann er die Seeleute und Passagiere jetzt, mit dem Ende der Seereise vor Augen, dazu bringen, etwas zu sich zu nehmen. Er stellt eine deutliche Verbindung zwischen ihrer Rettung und der Nahrungsaufnahme her. Warum sie Paulus' Aufruf jetzt Gehör schenken, ist eine Frage, die eigentlich nicht zu beantworten ist. War die Panik so groß, dass sie jedem Rat folgten, der sie irgendwie aufbauen konnte? Oder war es Paulus gelungen, bei seinen Mitreisenden ein Verständnis für seine göttliche Mission zu wecken, mit der Folge, dass sie ihm gehorchten? Er nahm jedenfalls Brot, dankte Gott im Beisein aller Menschen an Bord und begann zu essen. Die anderen folgten seinem Beispiel. Die Worte „er [nahm] Brot, dankte Gott vor den Augen aller [und] brach es" (Apg 27, 35) lassen vermuten, dass dem Verfasser die wunderbare Brotvermehrung und das letzte Abendmahl vor Augen standen, als er diese Zeilen schrieb. Es fügt sich alles in das Bild, das er von Paulus entstehen lässt, das Bild eines Menschen, der sich immer mehr als der Mann Gottes aufführt, der seinen eigenen Weg geht und jedem seine Welt aufdrängen will.

Unmittelbar nach der Mahlzeit begannen sie, das Getreide ins Meer zu werfen, eine sehr zeitraubende Arbeit. Wie viele Tonnen Getreide in dieser einen Nacht über Bord gingen, ist nicht zu sagen. Falls das Getreide in Säcke verpackt war, wird das Löschen der Ladung schneller vonstattengegangen sein, als wenn es lose im Schiffsraum, in durch Zwischenwände voneinander getrennten Fächern, gelagert war. Der Zweck war, wie bereits gesagt, den Tiefgang des Schiffes zu verringern. In dieser Phase wussten der Schiffer und die Besatzung noch nicht, ob, und wenn ja, wann sie eine Bucht finden würden, in der sie das Schiff so hoch wie möglich auf den Strand setzen konnten, doch als Vorsichtsmaßnahme war die Entladung des Getreides eine vernünftige Entscheidung.

Nach einer langen Nacht wurde es endlich hell und die Seeleute entdeckten eine Küste. Sie wussten nicht, wo sie waren, doch während sie mit allen Kräften das Getreide über Bord warfen, sahen sie eine Bucht mit flachem Strand, auf den sie versuchen wollten, das Schiff auflaufen zu lassen (Apg 27, 39). Es wird nicht gesagt, wann genau der Schiffer den Beschluss fasste, in die Bucht hineinzufahren und die Fahrt nicht fortzusetzen. Doch sobald er sich einmal entschieden hatte – spontan oder weil es die letzte Möglichkeit war –, einen Schiffbruch auf den Felsen zu vermeiden, traf er Maßregeln, um die Risiken, die eine Strandung mit sich brachte, zu beschränken. Zuallererst ließ er die Anker „schlippen": Die Ankertaue wurden gekappt und die Anker wurden der See preisgegeben. In diesem Unwetter war es nämlich praktisch unmöglich, die Anker an Bord zu holen. Daraufhin lösten sie die Haltetaue der beiden Steuerruder und zogen die Blätter hoch. Damit wurde das Navigieren zwar schwieriger, doch die Steuerruder hätten bei der vorgesehenen Strandung vornüberschlagen und damit zu einer Gefahr werden können. In einem Versuch, den Sturmwind zu nutzen, um möglichst schnell an Land zu kommen, hissten sie das Bugsprietsegel und nahmen Kurs auf den Strand.

Über den Ort der Handlung wird der Leser noch immer im Ungewissen gelassen. Geografische Andeutungen werden nicht gegeben. Wir erfahren lediglich, dass es dort eine Bucht mit einem Strand sowie eine Sandbank oder Landzunge oder, um näher am griechischen Originaltext zu bleiben, eine „an zwei Seiten ans Meer angrenzende Untiefe" (*topos dithalassos*) gab, auf die der Schiffer, absichtlich oder durch die Umstände gezwungen, zusteuerte. Die häufig geäußerte Unterstellung, dass die

Mannschaft hilflos zusah, wie das Schiff zur Leeküste getrieben wurde, ist nicht aufrechtzuerhalten. Der Schiffer tat zunächst alles, was in seiner Macht stand, um eine Strandung zu verhindern, und erst, nachdem alle anderen Möglichkeiten ausgeschöpft waren, unternahm er den Versuch, sein Schiff hoch auf einem Strand abzusetzen, was jedoch durch den stürmischen Wind erschwert wurde. Um zu verhindern, dass das Schiff auf die Felsen aufschlug, setzte er es kurz vor der Küste auf die erwähnte Sandbank oder Untiefe auf. Das Vorschiff schob sich nicht weit genug vor und blieb stecken und das Achterschiff zerbrach in der Brandung. Das überlegte Handeln des Schiffers lässt sich besser zur Geltung bringen, wenn diese Zeilen wie folgt übersetzt werden: „Sie trafen auf eine an zwei Seiten ans Meer angrenzende Untiefe und setzten das Schiff dort auf Grund" (Apg 27, 41).

Diese Übersetzung wird auch durch die folgenden Ereignisse gerechtfertigt. Es kann keine Rede davon sein, dass die Bemannung in Panik geraten wäre. Die Tatsache, dass die Soldaten die Gefangenen aus Angst vor einem möglichen Fluchtversuch töten wollten, spricht dafür, dass die Strandung nach Plan verlaufen war. Von einem Schiffbruch im eigentlichen Sinne kann also nicht gesprochen werden. Das Schiff saß auf einer Untiefe fest, von der aus die Küste ohne allzu große Mühe erreicht werden konnte. Es entstand eine Diskussion darüber, was jetzt mit den Gefangenen geschehen solle. Die Soldaten wurden von dem Zenturio Iulius, der Paulus retten wollte, daran gehindert, die Gefangenen zu töten. Im Kontext der Erzählung klingt das auf den ersten Blick plausibel. Doch selbst wenn wir die guten Beziehungen zwischen Paulus und dem Zenturio außer Acht lassen, gab es für die Soldaten keinen Grund, die Gefangenen zu töten. Wo hätten sie nach der Flucht hin sollen? Im gut organisierten römischen Verwaltungssystem hatten sie nicht den Hauch einer Chance, sich in einem ihnen unbekannten Land eine neue Existenz aufzubauen. Sie hätten am Rand der Gesellschaft ein Leben als Ausgestoßene führen müssen. Auch wenn wir den Hintergrund der Gefangenen nicht kennen und nicht wissen, welche Strafen sie in Rom erwarteten: Die Aussicht auf ein solches Leben wird kaum verlockend gewesen sein. Die Soldaten konnten ihrerseits kein Interesse daran haben, die Gefangenen zu töten. Sie wären dafür in Rom zur Rechenschaft gezogen worden. Die Absprachen, die getroffen wurden, lassen im Übrigen auch auf einen sehr ordentlichen Verlauf der Evakuierung aufs Festland schließen. Die, die schwimmen konnten, sprangen als Erste ins Wasser und schwammen zur Küste, die anderen ließen sich anschließend auf Planken und anderen Schiffstrümmern an die Küste treiben.

Zwischenbilanz

Paulus' Seereise nach Rom hat hier ein vorläufiges Ende gefunden. Zusammenfassend können wir sagen, dass Lukas Paulus in drei Interventionen eine Metamorphose durchlaufen lassen hat: von einem Gefangenen, der es wagt, sich in die Reiseroute einzumischen, zu dem Mann Gottes, dem die alltägliche Realität an Bord eines Schiffes gleichgültig ist. Als Paulus zum ersten Mal in Aktion tritt, lässt Lukas ihn sagen, dass die Fahrt von Kaloi Limenes nach Phoinix für das Schiff und für die Menschen an Bord mit großen Risiken verbunden sei (Apg 27, 10). Er findet bei der Mannschaft kein Gehör und der Verfasser der Apostelgeschichte selbst muss einräumen, dass einiges gegen diesen Ratschlag einzuwenden ist, da Kaloi Limenes für einen längeren Aufenthalt ungeeignet ist. Paulus' zweite Intervention (Apg 27, 21–26) wird von einer anderen Atmosphäre begleitet. Obgleich die Lage an Bord sich durch das anhaltende Unwetter nur noch verschlechtert hatte, warnt Paulus lediglich vor dem Verlust des Schiffes. Kein Wort mehr darüber, dass Menschen in Gefahr wären. Die Rettung des Schiffes hing nicht mehr von der Sachkunde der Seeleute ab, sondern lag einzig und allein in der Hand Gottes, der ihn, Paulus, über einen Engel zu seinem Werkzeug gemacht hatte. Als Paulus das dritte Mal das Wort ergreift, warnt er die Seeleute, dass das Leben aller Menschen an Bord in Gefahr sei, wenn sie das Beiboot zu Wasser ließen (Apg 27, 31). Eine gängige Vorgehensweise für das Auswerfen von Ankern wird von Paulus als Fluchtversuch interpretiert. Die Soldaten an Bord folgen Paulus' Rat und verhindern die Aktion.

Mit dem Beschluss der Soldaten, die Fangleinen zu kappen, und der „Entlarvung" der desertierenden Seeleute hat der Verfasser sein Ziel erreicht. Paulus hat sozusagen die Leitung auf dem Schiff vom Schiffer übernommen und bringt die 276 Menschen an Bord dazu, eine gemeinschaftliche Mahlzeit einzunehmen. Die Interventionen in Apostelgeschichte 27 bilden den Auftakt zu Paulus' „Starauftritt" in Apostelgeschichte 28. Die Seeleute, die Soldaten und die anderen Passagiere scheinen in diesem Kapitel von der Bildfläche verschwunden zu sein, alle Aufmerksamkeit ist nur noch auf ihn gerichtet.

Mit dieser „Metamorphose" des Paulus hat Lukas viele Leser auf die falsche Spur gesetzt. Im Laufe der Jahrhunderte hat Paulus viel Lob für die Rettung des Schiffes erhalten. Der Schiffer und die Besatzung werden in den Kommentaren als schlechte Seeleute dargestellt, während sie doch bis zuletzt genau das getan hatten, was unter diesen extremen Umständen zu tun war. Sie sind um Kreta herumgefahren, als die Route unterhalb der südlichen Kykladen zu gefährlich zu sein schien, und sie legten nicht in Kaloi Limenes an, weil dieser Hafen ungeeignet war. Als sie den Hafen Phoinix nicht erreichen konnten und Stürme das Schiff zu zerschlagen drohten, spannten sie Seile um den Kiel des Schiffes. Sie warfen einen Treibanker aus, um die Fahrgeschwindigkeit zu mindern, kappten den Hauptmast und kippten schließlich einen Teil der Getreideladung über Bord. Beinahe hätten sie sogar die Nordküste Maltas umrundet und die Südküste Siziliens erreichen können.

Es bleibt die Frage, wie die Strandung verlaufen wäre, wenn die Soldaten Paulus' Rat, der Mannschaft zu untersagen, das Beiboot zu Wasser zu lassen, um Wurfanker vom Vorderschiff aus auszuwerfen, nicht befolgt hätten. Vielleicht wäre das Schiff dann vorübergehend vor Anker gegangen und der Schiffer hätte warten können, bis der Sturm sich etwas gelegt hätte. Doch so weit kam es nicht. Die Strandung musste sein. Lukas zeigt nicht die Spur eines Zweifels an der Richtigkeit der Worte, die er Paulus in den Mund legt. Indem er ihm alle Ehre für die Rettung der Menschen an Bord zukommen lässt, rückt er in als „Mann Gottes" immer näher an Christus heran, weicht jedoch weit von dem Seereisebericht ab, auf den er sich stützt. Die Seeleute lässt er von der Bildfläche verschwinden und auch nicht mehr in die Erzählung zurückkehren.

Die Wunder auf Malta

An Land erfuhren die Reisenden, dass sie sich auf der Insel Melite befanden (Apg 28, 1). Es ist das erste und einzige Mal im Bericht über die Seereise des Paulus, dass der Name Melite genannt wird. Wie die Schiffbrüchigen dahinterkamen, ob sie es von Bewohnern der Insel hörten oder ob sie die Insel erkannten, erfahren wir nicht. Der einzige Anhaltspunkt ist die Mitteilung, dass ein anderes Schiff aus Alexandria noch vor dem Sturm in einen Hafen oder eine Bucht der Insel Melite eingefahren war, um dort zu überwintern (Apg 28, 11). Weil nicht gesagt wird, dass das Schiff von seinem Kurs abgewichen war, darf aus dieser Mitteilung geschlossen werden, dass die Insel auf der Route Alexandria–Sizilien–Ostia gelegen haben muss. Folglich muss es sich bei dieser Insel um Malta gehandelt haben, das in der Antike den Namen Melite trug.[94]

Schon früh verkündeten die Malteser, dass ihre Insel in Paulus' Glaubensverbreitung eine unübersehbare Rolle gespielt habe. Seither ist immer wieder von der St. Paul's Bay an der Ostküste Maltas die Rede. Seit wann genau man diese Sichtweise verbreitete, lässt sich nicht sagen. Es scheint, dass die Verbindung zu Paulus schon in der Antike gelegt und von Generation zu Generation weitergegeben wurde, doch das älteste schriftliche Zeugnis datiert erst aus dem 16. Jahrhundert. In seiner Beschreibung der Insel Malta von 1533 widmete ein gewisser Jean Quintin d'Autun einige Zeilen einer kleinen steinernen Kirche an einer Bucht, die seit frühesten Zeiten nach Paulus benannt werde, da er hier an Land gegangen sei. Die heutige Pauluskirche am Boulevard von Bugibba wurde der Überlieferung nach an der Stelle errichtet, an der diese alte Kirche gestanden hatte.

Als das Schiff vor Malta strandete, war es Ende Oktober. Alle Passagiere und Besatzungsmitglieder hatten wohlbehalten die Küste erreicht, doch das von der Brandung zerschlagene Schiff musste als verloren betrachtet werden. Eine Fortsetzung der Reise hing jetzt von anderen Schiffen ab, die Malta anliefen. Im Herbst jedoch war es nahezu ausgeschlossen, ein Schiff zu finden, auf dem die Reise fortgesetzt werden konnte. Die Schiffe, die in einem der Häfen oder einer der Buchten der Insel vor Anker

Der Schiffbruch und Paulus, der die Schlange abschüttelt.
Zeichnung aus einer von Johannes Brandt herausgegebenen Bibel aus dem 18. Jahrhundert (Bijbels Museum, Amsterdam)

gegangen waren, würden bis zum Beginn der Schifffahrtssaison Anfang März dort bleiben. Die Reisenden mussten sich also auf einen monatelangen Aufenthalt auf der Insel einstellen.

Das Glück war mit den Gestrandeten. Die „Barbaren" von Malta, die noch zur Zeit des Kaisers Augustus regelmäßig der Piraterie nachgegangen waren, zeigten sich von ihrer besten Seite und nahmen sie außergewöhnlich freundlich auf. Sie zündeten ein Feuer an und riefen alle herbei, damit sie sich wärmen konnten. Ganz selbstverständlich war die Zuvorkommenheit nicht. In Gegenden, deren Bewohner „Barbaren" genannt wurden und die sich nicht unbedingt an die Normen der Gastfreundschaft der Griechen und Römer hielten, konnten Fremde sich nie sicher sein, wie die ortsansässige Bevölkerung ihnen begegnen würde.

Die Ereignisse auf Malta (Apg 28, 2–10) stehen ganz im Zeichen von Paulus. Er beansprucht alle Aufmerksamkeit für sich. Auf der Seereise hatte er sich noch mit dem Widerwort der Seeleute abgeben müssen. Jetzt gibt es niemanden mehr, der ihm widerspricht. Nach Lukas' Urteil zeigt sein Verhalten seine herausragende Stellung gegenüber den anderen Reisenden. In keiner Hinsicht erinnert er noch an einen gewöhnlichen Gefangenen, wenngleich er das tatsächlich immer noch ist.

Es beginnt schon damit, dass er achtlos eine Schlange von sich abschüttelt, die sich aus dem Holz des Begrüßungsfeuers befreit und in seine Hand festgebissen hatte. Zur großen Verblüffung aller Anwesenden konnte der Schlangenbiss seiner Gesundheit nichts anhaben. Paulus stellt somit für sie eine Ausnahme dar: Einem Erzählmotiv nach, das in Seemannsgeschichten häufiger anzutreffen ist, sowohl in der Antike als auch in späteren Zeiten, endete die Begegnung eines Schiffbrüchigen mit einer Schlange in der Regel tödlich. In all diesen Geschichten zeigt sich eine feste Reihenfolge der Ereignisse: ein Sturm auf See, ein Schiffbruch, die Rettung auf einer Insel und schließlich der tödliche Schlangenbiss. Nur in der wunderbaren Rettung aus dem Griff der Schlange unterscheidet sich Paulus' Geschichte von den anderen.

Im Text der Apostelgeschichte ist die Schlange die Verkörperung der Dike, der rächenden Göttin der Gerechtigkeit. Sie hat es auf Mörder abgesehen, die dem Meer entkommen sind. Da Paulus den Angriff der Schlange, der Dike, überlebt und er das Tier ins tödliche Feuer wirft, muss er stärker sein als ein Gott. Er muss selbst ein Gott sein. Nicht sein Überleben ist jetzt der entscheidende Punkt, sondern sein Sieg über die Schlange/Göttin Dike. Damit ist seine Aufwertung vollendet. Von einem gewöhnlichen Gefangenen, dem man zuerst gar nicht zuhört, dann mit einigem Zögern Aufmerksamkeit schenkt und schließlich zustimmt, ist er jetzt zu einem Mann mit göttlicher Autorität geworden.

Im Laufe seines dreimonatigen Aufenthalts auf Malta nimmt Paulus' Ansehen noch weiter zu. Kurz nach dem Vorfall mit der Schlange heilt er durch Handauflegen und Gebet den Vater des Publius, des „Ersten der Insel“ (Apg 28, 7–8). Wer dieser Publius war, ist nicht bekannt. Lukas wusste es wahrscheinlich auch nicht, sonst hätte er ihn nicht bei seinem Vornamen genannt, was bei einem hohen Magistrat höchst ungebräuchlich war. Warum er als „Erster“ bezeichnet wird, ist ebenfalls unklar. Er könnte der höchste römische Machthaber auf der Insel gewesen sein oder der wichtigste einheimische Heeresoffizier, der unter dem Gouverneur diente. Vermutlich wohnte Publius in den Hügeln nahe der Küste. Die lokale Überlieferung will glauben machen, dass seine Villa an der Straße von St. Paul's Bay nach Mdina stand, das unter dem Namen Melita die alte Hauptstadt Maltas war. Eine Kirche mitten auf dem Land in Burmarrad auf den Hängen des Wardija-Massivs soll an der Stelle stehen, wo Publius Paulus und seine Reisegefährten drei Tage lang beherbergte.

Nachdem Publius' Vater genesen war, verließ Paulus das Haus des Gouverneurs und fand eine andere Unterkunft. Wo er die folgenden drei Monate verbrachte, wird nicht erzählt. Doch auch in dieser Frage will die maltesische Überlieferung keinen Zweifel lassen: Man hat eine Grotte unter der heutigen Pauluskirche im Zentrum von Rabat als den Ort ausgewiesen, wo Paulus die meiste Zeit verbrachte. Wahrscheinlich zur Zufriedenheit aller, sowohl der Inselbewohner, die von ihm geheilt wurden, als auch der von Iulius befehligten Soldaten, die von den Gaben, die Paulus von den Geheilten empfing, ebenfalls profitiert haben dürften.

Wie Paulus verbrachten auch Iulius und die Soldaten ihren Aufenthalt auf Malta nicht im Müßiggang. Die Bewachung der Gefangenen kostete sie weniger Mühe als ihre Versuche, ein Schiff zu finden, auf dem sie ihre Reise fortsetzen konnten. Trennten sich hier die Wege der Gestrandeten? Gingen der Zenturio, die Soldaten und die Gefangenen, darunter Paulus und seine Reisegefährten, ihren eigenen Weg und die Seeleute und die anderen Passagiere den ihren? Nach drei Monaten war es dann so weit: Iulius konnte melden, er habe ein Schiff gefunden, das nach Italien fahren werde. Wir wissen nicht, ob die Besatzung dieses Schiffes, das in den Wintermonaten in einem der Häfen Maltas oder in einer Bucht gelegen hatte, spontan bereit war, Iulius und seine Gesellschaft mitzunehmen, oder ob der Zenturio auf sein offizielles Dokument zurückgreifen musste und dem Schiffer den Befehl gab, ihn, die Soldaten und die Gefangenen an Bord zu nehmen. Wie dem auch sei, sie alle konnten ihre Fahrt nach Rom fortsetzen.

Von Malta nach Puteoli

Drei Monate nach der Strandung verließen Paulus und seine Reisegefährten Malta auf einem Schiff, das unter dem Zeichen der Dioskuren stand, der Zwillingsbrüder Kastor und Pollux, die der griechische Göttervater Zeus mit Leda gezeugt hatte. Das Schiff trug nicht nur die Namen der Zwillingsbrüder, auf dem Vor- und Achtersteven und auf dem Großsegel waren auch ihre Symbole angebracht. Es fällt auf, dass in diesem Fall der Name des Schiffes angegeben wird; von allen anderen Schiffen, auf denen Paulus gereist ist, kennen wir die Namen nicht. In diesen Fällen beschränken sich die Informationen auf „ein Schiff [aus Patara], das nach Phönizien fuhr“ (Apg 21, 1–2), oder „ein Schiff aus Adramyttium“ (Apg 27, 2). Es ist kein Zufall, dass die Dioskuren genannt werden. Seit dem 8. Jahrhundert v. Chr. wurden sie in griechischen und lateinischen Quellen als Schutzgötter der Seefahrer betrachtet. In vielen Hafenstädten wurden den Zwillingsbrüdern Tempel errichtet. In Ostia nahm die Verehrung von Kastor und Pollux besonders ausgeprägte Formen an. Dort eröffnete der Prätor der Stadt Jahr für Jahr am 27. Januar Festspiele zu Ehren der Brüder, um eine ruhige und sichere Schifffahrtssaison zu erflehen. Der Kult war in Ostia so tief verwurzelt, dass noch gegen Ende des 5. Jahrhunderts, nachdem das Römische Reich nahezu vollständig christianisiert war, ein gewaltiger Aufruhr ausbrach, als Papst Gelasius den Bewohnern der Stadt vorhielt, dass Kastor und Pollux der Seefahrt nur wenig Gutes gebracht hatten.

Die Dioskuren waren nicht nur Schutzgötter der Seefahrer. Sie waren auch Hüter der Wahrheit und bestraften Personen, die Meineid begingen. Mit der Nennung der nichtchristlichen Dioskuren hebt Lukas hervor, dass die gegen Paulus vorgebrachten Anschuldigungen jeder Grundlage entbehrten und dass er deshalb den Schiffbruch überlebt hatte. Vielleicht wollte er dem Leser einen Hinweis darauf geben, dass Paulus dem Prozess, der ihn in Rom erwartete, ruhigen Herzens entgegenblicken konnte. Die Dioskuren standen an seiner Seite. Das traf sich gut, denn sie waren auch die Götter, die in der Familie der julisch-claudischen Kaiser als Verteidiger des Rechts hoch angesehen waren.

Wenn sich die Strandung Ende Oktober ereignete, dann können wir die Abreise gegen Ende Januar ansetzen, mitten in der geschlossenen Saison, geraume Zeit vor dem Beginn der neuen Schifffahrtssaison am 5. März. Ist es Zufall, dass die Abreise Ende Januar stattfand, vielleicht am 27., dem Tag der Dioskurenfestlichkeiten in Ostia? Vermutlich hat der Schiffer das Wetter im Auge behalten und auf einen günstigen Wind für die Überfahrt nach Sizilien gewartet – eine Entfernung von 85 Seemeilen, die bei günstigem Wind in etwas mehr als einem Tag zurückgelegt werden konnte –, ohne sich an die offizielle Eröffnung der Schifffahrtssaison zu halten. Besondere Vorfälle auf dieser Reise werden nicht erwähnt, sodass wir annehmen dürfen, dass Syrakus schnell erreicht wurde.

Syrakus war die erste richtige Hafenstadt, die nach der Abreise aus Myra angelaufen wurde. Sie konnte auf eine reiche Tradition zurückblicken. Um 800 v. Chr. war Syrakus von Kolonisten aus Korinth gegründet worden und fast unmittelbar darauf hatte ein starkes Wachstum eingesetzt. Schon früh wurde die Stadt als eine wichtige Ausfallbasis für die Verbreitung der griechischen Einflusssphäre in westliche Richtung betrachtet. Der erste militärische Höhepunkt in der Geschichte der Stadt war 480 v. Chr. der Sieg unter der Führung des Tyrannen Gelon über die Karthager bei Himera, die daraufhin ihren Einfluss in der östlichen Hälfte Siziliens verloren. Sechs Jahre später schlugen die Syrakuser zusammen mit anderen Griechen in einer Seeschlacht bei Cumae die Etrusker und erreichten damit, dass Süditalien und Ostsizilien griechisch blieben. Im Peloponnesischen Krieg (431–404 v. Chr.) zwischen Athen und Sparta stellten sich die Syrakuser an die Seite der Spartaner. Die Athener stellten 415 v. Chr. eine große Expedition aus einigen Hundert Kriegsschiffen und einem großen Landheer zusammen, um Sizilien unter ihre Herrschaft zu bringen; doch dieser Feldzug wurde zu einem Fiasko. Zwei Jahre später war vom Heer und von der Flotte der Athener nichts mehr übrig. Im 4. und zu Beginn des 3. Jahrhunderts erlebte Syrakus unter mehreren Tyrannen eine Blütezeit, der die Römer 241 v. Chr. ein grausames Ende setzten. Sizilien wurde eine römische Provinz und im politischen Machtspiel hatte Syrakus keine Bedeutung mehr. In ökonomischer Hinsicht bekam die Stadt nach einiger Zeit wieder Aufwind. Ein großer Teil des Getreides, das Sizilien als Abgabe an Rom abzuliefern hatte, wurde von hier aus dorthin verschifft. Cicero zufolge war Syrakus im 1. Jahrhundert v. Chr. „die größte und schönste aller Griechenstädte" auf Sizilien und das war die Stadt auch noch zu Paulus' Zeiten.[95]

Dass der Schiffer der „Dioscuri" nicht direkt zur Straße von Messina fuhr, sondern zuerst Kurs auf Syrakus nahm, ist möglicherweise ein Hinweis darauf, dass sein Schiff die Herbst- und Winterstürme nicht unversehrt überstanden hatte und dass bestimmte Reparaturen erforderlich waren, die nur in einem gut ausgestatteten Hafen vorgenommen werden konnten. Die Überwinterung auf Malta war eine Notlösung gewesen. Wie der Schiffer des Schiffes, mit dem Paulus gestrandet war, wird auch er vergeblich versucht haben, Malta an der Nordseite zu umrunden und Kurs auf Sizilien zu nehmen. Sein Versuch hatte jedoch keine fatalen Konsequenzen. Er hatte sein Schiff sicher in einem Hafen oder einer Bucht festgemacht, um von dort aus Syrakus anzulaufen, sobald das Wetter es zuließ. Dem Text zufolge wurden in Syrakus drei Tage verbracht; Zeit genug, um Reparaturen durchzuführen und vielleicht Ladung aufzunehmen. Dann ging es weiter nach Italien. Über Paulus' Aktivitäten während des Aufenthalts erfahren wir nichts.

Von Syrakus aus fuhr man längs der Ostküste Siziliens nordwärts nach Rhegion an der Südspitze des italienischen Stiefels. Wie Syrakus war auch Rhegion eine alte griechische Kolonie, die gegen Ende des 8. Jahrhunderts v. Chr. von Siedlern aus Chalkis auf Euböa gegründet worden war. Doch anders als Syrakus hatte Rhegion in der Geschichte keine bedeutende Rolle gespielt. Die Stadt war mehrmals verwüstet worden. Vom 3. Jahrhundert v. Chr. an war Rhegion den Römern treu ergeben.

Die Stadt lag an der Straße von Messina, die Sizilien von Italien trennt. Schon immer hatten die Seeleute eine gewisse Angst vor dieser Seestraße. Dort, wo sie am schmalsten ist, ungefähr drei Kilometer breit, erhebt sich vom Meeresboden bis ungefähr 100 Meter unter der Wasseroberfläche ein Riff. Hier gibt es Strömungen in verschiedene Richtungen, die große Turbulenzen im Wasser entstehen lassen. Bei widrigen Wetterbedingungen glich die Durchfahrt einem heiklen Abenteuer. Die Seeleute atmeten jedes Mal auf, wenn sie sie hinter sich gebracht hatten.

Was hatte der Schiffer in Rhegion zu suchen? Auf diese Frage gibt die Apostelgeschichte nur eine indirekte Antwort. In Apg 28, 13 ist zu lesen, dass am Tag nach der Ankunft in dieser Stadt Südwind einsetzte, die ideale Windrichtung, um die Straße von Messina von Süden nach Norden zu durchfahren. Am Tag zuvor hatte der Wind offenbar aus der falschen Richtung geweht. Das Schiff hätte dann in der Wasserstraße kreuzen müssen, was angesichts der Turbulenzen und der Strömungen eine riskante Aufgabe war. Deshalb hatte der Schiffer in Rhegion auf bessere Wetterbedingungen gewartet.

Nachdem sich ein günstiger Südwind erhoben hatte, startete er und fuhr schnell durch die Straße von Messina. In zwei Tagen legte er eine Entfernung von 180 Seemeilen zurück und konnte sein Schiff im Hafen von Puteoli festmachen, einer Stadt, deren Vergangenheit bis ins Jahr 531 v. Chr. zurückreicht, als Griechen von der Insel Samos dort von Cumae aus eine Niederlassung gegründet hatten: Dikaiarcheia („gerechte Regierung"). Im 4. Jahrhundert v. Chr. nahm die Bedeutung der Stadt zu, sowohl in wirtschaftlicher als auch in politischer Hinsicht. Zu Beginn des 2. Jahrhunderts v. Chr. kam die Stadt unter römische Herrschaft und wurde unter dem Namen Puteoli zur wichtigsten Hafenstadt Italiens. Schiffe mit Getreidelieferungen für das hungrige Proletariat von Rom legten dort an, weil die Hauptstadt des Römischen Reiches bis zur Mitte des 1. Jahrhunderts nicht über einen Hafen verfügte, der von großen Frachtschiffen angelaufen werden konnte. In Puteoli wurde das Getreide in kleinere Schiffe umgeladen, die die Küste entlang in Richtung Norden zur Tibermündung fuhren. Handel und Handwerk nahmen einen großen Aufschwung und die Stadt übte eine große Anziehungskraft auf Menschen aus allen Himmelsrichtungen aus. Aus Inschriften, auf denen zahlreiche Handels- und Handwerksverbände verzeichnet sind, geht hervor, dass sehr viele Menschen hier ihr Glück versucht haben.

Von Puteoli nach Rom

In Puteoli endete Paulus' Seereise. Der Schiffer hätte beschließen können, nach Portus weiterzufahren, dem Hafen von Ostia, der unter Kaiser Claudius (41–56) angelegt worden war. Weder Kosten noch Mühe wurden gescheut, um dort, 30 Kilometer von Rom entfernt, einen Hafen zu bauen,

Die Via Appia (Foto: Stephan Mols)

der mit großen Häfen im Osten des Römischen Reiches wetteifern konnte. Das Ergebnis war ein riesiger, mehr als 80 Hektar großer, von zwei 700 Meter langen Piers umschlossener Anlegeplatz, in dem große Getreideschiffe sicher anlegen konnten. Weshalb der Schiffer der „Dioscuri" nicht direkt nach Rom fuhr, sondern in Puteoli festmachte, erfahren wir nicht. Ob er Ladung löschte oder neue Güter aufnahm oder ob er schließlich doch noch nach Ostia weitergefahren ist – Lukas schweigt sich darüber aus.

Paulus blieb jedenfalls eine Woche lang in Puteoli, wo er von Mitgliedern der christlichen Gemeinde aufgenommen wurde. So steht es wenigstens im Text. Überzeugende Beweise dafür, dass es in dieser Zeit (jüdische) Christen in Puteoli gab, liegen allerdings nicht vor, wohl jedoch für christliche Gemeinden in den benachbarten Städten Pompeji und Herculaneum. In Anbetracht der Tatsache, dass Puteoli eine wichtige Hafenstadt war, dürfen wir jedoch getrost davon ausgehen, dass im Jahr 61 auch dort Christen lebten.

Für Lukas versteht es sich fast von selbst, dass Paulus in Puteoli seiner Wege gehen konnte, ohne den Zenturio Iulius um Erlaubnis zu fragen. Die gegenseitige Sympathie hatte im Laufe der Reise stetig zugenommen. Iulius' Wertschätzung für Paulus und dessen Worte war bereits zutage getreten, als Paulus Einspruch dagegen eingelegt hatte, dass die Mannschaft das Beiboot zu Wasser lassen wollte, und Iulius sich gegen jede Logik seiner Auffassung anschloss. Während ihres Aufenthalts auf Malta hatten sie Gelegenheit, miteinander zu reden und einander besser kennenzulernen. Iulius vertraute Paulus und ließ ihn tun und lassen, was er wollte. Er war sich sicher, dass er sich wieder bei ihm melden würde, sobald der Zeitpunkt der Abreise gekommen war.

Nach einer Woche begaben sich der Zenturio, die Soldaten und die Gefangenen auf die letzte Etappe ihrer Reise, die sie von Puteoli nach Rom führte. Hätte Iulius die Gefangenen schnell nach Rom überstellen wollen, wäre er am besten über das Meer gefahren – die ungefähr 120 Seemeilen hätten bei günstigem Wind in zwei Tagen zurückgelegt werden können. Stattdessen wurde jedoch der Landweg über die Via Appia genommen. Ein Grund dafür wird nicht genannt, doch allem Anschein nach wollte der Verfasser der Apostelgeschichte Paulus' Einzug in Rom einen glorreichen Anstrich geben, indem er ihm einen herzlichen Empfang in zwei kleinen Städten an der Via Appia vorangehen ließ.

Der erste Ort, den die Reisegesellschaft erreichte, war Forum Appii. Von dort aus musste man dem heute noch vorhandenen Meilenstein zufolge bis Rom 43 römische Meilen zurücklegen, etwas mehr als 70 Kilometer. Forum Appii war ein fester Rastpunkt für Reisende auf dem Weg nach Rom. Benannt war das Städtchen nach Appius Claudius, der 312 v. Chr. die Initiative für den Bau der Via Appia ergriffen hatte. Paulus und seine Reisegefährten hatten bis hierhin in gut vier Tagen etwa 110 Kilometer zu Fuß hinter sich gebracht. Sie wurden von christlichen Freunden aus Rom empfangen. Die Geschichte vom römischen Zenturio mit seinem Gefangenen, der vor dem Kaiser erscheinen sollte, wird in Puteoli die Runde gemacht haben, sowohl in der Beamtenschaft als auch in der christlichen Gemeinde der Hafenstadt. Beide Gruppen werden Boten nach Rom gesandt haben, sowohl die Beamten als auch die Christen, die wussten, dass ihre Glaubensbrüder und -schwestern in Rom Paulus' Ankunft erwarteten. Schließlich hatte er selbst fünf Jahre zuvor, im Jahr 56, in seinem Brief an die Römer seinen Besuch angekündigt. Jetzt konnten die Gläubigen in Rom sich vorbereiten und ihm entgegengehen. Einige dieser Gläubigen kamen nach Forum Appii, andere hießen ihn in dem Rom etwas näher gelegenen Ort Tres Tabernae willkommen.

Die letzten Jahre des Paulus

Paulus hatte schon oft von der großen Metropole mit fast einer Million Einwohnern sprechen gehört und er wird sich zweifellos Vorstellungen gemacht haben; doch was er sah, muss seine kühnsten Erwartungen übertroffen haben. Rom war mit Jerusalem, Athen und Antiochia, den bis dahin eindrucksvollsten Städten, in denen er das Wort Gottes verkündet hatte, nicht zu vergleichen. Alle Pracht dieser Städte verblasste vor der Schönheit Roms. Die Hauptstadt, die Kaiser Augustus nach eigenen Worten persönlich von einer Stadt aus Backstein zu einer Stadt aus Marmor gemacht hatte, verunsicherte Paulus. Sicherlich wird er an seine alles andere als erfolgreichen Auftritte in Athen zurückgedacht haben. Jetzt war er in einer Stadt angekommen, wo ihm noch größere Schwierigkeiten bevorstanden. Es muss ihm klar gewesen sein, dass seine Botschaft nicht ohne Weiteres angenommen werden würde. Alle Götter des ganzen Reiches waren hier zugegen. Die Anhänger seines Gottes bildeten nur eine kleine Minderheit.

Für seine engsten Mitarbeiter, die er den Christen in Rom fünf Jahre zuvor in seinem Römerbrief empfohlen hatte, war Paulus' Ankunft ein besonderes Ereignis. All die Jahre hatten sie seiner Ankunft sehnsuchtsvoll entgegengesehen. Dass er mitten im Winter erschien, war für sie eine willkommene Überraschung. Als er jetzt leibhaftig vor ihnen stand, kannte ihre Freude keine Grenzen. Nicht alle Christen zeigten sich jedoch begeistert von der Aussicht, von jetzt an in Rom mit Paulus zusammenarbeiten zu müssen. Eine Reihe von ihnen fürchtete, dass er hier genauso vorgehen werde wie anderswo und damit die Gegensätze zu anderen Predigern in ihrer Stadt nur noch verschärfen werde. Andere, die keinen Hehl daraus machten, Jünger der konservativen Prediger zu sein, hatten die Sorge, er könne die brüchige Harmonie innerhalb der christlichen Gemeinde erneut ernsthaft gefährden. Und wenn es etwas gab, was die christliche Gemeinde nach den Unruhen des Jahres 41 brauchte, dann war es Ruhe.

Rom war für Paulus die vorläufige Krönung seiner jahrelangen Bemühungen. Er konnte sich jetzt damit rühmen, den Glauben von Jerusalem bis in den Kern des Römischen Reiches hinein verkündet zu haben. Er hoffte, auch in Rom die Rolle übernehmen zu können, die er in den Städten des östlichen Mittelmeerraumes gespielt hatte. Er muss jedoch gewusst haben, dass das schwierig werden würde. Die Führer der christlichen Gemeinde hatten nicht händeringend auf den Mann gewartet, von dem bekannt war, dass er überall, wo er auftrat und sprach, Widerstand hervorrief. Paulus wird sich zweifellos seinen Geistesverwandten zugewandt haben, doch von einer Strategie der „Paulusgruppe" ist nichts zu hören.

Auch in Rom folgte er dem Muster seiner Glaubensverkündigung in der östlichen Reichshälfte und richtete sich zuerst an die Juden. Nach drei Tagen rief er die führenden Männer der jüdischen Gemeinde zusammen und erzählte ihnen, was ihm in Jerusalem widerfahren war, dass die Römer ihn hatten freilassen wollen, die Juden jedoch Einspruch erhoben hatten, woraufhin er Berufung beim Kaiser eingelegt hatte. Sie antworteten ihm, sie hätten keine Berichte über ihn aus Judäa empfangen, weder schriftlich, noch mündlich von jüdischen Brüdern, die nach Rom gekommen waren. Sie wollten aber gerne von ihm hören, welche Vorstellungen er vertrat, denn es war ihnen bekannt, dass er einer Gruppe angehörte, die überall auf Widerspruch stieß (Apg 28, 22).

Am vereinbarten Tag erschienen sie in großer Anzahl in der Wohnung, wo ihn der römische Zenturio untergebracht hatte. Vom frühen Morgen bis zum späten Abend versuchte er sie davon zu überzeugen, dass Jesus die Erfüllung des Gesetzes des Mose und der Verheißungen der Propheten war. Einige ließen sich überzeugen, die Übrigen kehrten sich von ihm ab. Zum Abschied zitierte Paulus die Worte des Propheten Jesaja:

> Geh zu diesem Volk und sag: / Hören sollt ihr, hören, aber nicht verstehen; / sehen sollt ihr, sehen, aber nicht erkennen.
>
> Denn das Herz dieses Volkes ist hart geworden, / und mit ihren Ohren hören sie nur schwer, / und ihre Augen halten sie geschlossen, / damit sie

> mit ihren Augen nicht sehen / und mit ihren Ohren nicht hören, / damit sie mit ihrem Herzen nicht zur Einsicht kommen, / damit sie sich nicht bekehren und ich sie nicht heile. (Apg 28, 26–27; Jes 6, 9–10)

Mit diesen Worten versuchte Paulus den Juden bewusst zu machen, dass Gott den Heiden diese Heilsbotschaft bereits gesandt hatte. In dieser künstlich konstruierten Passage legt Lukas dem Leser zum wiederholten Mal Paulus' Arbeitsweise dar. Paulus wendet sich an die Juden, doch sie wollen nicht hören. Lukas erzählt nicht, ob Paulus noch weitere Schritte unternommen hat, um Juden und Heiden innerhalb der christlichen Kirche miteinander zu versöhnen. Er sagt nur, dass Paulus allen das Reich Gottes verkündete, die ihn hören wollten.

Die römischen Behörden haben Paulus kaum Steine in den Weg gelegt, was bemerkenswert genug ist, weil er formal noch immer ein Gefangener war. Hätte er hinter Gefängnismauern gesessen, wäre er zur Untätigkeit verurteilt gewesen. Dazu ist es nicht gekommen, denn Paulus bekam die Erlaubnis, eine Wohnung zu beziehen, zusammen mit einem Soldaten, der ihn bewachen sollte (Apg 28, 16). Der Zenturio Iulius spielte dabei eine wichtige Rolle. Er berichtete den zuständigen Behörden über die Reise und über den Gefangenen, der ihm anvertraut worden war.

Die Richter in Rom, die im Namen des Kaisers ein Urteil sprechen mussten, waren zweifellos über den Verlauf der Verhandlung in Caesarea informiert worden. Die Anschuldigungen der Juden konnten sie kaum beeindrucken. Paulus war in ihren Augen kein Gefangener, dem eine besondere Aufmerksamkeit zu widmen war, keiner, bei dem vor Gericht viel Aufhebens gemacht werden musste. Für sie war er ein gewöhnlicher Angeklagter, mit dessen Verurteilung keinem höheren Ziel gedient war.

Im Text der Apostelgeschichte ist von dem Prozess, der doch schließlich der Grund für Paulus' Romreise war, keine Rede mehr. „Er verkündete das Reich Gottes und trug ungehindert und mit allem Freimut die Lehre über Jesus Christus, den Herrn, vor" (Apg 28, 31). So lautet das offene Ende der Apostelgeschichte. Das ruft die Frage auf, warum der Verfasser uns nichts über den Prozess erzählt. Die einfachste Erklärung ist, dass Lukas seinen Text zwei Jahre nach Paulus' Ankunft in Rom abgeschlossen hat. Zu dieser Zeit wusste er noch nichts über den Ablauf des Prozesses. Das setzt allerdings eine sehr frühe Datierung der Apostelgeschichte voraus (siehe S. 22). Doch selbst wenn der Verfasser seinen Text in großer Eile veröffentlicht haben sollte, bleibt die Frage, welches Interesse er daran gehabt haben könnte, sich für einen so unbefriedigenden, viel zu abrupten Schluss zu entscheiden, der den Leser über Paulus' Leben in Rom im Ungewissen lässt. Dem Stand der Dinge während des Gerichtsverfahrens hätte er doch wenigstens ein paar Worte widmen können. Es ist auch möglich, dass Lukas mehr wusste über den endgültigen Ablauf des Prozesses und ein eventuelles Todesurteil gegen Paulus, sich aber letztlich dazu entschloss, nichts darüber mitzuteilen. Vielleicht, weil er die brüchige Beziehung zwischen dem frühen Christentum und der römischen Obrigkeit nicht in Gefahr bringen wollte. Doch auch diese Theorie ist nicht ganz befriedigend, weil Paulus in den übrigen Kapiteln der Apostelgeschichte, zumal im Laufe der Gerichtsverhandlung in Caesarea, seine Meinung unverblümt zum Ausdruck gebracht hatte. Wäre die Anklage für unbegründet erklärt worden, hätte der Verfasser Paulus doch sicherlich ebenso die Gelegenheit gegeben, seine Prinzipien noch einmal darzulegen, wie wenn er zu einer Strafe verurteilt worden wäre. Aber nichts von alledem. Ein merkwürdiges Ende.

Es kann auch nicht ausgeschlossen werden, dass Paulus bereits im Laufe des Prozesses hingerichtet wurde und dass der Verfasser dieses Ende auch aufgezeichnet hat. In der noch jungen Kirche hat man die Zeilen über sein tragisches Ende womöglich unter den Tisch fallen lassen, um die Gläubigen nicht in Verwirrung zu bringen. Es ist auch die Vermutung geäußert worden, dass der Prozess im Sande verlaufen ist, weil die Ankläger nicht in der Lage waren, innerhalb eines festgesetzten Zeitraums genügend Beweise für ihre Anschuldigungen zu liefern. In diesem Fall wäre Paulus freigelassen worden und hätte seine Missionsarbeit fortsetzen können.

Da Lukas' Erzählung so unvermittelt endet und auch Paulus selbst keine näheren Informationen hinterlassen hat, können wir nur versuchen, uns vorzustellen, was Paulus in seinen letzten Lebensjahren erlebt hat. Meiner Meinung nach werden die römischen Behörden Paulus tatsächlich freigelassen haben, vielleicht, weil ihnen zu Ohren gekommen war, dass sein Einfluss unter den Christen in Rom nicht besonders groß war. Paulus hatte inzwischen auch selbst erkannt, dass er nicht für alle Christen der richtige Mann war, um der christlichen Gemeinde von Rom vorzustehen. Der Ruf, den er sich in der Vergangenheit erworben hatte, erweckte bei einigen zu viel Widerstand und vergrößerte nur die Gegensätze in der jungen christlichen Gemeinde. In bestimmten Momenten muss er sich unglücklich gefühlt haben. Wenn er bilanzierte, was er in Rom erreicht hatte, konnte er nur zu dem Schluss kommen, dass es viel weniger war, als er erwartet hatte. Es war eine schmerzliche Empfindung, für die christliche Gemeinde, aber vor allem für ihn selbst. Er war jetzt 68 Jahre alt und wollte der jungen Kirche nützlich sein. Doch in Rom fühlte er sich überflüssig. Andere gaben die Richtung vor und eine Nebenrolle hatte er noch nie gespielt. Wenn es in Rom keinen Platz für ihn gab, dann musste er die Stadt wieder verlassen und neue Herausforderungen suchen. Er suchte nach einem Wirkungsort, wo er nicht mit einem Machtkampf konfrontiert wurde und keine Diskussionen mit andersdenkenden Christen eingehen musste. Einen Ort, an dem er seine Vision ungehindert verbreiten konnte.

Er hätte nach Illyrien zurückgehen können. Sein erster Besuch, den er viel zu früh hatte abbrechen müssen, war vielversprechend gewesen. Es wäre ein verständlicher Wunsch gewesen, die dort begonnene Missionsarbeit fortzusetzen. Das Einzige, was ihn davon abhalten konnte, war, dass er in diesem Fall sein Versprechen nicht eingelöst hätte, nämlich seinen Glauben im ganzen Römischen Reich, bis in den fernen Westen hinein, zu verbreiten. Für andere Menschen wäre das kein großes Problem gewesen, für Paulus jedoch schon. Er wollte als der Mann in Erinnerung bleiben, der den Glauben bis in die entlegensten Winkel des Reiches gebracht hatte, und der Westen, in den noch kaum ein christlicher Prediger seinen Fuß gesetzt hatte, bot ihm die Möglichkeit, diesen Wunsch in Erfüllung gehen zu lassen. Dort hatte er die Wahl unter vielen Orten, die er besuchen und christianisieren konnte.

Als Paulus von seinem Vorhaben sprach, nach Westen zu reisen, werden ihm einige Christen in Rom zu bedenken gegeben haben, dass ihm eine wichtige Voraussetzung fehlte – ein flüssiges Latein. Doch sie stießen auf taube Ohren und das verblüffte sie nicht. Ihr kurzzeitiger Umgang hatte sie gelehrt, dass der große Apostel auf die Meinung anderer Menschen nichts gab. Auch jetzt ließ er sich nicht von seinen Plänen abbringen und folgte seinem Herzen. Wir haben zwar keine konkreten Informationen über eine Expedition nach Spanien, doch ich halte es durchaus für möglich, dass er dorthin gereist ist, allein schon deshalb, weil er in seinem Römerbrief die Absicht kundgetan hatte, Spanien zu besuchen (Röm 15, 28).[96] Sein Eigensinn und sein Prestigedenken gestatteten ihm nicht, von diesem Vorhaben abzusehen. Er hätte in den Norden gehen können, nach Katalonien, oder in den Süden, nach Baetica, oder noch weiter südlich in die Städte an der Straße von Gibraltar. Sollte Paulus strategisch gedacht haben, dann wäre Baetica das ideale Reiseziel für ihn gewesen, weil regelmäßig Schiffe unterwegs waren, die Wein, Fischsoße („Garum") und Olivenöl aus dieser Region nach Ostia transportierten. Es wird ihn keine große Mühe gekostet haben, einen Platz auf einem Schiff zu ergattern, das auf dem Rückweg nach Baetica war. In sechs oder sieben Tagen hätte er dort sein und mit dem Predigen beginnen können. Falls Paulus tatsächlich nach Spanien gereist ist, wird er nicht lange dort geblieben sein: höchstens ein paar Wochen oder Monate im Sommer des Jahres 62. Wirkliche Ergebnisse wird er auch nicht verbucht haben können, andernfalls wäre mit Sicherheit in den Quellen etwas darüber zu finden.

Vielleicht war er körperlich und geistig nicht mehr in der Lage, anderen seine Meinung aufzudrängen, doch zugestanden hätte er sich das nie. Er blieb auf der Suche nach Möglichkeiten, das Wort Gottes zu verkündigen. Angesichts der Verhältnisse in Rom gibt es gute Gründe, die (späteren) Texte, in denen von einer Missionsreise in den Osten die Rede ist, nicht gleich als unzuverlässig beiseitezuschieben. Aus einigen Ortsnamen in drei Pastoralbriefen, einem an Titus und zweien an Timotheus, die nicht von Paulus selbst, sondern von anderen zu Papier gebracht wurden, können wir schließen, dass Paulus im Herbst des Jahres 62 oder im Jahr 63 noch einmal in den Osten gereist ist, nach Makedonien, Griechenland und Kleinasien. Einige Regionen und Städte werden genannt: Makedonien (1 Tim 1, 3), Korinth und Milet (2 Tim 4, 20), Kreta (Tit 1, 5) und Nikopolis (Tit 3, 12). Städte wie Thessalonich, Philippi und Ephesus werden nicht erwähnt, doch wir dürfen annehmen, dass, falls Paulus sich tatsächlich in den Osten aufgemacht hatte, er auch diese Städte besucht haben wird. Dort hatte er den größten Teil seines Lebens verbracht; dort hatte er viele Menschen bekehrt und fühlte sich zu Hause.

Vielleicht hatte Paulus die Absicht, bis zu seinem Tod im Raum der Ägäis zu bleiben. Doch im Frühjahr 65 erreichten ihn in Milet schreckliche Nachrichten aus Rom: In der unmittelbaren Umgebung des Circus Maximus, der größten Rennbahn von Rom, war im Jahr 64 ein gewaltiger Brand ausgebrochen. Das Feuer hatte sich rasend schnell ausgebreitet und in zehn der 14 Stadtbezirke waren alle Häuser von den Flammen verzehrt worden. Es verbreitete sich das Gerücht, Kaiser Nero habe den Brand selbst gelegt, um die Stadt daraufhin schöner wieder aufbauen zu können. Um solche Gerüchte zu entkräften, brauchte er Sündenböcke, denen er die Schuld in die Schuhe schieben konnte: die Christen. Er bestrafte sie grausam. Sie wurden scharenweise festgenommen, wilden Tieren vorgeworfen, gepfählt oder gekreuzigt. Die Berichte über diese Grausamkeiten müssen die Christen im ganzen Römischen Reich erreicht haben und auch Paulus zu Ohren gekommen sein. Von einem zum anderen Moment änderte sich alles für ihn. Rom brauchte ihn jetzt, mehr denn je. Vielleicht glaubte er, es sei nun an der Zeit, sein Los ganz in die Hände Gottes zu legen; vielleicht hatte er den Beschluss, nach Rom zurückzukehren, eingedenk der Worte gefasst, die er in seinem zweiten Brief an die Korinther geschrieben hatte:

> Denn die Liebe Christi drängt uns, da wir erkannt haben: Einer ist für alle gestorben, also sind alle gestorben. Er ist aber für alle gestorben, damit die Lebenden nicht mehr für sich leben, sondern für den, der für sie starb und auferweckt wurde. (2 Kor 5, 14–15)

Es war ihm klar, dass die christliche Gemeinde in Rom durch Neros Verfolgungen in eine Krise geraten war und vielleicht auseinanderzufallen drohte. Sie brauchte Führung und er wollte diese Aufgabe gerne auf sich nehmen, auch wenn er sich bewusst war, dass die römischen Magistrate ihm diesmal nicht den Freiraum geben würden, seinen Glauben so zu verbreiten wie noch einige Jahre zuvor. Da aus diesen Jahren keine Briefe aus Paulus' Hand überliefert sind, lässt sich nicht sagen, ob er sich nach dem Tod sehnte und als Märtyrer sterben wollte oder ob er sich in Rom in Gefahr begab, weil es nun einmal Gottes Wille war und er sich Gottes Weisungen nie widersetzt hatte.

Gleich nach seiner Rückkehr aus dem Osten wurde Paulus von den römischen Behörden verhaftet. Zweifellos wird er sich vom Gefängnis aus schriftlich an die Gläubigen gewandt haben, doch nichts davon ist uns überliefert. Aus dem zweiten Brief an Timotheus, der nach seinem Tod von einem seiner Jünger geschrieben wurde, geht jedoch hervor, dass die christliche Gemeinde ihn auch jetzt nicht mit offenen Armen als den Erlöser empfangen hatte. Wenn dieser Brief seinen Gemütszustand in der Gefangenschaft richtig wiedergibt, dann muss der Apostel sich in diesen Tagen allein und im Stich gelassen gefühlt haben. Einzig und allein Onesiphoros besuchte ihn, der dafür die lange Reise aus Ephesus auf sich genommen hatte (2 Tim 1, 16–18). Andere waren ihren eigenen Weg gegangen. Doch so deprimiert er sich auch fühlte, er blieb streitbar. Er machte Pläne für die Zukunft – aber auch dem Tod sah er nicht furchtvoll entgegen.

> Denn ich werde nunmehr geopfert, und die Zeit meines Aufbruchs ist nahe. Ich habe den guten Kampf gekämpft, den Lauf vollendet, die Treue gehalten. Schon jetzt liegt für mich der Kranz der Gerechtigkeit bereit, den mir der Herr, der gerechte Richter, an jenem Tag geben wird, aber nicht nur mir, sondern allen, die sehnsüchtig auf sein Erscheinen warten. (2 Tim 4, 6–8)

Diese Worte können als ein letzter Rückblick auf ein sinnvolles, erfülltes Leben betrachtet werden, genauso gut jedoch als eine Vorahnung seines nahenden Todes durch Henkershand.

Vermutlich wurde Paulus nach einer ein-, vielleicht zweijährigen Gefangenschaft zum Tode verurteilt und mit dem Schwert hingerichtet. Das war das „Vorrecht" eines römischen Bürgers. Seine letzten Tage werden im *Martyrium des Paulus* (*Martyrium Pauli*) in den *Paulusakten* (*Acta Pauli*) aus dem 2. Jahrhundert beschrieben, einer von Anfang bis Ende wunderlichen Geschichte, in der reale und erfundene Personen nebeneinander auftauchen und hauptsächlich von Wundern und Bekehrungen erzählt wird. Eusebius zufolge wurde Paulus vermutlich im Jahr 67 auf Befehl Neros enthauptet.[97] Geschah das an einem Ort an der Via Appia, der später Ad Catacumbas genannt wurde, oder wurde Paulus zur Via Ostiensis gebracht, der Straße, die von Rom nach Ostia führte, und dort hingerichtet? Der Überlieferung zufolge soll er bei Aquae Salviae, einem sumpfigen

Ort zwischen Rom und Ostia, enthauptet worden sein. Heute steht dort die Kirche San Paolo alle Tre Fontane, um die Gläubigen daran zu erinnern, dass das Haupt des Paulus, nachdem es vom Leib getrennt worden war, dreimal auf dem Boden aufschlug, worauf sogleich an jeder dieser Stellen eine Quelle entsprang. Sein Leichnam soll auf das Landgut einer christlichen Frau gebracht und dort begraben worden sein, an der Stelle, wo heute die Basilika Sankt Paul vor den Mauern steht. Es kann sich jedoch auch ganz anders zugetragen haben. Wir werden es nie erfahren.

Eine andere Welt

Paulus ist nach seinem Tod nicht in Vergessenheit geraten. Es ist ihm zwar nicht gelungen, eine Organisation für eine umfassende große christliche Gemeinschaft auf die Beine zu stellen, und auch den Streit mit andersdenkenden Christen konnte er nicht definitiv für sich entscheiden, doch das hat seiner Reputation nicht schaden können. Er lebt fort als der große Verbreiter des Christentums. Seine eigenen Briefe und die von Lukas verfasste Apostelgeschichte haben dabei eine große Rolle gespielt. Seine Schüler und späteren Jünger griffen diese Briefe auf und setzten alles daran, seinen Ruf als Glaubensverbreiter zu stärken und ihn als *den* Begründer des Christentums auf ein Podest zu stellen. Sie haben seine Briefe nicht nur verbreitet, sie haben sie auch bearbeitet. Sie sind nicht einmal davor zurückgeschreckt, seinen Namen unter Briefe zu setzen, die er gar nicht geschrieben hatte (Epheser, Kolosser, 2. Thessalonicher, 1. und 2. Timotheus und Titus). Dabei war es nicht etwa ihre Absicht, ein falsches Spiel zu spielen; stattdessen waren sie aufrichtig der Überzeugung, es sei richtig, mit neuen Briefen zum Ausdruck zu bringen, dass sie in Paulus' Tradition standen. Dass sie damit das Risiko eingingen, seine Auffassungen ihrem eigenen Gedankengut anzugleichen, nahmen sie in Kauf; sie hatten nur das eine Ziel vor Augen, nämlich Paulus zu erhöhen. Anderen Predigern wie etwa Apollos, von denen wir keine schriftlichen Zeugnisse haben, war ein anderes Los beschieden. Sie sind so gut wie in Vergessenheit geraten und in der Anonymität versunken. Fast niemand spricht noch über sie.

Nach Paulus' Tod waren im ganzen Römischen Reich große Veränderungen eingetreten. Neros Position war unhaltbar geworden und im Jahr 68 sah er schließlich keine andere Lösung mehr, als sich das Leben zu nehmen. Einen Machtkampf zwischen verschiedenen Thronprätendenten konnte nach einigen Monaten Vespasian für sich entscheiden. Inzwischen waren in verschiedenen Teilen des Reiches Aufstände ausgebrochen, von denen der in Judäa und Galiläa der größte und blutigste war. Vielleicht hat Paulus in seinem letzten Lebensjahr von der Rebellion der Juden gegen die römischen Machthaber noch etwas mitbekommen. Im Jahr 66, ein Jahr vor seinem Tod, waren in Massen jüdische Rebellen in Aktion getreten und in den folgenden Jahren führten sie einen Krieg, in dem sowohl sie als auch die Römer viel Gewalt einsetzten. Unter der Führung von Vespasians Sohn Titus wurde der Aufstand mit harter Hand niedergeschlagen. Im Jahr 70 wurde Jerusalem eingenommen und verwüstet, der Tempel ging in Flammen auf und wurde nie wieder aufgebaut.

Flavius Josephus hat den „Jüdischen Krieg" ausführlich aus der Sicht eines Augenzeugen beschrieben. Die Schuld an diesem Krieg weist er nachdrücklich den Juden zu. Dafür hat er nicht nur politische Argumente, sondern auch eine theokratische Erklärung, die, einfach gesagt, darauf hinausläuft, dass der Gott der Juden alles regelt, auch die wechselnden Machtverhältnisse in der Welt. Dass die Römer zu einem bestimmten Zeitpunkt zu einer Supermacht aufgestiegen waren, war ihm zufolge das Werk Gottes. Ein Aufstand gegen Rom war deshalb ein Aufstand gegen Gott. Josephus glaubte, dass das Elend, das die Juden unter den Römern zu erleiden hatten, dem jüdischen Volk von Gott als Strafe auferlegt worden war, weil sie sich gegen die von ihm eingesetzten Herrscher aufgelehnt hatten.[98]

Diese Sichtweise zeigt eine große Übereinstimmung mit den theokratischen Vorstellungen, die Paulus in seinem Römerbrief dargelegt hatte:

> Jeder leiste den Trägern der staatlichen Gewalt den schuldigen Gehorsam. Denn es gibt keine staatliche Gewalt, die nicht von Gott stammt; jede ist von Gott eingesetzt. Wer sich daher der staatlichen Gewalt widersetzt, stellt sich gegen die Ordnung Gottes, und wer sich ihm entgegenstellt, wird dem Gericht verfallen. (Röm 13, 1–2)

Es ist gut möglich, dass Flavius Josephus, der nach der Einnahme Jerusalems den späteren Kaiser Titus nach Rom begleitete, diesen Brief kannte, den Paulus ungefähr 20 Jahre, bevor Josephus (um das Jahr 75) sein Geschichtswerk zu Papier brachte, an die Römer geschrieben hatte.

Hätte Paulus noch gelebt, hätte er den Christen sicherlich Richtlinien für ihr Verhalten in unsicheren Zeiten gegeben. Jetzt mussten sie ohne ihren inspirierenden Ratgeber zurechtkommen. Sie sahen, dass die Juden, nicht zuletzt als Folge ihres Aufstandes gegen die Römer, überall in Schwierigkeiten waren und dass in verschiedenen Städten in Judäa und Galiläa und außerhalb dieser Provinzen Unruhen zwischen der jüdischen Gemeinschaft und den anderen Bevölkerungsgruppen ausgebrochen waren.

In Antiochia am Orontes hatten die Gewalttätigkeiten überhandgenommen. Dort kulminierte der Hass der griechischen und römischen Bewohner gegen die Juden in der harten Anschuldigung, sie wollten die Stadt in Brand stecken. Mehrere Juden wurden im Theater öffentlich verbrannt. Die römischen Soldaten stellten die Ordnung wieder her, doch zu einer Versöhnung zwischen den verschiedenen Bevölkerungsgruppen ist es nicht mehr gekommen. Nach dem Fall Jerusalems baten die Bewohner von Antiochia den römischen Feldherrn Titus sogar, den Juden die Privilegien zu nehmen, die sie seit alters besaßen. Titus ging nicht auf ihr Ersuchen ein.

Der Sieg der Römer über die Juden hatte auch noch eine finanzielle Konsequenz. Alle gläubigen Juden waren es gewohnt gewesen, Abgaben an den Tempel in Jerusalem zu zahlen. Den Römern war diese Praxis immer ein Dorn im Auge gewesen, doch sie hatten ihr nie ein Ende gesetzt. Die Verwüstung des Tempels brachte Kaiser Vespasian auf die Idee, den Juden eine neue Steuer aufzuerlegen:

> Allen Judäern aber, wo sie auch wohnen mochten, legte er eine jährliche Kopfsteuer von zwei Drachmen auf, die sie für das Kapitol wie früher für den Tempel zu Jerusalem entrichten sollten.[99]

Dieser *fiscus judaicus* („Judensteuer") stellte eine größere Belastung als die alte Tempelsteuer dar, die nur von Männern zwischen dem 20. und 50. Lebensjahr gezahlt werden musste. Jetzt wurden auch Kinder mit dieser Kopfsteuer in Höhe von zwei Drachmen, acht römischen Sesterzen, belegt. Für arme jüdische Familien mit einem Jahreseinkommen, das 200 Sesterzen nicht überstieg, muss das eine schwere Belastung gewesen sein; doch für alle Juden, reich und arm, war es vor allem eine Beleidigung, da das Geld für den Wiederaufbau des Jupitertempels auf dem Kapitol bestimmt war. Sie selbst hatten keinen Tempel mehr und sollten jetzt auch noch für das Haus des obersten Gottes der Römer zahlen.

Die Probleme der Juden und die Einführung des *fiscus judaicus* ließen die christliche Gemeinschaft nicht unberührt. Vor allem nichtjüdischen Gläubigen war angesichts der Hassausbrüche gegen die Juden mulmig zumute. Bis dahin hatte ihnen der Gedanke, dass die Anhänger Jesu als Juden betrachtet wurden und damit von der Teilnahme an den offiziellen Kulten befreit waren, ein relatives Gefühl der Sicherheit gegeben.[100] Jetzt wurden sie vor eine schwierige Wahl gestellt. Wenn sie sich als Juden zu erkennen gaben oder zeigten, dass sie sich mit ihnen verbunden fühlten, liefen sie Gefahr, verfolgt zu werden. Doch die Alternative, die Verehrung der griechisch-römischen Götter, war womöglich noch abschreckender.

Den einzigen Ausweg aus diesem fast unlösbaren Dilemma sahen die nichtjüdischen Christen darin, sich von den Juden zu distanzieren, jedoch an den Traditionen des Judentums festzuhalten. Zur Begründung sagten sie, Gott habe den Juden ihrer Freveltaten wegen den Rücken zugekehrt und sie mit der Zerstörung ihrer heiligen Stadt bestraft. Die Christen habe er zum neuen Israel gemacht.

Der Evangelist Matthäus beschreitet diesen Weg und stellt die Geschehnisse rund um den Prozess gegen Jesus in den Kontext der Konfrontation zwischen Juden und Christen. Als Pilatus dem versammelten Volk von Jerusalem die Frage stellt, wen er freilassen soll, Jesus oder Barabbas, fiel die Wahl des Volkes, wie in seinem Evangelium zu lesen ist, auf den berüchtigten Gefangenen. Pilatus ruft der Menge daraufhin zu: „Ich bin unschuldig am Blut dieses Menschen. Das ist eure Sache!" Das Volk reagiert darauf mit den Worten: „Sein Blut komme über uns und unsere Kinder!" (Mt 27, 24–25). Mit der Zerstörung Jerusalems und des Tempels war das denn auch geschehen.

Noch deutlicher werden Markus, Matthäus und Lukas, wenn sie Jesus vorhersagen lassen, Jerusalem werde völlig verwüstet werden. Markus legt Jesus die folgende Aussage in den Mund:

> Als Jesus den Tempel verließ, sagte einer von seinen Jüngern zu ihm: Meister, sieh, was für Steine und was für Bauten! Jesus sagte zu ihm: Siehst du diese großen Bauten? Kein Stein wird auf dem andern bleiben, alles wird niedergerissen. (Mk 13, 1–2)[101]

So wurde aus christlicher Sicht die Zerstörung Jerusalems und des Tempels zur gerechten Strafe für die Missetaten der Juden gegen Jesus und seine Jünger. Im jüngsten Evangelium, dem des Johannes, ist das am deutlichsten zu sehen. Der Verfasser richtet sich gegen die ungläubigen Juden. Er hält sich nicht zurück und lässt Jesus ihnen aufgebracht zurufen:

> Warum versteht ihr nicht, was ich sage? Weil ihr nicht imstande seid, mein Wort zu hören. Ihr habt den Teufel zum Vater, und ihr wollt das tun, wonach es euren Vater verlangt. Er war ein Mörder von Anfang an. (Joh 8, 43–44)

Diese Aussage passte in das Bild, das die Christen von den Juden konstruierten, um sich von ihnen zu lösen. Sie konnten dabei auf die Werke des Flavius Josephus zurückgreifen. Mit seiner theokratischen Geschichtsauffassung, der zufolge Gott die Juden für ihre Missetaten bestraft hatte, hatte er, so die Christen, ohne es zu wollen den Beweis dafür geliefert, dass sie die Juden zu Recht beschuldigten, die Mörder Christi gewesen zu sein.

Paulus wäre über diese Entwicklungen nicht glücklich gewesen. Das Christentum war für ihn die Erfüllung der Verheißung, die Gott den Erzvätern und den Propheten gegeben hatte. Die Christen waren vom letzten Viertel des 1. Jahrhunderts an jedoch vor allem auf der Suche nach jemandem, der ihnen eine neue Richtung weisen konnte. Sie griffen dabei auf Paulus zurück und brachten seinen Widerstand gegen die judaisierenden Prediger in den fundamentalen Streit zwischen Christen und Juden ein, den sie sich selbst ausgedacht hatten. Sie kopierten seine Briefe und schrieben neue hinzu. Er wurde zu dem Rollenmodell befördert, das sie brauchten, um ihre Loslösung von den Juden legitimieren zu können. Hatte Paulus unentwegt auf die kollektive Rettung der Juden und Nichtjuden gepocht, so schlug die christliche Kirche jetzt einen anderen Weg ein.

Ignatius, Bischof von Antiochia, ist ein deutlicher Repräsentant der neuen Denkrichtung. Um 115 wurde er gefangen genommen und nach Rom gebracht, um den Märtyrertod zu sterben. Unterwegs hat er verschiedene Briefe an die christlichen Gemeinden in Kleinasien geschrieben. Einer davon ist an die Bewohner von Magnesia gerichtet. Vergleicht man diesen Brief mit den Briefen, die Paulus geschrieben hat, so bleibt kein Zweifel, dass Ignatius sich völlig vom Judentum losgelöst hatte:

> Lasset euch nicht verführen durch die falschen Lehren und die alten Sagen, die nichts nützen; denn wenn wir bis jetzt nach dem Judentum leben, gestehen wir zu, daß wir die Gnade nicht empfangen haben. Denn die gotterleuchtetsten Propheten haben nach Christus Jesus gelebt. Deshalb wurden sie auch verfolgt, begeistert von seiner Gnade, auf daß die Ungläubigen volle Gewißheit bekämen, daß es einen Gott gibt, der sich geoffenbart hat durch Jesus Christus, seinen Sohn, der sein in der Stille ausgegangenes Wort ist und in allem dem Wohlgefallen hat, der ihn gesandt hat.[102]

Von den Denkansätzen des Paulus, der den Juden immer ein Jude geblieben war, ist hier nichts mehr zu finden. Im 2. Jahrhundert nahmen einige Autoren kein Blatt mehr vor den Mund, wenn sie den Juden ihren Standpunkt deutlich machen wollten. Einige gaben dem jüdischen Volk kollektiv die Schuld für den Mord an Jesus. Der Zeitgeist war mit ihnen, denn die Juden rebellierten erneut. Gut 60 Jahre nach der Zerstörung des Tempels, im Jahr 132, hatte Simon bar Kochba auf Betreiben des Rabbi Akiba, des wichtigsten spirituellen Führers dieser Zeit, einen Aufstand gegen die Römer angeführt. Der unmittelbare Anlass für diesen Aufstand hatte vermutlich damit zu tun, dass Kaiser Hadrian sich in jüdische Angelegenheiten eingemischt hatte. Einige Gewährsleute behaupteten, er habe damals bereits geplant, Jerusalem zu einer römischen Stadt zu machen, andere sagten, sein Beschneidungsverbot habe die Juden wütend werden lassen.

Nach drei Jahren erbitterter Kämpfe wurde der Aufstand gewaltsam niedergeschlagen. Die letzten übrig gebliebenen Rebellen hatten sich in der südwestlich von Jerusalem gelegenen Festung Bethar verschanzt. Zwei Jahrhunderte nach dem Aufstand berichtete Eusebius von Caeserea, dass sie, von Hunger und Durst erschöpft, die Strafe bekamen, die sie verdienten: Sie wurden abgeschlachtet.[103] Für Judäa waren die Folgen katastrophal. 50 der bekanntesten Festungen und 958 Dörfer wurden völlig verwüstet und 580 000 Menschen fanden den Tod. Judäa war zu einer Einöde geworden. Das Schlimmste war jedoch, dass Jerusalem seine jüdische Identität verlor. Es wurde den Juden verboten, sich in der näheren Umgebung der Stadt aufzuhalten. Selbst aus einer gewissen Entfernung durften sie keinen Blick auf ihre heiligen Stätten werfen. Auf den Ruinen ließ Kaiser Hadrian eine römische Stadt bauen, der er den Namen Colonia Aelia Capitolina gab. Was noch vom Tempel übrig geblieben war, verschwand unter neuen Gebäuden. In der Stadt erhoben sich Heiligtümer für die römischen Götter. Auf den Trümmern des Tempels soll ein Heiligtum für Jupiter Capitolinus errichtet worden sein. Hadrian ließ mitten in der Stadt ein Standbild seiner selbst aufstellen, als wolle er zeigen, dass das jüdische Jerusalem definitiv der Vergangenheit angehörte.

In dieser vergifteten Atmosphäre war es nicht schwer, die Juden anzugreifen. Bischof Melito von Sardes wusste die Situation zu nutzen und erhob schwere Anschuldigungen gegen die Juden:

> Dieser wurde getötet.
> Und wo wurde er getötet?
> Mitten in Jerusalem.
> Warum?
> Weil er ihre Gelähmten geheilt,
> ihre Aussätzigen rein gemacht,
> ihre Blinden wieder ans Licht
> geführt
> und ihre Toten auferweckt
> hatte.
> Darum mußte er leiden.[104]

In derselben Predigt schreibt er unumwunden, dass der „König Israels [...] von Israels Hand" beseitigt wurde.[105] Auslassungen wie die von Melito haben auf den neuen Kurs der christlichen Kirche einen großen Einfluss gehabt. Die Zeiten, in denen Paulus behaupten konnte, er handele weder gegen das jüdische Gesetz noch gegen den Tempel und nehme weder den Kaiser gegen sich ein noch andere Menschen, waren weit weg. Jetzt wehte ein anderer Zeitgeist. Die Distanz zwischen Christen und Juden wurde nur noch größer. Der Kurs für die Zukunft wurde hauptsächlich von der christlichen Gemeinschaft in Rom bestimmt, die in der Hierarchie der Kirchen eine immer größere Bedeutung erlangte.

Zu Beginn des 4. Jahrhunderts war die Distanz zwischen Juden und Christen bereits so groß, dass Kaiser Konstantin, der den Christen nach den harten Verfolgungen durch einige seiner Vorgänger 312/313 die freie

Ausübung ihres Glaubens gestattete, sogar Gesetze mit einer deutlich antijüdischen Tendenz erließ. Ein Rundschreiben des Kaisers an die Kirchen im ganzen Reich spricht für sich:

> Nichts soll uns also gemein sein mit dem verhaßten Volke der Juden! […] Wie werden aber die richtig denken können, die nach jenem Mord unseres Herrn und Vaters von Sinnen gekommen sind und sich von keiner Überlegung mehr leiten lassen, sondern von unwiderstehlichem Drange dorthin gerissen werden, wohin sie eben ihr angeborener Wahnsinn treibt?[106]

Die Trennung zwischen dem Judentum und dem Christentum hatte mittlerweile einen anderen Charakter erhalten. Es ging nicht mehr um die Frage nach der Schuld am Tod Jesu. Diese Periode war abgeschlossen. Aus ihrer Verachtung und Verhöhnung der Juden machten die Christen kein Geheimnis mehr. Der Antijudaismus war nicht mehr nur ein Hassventil für einzelne Menschen, er wurde sogar von höherer Stelle befördert. Die Sitten und Gebräuche der Juden, die Beschneidung, die Speisegesetze oder die Sabbatheiligung, wurden geschmäht. Woran die Christen festhielten, war der von den Juden verbreitete Gedanke, dass die Geschichte von der Schöpfung bis zum Jüngsten Tag von Gott bestimmt war.[107]

In dieser veränderten Welt wurden auch die jüdischen Apostel Petrus und Paulus in ein anderes Verhältnis zueinander gestellt. Zu ihren Lebzeiten hatten sie sich ständig gegenübergestanden und aus ihren Bedenken gegen die Vorstellungen des jeweils anderen kein Geheimnis gemacht. Der Gegensatz zwischen Petrus als Prediger unter den Juden und Paulus als dem Heidenapostel schien sich jetzt in nichts aufzulösen und wich einem Harmoniemodell, worin von Animosität keine Rede mehr war. In der Apostelgeschichte war Petrus nach der Konferenz von Jerusalem von der Bildfläche verschwunden, doch vom 2. Jahrhundert an kamen Erzählungen in Umlauf, in denen hervorgehoben wurde, dass auch er Missionsreisen unternommen und schließlich in Rom, wo er auch getötet worden war, die Leitung der Kirche auf sich genommen hatte. Zu Beginn des 4. Jahrhunderts nennt Eusebius Petrus und Paulus in einem Atemzug als Gründer und Märtyrer der Kirche:

> Wie berichtet wird, wurde Paulus eben in Rom unter Nero enthauptet und Petrus gekreuzigt. Dieser Bericht wird bestätigt durch die noch bis heute erhaltenen Namen Petrus und Paulus in den römischen Zömeterien sowie durch einen kirchlich glaubwürdigen Mann, namens Gaius, der unter dem römischen Bischof Zephyrinus [198–217] lebte und [...] über die Stätte, wo die heiligen Leiber der genannten Apostel ruhen, sagt: „Ich kann die Siegeszeichen der Apostel zeigen. Du magst auf den Vatikan gehen oder auf die Straße nach Ostia, du findest die Siegeszeichen der Apostel, welche diese Kirche gegründet haben."[108]

Petrus und Paulus als gemeinsame Gründer der Kirche – der Ton für die Zukunft war gesetzt. Die Meinungsunterschiede zwischen den beiden waren wie weggeblasen. Jetzt ging es darum, eine überzeugende Argumentation für den Kurs der neuen Kirche zu finden. Vor allem Paulus' Schriften wurden unter die Lupe genommen, denn sie waren für ein Fundament der christlichen Lehre am besten geeignet. Die für die Mitglieder der christlichen Gemeinden seiner eigenen Zeit gedachten Briefe wurden an die neuen Erfordernisse angepasst, korrigiert oder aufbereitet, um mit ihrer Hilfe die Christen des 4. Jahrhunderts von den neuen Werten des christlichen Glaubens zu *überzeugen*. Auf diese Weise entstand mit der Zeit ein neuer Paulus. Der Prediger, der lange Reisen unternommen hatte, um in den griechisch-römischen Städten des 1. Jahrhunderts Juden und Nichtjuden „in Christus zusammenzuführen", wurde neu erfunden. Seine Botschaft wurde im neuen Zeitgeist interpretiert, mit allen damit verbundenen Risiken.

Seit dem Zeitpunkt, als der Kirchenvater Augustinus (354–430) Paulus' Texte einer kritischen Untersuchung unterzogen hatte, ist es nie mehr ruhig um den Apostel geworden. Seine Aussagen und Vorschriften wurden unter die Lupe genommen. Vom 15. Jahrhundert bis zum heutigen Tag haben zahlreiche Gelehrte aus verschiedenen Blickwinkeln Fragen zu seinen Texten gestellt und beantwortet. Tausende Bücher und Artikel sind über seine Glaubenslehre geschrieben worden. Es wird niemanden verblüffen, dass all diese Autoren, seien sie gläubig oder nicht, seien sie Theologen, Historiker oder Philosophen, höchst unterschiedliche Antworten gegeben haben. Über seine Person und sein Gedankengut gibt es keine Einmütigkeit. In einer Frage sind sich viele moderne Kommentatoren jedoch einig: Über den Weg, den das Christentum seit dem späten 1. Jahrhundert eingeschlagen hat, und über die Rolle, die seine Briefe dabei gespielt haben, wäre Paulus sehr unglücklich gewesen. Seine Texte, die sich an *alle* Bewohner der griechisch-hellenistischen Städte des 1. Jahrhunderts, Juden wie Nichtjuden, richteten, sind im Laufe der Zeit missbraucht worden. Sie wurden ihrer jüdischen Wurzeln entledigt und christlichen Lesern vorgesetzt, die in der Regel einen nichtjüdischen Hintergrund hatten. Darüber hinaus hatten sie ihre ursprüngliche Bedeutung verloren. Theologen und gläubige Politiker hat das nicht davon abgehalten, Paulus' Worten eine tiefere und zeitgemäße Bedeutung zuzuerkennen. Ein riskanter Ansatz, denn selbst im Kontext der politischen und religiösen Situation des 1. Jahrhunderts unserer Zeitrechnung sind seine Worte schon schwer genug zu begreifen.

Chronologie

um 6 v. Chr.	Geburt des Paulus
um 15 n. Chr.	Nach Jerusalem
33	Bekehrung
34	Nach Arabien
34–37	Damaskus
37	Zurück in Jerusalem
37–44	Paulus verschwindet aus dem Blickfeld; er hält sich zunächst in Kilikien und dann in Antiochia auf
44–45	Nach Zypern und Pisidien
Winter 45/46	Antiochia
Frühjahr 46	Von Antiochia nach Jerusalem
46	Apostelkonzil in Jerusalem?
Sommer 46	Nach Galatien
September 46–Mai 48	In Galatien
Sommer 48	Von Galatien nach Makedonien
September 48–April 50	In Makedonien
April 50	Kurzer Auftritt in Athen
April 50–September 51	In Korinth
November 51	Apostelkonzil in Jerusalem?
Winter 51/52	In Antiochia
Sommer 52	In Galatien
September 52–Oktober 54	In Ephesus
Frühjahr 53	Paulus schreibt den Brief an die Galater und den Brief an die Philipper
Sommer 54	Kurzbesuch in Korinth
Winter 54/55	Reise durch Makedonien
Sommer 55	Nach Illyrien
Winter 55/56	In Korinth
Sommer 56	Über Milet nach Jerusalem
57	Anklagen gegen Paulus
58–59	Paulus wird vom Prokurator Felix verhört

60	Prokurator Festus lässt Paulus nach Rom bringen
Herbst 60	Paulus strandet auf Malta
Winter 61	Ankunft in Rom
61–63	In Rom
63–65/66	Nach Spanien und ins Gebiet der Ägäis?
67	Paulus stirbt in Rom

Anmerkungen

1 Zum Beginn der christlichen Zeitrechnung siehe meine Ausführungen in *De Oudheid is nog niet voorbij*, Amsterdam 1997, S. 120–123.

2 Siehe Chatelion Counet 2009, S. 21–25.

3 Flavius Josephus, *Jüdische Altertümer*, 18, 3, 3. Zitiert nach der Übersetzung von Heinrich Clementz, Halle 1899; Nachdruck Wiesbaden 2002, Bd. 2, S. 515 f.

4 Siehe die Einführung von Marinus Antony Wes in: Flavius Josephus, *De oude geschiedenis van de Joden*, übers. von Fredericus J. A. M. Meijer und Marinus A. Wes, S. 59–69.

5 2 Tim 4, 11 und Kol 4, 14.

6 Der Kanon Muratori, benannt nach dem Gelehrten, der dieses Verzeichnis 1740 veröffentlichte, wird als die älteste Quelle betrachtet, die den Evangelisten Lukas als den Verfasser der Apostelgeschichte nennt: Zeile 1–8 und 34–39. Siehe Wilhelm Schneemelcher (Hrsg.), *Neutestamentliche Apokryphen in deutscher Übersetzung*, Bd. 1, Evangelien, Tübingen 1990, S. 27–29.

7 Irenäus von Lyon, *Gegen die Häresien* 3, 1 und 3, 14, 1; Clemens von Alexandria, *Stromateis* 5, 12.

8 Eusebius, *Kirchengeschichte* 3, 4, 6.

9 Die Bewohner des Landstrichs Samarien. Es ist schwer zu sagen, inwieweit sie sich von den Juden unterschieden. Die Samaritaner selbst bezeichneten sich als Abkömmlinge der nordisraelitischen Stämme Efraim und Manasse. Jüdischen Berichten (2 Könige 17 und Flavius Josephus, *Jüdische Altertümer*, 9, 277–291) zufolge waren die Samaritaner die Nachkommen von Kolonisten, die von den Assyrern aus anderen eroberten Gebieten nach Samarien verbracht worden waren.

10 Siehe Wilhelm Schneemelcher (Hrsg.), *Neutestamentliche Apokryphen in deutscher Übersetzung*, Bd. 2, Apostolisches, Apokalypsen und Verwandtes, Tübingen 1997, S. 193–243.

11 Xenophon, *Anabasis* 1, 2, 23. Zitiert nach Xenophon, *Anabasis/Der Zug der Zehntausend*, griechisch-deutsch, hrsg. und übers. von Walter Müri, München/Zürich 1990, S. 21.

12 Dion Chrysostomos, *Rede* 33, 17.

13 Philostrat, *Vita Apollonii* 6, 34, zufolge war es allgemein bekannt, dass Juden Bürger griechischer Städte waren.

14 Ich folge hier Murphy-O'Connor 1996, S. 36 f.

15 Hieronymus, Kommentar zu den Versen 23 und 24 des Briefes des Paulus an Philemon, in: Jacques Paul Migne, *Patrologia Latina* 26, 617. Siehe auch *St. Jerome's Commentaries on Galatians, Titus, and Philemon*, übers. von Thomas P. Scheck, Notre Dame, Indiana 2010, S. 379.

16 Hieronymus, *De viris illustribus* V. Zitiert nach Hieronymus, *De viris illustribus/Berühmte Männer*, hrsg., übers. und komm. von Claudia Barthold, Mülheim/Mosel 2010, S. 165–167.

17 Vielleicht hat er diese Information in einem leider nicht überlieferten Kommentar des Origenes zu Paulus' Brief an Philemon gefunden. Siehe Murphy-O'Connor 2006, S. 17 f., der sich auf John N. D. Kelly, *Jerome. His Life, Writings and Controversies*, London 1975, S. 153–156, stützt.

18 Er hätte sich auch als *gerón* bezeichnen können, denn die Grenze zwischen *presbytés* (älterer Mann) und *gerón* (alter Mann) wurde zwischen 57 und 60 angesiedelt. Einige Kommentatoren, die von einem jüngeren Paulus ausgehen, lesen nicht *presbytés*, sondern *presbeutés* (gesandt).

19 Flavius Josephus, *Der jüdische Krieg* 2, 55–71; siehe auch sein Werk *Jüdische Altertümer* 17, 10, 4–10.

20 Siehe Adrian Nicholas Sherwin-White, *Roman Society and Roman Law in the New Testament*, Oxford 1963, S. 153; Murphy-O'Connor 1996, S. 41–43, bietet noch weitere Varianten.

21 Strabon, *Geographie* 14, 5, 13.

22 *Das Leben des Flavius Josephus*, aus seinen eigenen Aufzeichnungen zusammengestellt und übersetzt von Emanuel bin Gorion, Frankfurt am Main 1987, S. 10.

23 Flavius Josephus, *Der Jüdische Krieg* 5, 177–181. Zitiert nach der Übersetzung von Heinrich Clementz (*Geschichte des Judäischen Krieges*, ca. 1900), Leipzig 1994, S. 373.

24 Flavius Josephus, *Jüdische Altertümer*, 15, 11, 1. Zitiert nach der Übersetzung von Heinrich Clementz (1899), Wiesbaden 2002, Bd. 2, S. 357.

25 Flavius Josephus, *Jüdische Altertümer*, 15, 11, 3. Zitiert nach der Übersetzung von Heinrich Clementz (1899), Wiesbaden 2002, Bd. 2, S. 359.

26 Flavius Josephus, *Der Jüdische Krieg* 2, 154–158. Zitiert nach der Übersetzung von Heinrich Clementz (*Geschichte des Judäischen Krieges*, ca. 1900), Leipzig 1994, S. 163 f.

27 Flavius Josephus, *Jüdische Altertümer*, 18, 1, 4; *Der Jüdische Krieg* 2, 164–165; siehe auch Meijering 2004, S. 20.
28 Flavius Josephus, *Der Jüdische Krieg* 2, 163.
29 Ich zitiere hier Matsier 2011, S. 172.
30 Möglicherweise spricht Lukas hier nicht von den „Freigelassenen" (*libertini*), sondern von den „Libystinern" (Libyern), da die „Zyrenäer", die Bewohner der Stadt Kyrene in Libyen, unmittelbar danach genannt werden.
31 Siehe auch Meijering 2004, S. 58.
32 Das griechische Wort *neanias* – „junger Mann" – hat einige Kommentatoren dazu geführt, das Geburtsjahr des Paulus zehn oder mehr Jahre später anzusetzen. Murphy-O'Connor 1996, S. 4, zufolge wurde der Begriff *neanias* für Männer zwischen 24 und 40 Jahren verwendet. Ich schließe mich seiner Argumentation an. Paulus, der in meiner Chronologie zur Zeit seiner Bekehrung fast 40 Jahre alt war, bleibt somit innerhalb dieses Zeitrahmens.
33 Wie er dabei vorging, berichtet Lukas nicht. Sanders 2001, S. 10, vermutet, dass er die Synagogen abklapperte, um die Vorsteher dazu zu bringen, denjenigen, die Christus angenommen hatten, die schwerstmögliche Strafe zu geben, die ein Synagogenvorstand verhängen konnte: 39 Peitschenhiebe. Paulus wurde übrigens später selbst auch so bestraft.
34 Lietaert Peerbolte, S. 59.
35 Swaab 2011, S. 366 f.
36 Swaab 2011, S. 366–369; siehe auch Ben-Chorin 1980, S. 30.
37 Siehe die Paulus-Studien von Ed P. Sanders und James D. G. Dunn. Sie haben in den 1970er-Jahren eine „Neue Perspektive auf Paulus" konzipiert (der Begriff wurde 1982 von Dunn geprägt), die später von anderen weiter ausgearbeitet wurde.
38 Ben-Chorin 1980, S. 35 f.
39 *Paulusakten* (*Acta Pauli*), 3, 3. Zitiert nach Wilhelm Schneemelcher (Hrsg.): Neutestamentliche Apokryphen in deutscher Übersetzung, Bd. 2, Apostolisches. Apokalypsen und Verwandtes, Tübingen 1964, S. 243.
40 Laut Apg 9, 19–22 begann Paulus sogleich zu predigen. Die Gläubigen zeigten sich verblüfft und skeptisch, doch Paulus trat immer kraftvoller auf.
41 Flavius Josephus, *Jüdische Altertümer*, 12, 119.
42 Ich stütze mich hier auf Johnson 2009, S. 137.
43 Polybios, *Geschichte*, 5, 59. Zitiert nach der Gesamtausgabe in zwei Bänden, eingeleitet und übertragen von Hans Drexler, Bd. 1, Zürich/München 1978, S. 473 f.
44 Der griechische Ausdruck für „Augustus" (der „Erhabene") ist *Sebastos*.
45 Tertullian, *De baptismo*, 17, 5.

46 Siehe u. a. Murphy-O'Connor 1996, S. 131, und Lietaert Peerbolte 2010, S. 64.

47 Jakobus sollte später noch eine bedeutende Rolle spielen, doch 62 musste er vor dem Sanhedrin, dem Hohen Rat, erscheinen und wurde hingerichtet. Siehe Flavius Josephus, *Jüdische Altertümer*, 20, 200–201: „Er [der Hohepriester Ananus] versammelte daher den hohen Rat zum Gericht und stellte vor dasselbe den Bruder des Jesus, der Christus genannt wird, mit Namen Jakobus, sowie noch einige andere, die er der Gesetzesübertretung anklagte und zur Steinigung führen liess."

48 Siehe auch Murphy-O'Connor 1996, S. 138–141.

49 Den Heyer 1998, S. 124.

50 Plinius der Ältere, *Naturalis historia* (*Naturgeschichte*) 5, 126.

51 Sueton, *Iulius Caesar* 79, 3.

52 Ich gehe hier nicht auf das Problem der Einheitlichkeit dieses Briefes ein, d. h. auf die Frage, ob er aus ursprünglich zwei selbstständigen Briefen zusammengestellt worden ist. Siehe zu dieser Frage den Heyer 1998, S. 187–203.

53 Siehe Pausanias, *Beschreibung Griechenlands*, ausgewählt und übers. von Jacques Laager, Zürich 2004, S. 10 ff. (Buch I, „Attika", 2, 2 ff.).

54 Eusebius von Caeserea, *Kirchengeschichte* 3, 4, 12–13 und 4, 23, 2–3.

55 Siehe hierzu Lendon 2001, S. 31.

56 Die Äußerung ist in Strabon, *Geographie* 8, 6, 23 überliefert. Ciceros Darstellung findet sich in seinen *Tusculanae Disputationes* 3, 53. Ausgrabungen in Korinth haben Ciceros Darstellung bestätigt.

57 Cassius Dio, *Römische Geschichte* 60, 6, 6.

58 Sueton, *Claudius* 25, 4. Zitiert nach Sueton, *Die römischen Kaiser*, übers. und hrsg. von Hans Martinet, Düsseldorf/Zürich 2003, S. 294.

59 Orosius, *Historiae adversum paganos* (*Geschichte gegen die Heiden*) 7, 6, 15–16. Zitiert nach *Orosius. Die antike Weltgeschichte in christlicher Sicht*, hrsg. und übers. von Adolf Lippold, Bd. 2, Zürich/München 1986, S. 151.

60 *Corpus Inscriptionum Latinarum* 65183b, 9053, 9053a. Siehe auch Murphy-O'Connor 2002, S. 193.

61 Streng genommen ist das nicht ganz richtig, da zu Paulus' Zeit die römische Provinz Achaia nicht mehr nur aus einem Teil der Peloponnes bestand, sondern sich weit nach Norden ausdehnte. Paulus hatte in Athen bereits einige Männer und Frauen bekehrt. Er hatte die Stadt jedoch schnell verlassen und konnte sich nicht sicher sein, ob die neuen Christen dort eine Gemeinde gegründet hatten.

62 Siehe u. a. Chatelion Counet 2009, S. 55–86, und Lietaert Peerbolte 2010, S. 85.

63 Der Recht sprechende Gallio wird in seiner Funktion als Prokonsul in einem Brief von Kaiser Claudius an die Bewohner von Delphi erwähnt, der in den April oder Mai des Jahres 52 datiert werden kann. Aufgrund der Angaben, dass Claudius zum zwölften Mal die Befugnisse des Volkstribuns zuerkannt worden waren und dass er zum 26. Mal offiziell als Imperator begrüßt worden war, wurde der Brief in jedem Fall vor dem Sommer des Jahres 52 geschrieben. Der Prokonsul Gallio wird namentlich erwähnt. Er hatte den Kaiser zu einem früheren Zeitpunkt darauf hingewiesen, dass die Einwohnerzahl Delphis schwand. Als Reaktion darauf hatte der Kaiser in diesem Brief angeordnet, neue Kolonisten in Delphi anzusiedeln. Ich folge hier Murphy-O'Connor 2002, S. 161–167; auf S. 219–221 finden sich in diesem Buch der vollständige Text des Briefes und eine englische Übersetzung.

64 Seneca, Brief 104, 1.

65 Zu einer anderen Datierung (Herbst 50 bis Frühsommer 52) von Paulus' Aufenthalt in Korinth siehe unter dem Stichwort „Gallio" in K. Haacker, The Anchor Yale Bible Dictionary. Siehe auch Wallace und Williams 1993, S. 97 f.

66 *Anthologia Graeca* 9, 58. Zitiert nach *Anthologia Graeca*, Bd. 3, Buch IX–XI, griechisch-deutsch, hrsg. von Hermann Beckby, München 1958, S. 43.

67 Plinius der Ältere, *Naturalis historia* 36, 95–97. Zitiert nach C. Plinius Secundus d. Ä., *Naturkunde*, Buch XXXVI, *Die Steine*, lateinisch-deutsch, hrsg. und übers. von Roderich König in Zusammenarbeit mit Joachim Hopp, München 1992, S. 71.

68 Dion Chrysostomos, *Reden* 31, 54.

69 Strabon, *Geographie* 14, 1, 6 „Artemis heißt so, weil sie die Menschen gesund (*artemeas*) macht."; Hinweis in Daniëlle Slootjes, „Ephesus in de Romeinse keizertijd, ca. 200 n. Chr.", in: de Haan und Mols (Hrsg.) 2011, S. 312.

70 Siehe Andrew N. Wilson 1997, S. 205.

71 Strabon, *Geographie* 11, 5, 3–4.

72 Diese Verweise habe ich gefunden in Andrew N. Wilson 1997, S. 207.

73 Siehe vor allem Plinius der Ältere, *Naturalis historia* 30, 1–18.

74 Flavius Josephus, *Jüdische Altertümer*, 16, 6, 7.

75 Sehr geholfen hat mir die Chronologie in Murphy-O'Connor 2008, S. 201 f.

76 Zu einer ausführlichen Erörterung der Korrespondenz zwischen Paulus und der Kirche von Korinth siehe Freed 2005, S. 60–88.

77 Es fällt auf, dass Paulus in seinen Briefen an die Galater und die Korinther Petrus bei seinem aramäischen Namen Kephas nennt. Vielleicht war er in dieser Zeit vor allem unter diesem Namen bekannt.

78 Siehe Murphy-O'Connor 1996, S. 291 f., und 2008, S. 240 f. Sein Ausgangspunkt ist 2 Kor 12, 13–14, wo es heißt, dass Paulus sich aufmacht, um Korinth

zum dritten Mal zu besuchen. Er schließt daraus, dass Paulus zwischen seinem ersten Besuch, 50–52, und seinem späteren im Winter 54/55 die Stadt ein zweites Mal besuchte: mitten im Sommer des Jahres 54.

79 Alle Informationen über Paulus' zweiten Besuch stammen aus dem zweiten Brief an die Korinther. Dieser Brief stellt keine zusammenhängende Einheit dar, sondern wurde aus früheren und späteren Texten zusammengesetzt. Die Reihenfolge der von Paulus kommentierten Ereignisse in diesem kanonischen zweiten Brief stimmt mit der tatsächlichen chronologischen Reihenfolge nicht überein. Spätere Texte stehen in diesem Brief vor Passagen, die bereits früher geschrieben wurden. Der Text mit Paulus' Bemerkungen über den zweiten Besuch (2 Kor 10–13) folgt auf den, in dem er sein Bedauern darüber äußert und zur Harmonie aufruft (2 Kor 1–9).

80 Aelius Aristides, Rede 17, 8, 11.

81 Siehe Zetterholm 2009, S. 4 f.

82 Siehe u. a. Freed 2005, S. 108–143, Harris 2009, S. 136–172, und den Heyer 1998, S. 260–311. Eine gute Einführung in den Römerbrief mit einer ausführlichen Bibliografie ist der Artikel unter dem Stichwort „Romans, Epistle to the" von C. D. Myers in *The Anchor Bible Dictionary*.

83 Agabus' Prophezeiung hat sich nicht ganz erfüllt. Die Juden haben Paulus zwar tatsächlich gefesselt und an die Römer ausgeliefert; die Römer töteten ihn jedoch nicht, vielmehr retteten sie ihn aus den Händen der Juden, indem sie ihn verhafteten und damit vor der Gewalt des Pöbels schützten.

84 Flavius Josephus, *Der Jüdische Krieg* 6, 2, 4. Zitiert nach der Übersetzung von Heinrich Clementz (*Geschichte des Judäischen Krieges*, ca. 1900), Leipzig 1994, S. 429 f.

85 Flavius Josephus, *Der jüdische Krieg* 2, 13, 5, und *Jüdische Altertümer* 20, 8, 6.

86 Flavius Josephus, *Der Jüdische Krieg* 1, 21, 5–6. Zitiert nach der Übersetzung von Heinrich Clementz (*Geschichte des Judäischen Krieges*, ca. 1900), Leipzig 1994, S. 91 f.

87 Siehe Garnsey 1966.

88 Strabon, *Geographie* 16, 2, 33.

89 Zitiert nach Achilleus Tatios, *Leukippe und Kleitophon*, eingel., übers. und erl. von Karl Plepelits, Bibliothek der griechischen Literatur, Bd. 11, Stuttgart 1980, S. 73.

90 In den Handschriften sind verschiedene Zahlen angegeben. Einigen zufolge gab es 276 Menschen an Bord, im Codex Vaticanus ist von 76 Personen und im Reisetagebuch von „ungefähr siebzig Menschen" die Rede.

91 Strabon, *Geographie* 8, 6, 20. Zitiert nach *Strabons Geographica*, hrsg. von Stefan Radt, Bd. 2, S. 513.

92 Ptolemäus, *Geographica* 3, 15, 3.

93 Flavius Josephus, *Aus meinem Leben* 3. Zitiert nach *Das Leben des Flavius Josephus*, aus seinen eigenen Aufzeichnungen zusammengestellt und übers. von Emanuel bin Gorion, Frankfurt am Main 1987, S. 13 f.

94 Für einige Gelehrte ist die Identifizierung Melites mit Malta keine ausgemachte Sache. Sie plädieren für eine andere Insel, die in der Antike ebenfalls den Namen Melite trug: die im Adriatischen Meer vor der dalmatinischen Küste gelegene Insel Mljet. Sie stützen sich auf das Zeugnis des byzantinischen Kaisers und Chronisten Konstantin VII. (Konstantin Porphyrogennetos), der im 10. Jahrhundert Mljet als die Insel ausgab, auf der Paulus gestrandet war. Seine Argumente kennen wir nicht. Die einzige Begründung dürfte die sein, die seit dem 18. Jahrhundert wiederholt vorgetragen wurde: Melite könne nicht Malta sein, weil Malta nicht im Kerngebiet der „echten" Adria liege, und somit komme nur die gleichnamige kleine Insel vor der Küste Dalmatiens als der Ort infrage, wo Paulus' Seereise ein vorläufiges Ende fand. Warnecke 1987 hat wiederum einen anderen Ort in die Diskussion eingebracht: die griechische Insel Kephallenia (Kefalonia). Ihm zufolge ist die breite Landzunge von Argostoli im Westen der Insel der Ort, an dem Paulus' Schiff strandete. Zu seiner konstruierten Beweisführung siehe Meijer 2000, S. 165 f.

95 *In Verrem* (*Gegen Verres*), 2, 4, 117; zitiert nach Marcus Tullius Cicero, *Die Reden gegen Verres/In C. Verrem*, Bd. 2, lateinisch-deutsch, hrsg., übers. und erl. von Manfred Fuhrmann, Zürich 1995, S. 389.

96 Im sogenannten ersten Brief des Klemens an die Korinther, der um das Jahr 97 datiert wird, heißt es auch, dass Paulus „bis in den äußersten Westen vorgedrungen" war (1 Clem 5, 7). Siehe http://www.unifr.ch/bkv/kapitel4–5.htm.

97 Eusebius von Caeserea, *Kirchengeschichte* 2, 25; siehe auch 3, 1. Siehe http://www.unifr.ch/bkv/kapitel48–25.htm.

98 Siehe die von M. A. Wes verfasste Einführung zu Flavius Josephus' *De Joodse Oorlog & Uit mijn leven* in der von ihm und mir besorgten Übersetzung, S. 21–24.

99 Flavius Josephus, *Der Jüdische Krieg* 7, 6, 6. Zitiert nach der Übersetzung von Heinrich Clementz (*Geschichte des Judäischen Krieges*, ca. 1900), Leipzig 1994, S. 483.

100 Zetterholm 2009, S. 31–33.

101 Siehe auch Mt 24, 1–2 und Lk 19, 41–44.

102 Ignatius von Antiochia, *Brief an die Magnesier* 8, zitiert nach http://www.unifr.ch/bkv/kapitel7–8.htm.

103 Eusebius von Caeserea, *Kirchengeschichte* 4, 6. Siehe http://www.unifr.ch/bkv/kapitel50–5.htm.

104 Melito von Sardes, *Peri Pascha* 72. Zitiert nach Meliton von Sardes, *Vom Passa. Die älteste christliche Osterpredigt*, übers., eingel. und komm. von Josef Blank, Freiburg im Breisgau 1963, S. 120.

105 Melito von Sardes, *Peri Pascha* 96. Zitiert nach Meliton von Sardes, *Vom Passa. Die älteste christliche Osterpredigt*, übers., eingel. und komm. von Josef Blank, Freiburg im Breisgau 1963, S. 128; siehe Zetterholm 2009, S. 47–58.

106 Eusebius von Caeserea, *Vier Bücher über das Leben des Kaisers Konstantin* (*Vita Constantini*) 3, 18 2–4. Zitiert nach http://www.unifr.ch/bkv/kapitel2027–17.htm.

107 Siehe Goodman 2007, S. 512–576.

108 Eusebius von Caeserea, *Kirchengeschichte* 2, 25, 5–7. Zitiert nach http://www.unifr.ch/bkv/kapitel48–25.htm.

Bibliografie

Acworth, Angus, „Where was St. Paul Shipwrecked? A Re-examination of the Evidence“, in: *Journal of Theological Studies* 24 (1973), S. 190–193

Adinolfi, Marco, *Da Antiochia a Roma. Con Paolo nel mondo greco-romano*, Mailand 1996

The Anchor Yale Bible Dictionary, hrsg. von David Noel Freedman, New Haven & London 1992

André, Jean-Marie und Marie-Françoise Baslez, *Voyager dans l'antiquité*, Paris 1993

Armstrong, Karen, *Die Achsenzeit. Vom Ursprung der Weltreligionen* (*The Great Transformation*, 2006), München 2006

Aune, David E., *The New Testament in its Literary Environment*, Philadelphia 1989

Baarslag, Derk J., *Met Paulus door het Romeinsche Rijk*, Nijkerk o. J.

Badiou, Alain, *Paulus. Die Begründung des Universalismus* (*Saint Paul. La Fondation de l'universalisme*, 1997), Berlin 2002

Balmer, Hans, *Die Romfahrt des Apostels Paulus und die Seefahrtskunde im römischen Kaiserzeitalter*, Bern 1905

Barrett, Charles K., *A Critical and Exegetical Commentary on the Acts of the Apostles*, Edinburgh 1994–1998

Bean, George E., *Lycian Turkey. An Archaeological Guide*, London/New York 1978

Ben-Chorin, Schalom, *Paulus. Der Völkerapostel in jüdischer Sicht*, München 1980

Boismard, Marie-Émile und Arnaud Lamouille, *Les Actes des deux Apôtres* (Bd. 1–3), Paris 1990

Bruce, Frederick F., *The Book of the Acts*, London 1954; Nachdruck Grand Rapids, Michigan 1988

Bruce, Frederick F., *The Acts of the Apostles. The Greek Text with Introduction and Commentary*, London 1951; Nachdruck Grand Rapids, Michigan 1990

Bruin, Paul und Philipp Giegel, *Welteroberer Paulus. Die Ausbreitung des Christentums*, Zürich/Stuttgart 1959

Casson, Lionel, *Reisen in der Alten Welt* (*Travel in the Ancient World*, 1974), München 1976

Chatelion Counet, Patrick, *Genie of misgeboorte. Zeven vooroordelen over de apostel Paulus*, 's-Hertogenbosch/Mechelen 2009

Cimok, Fatih, *Journeys of Paul. From Tarsus „to the Ends of the Earth"*, Istanbul 2010

Conzelmann, Hans, *Die Apostelgeschichte. Handbuch zum Neuen Testament*, 2. Aufl. Tübingen 1972

Delebecque, Édouard, *Les Actes des Apôtres*, Paris 1982

Dibelius, Martin, *Aufsätze zur Apostelgeschichte*, hrsg. von Heinrich Greeven, 3. Aufl. Göttingen 1957

Donaldson, Terence L., *Paul and the Gentiles. Remapping the Apostle's World*, Minneapolis 1997

Dunn, James D. G., *The New Perspective on Paul. Collected Essays*, überarb. Aufl. Grand Rapids, Michigan, 2008

Fant, Clyde E. und Mitchell G. Reddish, *A Guide to Biblical Sites in Greece and Turkey*, Oxford 2003

Feldman, Louis H., *Jew & Gentile in the Ancient World*, Princeton 1993

Fitzmyer, Joseph A., „Paul", in: *The New Jerome Biblical Commentary*, hrsg. von Raymond E. Brown u. a., Englewood Cliffs, New Jersey, 1990

Freed, Edwin D., *The Apostle Paul and His Letters*, London 2005

Garnsey, Peter, „The Lex Julia and Appeal under the Empire", in: *Journal of Roman Studies* 56 (1966), S. 167–189

Goodman, Martin, *Rome and Jerusalem. The Clash of Ancient Civilizations*, London 2007

Grant, Michael, *Paulus. Apostel der Völker* (*Saint Paul*, 1976), Bergisch Gladbach 1978

Grant, Robert McQueen, *Gods and the One God*, Philadelphia 1986

Green, Bernard, *Christianity in Ancient Rome. The First three Centuries*, London/New York 2010

Haan, Nathalie de und Stephan Mols (Hrsg.), *Cultuurgeschiedenis van de oudheid*, Zwolle 2011

Haenchen, Ernst, *Die Apostelgeschichte*, 13. Aufl. Göttingen 1961

Harris, Geoffrey, *Paul*, London 2009

Heyer, Cees J. den, *Paulus. Man van twee werelden*, Zoetermeer 1998

Jewett, Robert, *Paulus-Chronologie. Ein Versuch* (*A Chronology of Paul's Life/ Dating Paul's Life*, 1979), München 1982

Johnson, Luke T., *Among the Gentiles. Greco-Roman Religion and Christianity*, New Haven/London 2009

Kee, Howard C., *To Every Nation under Heaven. The Acts of the Apostles*, Harrisburg, Pennsylvania, 1997

Ladouceur, David, „Hellenistic Preconceptions of Shipwreck and Pollution as a Context for Acts 27–28“, in: *Harvard Theological Review* 73 (1980), S. 435–449

Lendon, Jon E., *Song of Wrath. The Peloponnesian War Begins*, New York 2010

Leupen, Piet, *De vergissing van Jezus. Het uitblijven van zijn koninkrijk en de gevolgen*, Amsterdam 2012

Lietaert Peerbolte, Bert J. (Lambertus Johannes), *Paulus en de rest. Van farizeeër tot profeet van Jezus*, Zoetermeer 2010

Manenschijn, Gerrit, *Barbaren en hun buitengewone menslievendheid*, Kampen 1996

Matsier, Nicolaas, *Het evangelie volgens Nicolaas Matsier*, Amsterdam 2011

Meeks, Wayne A., *Urchristentum und Stadtkultur Die soziale Welt der paulinischen Gemeinden* (*The First Urban Christians. The Social World of the Apostle Paul*, 1983), Gütersloh 1993

Meijer, Fik, *Paulus' zeereis naar Rome. Een reconstructie*, Amsterdam 2000

Meijer, Fik, *De Middellandse zee. Een persoonlijke geschiedenis*, Amsterdam 2010

Meijering, Eginhard P., *Geschiedenis van het vroege christendom. Van de jood Jezus van Nazareth tot de Romeinse keizer Constantijn*, Amsterdam 2004

Morton, Jamie, *The Role of the Physical Environment in Ancient Greek Seafaring*, Leiden 2001

Murphy-O'Connor, Jerome, *Paul. A Critical Life*, Oxford 1996.

Murphy-O'Connor, Jerome, *St. Paul's Corinth. Texts and Archaeology*, Collegeville, Minnesota 2002

Murphy-O'Connor, Jerome, *Paul: His Story*, Oxford 2004

Murphy-O'Connor, Jerome, *Jesus and Paul. Parallel Lives*, Collegeville, Minnesota 2006

Murphy-O'Connor, Jerome, *St. Paul's Ephesus. Texts and Archaeology*, Collegeville, Minnesota 2008

Perowne, Stewart, *Die Reisen des Apostels Paulus* (*The Journeys of St. Paul*, 1973), Freiburg/Basel/Wien 1973

Pesch, Rudolf, *Die Apostelgeschichte*, 2 Bde., Zürich/Neukirchen-Vluyn 1986

Plümacher, Eckhard, *Lukas als hellenistischer Schriftsteller. Studien zur Apostelgeschichte*, Göttingen 1972

Pokorný, Petr, „Die Romfahrt des Paulus und der antike Roman“, in: *Zeitschrift für die neutestamentliche Wissenschaft* 64 (1973), S. 233–244

Praeder, Susan M., *The Narrative Voyage. An Analysis and Interpretation of Acts 27–28* (Diss.), Berkeley 1980

Raban, Avner und Kenneth G. Holum (Hrsg.), *Caesarea Maritima. A Retrospective after Two Millennia*, Leiden & New York 1996

Ramsay, William M., *St. Paul the Traveller and the Roman Citizen*, Nachdruck der 15. Aufl. von 1925, London 2001; deutsche Übersetzung: *Paulus in der Apostelgeschichte*, Gütersloh 1898

Robbins, Vernon K., „By Land and by Sea. The We-Passages and Ancient Sea Voyages", in: Charles H. Talbert (Hrsg.), *Perspectives on Luke-Acts*, Edinburgh 1978, S. 215–242

Rougé, Jean, „Actes 27, 1–10", in: *Vigiliae Christianae* 14 (1960), S. 193–203

Sanders, Ed P., *Paulus und das palästinensische Judentum. Ein Vergleich zweier Religionsstrukturen* (*Paul and Palestinian Judaism: A Comparison of Patterns of Religion*, 1977), Göttingen 1985

Sanders, Ed P., *Paul. A Very Short Introduction*, Oxford 2001

Schäfer, Peter, *Judenhaß und Judenfurcht. Die Entstehung des Antisemitismus in der Antike* (*Judeophobia: Attitudes toward the Jews in the Ancient World*, 1997), Berlin 2010

Smith, James, *The Voyage and Shipwreck of St. Paul*, Grand Rapids/London 1848; fotomechanischer Nachdruck Michigan 1976

Suhl, Alfred, „Gestrandet! Bemerkungen zum Streit über die Romfahrt des Paulus", in: *Zeitschrift für Theologie und Kirche* 88 (1991), S. 1–28

Swaab, Dick F., *Wir sind unser Gehirn. Wie wir denken leiden und lieben* (*Wij zijn ons brein. Van baarmoeder tot Alzheimer*, 2010), München 2011

Tajra, Harry W., *The Martyrdom of St. Paul. Historical and Judicial Context, Traditions and Legends*, Tübingen 1994

Taylor, Justin, *Les Actes des deux apôtres, VI: Commentaire historique*, Paris 1996

Thornton, Claus-Jürgen, *Der Zeuge des Zeugen. Lukas als Historiker der Paulusreisen*, Tübingen 1991

Verhoef, Eduard, *Filippi. Hoe het christendom in Europa begon*, Almere 2009

Wallace, Richard und Wynne Williams, *The Acts of the Apostles. A Companion*, Bristol 1993

Wallace, Richard und Wynne Williams, *The Three Worlds of Paul of Tarsus*, London 1998

Wallinga, Herman T., „Paulus' zeereis naar Rome", in: *Lampas* 11 (1978), S. 265–287

Warnecke, Heinz, *Die tatsächliche Romfahrt des Apostels Paulus*, Stuttgart 1987

Wehnert, Jürgen, „Gestrandet. Zu einer neuen These über den Schiffbruch des Apostels Paulus auf dem Wege nach Rom (Apg 27–28)", in: *Zeitschrift für Theologie und Kirche* 87 (1990), S. 67–99

Wehnert, Jürgen, „‚... und da erfuhren wir, daß die Insel Kephallenia heißt'. Zur neuesten Auslegung von Apg 27–28 und ihrer Methode", in: *Zeitschrift für Theologie und Kirche* 88 (1991), S. 169–180

Wilson, Andrew N., *Paul. The Mind of the Apostle*, London/New York 1997

Wilson, Mark, *Biblical Turkey. A Guide to the Jewish and Christian Sites of Asia Minor*, Istanbul 2010

Zetterholm, Magnus, *Approaches to Paul. A Student's Guide to Recent Scholarship*, Minneapolis 2009

Karte mit den Orten, die im Leben des Paulus von Bedeutung gewesen sind
Korsika
Rom
Adria
Sardinien
Puteoli
Tyrrhenisches Meer
Mittelmeer
Messina
Regium
Sizilien
Ionische Meer
Syrakus
Karthago
Malta
Erwähnt in der Apostelgeschichte
Erwähnt in einem der Paulusbriefe
Erwähnt in einem der umstrittenen Briefe
(nach Lietaert Peerbolte)
0 100 200 300 km

Schwarzes Meer
GALATIEN
Philippi
Neapolis
Beröa
(Veria)
Thessalonich
(Thessaloniki)
Troas
Assos
Ägäis
Mytilene
Pergamon
Chios
Ephesus
Kolossai
Antiochia
Ikonion
Lystra
Derbe
Tarsus
Korinth
Athen
Kenchreai
Samos
Milet
Attalia
Perge
Seleukia
Antiochia
Knidos
Patara
Myra
Rhodos
ZYPERN
Salamis
Paphos
Kreta
Salmone
Kaloi Limenes
Damaskus
Sidon
Tyros
Ptolemaïs
Caesarea
Jerusalem
Mittelmeer
Alexandria
Nil

Die erste Missionsreise des Paulus
ILLYRIEN
ITALIEN
Korsika
Rom
Adria
Sardinien
Puteoli
Tyrrhenisches Meer
Mittelmeer
Messina
Regium
SIZILIEN
Ionische Meer
Syrakus
Karthago
Malta
0 100 200 300 km

Schwarzes Meer
PONTUS
BITHYNIEN
AKEDONIEN
Philippi
Byzanz
Thessalonich
(Thessaloniki)
Amphipolis
Beröa
(Veria)
Apollonia
Troas
Assos
MYSIEN
GALATIEN
Lesbos
Pergamon
Ägäis
ASIEN
Antiochia
Ikonion
ACHAIA
PHRYGIEN
Lystra
KILIKIEN
Chios
Ephesus
PISIDIEN
Tarsus
Derbe
Athen
Korinth
Kenchreai
Samos
Milet
PAMPHYLIEN
KARIEN
Attalia
Perge
Antiochia
Seleukia
SYRIEN
Knidos
LYKIEN
Rhodos
Patara
Myra
Kap
Malea
ZYPERN
Salamis
Paphos
Kreta
Phoinix
Lasaia
K(l)auda
Kaloi
Limenes
Sidon
Tyros
Mittelmeer
Caesarea
Jerusalem
KYRENE
Alexandria
ARABIEN
ÄGYPTEN
Nil

Die zweite Missionsreise des Paulus
ILLYRIEN
ITALIEN
Korsika
Rom
Adria
Sardinien
Puteoli
Tyrrhenisches Meer
Mittelmeer
Messina
Regium
SIZILIEN
Ionische Meer
Syrakus
Karthago
Malta
0 100 200 300 km

Schwarzes Meer
PONTUS
BITHYNIEN
AKEDONIEN
Byzanz
Philippi
Thessalonich
(Thessaloniki)
Neapolis
Amphipolis
Beröa
(Veria)
Apollonia
Troas
MYSIEN
GALATIEN
Ägäis
Assos
Lesbos
Pergamon
ASIEN
Antiochia
Ikonion
KILIKIEN
PHRYGIEN
Lystra
ACHAIA
Chios
Ephesus
PISIDIEN
Tarsus
Derbe
Athen
Korinth
Samos
PAMPHYLIEN
Antiochia
Kenchreai
Milet
Attalia
Perge
KARIEN
Seleukia
Knidos
LYKIEN
SYRIEN
Myra
Rhodos
Patara
Kap
Malea
ZYPERN
Salamis
Phoinix
Kreta
Paphos
Lasaia
K(l)auda
Kaloi
Limenes
Sidon
Tyros
Mittelmeer
Caesarea
Jerusalem
KYRENE
Alexandria
ARABIEN
ÄGYPTEN
Nil

Die dritte Missionsreise des Paulus
ILLYRIEN
ITALIEN
Korsika
Rom
Adria
Sardinien
Puteoli
Tyrrhenisches Meer
Mittelmeer
Messina
Regium
SIZILIEN
Ionische Meer
Karthago
Syrakus
Malta
0 100 200 300 km

Schwarzes Meer
PONTUS
BITHYNIEN
AKEDONIEN
Byzanz
Philippi
Thessalonich
(Thessaloniki)
Neapolis
Amphipolis
Beröa
(Veria)
Apollonia
Troas
MYSIEN
GALATIEN
Assos
Lesbos
Pergamon
ASIEN
Antiochia
Ägäis
Ikonion
Chios
Ephesus
PHRYGIEN
Lystra
KILIKIEN
ACHAIA
PISIDIEN
Derbe
Samos
PAMPHYLIEN
Tarsus
Korinth
Athen
Kenchreai
Milet
Attalia
Perge
Antiochia
KARIEN
Seleukia
SYRIEN
Knidos
LYKIEN
Myra
Rhodos
Patara
Kap
Malea
ZYPERN
Salamis
Paphos
Kreta
Phoinix
Lasaia
K(l)auda
Kaloi
Limenes
Sidon
Tyros
Ptolemais
Caesarea
Mittelmeer
Jerusalem
KYRENE
Alexandria
ARABIEN
ÄGYPTEN
Nil

Die Seereise des Paulus nach Rom
ILLYRIEN
ITALIEN
Korsika
Adria
Rom
Puteoli
Sardinien
Tyrrhenisches Meer
Mittelmeer
Messina
Regium
SIZILIEN
Ionische Meer
Syrakus
Karthago
Malta
0 100 200 300 km

Schwarzes Meer
PONTUS
BITHYNIEN
AKEDONIEN
Byzanz
Philippi
Thessalonich
(Thessaloniki)
Neapolis
Amphipolis
Beröa
(Veria)
Apollonia
Troas
MYSIEN
GALATIEN
Assos
Lesbos
Pergamon
Ägäis
ASIEN
Antiochia
Ikonion
PHRYGIEN
ACHAIA
Chios
Ephesus
Lystra
KILIKIEN
PISIDIEN
Athen
Tarsus
Korinth
Derbe
Samos
PAMPHYLIEN
Antiochia
Kenchreai
Milet
Attalia
Perge
KARIEN
Seleukia
Knidos
Patara
Myra
SYRIEN
Rhodos
Kap
Malea
ZYPERN
Salamis
Paphos
Phoinix
Kreta
Lasaia
K(l)auda
Kaloi
Limenes
Sidon
Tyros
Mittelmeer
Caesarea
Jerusalem
KYRENE
Alexandria
ARABIEN
ÄGYPTEN
Nil

Textregister